世界政治与国际关系译丛·经典教材系列

20世纪国际关系史
从军事帝国到科技帝国

〔意〕埃尼奥·迪·诺尔福（Ennio Di Nolfo）著
〔意〕法恩瑞（Enrico Fardella）编
潘源文 宋承杰 译

Dagli imperi militari agli imperi tecnologici. La politica internazionale dal XX secolo a oggi

北京大学出版社
PEKING UNIVERSITY PRESS

著作权合同登记号 图字：01-2015-6659

图书在版编目（CIP）数据

20世纪国际关系史：从军事帝国到科技帝国/（意）埃尼奥·迪·诺尔福（Ennio Di Nolfo）著；（意）法恩瑞（Enrico Fardella）编；潘源文，宋承杰译.—北京：北京大学出版社，2016.12

（世界政治与国际关系译丛·经典教材系列）

ISBN 978-7-301-27785-0

Ⅰ.①2… Ⅱ.①埃… ②法… ③潘… ④宋… Ⅲ.①国际关系史—20世纪 Ⅳ.①D819

中国版本图书馆 CIP 数据核字（2016）第 282704 号

Dagli imperi militari agli imperi tecnologici. La politica internazionale dal XX secolo a oggi
by Ennio Di Nolfo
Copyright © 2002, 2007, Gius. Laterza & Figli
All rights reserved.

书　　　名	20世纪国际关系史：从军事帝国到科技帝国 20 Shiji Guoji Guanxishi: Cong Junshi Diguo dao Keji Diguo
著作责任者	〔意〕埃尼奥·迪·诺尔福（Ennio Di Nolfo）　著 〔意〕法恩瑞（Enrico Fardella）　编　潘源文　宋承杰　译
责任编辑	张盈盈
标准书号	ISBN 978-7-301-27785-0
出版发行	北京大学出版社
地　　　址	北京市海淀区成府路 205 号　100871
网　　　址	http://www.pup.cn　新浪微博：@北京大学出版社
电子信箱	ss@pup.pku.edu.cn
电　　　话	邮购部 62752015　发行部 62750672　编辑部 62753121
印　刷　者	北京鑫海金澳胶印有限公司
经　销　者	新华书店
	730 毫米×980 毫米　16 开本　21.5 印张　329 千字 2016 年 12 月第 1 版　2016 年 12 月第 1 次印刷
定　　　价	50.00 元

未经许可，不得以任何方式复制或抄袭本书之部分或全部内容。
版权所有，侵权必究
举报电话：010-62752024　电子信箱：fd@pup.pku.edu.cn
图书如有印装质量问题，请与出版部联系，电话：010-62756370

出 版 前 言

法恩瑞(Enrico Fardella)

(北京大学历史学系)

翻译不仅是单纯的语言转换,还是文化间的对话。埃尼奥·迪·诺尔福(Ennio Di Nolfo)教授曾任意大利史学家学会主席,其学术高度,自有等身著作为证,而本书则是其第一本被译为中文的著作。中意文化交流源远流长,在东西方文化交流史上占有不可忽视的分量,迪·诺尔福教授与中国读者因本书结缘,无疑更是两国文化交流中浓墨重彩的一笔。2004年,我在佛罗伦萨大学政治学院开始攻读博士学位,有幸受教于迪·诺尔福教授,从事中国问题的研究。受教以来,在历史分析法上我受益匪浅,中国问题更为我的学术热情提供了不断延展的地平线。学术上凡有所得,无不进一步提出新的问题,并转而推动学术研究向纵深推进。治学无坦途,钻之弥坚;恩师之学养,仰之弥高。学问上的志趣和对恩师的服膺,是我为本书的出版奔走的共同缘起,而本书最终得以问世,还应感谢活跃在中意交流各个领域的领导和朋友们的不吝支持。意大利驻华大使白达宁(Alberto Bradanini)阁下、意大利罗马三大的费德里克·安东内里(Federico Antonelli)教授、北京大学的牛大勇教授均为出版工作提供了大力支持,此外,上海艾稞文化传播事务所(SHANGHAI AIKE CULTURE COMMUNICATION)的罗贝尔托·切雷西亚(Roberto Ceresia)先生亦为本书的出版做出了可贵的推动工作,威孚商务信息咨询(上海)有限公司(VFS

SHANGHAI BUSINESS INFORMATION CONSULTING CO LTD)提供了慷慨的出版资助。最后,我愿借此机会向本书的两位译者(宋承杰1—4章,潘源文5—7章),以及北京大学出版社的耿协峰老师表达我的感谢。此外,意大利Laterza出版社亦大力促成本书的版权引进,在此一并表示感谢。正是我们所有人的共同努力,促成了本书在中国的问世。

  本书付梓之际,噩耗传来,埃尼奥·迪·诺尔福教授于9月7日猝然长逝,未能亲见本书中文版的问世。我受教多年,将老师的著作引进中国,是作为学生的最大心愿。学生的礼物,现在成了对老师的纪念。谆谆教导,言犹在耳,再次提笔,却是生死殊途,每念及此,更令我悲痛万分。学术生命是不会凋谢的。老师,您安息吧。

2016年9月于北京大学

中 文 版 序

埃尼奥·迪·诺尔福

    欧洲通过殖民扩张，实现了对非洲和亚洲大部分地区的统治，这一殖民征服长期以来被视为其军事实力的主要彰显。然而自 19 世纪末，尤其是在 20 世纪，欧洲愈发明显地追求对原材料的控制，以及在伴随始终的国际金融、贸易领域保持影响。传统欧洲列强的衰落非自二战始，但在二战结束后加速了这一步伐。欧洲列强痛苦地认识到，老欧洲的大国政治正在逐步失去根基。随着美苏两极格局的形成以及去殖民化运动的兴起，在先前欧洲霸权主导下的大陆，政治格局也在发生根本的改变。在亚洲，印度、印尼的独立以及中国革命，都重创了欧洲帝国主义统治世界政治的能力，全新的国际格局正是在这一基础之上诞生的，欧洲霸权主导的世界格局，不得不让位于国际关系新形式。

    本书旨在探讨贯穿于 20 世纪百年的国际关系变迁。针对这一变迁历程的不同阶段，本书在各个章节均首先进行概述，帮助读者建立较宏观的历史视域，随后对国际关系中的关键时刻和重大事件进行深入分析，通过对传统帝国主义发生与发展的重建，揭示其对殖民地资源的剥削本质，以及大国强权对殖民地区进行统治的"绝对意愿"。一战的结束，是国际关系百年变迁的第一阶段的节点，在这一阶段，欧洲帝国主义进一步发展（以委任统治为标志），而与之相伴的，则是去殖民化运动在中东、埃及、中国、印度等地的兴起。

两次世界大战相隔 20 年，在此期间国际关系呈现出对立矛盾的两个面向：一方面，部分欧洲强国仍试图重申自己的传统霸权，希特勒试图确立德国在欧洲大陆的霸权，正是这一意志最激烈的体现；另一方面，第一次全球性的经济危机爆发，这场危机始于凡尔赛体系下的德国战争赔款问题，随后波及大西洋彼岸的美国，最终席卷全球。这场危机彰显了全球生产体系的深刻矛盾，反映了国际金融制度在应对信贷问题的局限性，显然，贸易保护主义并不是超越危机的有效途径。

二战的爆发彰显了德国在欧洲，以及日本在亚洲的统治野心，两国并不满足于在欧亚这两个平行但又相互联系的市场树立各自的经济霸权。二战的终结不仅是轴心国本身的失败，更进一步宣告欧洲的世界霸权的结束。随着欧洲霸权时代的谢幕，美苏两个超级大国主导的国际关系新秩序建立在战争的废墟之上。冷战爆发后，欧洲的进一步衰落标志传统殖民主义的迅速终结。在 1956 年到 60 年代初期，几乎所有的前殖民地国家均获得独立，却在随后走上了不同的道路。在非洲，许多新独立的国家在经历了残酷的解放战争之后，并未能形成有能力带领国家走上现代化的领导阶层；而在亚洲，中国、印尼、印度等许多前殖民地、半殖民地国家争取独立的经验，虽然本质各有不同，但同样都代表了与欧洲殖民遗产的决绝分离。一场深刻的变革在上述政治动荡中酝酿并发展，这就是第三次工业革命。核能研究与发展，且不论其是出于民用还是军事用途，都应被视为科技进步的重要标志，此外，通信技术、运输手段在战后也有了日新月异的快速发展。科技对人类生活的影响，是不言自明的，人类自身的存在，经济、社会关系的管理模式——当然也包括国际关系本身，都发生了前所未有的深刻变革。布雷顿森林货币体系确立了二战后以美元为中心的国际货币体系，并催生了国际货币基金组织等一系列新的全球性组织，这些因素都进一步推动了传统殖民体系的瓦解，取而代之的则是技术霸权体系。苏联在美苏科技争霸中败下阵来，并随后陷入深刻的危机，大部分其他国家则在数年之后效仿美国，追求在科学技术上的优势地位。这种新的竞争立足于追求科技优势，但往往也转化为寻求或巩固政治霸权。

本书得以翻译为中文与中国读者见面，是一名历史学家的幸运。能够通过文字与世界上最大的读者群交流，对每一个作者而言，都是一种巨大的吸引,同时也是不小的挑战。希望本书能够带给中国读者一个新的视域,进而思考国际关系纷繁变化的深刻原因与延续性。本书已通过翻译跨越了语言的边界,或许读者将在阅读中超越传统文化的边界——当然,超越不意味着否定,任何新视角、新方法,都仍然扎根于昨日的传统之中。

我愿意借此机会向促成本书中文版问世的各方表示感谢:感谢法恩瑞教授(Enrico Fardella)积极奔走,促成本书的引进与翻译工作;感谢意大利驻华大使馆的支持,以及威孚商务信息咨询(上海)有限公司(VFS SHANGHAI BUSINESS INFORMATION CONSULTING CO LTD)提供的慷慨资助。最后,感谢北京大学出版社,赋予本书属于中国读者的学术生命。

2016 年 3 月

如何定义帝国

（中文版导读）

牛　军（北京大学国际关系学院）

首先向埃尼奥·迪·诺尔福教授的著作《20世纪国际关系史：从军事帝国到科技帝国》中文版出版表示祝贺。受北京大学出版社之托为这本书的中文版写序言，对我来说既是荣幸，也是个系统回顾与学习20世纪国际关系史的机会。一个时期以来，我的阅读范围主要包括了与我个人的研究和教学有密切关系的历史文献和书籍，它们主要是关于第二次世界大战结束以来的历史，其中多为专题性论著，很少专门阅读系统阐述20世纪国际关系史的图书。另一方面，即使从各种专论中也可以体会到，有关20世纪国际关系史研究不断取得新的令人瞩目的进展，很多过去的结论正受到更为严苛的检验并被更为精确地阐述，也有些被修正或放弃，特别是有更为丰富的视角和层面的解读。及时和尽可能系统地了解20世纪国际关系史研究的新成果，对于本人或与我处于类似状态的读者是很重要的。

学术界对20世纪国际关系史的思考无论在广度还是深度上，都有巨大的发展。这与前人的贡献和积累有关，与大量新的历史档案被发现有关，尤其与学术界空前活跃的跨国界和密集的交流有直接关系。不过，诚如作者在书中所说，20世纪虽然已经结束，但毕竟"所去未久"，对于历史研究者，叙述这100年的历史是有学术风险的，不仅需要时刻提醒固有视角（作者明确说，对于他就是"欧洲中心")的局限性,而且"必须承认,这段历史仍有大量档案文献未解密,或者由于其他原因无法获得",所以这"注定是一场学术上的赌博"。既然如此,为什么要做这种尝试,而且其成果还能够吸引读者的注意,原因就在于"今天的世界仍未走出20世纪所开启的转型期"。换句话说,我们今天生活的世界同20世纪存在太紧密和复杂的关联。人们渴望知道身边正在发生的变化缘何而起?它们与过去的联系是否决定着它们也代表着未来的趋势,或者注定早晚要结束?

实际上,20世纪国际关系史的研究者和读者是一样充满了好奇心的,而且由于新世纪头十几年的变化如此之快、之大、之深刻,以致在20世纪最后10年中出现的诸多积极的期待,其中有部分正成为现实,也不可否认不少已经化为泡影,世界似乎还走在一条充满更多未知数的道路上。所以人们才迫切希望知道未来会不会更好,或至少知道如何做才能避免更糟。到历史中寻找答案就像是人的一种本能,它促使人们比较容易相信,阅读和理解历史应该是理解今天和预见未来的最直接和简单易行的办法。

进一步说,中国社会中相当普遍地存在着希望通过阅读有关论著,进一步了解20世纪世界历史各个方面的广泛和迫切的需求。这种需求固然产生于获得有关知识的渴望,但还有一个更为深层的原因,即中国处在一个巨大发展与转型的阶段,特别是中国的这次转型契合着20世纪轰轰烈烈兴起且远未结束的伟大转型,在时间上也是高度重合的。在为20世纪伟大转型的浪潮所裹挟并前所未有地快速和深度融入世界的背景下,中国通过改革开放取得了巨大成功,也遇到了挫折,所以中国人更希望了解,他们当今身处其中的世界政治的本质到底有什么变化?中国在其中居于何种位置?他们到底应该如何应对与全球各主要国家之间充满变数和难以确定的复杂关系?中国人从来笃信"顺天应时"是最好的战略选择,即孙中山先生所言"世界潮流浩浩荡荡,顺之者昌,逆之者亡"。问题是什么才是当今世界的潮流?它是由哪些关键性的因素构成的?在这方面中国人有过惨痛的教训,也有过成功的经验。从刚刚过去的百年历史中汲取经验和教训,是推动中国人阅读各种有关20世纪历史的论著的重要动力。回应读者的这些好奇和期待,应该是《20世纪国际关系史:从军事帝国到科技帝国》中文版问世的主要原因了,因为这本书提供了一个新的视角、一种新的思考。

　　20世纪国际关系史的确有不少需要叙述和思考的特点,作者认为其中最突出的就是发展的速度。他在导论中阐述了这个观点:"把20世纪独立出来,并且定义为一个充满划时代改变的历史时期,这既不是简单的组织技巧,也不是出于年代划分的需要,而是因为20世纪与历史留给我们的其他时代都不一样,各个方面的变化以前所未有的速度发生。"这个论断既是对一个重要事实的概括,也富有启发性。比较20世纪初期和这个世纪结束阶段全球的状况,就会发现世界在这100年里的确发生了天翻地覆的变化。简单举例,比如对比世界人口的变化,20世纪初世界人口大约是15亿,到世纪结束时已经突破了60亿。这里补充一点,这60多亿人的平均寿命高于100年前的15亿人,而这得益于100年来世界总的生产力水平的快速增长,作者的计算是比前一个100年高达5000倍之多,其增长速度是相当惊人的。另一个并非不重要的现象是,60多亿人口中的半数以上(有统计是在58%—60%左右)拥有了选举权,而且人数实际上还在继续增加,这个增长速度同样也是惊人的。这对世界政治已经和将继续产生什么样的影响,不仅是学术界,更是政治家们不得不严肃对待的。不论是喜欢还是不喜欢,人类必须在这样的政治和社会生态中生活和管理自己。当然,这里提到的人口变化只是一例而已,经济学家、科学家、社会学家、政治学家等等,都可以从不同领域告诉我们无数的数据和事例。

　　研究20世纪世界政治和国际关系史,大致都用"战"作为划分不同历史阶段的关键词,至少在21世纪开始时大致还是如此。例如"一战""一战和二战间""二战""冷战",等等。1991年苏联解体后到20世纪结束大约10年,被冠以"后冷战",这或许是因为人们还没有或根本也找不到更合适的概念来概括这个时期世界政治的本质特征。划分历史阶段的这类概念反映的是基本的历史事实,其背后的话语体系和叙述方式等,也大致反映了人们对各个时期关键事态的感受和认识。其结果之一是20世纪国际关系史的叙事必定要以大国的权势斗争以及这类斗争所决定的国际体系、变动的国际格局、均势外交和战争等等,作为重要内容。对这些方面的论述也是这本书的重要内容,无论有何种新的视角和思考,历史学家的本能就是决不使自己的叙事背离历史本身的进路,这本书也不可能是例外。

不过，作者还试图进一步阐述，在100年看起来与之前的时代并无区别的大国权势斗争过程中，世界有没有和发生了什么重大的甚至是根本性的变化，包括国际政治演变对这些变化的影响，以及反之，这些变化对大国权势斗争产生了何种甚或是根本性的影响。这包括了在迅速变化的世界中，如何定义哪些是"大国""帝国"，以及它们在20世纪到底是因何而兴起和衰亡。这种叙事方式实际上反映了一段时间以来的国际关系史研究的新思路和新方法对作者的影响，也大致契合了中国读者的内心关怀。从这个角度看，这本书的名字实际上有两个关键词，即"科技"和"帝国"。"帝国"这个概念在学术领域是有专门定义的，不过在大众读者看来，它可以简单地指强大的和在世界或地区据有统治地位的王朝或国家。具备什么条件的国家会成为"帝国"，是一个需要不断观察和讨论的问题，在不同历史阶段，那些起决定性作用的条件肯定是不同的。作者在这本书中的结论是富有启发的，即"科技"已经和必将继续成为定义国家特性和影响世界政治的决定性因素。国家的强大更多地取决于科技，而非军事。所以作者提出，"科学研究与技术创新，是定义20世纪的关键词"。

对于作者上述观点应给予足够的关注。事实上，20世纪国际关系史特别是二战后的国际关系史已经证明，在支配世界政治的各种因素中，科学技术进步的决定性作用将日益强大这一点，是最具确定性的，而且所有其他随之而来的各种变革，包括经济、政治、军事和文化等等，从根本上说几乎是不可逆转的，至少目前还没看到它会逆转的迹象。或许21世纪将是转型、变革更加快速的世纪，人们必须做好足够的准备，应付科学技术进步正在造成的对既往生活方式、制度甚至文化的颠覆性影响，而且这种影响的深入和扩展的速度将远远超出人们的想象。

《20世纪国际关系史：从军事帝国到科技帝国》对20世纪国际关系史的叙述如同一幅逐步展开的画卷，从中可以看出作者观阅历史的视角和关注重点的演变。在该书前5章叙事的内容中，"科技帝国"作为书名的关键词之一，并没有被给予足够的论述。全书的叙述开始于19世纪末的欧洲大国之间的争斗和战争，简单地说就是以"欧洲中心"为起点。欧洲列强之间的战争被定性为"殖民主义战争"或"帝国主义战争"。在随后几章中，作者阐述了欧洲列强之间的纵横捭阖与导致一战和二战爆发的历史性因素，以及两次世界大战对这些历史性因素的影响，包括了它们之中哪些在延续，以及哪些终于消亡。与这个进程相伴始终的是美国的崛起，以及这个国家如何步履蹒跚地逐步卷入国际事务的故事。

作者在阐述了欧洲几个大国在二战及随后大规模兴起的反殖民主义运动中衰落之后，将美苏界定为继"欧洲中心"解体后兴起的两个新"帝国"，它们之间持续大约40年的"冷战"成为世界政治的中心。这部分论述的新意是从"帝国"的角度，比较美苏这两个二战后新兴霸权的兴衰。作者比较强调两个"帝国"内部的结构性问题带来的不稳定和美苏政治体制的"不平等"，并断定"无论是苏联帝国，还是美帝国，其内部的不稳定因素一刻也没有真正消除"，而决定谁在竞争中胜出的关键，则是它们在不同阶段上应对世界性挑战的能力上的差异。到20世纪80年代冷战走向结束的阶段，美苏竞争的关键就是谁更能及时应付"新技术的迅速普及，以及能源问题带给全球生产体系的迫在眉睫的挑战"。

直到第6、7两章，"科技"作为决定国际政治的关键要素才越来越频繁地被论及。这可能是因为历史进程本身就是如此，直到二战之后，科学技术进步日新月异及其导致的后果才变得越来越明显。作者认为，20世纪70年代末是冷战甚至是世界政治的"分水岭"，其依据是"70年代末，突飞猛进的科技革命和不断深入的全球化越来越成为影响国际安全的重要因素"，而美苏竞争"从单纯的政治和战略领域（1979—1983年间）逐渐转移到新技术的开发、运用上"。简而言之，科技进步这时已经成为国际政治中的一个决定性因素，美国也因在此领域独步天下而被定义为"科技帝国"。诸多论著关于科技进步对冷战的重大影响的论述等，多集中于大规模杀伤性武器及其运载工具的出现和迅速发展，从而决定了冷战对抗的基本特点之一，简单地说就是维持了一种所谓的"恐怖的和平"。这本书则进一步指出科技进步对世界政治的影响远不止于此，还包括了已经并继续在改变人们物质和精神生活的各个方面。作者也因此认为，"美帝国"区别于以往帝国和"苏联帝国"的关键之处，就在于它在科技领域无可匹敌的领先地位。

美国并非一步到位地成为"科技帝国"。这本书一直贯穿着对美国的世界地位的叙述,从第1章叙述的一战前美国已经成为经济上的超级大国和在一战中成为"世界金融市场的主角"起,到有关美国参加二战并赋予这场战争新的观念变革,以及之后美国成为西方阵营的领袖和世界政治中的主导国家,直到在冷战中胜出,等等。如果以这本书的主题为线索,最有代表性的内容是作者对美国终于在科技领域获得压倒性的优势地位的叙述。在总结世纪末"美国霸权"的特征时,作者通过与当时刚刚解体的"苏联帝国"进行比较,指出了科技作为决定国际史乃至世界史的至关重要的因素,已经是如此的显而易见。例如,作者引用了相当具体的数据来描述美国与对手之间的差距,例如"1985 年美国的学校已经有了 300 万台个人电脑,而苏联在那一年提出第 12 个五年计划,称将在 1995 年之前,为苏联的学校配置 130 万台个人电脑,个中悬殊不可以道里计"。这里顺便指出,这个时期美苏在战略核武器竞争中几乎是势均力敌的,但美苏在体制方面的根本差异导致后者在持久的竞争中后继乏力。科技迅速发展并保持遥遥领先的背后是自由活跃的思想、积极进取的社会风气和富有活力的制度。科技进步与这种系统的相互影响、相互促进等,既是美国"科技帝国"的主要特征,也是其得以延续的根本所在。这是 20 世纪后半叶超级大国竞争及其后果对后发国家的极为深刻的启示。

作者在叙述 20 世纪最后 10 年即所谓"后冷战"时代时,将美国霸权及其与其他国家和地区的关系置于中心地位。正如作者所说的,"将美国定义为'科技帝国',该内涵实际上指向一种价值观、发展模式的输出"。在这一点上,美国经常表现得"瞻前顾后",这反映了美国"作为唯一的超级大国在实施全球霸权时的力不从心与迟疑不决"。在世界政治进程中,美国的一超独大和输出其现代化模式等等,最终也没有导致一种类似以往的诸多国家对霸权的"附庸关系",而"相互依存"在更多的情况下占主要地位,并正在成为国家间关系的常态,在苏联解体后似乎更是如此。需要指出的是,作者并没有忽视美国霸权导致的一个重要后果,即世界性的反美主义思潮的出现。他认为"仇视美国所代表一切的情绪,始终与美帝国的崛起如影随形,这一点谁都不会否认"。这种现象为什么会出现甚至愈演愈烈,是值得深入思考的。作者认为,反美主义在本质上是"反全球化的改头换面的极端表现",这个观点还可以进一步论证。

与对美国等发达国家的叙述相对应,作者也概括阐述了20世纪一些主要新兴国家的发展趋势及其已经和必将产生的重大影响,中国理所当然地被排在了显著的位置,尤其是对20世纪末期的叙述中。作者根据1979年中国开始改革开放之后获得的巨大成就,断言"在未来几十年里,中国将会更加深刻地影响世界,其国际存在仍将不断加强,在可预见的将来,中国注定成为多极化世界的重要一极"。中国崛起将给世界带来何种影响,作者的评价是谨慎的。如同其他诸多研究成果一样,作者除了确认这个事实之外,认为中国未来在世界体系中将发挥何种作用,是难以预测的,带有很大的不确定性。这种看法可以说部分地反映了国际社会的观察和思考的程度。客观地看,作为一部20世纪国际关系史,这本书对二战后东亚地区的巨大变化和对世界政治产生的深刻影响等,论述的是不够充分的。这样说是基于两个基本事实,其一是二战后,最大规模的和惨烈的局部战争几乎都发生在东亚,而且持续时间相当的长,伤亡极为惨重,造成的破坏极为严重;其二是东亚地区从20世纪80年代起,出现了持续繁荣的局面,至今已经成为与欧洲和北美鼎足而立的第三个世界中心。叙述20世纪后半叶的东亚国际关系史和探寻其中的历史性原因,应该受到更多的重视。

20世纪的世界充满了争夺和血雨腥风,人类社会也一直在探索真理、追求解放和治世之道,并为此付出了巨大的代价,当然也取得了堪称辉煌的进步。到底应该如何评价这100年及其与当今世界的关系,对所有的研究者都是富有挑战性的问题。这本书在最后一节对20世纪后期兴起的全球化进程做了宏观的总结,实际上也是据此对20世纪的世界政治发展做出概括性的评价。世界进入21世纪后,的确出现了大动荡和诸多未曾预料到的混乱局面,甚至一些地区发生了血腥的战争,而且它们都多少与20世纪的某些发展有着直接的关联,这甚至导致了对全球化的严重质疑。不过,从作者提供的数据看,与过去千年的情况相比,人类社会在20世纪取得的进步无疑是空前的,而且为未来的进一步改善创造了前所未有的条件。在作者看来,"19世纪的工业革命改善了全球的生活质量,20世纪的科技大爆炸带来的颠覆性革命更毋庸赘言"。在更大的历史过程中思考今日世界面临的各种问题,除了有助于了解其来龙去脉和对症下药之外,同样重要的是可以使我们有足够的理由,对人类的未来持乐观的心态。毕竟,经过了20世纪的100年后,世界政治的逻辑正在发生无可否认的巨大变化,国际社会正在走出黑暗森林,在诸多国际规范的约束下,正在变得更加有秩序,当然这绝不是说人类社会已经可以避免所有令人担忧的问题、矛盾,甚至新的灾难。

作为系统阐述20世纪国际关系史的著作,这本书的特点之一是比较好读,这样说主要是因为作者对全书结构的独特设计。作者在导论中说明了他撰写这本书的出发点,即"尽可能将那些既不统一也非理性的内容纳入一个统一而理性的范畴中。"可能是这种设想使作者并没有将一些重大历史事件诸如日军如何偷袭珍珠港、美国和苏联领导人如何处理古巴导弹危机的决策过程等等,作为书中叙述的重点。他更多的是梳理和阐述导致一战、二战、冷战等等历史过程背后的一些关键性因素,以及这些因素是如何被改变或者得以存续下来的。全书共有七章,而每章的开始都有一节"导读"。它们大致概括了作者对各个时期的关注的重点和见识,对于每章中的叙述起着纲举目张的作用。当然,在这些"导读"中有不少闪光的观点,它们都是非常有启发意义的。认真阅读和理解各章的"导读",对于把握作者对该章所涉历史时期的认识和阐述等,是至关重要的。不过也需要指出,这种叙事结构对读者提出了一些要求,即需要对20世纪历史有一定的了解,否则会增加理解全书主要观点和发掘其价值的困难。

总而言之,这本书的叙事不论是对20世纪100年历史保持兴趣的读者,还是对那些有意深入探究它与今天的联系并希望为未来寻找前进之路的读者,都是有启发的,相信阅读此书的读者会同意我的看法。

2016年8月11日

目 录

导 论 ··· 1

第1章 "新外交"的诞生与早夭 ·· 5
  1. 导读 ·· 5
  2. 史实总览 ··· 16
  3. 一场"革命性"战争？ ··· 35

第2章 安全政策的失败 ··· 39
  1. 导读 ·· 39
  2. 欧洲的安全问题 ·· 48
  3. 裁军会议的失败 ·· 54
  4. 欧洲殖民主义的第一次危机 ··· 56
  5. 大萧条及其对国际政治造成的后果 ···································· 60

第3章 欧洲堡垒 ·· 66
  1. 导读 ·· 66
  2. 日本的亚洲野心 ·· 68
  3. 希特勒德国与欧洲 ··· 71
  4. 考验：意大利征服埃塞俄比亚和西班牙内战 ······················· 86
  5. 德国扩张和绥靖政策 ·· 91
  6. 从"德奥合并"到战争 ·· 94
  7. 咆哮的年代：第二次世界大战的欧洲战场 ·························· 104

第4章 全面战争和西方世界体系的起源（1941—1947年） ······ 109
  1. 导读 ·· 109

2. 美国从中立到参战 ………………………………………… 120
3. 德国进攻苏联 ……………………………………………… 123
4. 珍珠港事件和美国参战 …………………………………… 128
5. 盟军的军事和政治选择及意大利投降 …………………… 130
6. 反纳粹联盟的内部矛盾和战争期间的重要会议 ………… 136
7. 全球融合的失败和两大集团的诞生 ……………………… 145

第5章 从冷战到竞争共存（1947—1964年） 154
1. 导读 ………………………………………………………… 154
2. 两大阵营的发展与演化 …………………………………… 162
3. 从美苏对立到第一次美苏缓和 …………………………… 173
4. 去斯大林化以及苏联阵营的危机 ………………………… 185
5. 殖民体系的终结与竞争共存 ……………………………… 190

第6章 美苏的帝国霸权及其局限 219
1. 导读 ………………………………………………………… 219
2. 美国帝国及其内部问题 …………………………………… 224
3. 苏联及其内部问题 ………………………………………… 232
4. 美苏的缓和及其局限性 …………………………………… 236
5. 中东与能源危机 …………………………………………… 244
6. 《赫尔辛基协议》与欧洲局势的再度紧张 ……………… 252

第7章 科技帝国及其敌人 260
1. 导读 ………………………………………………………… 260
2. 20世纪80年代初的超级大国 …………………………… 269
3. 苏联帝国的危机、衰落与终结 …………………………… 274
4. 20世纪90年代：瞻前顾后的美国霸权 ………………… 285
5. 朝向新的全球愿景：中间主体 …………………………… 294
6. 俄罗斯的复兴 ……………………………………………… 304
7. 美国以及国际体系的新机制：单极主义的危机 ………… 306
8. 国际化和全球化：国际新秩序的问题 …………………… 314

参考书目 …………………………………………………………… 321

导论

> 我唯愿世界能够明白这个道理：要让人们以自己的方式讲述故事。
> ——劳伦斯·斯坦恩《项狄传》

20世纪已然是一个战场，不光对于那些真正参加了"热战"和"冷战"的人，还有各类历史学家、专栏作家和野史写手参与其中，不断提出各种观点和见解。话说回来，一段如此充满巨变的历史很难逃脱这种命运。要想真正"让人们以自己的方式讲故事"，就必须接受各种严厉的批判、意识形态的反思，甚至是臆想式的篡改，毕竟所有这些都是业已过去的20世纪和刚刚开始的21世纪所赋予我们的。

面对卷帙浩渺的历史材料，为了理清头绪，历史学家常用的一种方法是对年代进行划分。对于比较遥远的年代来说，这就意味着把他们变成普通的定义和概念，也就再近一点的几个世纪，划分年代才具有一定意义，比如每当提到"启蒙时代"，我们的思绪就直接飞向了18世纪；19世纪则是自由主义、民族主义和帝国主义交织的年代。然而当我们来到20世纪时，问题就变得空前复杂了，不仅仅是因为这个一百年刚过去没多久，更重要的是对于这一时间跨度的解读实在是数量过于庞大，要说完全不受他们影响是不可能的。目前为止尚未出现一个绝对公认的定义，之前提出的诸如"变革的年代""剧烈的转折"等等，只能说是这一历史时期的一个方面。若要把所有这些方面都压缩在一个统一概念中，势必要牺牲历史分析的完整性和精确度。而在全球化议题上的政治冲突也使得"以自己的方式讲述"变得愈加困难。

但是，我们的第一个观点是有一定说服力的：如果不考虑那些剧烈的危机和轰动一时的转折，20世纪或许还能以另一种方式进行审视，即不着眼于变革发生的具体时刻，而是放眼于变革发生之前、整个发生过程，以及导致其产生的背景等较长时间上。这样也便于从国际政治的角度对问题进行系统分析和研究。把20世纪独立出来，并且定义为一个充满划时代改变的历史时期，这既不是简单的组织技巧，也不是出于年代划分的需要，而是因为20世纪与历史留给我们的其他时代都不一样，各个方面的变化以前所未有的速度发生。只要对比一下20世纪初和2007年的世界格局，就能明白这乍看如此简单的结论是多么地具有说服力。

尽管谁也不敢提出干脆的年代划分，有一点却是比较明显的，即19世纪后期形成了比较稳定的国际力量分布，但同时也出现一些因素导致了最后十年内巨变的发生。最近查尔斯·梅尔撰写了《19世纪末的历史总结》，从欧洲中心论的角度得出一个观点：20世纪可分成两个阶段，即1898年到1945年和1945年到2000年。但是在全球化的21世纪使用欧洲中心主义的论调多少有些离经叛道。事实上，如今任何观点的提出都不可能不是全球性的。丹尼尔·耶尔金和约瑟夫·斯坦尼斯罗在他们的一篇力作中提出"经济全球化早在14和15世纪就已存在"。此外他们还认为："从20世纪后几十年开始，金融市场的相互依赖度越来越高……赋予了国际经济新的内涵。但经济融合产生的深远影响归根结底是信息传播体系融合所带来的结果。"

进一步从时间顺序来看，19世纪末，建立在传统帝国军事力量和经济实力均势上的体系趋于成熟，但与此同时，美国以经济强国的形象崛起并且活跃在世界舞台上，积极展现它的全新价值观，挑战欧洲的霸权。而世界的另一边，沙皇俄国进入了工业起飞期，沙俄政权和之后的苏维埃政权开始对国家实施现代化改造，这同样对传统帝国的霸权形成挑战。接近20世纪中叶时，欧洲的所有老帝国陷入了一场危机之中，在短短十年多的时间内全部灭亡。而美国和俄国，确切说是美国和苏联，开始了一场新的较量：从政治、军事和领土方面的对抗，到随后演变为经济实力和发展模式的交锋，资源获取及其利用方法的竞争，以及技术创新和将科技优势转化为霸权的竞赛。这场较量先是被称为"冷战",后又被冠以"两极对抗"之名。20世纪后几十年,世界范围内的科技差距越来越大,经济体之间的对抗结果明白无误地宣告了美国的一家独大。依靠其所拥有的技术和生产力优势以及金融霸权,美国成为全球力量分配的唯一决定性要素。20世纪始于欧洲的统治地位和世界的多元格局,终于欧洲军事力量的终结(欧盟的诞生保留了一些对于遥远未来的希望)和美国的单极霸权。这个当今世界唯一的超级大国虽然正受到全球化带来的全新威胁和挑战,但不管愿不愿意,它仍有能力决定整个世界的命运。过去的军事帝国转变成了现在的科技帝国,或者更简单地说,从欧洲中心变成了美国独霸,以及这种霸权瓦解的早期征兆。

随着时代的前进,变化发生的速度越来越快。20世纪初未来主义者们构想的闪电般速度现已进入了人们的日常生活中,并作为决定性要素作用于各个层面。人与物的运输、资源和资本的调动,以及信息的传播速度都不断刷新,这一方面导致了变化的加剧,另一方面也使得解读变得愈加困难。这才是关键的地方,当我们试图从历史角度反思20世纪国际政治的演变时,马上就会在辨识合适的例证上遇到困难。显然,时至今日,想用十几年前的传统方法来重建过去已经是绝无可能的了,仅从政治和外交角度来概括事件的发展如今看来也完全难以想象,甚至把单一历史事件放在较短的时间范围内分析都会产生无法忽略的风险。过去或现在那些毫无疑问具有重大意义的事件,如果放在一个更长的时间段内,或置于一个有别于当时的特定背景,再或者以全球变革的大视角来考虑的话,可能就变成了无需强调的边缘性事件。而与此同时,一些原本不那么起眼的问题却会凸显出巨大的重要性。

此外,还有若干基本因素不能忽略。20世纪初全球人口大约是15亿,而2000年已突破了60亿。人口因素对于财富的产生和资源管理会产生影响。马尔萨斯的人口学假说被经济体制强大的自我调整能力所推翻,但又在各种贫穷和不平等现象中表现出种族学上的依据。第二次世界大战后,利用原材料和农业资源进行财富创造的能力,与不断增长的消费品需求,以及用于解决落后难题所采取技术手段的惊人进步交织在一起。不同国家间的发展不均衡过去一直是世界上最为严重的问题,而现在这点依旧没有改变,尽管根据1900年的指标，20世纪的一百年中全球的生产力水平增长了至少5000倍之多。

全球范围所呈现的人均收入失衡现象反映的并不是落后问题，而是财富再分配问题。总之，生产资料和生产方式成为一场无声的政治和社会斗争。在21世纪初无法否认的一点是，世界范围的生产力水平大幅提升已经深刻改变了一部分人的需求性质。就算"军事"帝国曾经推行过剥削或殖民政策，这部分人也并不都处于发展的边缘。在去殖民化时期，剥削和殖民矛盾被不同发展模式之间的冲突所取代，与此掺杂在一起的还有各类政治冲突，很难说是发展模式的不同引发了政治对抗还是不同的政治制度造成了发展模式的冲突。2007年的国际社会由193个独立国家构成，所有国家在法理上都是平等的，但在实际层面上却又不尽相同。如今，各个国家在世界版图上的分布犬牙交错，和第一次世界大战前的格局已完全不同，当时所有独立国家加起来也不过40多个。

20世纪的结构性变革还伴随一系列意义重大的政治变化，比如大众社会的到来。这一改变可溯源至19世纪末，也可以完全纳入20世纪初。如果不深究概念的话，能够明显感觉到大众参与到了政治决策的形成过程中，并对国际关系的外在形式和内在实质均产生了影响。

以上几个总体看法构成了接下来几章论述的出发点。它们的意义在于尽可能将那些既不统一也非理性的内容纳入一个统一而理性的范畴中。历史不提供绝对的事实，只提供相对的差异有待人讨论。历史能够容纳专制和原教旨主义，它们只是这条长河中偏离主干的支流。罗伯特·穆齐尔曾写道："真理不是能够放进口袋的水晶，而是内部不断涌动的无边流水。"理性需要通过概念的描述来获得，同时也要考虑到政治经济体系的实际变化，对解释标准进行不断调整。近代史可以通过概念工具进行理解，比如一战的根本原因、二战的起源等等，但这种理解是纯粹抽象意义的一种想象。我们需承认，使用国际关系理论家们所设计的阐释方法很有必要，但前提是这些阐释方法要符合实际情况的变化，而不是变成过时僵化的理论。在任何领域，解读方式的改变都会伴随认知的变化，国际政治亦不例外。

"新外交"的诞生与早夭

1. 导读

20世纪初的国际形势有两大引人注意之处:一是不列颠帝国在全球的统治地位;二是德皇威廉二世受国内经济高速发展的鼓动,在国际政治上采取了积极进取的态度,使德国隐约展现出欧洲未来主宰者的姿态,并在欧洲大陆以外的地方与英国的统治力量进行对抗。德意志帝国的扩张持续挑战着英国的海上霸权。无论是其打造的庞大海军舰队还是计划中建造的"柏林—巴格达"铁路,都触动了大英帝国最为敏感的神经。而作为回应,伦敦政府摈弃了孤立主义政策,开始着手打造反德同盟。

在此之前,欧洲大陆分为两大传统阵营:一方是1879年建立的德奥同盟,后来又与意大利签订协议从而形成三国同盟;另一方是在俾斯麦的和平政策终结后形成的俄法联盟。但这一局势在20世纪初被打破,并在短短几年内被新格局所替代。大英帝国通过妥协和让步一举解决了与法俄之间根深蒂固的矛盾,从而在1907年组建了带有反德意味的协约国同盟;与此同时,三国同盟这一方却出现了破裂,先是1900到1902年间签署的政治和经济协议使意大利对法国的敌视态度得以缓和,此后1909年意大利又与俄国缔结了和平条约。造成的结果就是德国在欧洲大陆被彻底孤立,其唯一的同盟奥匈帝国,也被当时的英国政治家判定已经处于"崩溃的边缘"。

新阵营产生的作用不仅仅是改变欧洲的均势,使法国收复了1870到1871年普法战争中失去的阿尔萨斯和洛林地区,更重要的是阻止德意志帝国扩张的步伐,尤其是在那些几个世纪以来一直爆发冲突可能的地区。"欧洲病夫"奥斯曼土耳其帝国在整个19世纪日渐孱弱,使它成为各方觊觎的对象,首当其冲的自然是土耳其的宿敌——巴尔干国家,同时奥匈帝国、沙皇俄国和意大利也对其抱有野心,它们之间互相明争暗斗,都希望能够继承苏丹留下的遗产。除此之外,20世纪开始在中东地区发现的石油资源也成为大国角逐的对象,使这一地区成为全球战略要地之一。1895年德国拒绝英国提出的瓜分方案,从土耳其那里获得了"柏林—巴格达"铁路的租让权。在此之前,奥斯曼帝国一直享受着英法的庇护,而与德国达成的协议虽然使其获得了后者的扶持,但也成为英国外交攻击的目标。在新阵营的构建过程中,可以看到围绕地中海东岸霸权所展开的争夺(主要是柏林方面),以及英法通过支持反对奥斯曼和哈布斯堡王朝的民族主义势力来扩大它们在这一地区的影响力。

由此欧洲分裂为两个敌对的阵营,其中唯一立场不明的就是意大利。这场较量的赌注是欧洲大陆的心脏地带,包括沿莱茵河边境地区和意大利、奥地利及匈牙利,此外也决定了奥斯曼土耳其帝国所有法律属地的命运,理论上包括整个地中海南岸、整个中东地区和巴尔干半岛的大部分。这些地方就是此次潜在冲突在"欧洲"(姑且都算成欧洲)的影响范围,另外还得加上德国在殖民地发起进攻可能产生的后果。

直到1914年之前,欧洲大陆的颤动越来越剧烈,一系列外交事件、小规模战争和紧张气氛屡次将局势带到崩溃的边缘,但没有人意识到这种"第二次工业革命"带来的结构性分歧正在激化。除此之外,还有两个因素作用于外交层面上,加剧了每一个潜在冲突所产生的影响:第一是整个欧洲范围内社会主义运动的蔓延和许多国家内部的革命呼声,第二是美国作为全球头号经济强国的崛起,并开始通过政治手段构建新的国际秩序,使之摆脱传统帝国主义的霸权,更好地服务于美国的扩张需求。

革命的危险在各地此起彼伏地出现,但各个国家仍有足够的力量遏制住这个势头,至少在1918年以前的欧洲国家情况是这样,俄国是一个例外。沙皇俄国的工业起飞来得太晚,所以在1914年的军事危机到来前国家尚未完成现代化。也正是在军事方面,俄国在1904到1905年的对日战争中遭到了令人羞辱的失败,这反映了沙俄无论军事实力还是政治力量都很脆弱。另外,经常被忽视的一点是日俄《朴次茅斯和约》是美国居中调解的结果,这是美国这个欧洲以外的国家第一次在国际舞台上发出具有影响力的声音,而目的恰恰是制裁日本这一太平洋上新兴崛起的海上力量。

美国在1865年南北战争后进入了一个经济和人口上的迅速发展期。1865年到1914年美国人口从3100万增长到1亿,50年间人口增长率超过300%,这其中也包括2100万主要来自于欧洲的移民。1900年美国的制造业产值超过了世界上所有其他国家。1913年第一次世界大战前夕,美国的生产总值超过英德两国的总和;钢铁产量达到3180万吨,相当于德国、英国、法国和奥匈帝国加起来的总量(3250万吨);工业产值占世界32%,远远超过德国和英国(两者加起来占世界28.4%)。这几个简单的数据足以说明在一战前夕,美国已经是一个经济超级大国,但它尚未把这一优势向外部进行投射,恰恰是这场战争把美国推向前台,成为世界金融市场的主角。

直到19世纪末,美国人对美洲大陆以外的世界政治并不十分关心。欧洲殖民主义那种对于原材料产地的控制也不是美国的兴趣所在。对于合众国来说,最重要的是消除领土方面的不安全因素和墨西哥建立新秩序的企图。领土问题主要涉及西班牙在古巴的活动以及对巴拿马运河建设项目的控制。这是这一时期美国对外政策的核心诉求。

这些问题通过1898年与西班牙的战争得以部分解决。战后,美国获得了对古巴的暂时性统治及对菲律宾半岛和关岛的长期控制,使波多黎各和夏威夷成为合众国"领土"。1903年,西奥多·罗斯福总统通过一项冒险行动确保了美国在巴拿马地区的权益,他利用哥伦比亚动乱在运河挖掘地区推动建立了一个独立国家(巴拿马共和国),从而获得了在巴拿马地区及随后建成的运河上所有航运活动的控制权。

美国的根本性问题是孤立主义传统和介入国际事务之间的两难选择。1897年,阿尔弗雷德·赛耶·马汉上校发表了《美国的海权利益:现在和未来》一书。这部地缘政治学著作对制海权的重要性进行了理论化总结,在国际上产生了相当程度的影响。事实上,当时的英国一直以来就是海权论的实践者,而美国在接下来的一个世纪里也如法炮制。与这一理论相对立的是一系列反帝国主义的观点,他们谴责美国放弃了乔治·华盛顿和其他国父们所倡导的世界民主理想。西奥多·罗斯福在其任内(1901—1909年)毫无保留地奉行了扩张政策,但他的继任者威廉·塔夫脱总统(1909—1913年)更倾向于金融扩张,而不是传统的帝国主义侵略,所以他的对外政策被定义为"金元外交"。塔夫脱和同僚们大力推行"门户开放"政策,比如在中国,美国资本的大举进入推动了当地的改革和"政府优化"。

在塔夫脱总统看来,国际问题的焦点是拉美和中国,在亚洲,美国的竞争对手是欧洲列强,而在拉美,除了当地民族主义运动外美国几乎没遇到任何障碍。塔夫脱充分理解外交博弈的复杂性,但更倾向于使用法理来解决问题,在这一点上他与其前任西奥多·罗斯福一样,都认为仲裁公约是和平解决国际争端最有效的方法。

塔夫脱的继任者伍德罗·威尔逊从概念上对美国外交政策的两个核心要点做了调和。1914年7月,当欧洲大陆跌入战争深渊之际,威尔逊表示:"所有人都将知道美国把人权置于所有权利之上,并且他的旗帜不仅仅属于美国,还属于全人类。这个国家将被世人真正理解。"这番话是威尔逊受到美国和平主义、进步主义和国际主义运动影响的表现。尽管在一些实际情况中,比如1911—1917年的墨西哥危机期间,威尔逊毫不犹豫地使用武力,但对于那些发生在远离本土特别是在欧洲大陆的事件,他则表现为忠诚的和平捍卫者,主张对任何冲突都使用仲裁来解决,坚决反对秘密外交,并且极力倡导成立一个大型国际组织,将国际主义原则转化为具有约束力的国际法,如此一来便能永绝战争之患。

如果美国不是一个世界经济强国,或者说如果它也被卷入了欧洲战争的话,那么以上论述就不会那么重要。一战的爆发出乎所有人的预料,其规模和持续时间也超出先前各方的估计。最开始是奥匈帝国在德国的支持下想要彻底消灭塞尔维亚民族主义分子,因为后者威胁到了奥地利在巴尔干半岛的利益以及德意志帝国的扩张。俄国的迅速反应表明它在巴尔干半岛和地中海东岸集中了太多利益,甚至不惜发动一场局部战争。而大英帝国在这一区域同样有自己的利益。于是各种秘密盟约自动生效,所有维护国家利益的行为都被予以认可,战争开始扩大。

对于这场欧洲危机,美国并没有立即表明立场。威尔逊一度认为冲突各方会达成妥协,战争将在较短时间内结束,而美国既没有直接卷入其中,也不具有利害关系,可以高举国际主义旗帜来应对。但随着冲突的不断持续和破坏性日益加剧,美国及所有相关方都认识到这场战争将是全世界的一个转折点,而且将留下一系列难以恢复的破坏和社会动荡。但是对于美国,战争所带来的不仅是政治影响,更为重要的是金融和贸易领域的全新机遇。事实上欧战的结果很快就在经济层面得到体现,从 1914 年冲突开始到 1917 年美国参战,合众国对欧洲的出口额翻了一番。战前美国欠英国外债超过 30 亿美元(按 1913 年同比价值),而在 1917 年英国倒欠美国 50 多亿美元,美国从英国的纯债务国变成了纯债权国,这一过程如在正常情况下往往需要几十年时间才能实现。

美国财政部长威廉·吉布斯·麦卡杜在 1916 年的年度报告中引用了《曼彻斯特卫报》的社论,其中这样写道:

> 战争从根本上改变了美国和欧洲的关系……战后美国将偿清大部分外债,将拥有价值坚挺的货币。美国的银行家将获得他们迄今为止欠缺的国际货币市场经验,而整个世界金融体系将建立在被战争大幅催生的经济体量上。这一形势下很容易预见的是,纽约将进入世界金融之都的序列。

上述预言还是太保守了。一战结束时,美国已经是世界主要的军备赞助国。整个一战期间美国向协约国提供了 95 亿美元。这笔款项的偿还拖延了很长时间,一直是美国和部分欧洲国家产生争执甚至是敌视的原因之一。

在政治方面,威尔逊总统对于德国并不抱有先入为主的敌对态度。事实上德裔团体当时在美国拥有强大的影响力,但德国人自己毁了这一优势。德军击沉了英国卢西塔尼亚号邮轮,导致 128 名美国乘客死亡,在此之后发生的一系列争论最终使威尔逊倒向了协约国一边。美国舆论对于德国在比利时和其他地方"暴行"的批判占据了越来越大的分量。德国又在海上坚持无限制潜艇战,这被许多反对将科技进步用于战争的人士认为是不道德的行径,德国受到了越来越强烈的敌视。

实际上,威尔逊总统做出这样的选择更多是考虑到了战争带给美国的机遇。欧洲国家正在进行着一场前所未有的残酷厮杀，各种高技术含量的武器被投入战场（除潜艇外还有飞机和远程大炮，甚至是毒气），这一事实赋予了一战强烈的非人道色彩，而这正是威尔逊所提倡的和平主义最为反对的，他想通过经济力量和政治压力让整个欧洲（结果是整个殖民地）接受一个全新的、以法律为支撑的国际规则，这成为美国当时国际政策和后来一系列重大举措的思想基础。

1917年1月，威尔逊向参议院递交了他的原则：和平不应该有战胜者，因为强加于败者的和平包含了另一场战争的祸根。和平应建立在国家平等、人民自治、公海航行自由和全面裁军之上。所以要改变过去的外交做法，为了确保和平，有必要成立一个由所有和平国家参与的永久联盟，它拥有强大的力量能够阻止一切战争企图，而美国将时刻准备挺身而出维护这个新体制。

威尔逊发表演讲几天之后，德意志帝国宣布恢复无限制潜艇战——之前为了平息美国的抗议，德国的潜艇活动一度中断了几个月。这就是威尔逊计划得到的首个回应，而另一个回应或许不那么直接，但重要性毫不亚于前者：圣彼得堡在二月底爆发了第一次俄国革命，由此诞生的临时政府为俄罗斯帝国的瓦解扫除了最后障碍。十月革命的先驱列宁和威尔逊一样致力于创建新的国际秩序，但在列宁看来，这一秩序应建立在工人联盟之上，而不是政府间的各种协定。

美国在1917年4月6日至7日宣布参战，当时的国际形势已经发生了深刻的变化。在欧洲大陆的威胁除了德国之外，又多了一个苏维埃革命。威尔逊建立国际新秩序的提议固然和交战国间的关系直接相联，但从原则上形成了与俄国共产主义者们提出的方案的较量。美国有史以来第一次干涉欧洲战争就遇上了两个不同的敌人：一个来自战场上，另一个来自意识形态领域。

尽管俄国共产主义者满怀希望，但欧洲大陆并没有要爆发革命的样子。战争尚未结束，欧洲各国就已开始准备防止发生革命。社会动乱的威胁加速了决战的到来，也提升了威尔逊主义的影响力。美国军队进入战场后令军事局面发生了转折。虽说俄国爆发革命后，同盟国能够集中力量应对西线战事，但真正逆转局面的是美国的军事援助和之后的直接派兵作战，还有就是英国对同盟国实施的完全海上封锁。德国和奥匈帝国并不是在战场上被击败的，它们失败的原因是经济资源的枯竭和威尔逊主义在全世界产生的影响。

威尔逊把美国参战的目的概括为"十四点"(1918年1月8日),用以回应十月革命关键时刻苏维埃颁布的《和平法令》。1917年11月8日,列宁掌握下的全俄苏维埃大会一致通过文件,号召交战国人民和政府"立即停战谈判,达成公正持久、不割地不赔款的和平",以此作为无产阶级革命的前提。这项提议表面上和威尔逊1月在美国参议院发出的呼吁无甚差别,但实际上威尔逊的提议是改良性的,而列宁的则是颠覆性的,因为他号召的对象首先是"人民",而不是政府,并且以此作为"无产阶级革命"的前提。另一方面,苏维埃把一系列秘密条约的文件陆续公之于众,正是这些条约的相互作用导致了战争的爆发,此举将所有资本主义国家政府置于尴尬的境地,也给威尔逊式世界主义的凝聚力制造了很大麻烦。事实上,没有哪一种世界主义能够脱离实际情况。苏维埃这样做是为了反对资本主义国家,威尔逊则阐述了美国人看待欧洲的方法。威尔逊的"十四点"带有强烈目的,即抵消或者吸收苏维埃提议产生的效果。他看似保守、异想天开,而且不符合美国的战争利益,但一经实施,就展现出其真正目的:不仅要打击西欧列强的敌人,还要使这些国家本身也陷入困境,比如法国将遇到的安全问题,英国将遇到的帝国主义体制问题。威尔逊的计划可能在无意中预见了更远未来的发展,根据他自己的看法和美国的经济利益勾画出一套国际主义理论。1917年7月,由于协约国不愿接受他关于国际秩序的观点,威尔逊曾经恼怒地说道:"战争结束后,我们将强迫他们像我们一样思考,因为那时候他们的经济将完全掌握在我们手中。"

美国总统提出"十四点原则"希望借此简化和明确他的设计方案,并排除苏俄和平倡议可能带来的风险。这个文件本是理想化的国际主义和具体形势下实用主义的结合产物,后来却演变成为无数赞颂的对象,但也被用来表达自相矛盾的概念或阐述那些一个世纪后被历史证明非常致命的政治方案。不过,如果德国、奥匈帝国和奥斯曼土耳其战败时,威尔逊没能让协约国以美国方案为基础开始1919年1月的巴黎和谈,或者在此之前德国的投降没有以威尔逊"十四点原则"作为前提,这些说法也就不具有任何意义了。

很多时候并不用特别在意那些纲领性文件中的遣词造句,但是威尔逊的"十四点"里充满了各种教条主义,值得从字面上加以关注。他在陈述观点之前

甚至还有一个引言,强调美国的参战并不是为了自身的利益,而是为了让"每一个热爱和平的国家都享有安全的世界":

> 全世界各民族都是这一事业的共事者,同时,以我们本身而论,我们看得十分清楚,除非正义施及他人,否则正义也不能独施予我。因此,世界和平的方案,就是我们的方案;而依我们所见,这方案,这唯一可行的方案,应是这样的。

引言里未提及任何其他选项,威尔逊认定自己是唯一手握世界和平钥匙的人。"十四点原则"实际上包括了一般性陈述和特别条款,比较笼统的是反对秘密外交、保障公海航行自由、消除贸易壁垒和限制军备。有一条特别提到了殖民地问题,即在调解相关争议时,当地的利益应与管制国家的正当要求获得"同等重视"。关于俄国,应确保外国军队全部撤出(但未明确乌克兰和波罗的海国家是否包括在内),俄国人民将独立自由地选择他们的政府。威尔逊认为有必要恢复比利时的完全主权和独立,归还法国阿尔萨斯和洛林地区,"依照明晰可辨的民族分布界线"调整意大利疆界,给予奥匈帝国的人民"自治发展的机会"(保证国家地位)。罗马尼亚、塞尔维亚和黑山的占领军应撤退。第11条明确指出"应给予塞尔维亚出海口,而巴尔干若干国家的相互关系,应按照历史上已经确立了的有关政治归属和民族界限的原则,通过友好协商加以决定"。奥斯曼帝国的"土耳其部分"应确保其完整主权和安全,但奥斯曼帝国统治下的其他民族,则应"享有建立在自治基础上非常安全的生活"。达达尼尔海峡在国际管控下永久开放。最后,在所有波兰人居住的无争议领土上建立一个独立的波兰,并拥有自由的出海通道。为了以上一切的圆满完成,将创建一个国际联盟用来确保所有大国和小国的独立。

公开外交纯属幻想,就连威尔逊自己也放弃了。巴黎和会甫一开始,美国、英国、法国和意大利就组成了"四巨头会议",在绝对秘密的情况下决定了和约的条款。航海和商贸自由是美国经济持续发展和对欧洲殖民地进行渗透必不可少的条件。抛开那些明确的条款不谈,在涉及意大利的条款中出现了争议,第九条提出将民族性原则作为国际新秩序的根本,但同样的原则却没有出现在关于俄国和殖民地的条款中。这是一个根本性的矛盾。相似的矛盾还出现在塞尔维亚问题和波兰问题中,民族性原则和确保两国出海口的需要产生了冲突,因为后者从民族划分的角度来看根本不可能实现。奥匈帝国内部各民族的自治发展和帝国的存续也全然是对立的,其直接后果就是捷克斯洛伐克这个全新国家的诞生,这可以说是民族性原则产生矛盾最直观的例子,同时对巴尔干国家和奥斯曼帝国土耳其外领土的重组也是帝国最后覆灭的因素之一。

所以,深入了解这种教条主义和实用主义结合的程度是非常有必要的,因为威尔逊的外交行动就是在此基础上展开的,虽然在有些情况的处理上略显犹豫迟疑,但在促成奥匈帝国和奥斯曼土耳其帝国的灭亡上却是坚定无比。奥斯曼帝国的终结为英法殖民主义控制地中海东岸地区铺平了道路,同时也打开了阿拉伯半岛的大门。一战之前,纽约标准石油公司就已经从土耳其苏丹政府获得了石油开采权。随着战争的进行,石油成为一种极端重要的资源,而美国对国内资源一直采取保护立场。石油问题就成为1920年4月圣雷莫会议上争论的焦点,这次会议主要是讨论奥斯曼土耳其帝国的未来,但很快人们就发现"门户开放"政策成为主要议题,美国希望借此来打破大英帝国的独家垄断。几个月后这个问题升级为外交争论,虽然总的来说还没有演变为公开的争端,但从中已可以预见到一些未来的变化和发展。这只是一个开始,在接下去的50年里,美国逐渐取代英国控制了地中海的大部分石油资源。

至于奥匈帝国的终结,本来并不是欧战的目的之一,但由于意大利和美国强烈鼓动帝国治下的民族自治诉求使其最终成为现实。意大利人并没有预见到他们这些行为的后果,但威尔逊却有意推动了塞尔维亚—克罗地亚—斯洛文尼亚作为一个独立国家的诞生。"大塞尔维亚国"的梦想过度膨胀,完全置民族自决的原则于不顾。在这个由塞尔维亚族统治的全新国度里,被塞进了马其顿族、阿尔巴尼亚族、保加利亚族、克罗地亚族、波斯尼亚族、斯洛文尼亚族、黑山族和匈牙利族(更不用提那些更小的民族)的居民。这些民族世代互相敌视,现在却被置于一国,其凝聚力可想而知。当时还不存在"南斯拉夫民族"这个概念,在这个新成立的国家中,各方势力竞相争夺统治权,在强烈的民族主义情绪里根本不可能获得真正的民族融合。威尔逊关于建立南斯拉夫的理由是不成立的,而他坚持创造捷克斯洛伐克的理由同样站不住脚,至少有五个不同的民族(波西米亚人、苏台德地区德国人、斯洛伐克人、匈牙利人和乌克兰人)要共同生活在那个国家里。或许可以想到的一个解释是威尔逊"十四条"中原本包含了与苏维埃革命政府妥协的愿望,但苏俄革命的发展使这一希望彻底破灭,尤其是内战导致的国门闭锁和与外界的隔离,使俄国被认定具有民族主义野心,而且可能成为策源地使革命危险蔓延至整个欧洲。为了应对这些危险,协约国创建了一系列实力过得去的国家(还有重新诞生的波兰和实力大增的罗马尼亚)用以取代覆灭的奥匈帝国先前作为"隔离带"一样的存在,这也是法国所希望看到的局面,但不是像威尔逊宣称的那样"就此建立了一个民主、安全、建立在'世界和平'理念上的国际新格局"。

此外,在与法国和意大利打交道的过程中,威尔逊也没有表现出尊重两国诉求的意愿。关于意大利,威尔逊不仅在上阿迪杰—南蒂罗尔问题上挑起了争议(并非毫无原则地不讲道理,而是忽略历史因素,但这些历史因素在其他国家都被考虑在内),而且在东部边境划分上也提出异议,并推翻了1915年《伦敦条约》的条款。意大利正是根据这一协议才正式参战,美国虽然并未签署,但不能忽略其中的内容。威尔逊居然直接向意大利人民批评意大利代表团在巴黎和会上的做法,俨然他才是欧洲政治的主宰者,根本不考虑其观点的合理合法性。至于法国,众所周知,一战胜利后法国人最想要的就是把莱茵兰地区分裂出德国,以此彻底解除后者的威胁。但威尔逊坚决反对这一提议,并最终使巴黎政府妥协,取而代之的是美英两国通过公约保证法国在50年内不受德国威胁。除此之外,威尔逊还把成立国际联盟的条约加入了1919年6月28日签署的《凡尔赛条约》中,使所有这些保证看上去具有实际作用。

这种"新外交"思维方法也许能获得成功,但前提是美国要赋予它提倡的国际主义以实际内容:首先必须参加国联;然后与各国合作,通过在几个新国家之间进行适当的平衡来稳定中欧局势,以此填补失去奥匈帝国之后在巴尔干半岛和其他欧洲地区留下的地缘政治空缺;最重要的是对法国做出的保证要具有实际可靠的内容。1919年10月,威尔逊突然中风,无法在接下来几个月的时间里在美国参议院为《凡尔赛条约》和建立国联进行辩护。

1919年11月19日,美国国会中的反对党(共和党)成功迫使总统修改《国际联盟盟约》中被认为违反美国宪法的部分内容。威尔逊不断加重的病情令他未能重新掌控局势,参议院也无法继续推进之前做出的决定。1920年3月,提案最终未能在国会通过,这使整个"新外交"的构想彻底坍塌。美国没有加入国联,美英两国对于法国的保障性公约也未能生效,欧洲局势不受任何外部保护。其结果就是,法国对其安全问题感到前所未有的担心,以创伤后的心态处理与德国关系的每一个环节;意大利人满怀愤怒,因为1915年《伦敦条约》中包含的承诺无法用于和塞尔维亚—克罗地亚—斯洛文尼亚王国的边境问题上,邓南遮声称意大利获得的只是"残缺的胜利",这一说法盛行一时,甚至成为了意大利对外政策的组成部分;英国对于当下欧洲地缘政治的变化也不敢苟同,伦敦政府倾向于游离其外,并很快萌发了修改这一体系的意愿;德国对于某种意义上在法国压力下保护他们的人感到失望,很快就开始试图打破凡尔赛体系;新的中欧和东欧秩序没有任何形式的外部力量加以保障,无法确保不受到质疑和挑战。所有位于苏联西面的国家首先都感到有必要加强"隔离带"对抗布尔什维克革命的危险,同时也不约而同地与莫斯科政府进行谈判,试图达成一个永远不会成为常态的暂时性解决办法。

总而言之,美国对于欧洲事务的第一次大规模干预没能使"新外交"作为和平的前提发挥作用,而是大幅加剧了欧洲各国之间实力的不平衡,催生了它们的不满情绪和复仇愿望,同时激化了传统矛盾并开启了新的冲突,这让人不禁思考,刚刚过去的一战或许只是一个插曲:欧洲大陆无法解决其内部日益积累的敌对情绪,如今还要面临美国的经济和资本渗透(美国就算退出"新外交"政策也不会放弃其经济影响力),此外还须应对社会体制危机和战后遗留的经济问题对各国造成的危险,所有这些因素都为欧洲未来的灾祸埋下了伏笔。和平条约签订了,但和平并未进入人们的头脑,更没有深入人们的内心。有一种感觉开始扩散,即欧洲已经开始走向灭亡,除非出现突然转折使凝聚力重现,压倒冲突和危机。

在欧洲的大洋彼岸,美国已经成为全球首屈一指的强国,所有一切都让人相信,美国的力量将继续快速增长,尽管美国国会持反对意见,但美式民主将主宰世界的命运;欧洲向东,经历内战后的苏联成为欧洲潜在的盟友,但与此同时也是资本主义世界政治、经济和社会秩序的可怕敌人,它可能成为世界未来的巨大希望,也可能成为旧世界政治力量的致命威胁。

2. 史实总览

2.1 欧洲两大对立联盟的形成

1914年大英帝国占据了世界约三分之一的陆地面积，各种法律形式的属地遍布五大洲。英国在非洲的领地由北至南从埃及一直到南非联邦，还包括大西洋沿岸的几处，其中最重要的是尼日利亚；在亚洲它占据了印度、缅甸、锡兰、马来半岛、新加坡和南婆罗洲；在大洋洲，大不列颠帝国控制了澳大利亚和新西兰两个自治领，新几内亚的一部分以及太平洋上的几个群岛；在西半球，加拿大同样是英国自治领，在中美洲和南美洲还有一些地区仍在英国的殖民统治下。此外值得一提的是，大不列颠拥有一系列具有战略意义的殖民地：它控制着地中海上的直布罗陀海峡、马耳他、塞浦路斯及苏伊士运河，红海通向印度洋的门户亚丁，印度洋和太平洋之间的交通枢纽新加坡，以及中国领土上的香港。殖民地是大英帝国政治、经济和商业力量的根源所在。伦敦交易所是当时的全球金融交易中心。

直到俾斯麦担任德意志帝国宰相期间，德国的对外政策一直是通过结盟孤立对手（首当其冲的是立志复仇的法国），阻碍反德联盟的建立，同时不试图挑战英国的地位，以此确保自身安全。俾斯麦后来被德皇威廉二世免职，后者并不打算采纳这位元老的建议，而更加关注如何满足军人和工业巨头们的期待，他们一直主张采取相对大胆的对外政策。俾斯麦体系中最重要的几点开始动摇，其中包括1879年与奥匈帝国达成的牢固联盟，以及1882年的三国同盟。三国同盟虽然十分脆弱，但成功地将俾斯麦的影响力延伸至意大利，使亚平宁半岛不再落入其传统保护国——法国的控制中。俾斯麦理念的基点是把统治中欧的三个保守主义帝国紧密团结在一起。为了实现这一点，他两次促成"三皇同盟"（1873和1881年），而更重要的是1887年签署的《再保险条约》把德国和沙俄绑在了一起，此后俾斯麦还通过有效的政治行动避免沙皇俄国感到孤立从而投入法国的怀抱。如果德国新政府想要阻止俄法之间的靠近，就必须向俄国开放自己的金融市场，因为沙俄在19世纪90年代初正好进入工业起飞时期，迫切地需要金融资本来支持国内工业化所必需的基础设施建设。但德国的执政者反其道而行，他们对于东方友邻的需求置若罔闻，还在1893年对俄国发起了关税贸易战。法国政府看到这点后果断采取了相反的策略，他们向莫斯科积极贷款并很快收获了外交成果：1891年到1893年期间法俄同盟已经成为事实。

从这一点来看，俾斯麦的下台及其马上产生的后果开启了国际关系的新时代。法俄之间缔结同盟是俾斯麦一直以来所担心的。1855到1859年奥地利陷入的困境让人难以忘怀，克里米亚战争导致德国与俄国的对立和敌视，随后又在意大利冲突中陷入孤立。法国在1893年已经不再孤立，并开始走向复仇之路，而德国已经丧失了欧洲政治格局的核心与统治地位。国际关系不再完全偏向柏林，但同时德国已经成为欧洲最强劲和具有活力的工业国家。

德意志帝国日益增长的实力解释了它在国际政治中的激进行为。在1870年到1914年期间，德国人口从4100万增长至接近6800万（尽管直到1895年还有大量德国人移民美国）。虽然经历了一次长时间的经济危机，各项经济指标仍然一致向好：铁路里程从7000公里增加至40000公里；煤炭产量从1871年的2940万吨增长到1913年的19150万吨（当时法国的煤炭产量是4080万吨，英国为29200万吨，美国达到45500万吨）；德国的钢铁产量在1910年超过1300万吨，几乎是英国的两倍；大型电力和化工工业已经形成并且迅速发展，预计几十年内就能占据庞大份额；此外，德国的对外贸易额在1913年已经与英国持平。

强大的实力使德国自信满满，原本遥不可及的目标也可以努力一试。这些目标亦包括国际政治方面的，其产生的后果直接体现在德国与其他欧洲列强的关系上，尤其是和英国。两个最明显的表现就是威廉二世统治下德国对于殖民地的渴望和冯·提尔皮茨元帅打造庞大海军舰队的计划。早在俾斯麦时期（1880年后），德国已加入到了欧洲列强对于非洲的争夺中，并占领了非洲西南部地区（相当于现在的纳米比亚）和东部地区（坦桑尼亚），但是德国并没有提出过明确的殖民计划。威廉二世推行的是一个有意识的"世界政策"（Weltpolitik），根据这项政策，德国与英国合作（或对抗）巩固其在非洲大陆的殖民地，同时通过租借中国胶州湾和购买太平洋上的加罗林群岛和马里亚纳群岛实现向亚太地区的扩张。随后德国又成为中东地区的主导因素，德意志银行果断参与了柏林—巴格达铁路的建设，同时亲德的"青年土耳其党"军政府在伊斯坦布尔上台，在他们的支持下德国从英俄手中获得了极具战略重要性的一块地区。

德意志帝国"世界政策"的另一个工具，或者说具体的表现，是海军大臣冯·提尔皮茨元帅在1898年开始实施的计划，这项计划产生的影响在1900年到1908年得以充分体现。对于英国而言，这是一个无法容忍的挑衅。海军军备竞赛导致了英德两国的外交对立，险些演变成军事冲突。英国实施的孤立政策，最早被索尔兹伯里侯爵定义为"光荣孤立"，但这项政策在20世纪初已经成为一个巨大风险。对于各国实力关系的误判导致威廉二世过高估计了德国的行动自由度并由此引起了一些国家的反应，它们感到德国的行为威胁到了欧洲（甚至世界）的力量均衡。

各国实力对比的变化和法俄同盟的诞生加快了英国的决策步伐。如果说最早感受到这点的是德国人，那么最早开始行动的则是英国人。1898年英国殖民大臣张伯伦提出与德国建立真正的联盟，并把提案交由议会审议。但柏林政府对这项提议抱有强烈的不信任感。德国当时面临着一个新的问题，事实上这个问题在接下来几十年也一直困扰着德国，那就是在英国和俄国之间做出选择。当时英俄间的政治和外交关系异常恶劣，和英国公开结盟势必会加深与俄国之间已经产生的裂痕，而与奥匈帝国（当时显然正饱受民族自治运动的困扰）和意大利（刚经历阿杜瓦战役的惨败和一场在1898年到达高潮的政治危机）的同盟并不足以确保德国对外政策的万无一失。在欧洲瞬息万变的局势中必须要找到新的交往对象，而对于盟友的选择应建立在利益和危险的比较分析上。德国外交大臣伯恩哈德·冯·比洛（1900年开始兼任帝国总理）低估了与英国结盟的重要性，因为他当时认为伦敦政府将继续执行孤立政策，这对于欧洲的均势，甚至德意志的优势扩大都不构成危险。他还认为英俄之间的严重对立是两国永远不可逾越的鸿沟，这种对立甚至还会加剧，因为除了之前在黑海海峡和中亚的摩擦之外，俄国在中国和太平洋地区也对英国频频施压。

此外，英法之间达成同盟的可能性在比洛看来也是不用考虑的。除了很短一段时间的合作外（拿破仑三世时期），几个世纪的历史证明了两国在国际利益上的不一致具有深层次原因，而这种差异在帝国主义列强争夺北非如火如荼之际更不可能停下来。英国在埃及已经站稳脚跟，已经表现出要把地中海到开普敦全都纳入掌控的野心,而法国则希望通过苏丹将其势力范围从大西洋一直延伸至印度洋。1898年发生的法绍达事件(英国和法国的远征队为了完成对各自领地的完全控制,在苏丹心脏地区遭遇并产生冲突),几乎可以概括英法两国间深刻和不可调和的矛盾。

在这些前提下,比洛仓促地得出了结论:拒绝张伯伦的提议不会造成任何风险和危害。对于德国而言,和英国结盟能起到什么作用呢?与俄国的关系继续恶化,却并不能换得可靠的军事支持,因为英国不实行义务征兵制,而皇家舰队也无法靠近沙皇俄国的海岸。但事实上,这种认为英国无能的推断是肤浅而错误的(四十年后另一个德国人也做出了同样错误的推断)。

与英国相比,比洛认为同俄国改善关系要来得更加实在,1887年签署的《再保险条约》是俾斯麦外交手腕的最高杰作,虽然后来没有续约,但与俄国的关系表面上并没有恶化。比洛认为法俄同盟注定将是短命的,因为资产阶级共和国和专制君主国无论政治制度还是手段都截然不同,而德国方面一旦表现出明确的亲俄倾向,巴黎和彼得格勒之间的不和谐因素就会产生,最终使德国收复1890年后失去的盟友。

但这一判断实则毫无根据。事实上法俄同盟非常牢固,而且由于两国经济利益的紧密交织变得更加牢不可破。向俄国购买友谊就等同于把利益交给法国人,这对于德国是不可能的,这条路根本行不通。两相比较,最终得出的结论是德国外交政策的未来与大不列颠的关系联系在一起。而比洛得出的结论却恰好相反,这使得伦敦政府不再考虑同德国建立友好关系并且共同谋求利益的可能。

英国并非突然做出这样的决定。事实上1898年的提案过后,1901年各国共同剿灭中国"义和团运动"(1900年)不久,张伯伦再次提出希望与德国达成紧密同盟,但同时他也谨慎地表示,如果无法实现英德同盟,大不列颠必须选择其他途径结束孤立政策。英国人的坚持被认为是软弱的表现,比洛并没有直接回绝英方,而是提出让大不列颠与三国同盟签署协议。但这一协议对于英国来说代价太大,因为其前提条件是与奥匈帝国同进同退,而对于后者的前途英国向来不太乐观,简而言之这一代价是英国人不愿意承担的,谈判因此彻底中断。

张伯伦的警告是有根据的。从长远看,要克服与俄国之间的对立相当困难且遥远,但与法国和好已经初现端倪,至少从1898年开始,法国放弃了法绍达冲突上的强硬立场,外交部部长泰奥菲勒·德尔卡塞开始通过谈判方式化解造成两国对立的原因。英法在1904年实现和解,两国达成了一个全面协约从而解决了所有关于殖民地的争端,其中的核心内容是互相承认在南部非洲的影响力,英国对法国在摩洛哥行动的秘密支持,以及共同应对第三方力量的威胁(指的就是德国)。

对于欧洲列强间关系发展的误判导致威廉二世高估了自身的实力和行动自由性,结果就是形成了一致反德的局面。逼着英国向法国寻求和解后,布洛觉得法国人应该明白了大不列颠(用一种几十年后流行的说法来形容)就是只"纸老虎",因而与之达成友谊能起到的作用非常有限。1905年3月威廉二世访问丹吉尔,德皇对负责接待的土耳其苏丹的叔叔说了一番话,经过法国外交人员的巧妙处理后,听起来像是对巴黎方面的严正警告,威廉二世甚至表示"已做好准备尽一切可能维护德国在摩洛哥的权益"。这番话被大肆传播,而当时的法国已经得到英国、意大利和西班牙的支持,开始通过外交活动把摩洛哥纳入其领地,柏林方面对此并不知情。德国发出威胁后产生的效果最初是对其有利的。法国同意将摩洛哥问题放到国际会议上进行讨论。1906年会议在阿尔赫西拉斯召开,最后各方达成妥协,推迟对摩洛哥问题做出最终结论。这实际上意味着布洛外交行动的失败,因为在这次会议中,法国得到了英国、俄国和意大利的支持,但意大利应该是和德国同属一个阵营的。

这是德国被孤立的危险征兆,英国方面表现出的坚决态度也出乎意料。布洛的威信严重受损,因为他的外交计谋起到的效果适得其反,更确切地说他根本没有看到国际局势发生的变化。对于德国而言,情况还在不断恶化,1907年8月德国实行的海军政策和对奥斯曼土耳其帝国的渗透使英国最终决定与俄国达成协约,在主要的分歧点,尤其是有关波斯、阿富汗和西藏问题上实现了和解,其实伦敦方面早就有此打算,这实际上意味着协约国的诞生,他们与三国同盟势不两立,而后者其实已经失去了存在的理由。

1907年,欧洲国家之间组成的阵营从变化期发展为稳定期。德国的统治者一度认为自己手握好牌,而如今事实上已经被孤立了。对于德国外交来说这一醒悟来得非常苦涩。1907年后德国的行动能力被严重限制,在数次严重危机直至第一次世界大战期间,柏林方面已经失去了控制和引导局面的能力,更多情况下只能被动地采取行动。而之后1908年12月到1909年10月间意大利(在波黑被并入奥匈帝国后)也与俄国签订了秘密协定,双方承诺在巴尔干地区维持现状,并且支持对方在黑海海峡(俄国人希望控制的地区)和的黎波里与昔兰尼加(意大利计划占领的地区)的野心,德国失去了最后一丝希望。

2.2 巴尔干半岛与奥斯曼土耳其帝国——"预演"的舞台

欧洲新阵营之间第一次"对练"的机会是1908年发生的波斯尼亚危机。在1878年的柏林会议上俄土战争宣告结束,波斯尼亚和黑塞哥维那主权仍归奥斯曼土耳其帝国,但行政管理权交给了奥匈帝国。这是针对塞尔维亚扩张企图设置的障碍之一,但并没有改变这一潜在危机爆发地区的主权分配。1908年10月5日,奥匈帝国采取突然行动把对波黑的管理变成完全统治。奥匈帝国外交大臣埃伦塔尔当时的行动多少有点肆无忌惮。根据过去几年与俄国和意大利之间达成的一系列协议,奥匈帝国不能在没有预先通知的情况下单方面改变巴尔干半岛的格局。但是1903年夏天塞尔维亚发生政变,导致奥布雷诺维奇王朝的覆灭和其宿敌卡拉格奥尔基耶维奇王朝的上台,由此塞尔维亚开始实施更加民族主义和更明显倾向俄国的政策。接下来的几年时间里,巴尔干两大力量间的角力愈发激烈。简单来说,争夺主要集中在奥匈帝国完全吞并波黑和支持保加利亚独立两个问题上,作为交换维也纳政府将支持俄国修改海峡航行规则,这一规定禁止军舰通过黑海海峡,把俄国舰队限制在了黑海。1908年9月15日埃伦塔尔会见俄国外交大臣伊兹沃尔斯基,双方达成妥协。俄国外交大臣表示愿意接受埃伦塔尔提出的方案,但并不打算为此寻求更广泛的共识,而埃伦塔尔却认为很有必要并且立即开始访问各国首都。就在他的访问途中,埃伦塔尔觉得万事俱备,根本没有考虑对俄承诺的实际可行性,就在10月5日宣布将波黑纳入奥匈帝国的版图。

尽管从"占领"到"吞并"实际上无甚区别,但在政治层面却产生了较为重要的影响。因为这一做法等于宣告巴尔干局势能够忽视协约的存在而单方面做出改变。埃伦塔尔的冒险举动没有立即产生后果。德国和英国的支持如约而至,但伊兹沃尔斯基仍然觉得自己被玩弄了,并且认为这样做违反了1903年俄国与奥匈帝国签订的条约。塞尔维亚方面则连续三天爆发了声势浩大的抗议活动。意大利则认为这一做法违反了三国同盟的协议，根据1891年协议的第7条不能在"没有事先约定"的情况下对巴尔干半岛做出改变，两国得到的"任何领土或其他性质的利益须进行相互补偿"。事实上什么补偿也没有，有的只是意大利方面的强烈不满，并最终在1909年与俄国签订协定，完成了对同盟国的包围。虽然三国同盟还继续残存，但其意义已经越来越微不足道。但两个联盟之间的对立则愈加明晰。

接下去的几年里斗争进一步深入，从1911年开始直接涉及奥斯曼土耳其帝国。土耳其在巴尔干半岛上的领土是欧洲政治的"火药桶"，民族主义浪潮加剧了各国间的敌对和争夺，而军国主义的鼓动和获取殖民地的野心令局势持续恶化，很多人直觉感受到了这一变化，但并没有预料到其严重程度。

1911年摩洛哥再次爆发危机。法国在摩洛哥一直野心勃勃，虽然受到了德国的挑战，但却有国际社会的支持（这一点在阿尔赫西拉斯会议上非常明显）和土耳其苏丹的同意（理论上他在遥远的非洲北部地区还享有统治权）。使情况急转直下的是当时德国做出的又一个惊人之举，柏林方面派出炮舰进入摩洛哥阿加迪尔港水域，为德国在这一地区的贸易活动进行护航。法国的外交反应前所未有的坚决，明确划定了自己所能接受的德国采取行动的范围。几个星期的艰苦谈判后，德国人接受了法国在摩洛哥享有绝对利益的原则，这一点在1912年的阿尔赫西拉斯会议上获得了其他参会国的认可，根据这一原则摩洛哥成为法国的保护国，除了丹吉尔为"自由市"以及北部的一小片地区仍归西班牙控制。作为补偿，德国得到了喀麦隆和法属刚果地区的殖民地。

第二次摩洛哥危机妥协后留下的是敌对和猜疑。首当其冲的就是意大利。从1887年三国同盟第一次续约开始，意大利人就在慢慢准备将殖民地扩张至昔兰尼加和的黎波里。20世纪初，法国也在原则上接受了罗马政府的计划，以换取意大利在摩洛哥问题上的支持。现在摩洛哥的争端已经解决，如何落实意大利人长久以来的愿望就成为亟待考虑的问题。

虽然经历了1896年的巨大挫折（入侵埃塞俄比亚失败），意大利国内的殖民主义政策仍在慢慢抬头，除了民族情绪的推波助澜外，这是出于对其他欧洲列强地缘政治战略的模仿。在地中海大部分被大英帝国统治的情况下，法国没有扩大其在北非的控制区域(从突尼斯到大西洋),而是压缩了意大利的行动自由。此外,有人担心法国在得到了国际条约带来的好处后,会摈弃1902年与罗马签订的摩洛哥和利比亚利益互换协议。1911年9月29日,意大利开始在的黎波里和昔兰尼加采取军事行动,正式打响了与奥斯曼土耳其帝国之间的战争。这是意大利第一次在本土附近争取殖民地利益,由于意方的诉求很早之前就已被欧洲所有大国认可,所以没有引起较大的国际震动。军事行动在沿海地区进行得非常顺利,但渐渐愈发艰难,意大利军队必须面对由土耳其军队支持的沙漠部落。事实上,直到第一次世界大战后,利比亚的殖民化也仅限于沿海地区(一战期间,由于土耳其与意大利处于对立阵营,利比亚成为了全面冲突中的一个战场,直到1923年才彻底平息)。为了让土耳其政府承受更大失败,意大利海军在土耳其半岛附近的岛屿、罗德岛和十二群岛展开行动。奥斯曼帝国一方面受到近距离威胁,另一方面已被孤立,最后被迫向意大利投降并在1912年10月12日签订《洛桑条约》,除了割让利比亚外,还规定在条约确保实施的前提下,允许意大利在十二群岛上永久驻扎。

奥斯曼土耳其帝国就这样在政治上不断被蚕食。就算"青年土耳其党"1908年掌权后能够凝聚各方力量力挽狂澜,也不见得有能力恢复实际上早已不存在的(或像利比亚那样已经转移到地方的)最高控制权。但正是这次失败加速了奥斯曼帝国解体的进程,并且间接推动了全面战争的爆发,因为这对于巴尔干半岛上的各个对立民族是个直接考验。希腊、保加利亚、塞尔维亚、黑山和阿尔巴尼亚民族主义者(仍在奥斯曼帝国统治下但已准备宣布独立)已经准备好了先联合起来对抗奥斯曼帝国,然后再为划分战利品互相战斗。1912年3月,塞尔维亚和保加利亚在俄国的主持下达成秘密协议瓜分了马其顿的领土。5月,保加利亚和希腊建立统一阵营。同年10月奥斯曼土耳其帝国拒绝了马其顿自治的要求(第一次巴尔干战争),保加利亚和希腊随即向土耳其宣战。这是一场艰苦的战争,土耳其民族主义者奋力抵抗那些强悍而坚决的敌人。1913年5月,土耳其被迫放弃它在欧洲剩下的所有领土,只保留了黑海海峡的很小一片区域。希腊获得了伊庇鲁斯南部地区、马其顿的一部分、塞萨洛尼基,当然还有克里特,这些地方在1908年已经单方面宣布并入希腊;保加利亚拥有泽泽阿加赫的出海口和马其顿的一部分;塞尔维亚得到了新帕扎尔的桑扎克和马其顿的大部分，但没有如愿获得出海口；阿尔巴尼亚的独立在原则上得到了承认，但实际还是处于大国的控制下。

马其顿成为各方争夺的战利品。保加利亚认为自己在战争中贡献最大，却没有得到令人满意的回报，于是在"五月协定"几个月后单方面采取行动重启争议。它突然背着联盟和宿敌奥斯曼土耳其帝国达成一致，并在1913年6月开始以军事行动挑起了第二次巴尔干战争，半岛上的其他国家如希腊和罗马尼亚也纷纷加入进来，保加利亚很快便战败投降。1913年8月10日签订的《布加勒斯特条约》对领土进行了重新划分。保加利亚的部分领地被划分给了周边邻国，包括奥斯曼土耳其帝国也收回了亚得里亚堡。阿尔巴尼亚成为自治公国。塞尔维亚和罗马尼亚通过这次冲突实力有所增强，因为它们顶住了奥匈帝国支持保加利亚的外部压力。

巴尔干战争虽然短暂而又混乱，却预示了半岛上各个民族间一直存在的矛盾与困难，这场战争造成的后果远比意土战争要大，进一步加剧了欧洲不同联盟间的紧张气氛。塞尔维亚由于没有得到出海口而心怀不满，它与俄国签订了联盟条约，成为遏制奥匈帝国向塞萨洛尼基推进的据点；保加利亚紧邻黑海海峡，对于俄国形成威胁，对于同盟国则是保障，几乎成为奥斯曼帝国的前哨。在瓜分衰落的土耳其过程中，宿敌和世仇之间互相较量。塞尔维亚的民族主义者为了对抗奥匈帝国，资助了南斯拉夫人的民族事业。作为俄国在巴尔干半岛的先头部队，他们暴露在奥匈帝国毁灭性的敌对力量下。而奥斯曼土耳其发现与同盟国在一起能够获得最大的利益。1913年11月君士坦丁堡政府把首都卫戍部队的指挥权交给了德国将军利曼·冯·桑德斯。黑海海峡，俄国人一百多年来做梦都想得到的地方，其防卫权现在被交与了欧洲最强大的国家之一。19世纪下半叶的持续冲突和1878年到1913年之间由于民族问题激化形成的敌对阵营，为最后的摊牌做好了准备。很多人都意识到了奥斯曼帝国的未来将是这场游戏的筹码，但很少人能想象到这场冲突会持续蔓延直至成为第一次世界大战。

2.3 第一次世界大战：军事发展

1914年6月28日奥匈帝国的皇位继承人斐迪南大公在萨拉热窝遇刺身

亡,凶手是一名塞尔维亚民族极端分子,这是一战的导火索。斐迪南大公一直倡导在帝国内部建立一个克罗地亚国家实体,由此被认为是压迫国内塞尔维亚民族运动的象征。所以,萨拉热窝事件并不仅仅是恐怖主义行径,而是一场有预谋的政治行动。当时没人能够预见到那一点"星星之火"会蔓延至整个欧洲。这其中的原因一直以来都是历史学上一个独一无二的争论焦点。几十年的争论和解读已经把事件主人公的每个举动和其中的"深层次原因"都梳理了一遍。但如果不把问题想得那么复杂,可以看到战争几乎是随着各个盟约的生效而自动发生的(尽管并不是所有相关国家当时采取的行动都可以归结为外交协议的自动生效上)。比较明确的事实是,战争的"原动力"是奥匈帝国对塞尔维亚民族主义的报复,但随后战事蔓延的原因则与之前几十年的历史有着更深刻的关联,并且互相间缠绕得非常紧密,以至于很难对责任进行判定。只需要看看威尔逊的"十四点"就行了,其中并没有哪一条明确表示德国和奥匈帝国是有罪的,但1919年6月28日签署的《凡尔赛条约》却在第231条加入了这一内容,而且德国与其盟友被迫承认犯有侵略罪行,并需要为此付出代价(即向战胜国支付赔款)。所以在政治层面这场史学争论已经预先有了结果,只是随着时间的推移侧重点不尽相同。这与1939年的情况不一样,因为对于二战爆发的直接原因并没有太大异议。

事实上,奥匈帝国当时并没有立即决定进攻塞尔维亚,而是一边进行准备,一边等待贝尔格莱德政府刺杀斐迪南大公的证据浮出水面。奥地利请求德国保证和它站在一边,柏林政府7月5日做出承诺,如果俄国支持塞尔维亚,德国将援助奥匈帝国。它们的想法是通过一场快速、局部的"外科手术式"战争解决问题。奥地利政府的调查无法证明塞尔维亚参与了暗杀行动,但维也纳方面还是在7月23日发出了最后通牒(并没有按照三国同盟的要求与意大利进行协商),要求塞尔维亚政府48小时内发表声明对暗杀事件进行谴责,同时严肃处理从事反奥匈帝国宣传的负责人。最后通牒还加了十条非常苛刻的要求,有几条甚至侵犯了塞尔维亚的主权(革除军事或行政机关中进行反奥匈帝国宣传的官员;接受与奥匈帝国政府有关部门的合作,对塞尔维亚境内的"民族主义运动进行镇压"),这些条款肯定会遭到拒绝,但事实上,塞尔维亚政府接受了维也纳方面的几乎所有要求,除了允许奥匈帝国派代表在塞尔维亚境内参与调查。最后通牒的期限一过，奥匈帝国立即与塞尔维亚断交并随即在7月28日宣战。7月30日，在尚未准备好做出决断的情况下，沙皇俄国即宣布进入全国总动员，这一做法与其说是军事举措还不如定义为外交行动，因为总动员要在几周内完成，所以其目的并不是遏制德奥的军队，而只是将战线拉长。

从德国方面来看，它一直希望的是一场果断而有限的军事行动。但俄国人的总动员无异于在博弈中加入了一个战术因素，使情况急转直下。德军总参谋部很清楚如果与法国及其盟友俄国在两线同时作战，要取得胜利十分困难。所以有必要在俄国完成总动员前冻结住法国。为应对两线作战，德国军队已提前部署了行动计划（施里芬计划，由德国总参谋长阿尔弗雷德·冯·施里芬制定，但他并没有看到计划的实施），要击败法国必须从比利时通过北线以闪电战的形式完成。俄国实施总动员与全面开战之间并没有必然联系，但德国的将领们认为有必要防范两线作战的风险，这一想法最终得出的结论就是要在俄国准备好行动之前立即发动对法国的攻击。7月31日德军总参谋长、陆军元帅小毛奇向德意志帝国首相特奥巴登·冯·贝特曼·霍尔维格表示，为了德国的安全必须阻止俄国总动员。7月31日德国政府通告俄国在12小时内终止总动员。毫无悬念地遭到拒绝后，德国在8月1日对俄宣战，从这一刻开始，形势完全失控。"外科手术式"的军事行动变为了全面战争。8月2日德国要求穿过比利时领土遭到拒绝。8月3日德国向法国宣战，并根据施里芬计划发起军事行动穿越比利时。8月4日英国为了回应德国对比利时和法国的侵略，向德国宣战。最后，在8月6日奥匈帝国向俄国宣战。由此两条战线完全拉开，两大阵营直接对抗。在西线，德国人的冲击由法国直接承担，后来得到了英国的支援；在东线，奥匈帝国在8月11日攻入塞尔维亚领土，而后者正在等待沙俄完成准备后的支援。

与此同时，其他国家也完成了站队。意大利在8月2日宣布中立，不接受三国同盟任何条款的制约。当时意大利国内各党间爆发了激烈的争论：有些支持同盟国，有些支持协约国，更多人支持中立。直到1915年4月26日秘密签订了《伦敦条约》后，意大利才做出选择站在协约国一方。1915年5月24日意大利向奥匈帝国宣战，对德国的宣战在1916年8月26日才姗姗来迟。保加利亚在1916年9月宣布加入同盟国，和奥匈帝国的军队一起击溃了塞尔维亚军的抵抗,迫使他们撤退到科孚岛上由意大利海军进行保护。奥斯曼土耳其帝国在 8 月 3 日与德国签署同盟条约,随后在 1914 年 11 月 1 日正式参战。战争由此也蔓延到了整个中东地区,因为奥斯曼帝国苏丹哈里发宣布向英法发起圣战,而后者则煽动阿拉伯民族主义分子反对苏丹并且在巴勒斯坦为犹太人设立定居点打下基础。远东的日本在 8 月 23 日宣布加入协约国正式参战。

这里不准备就具体的军事行动进行逐一分析,需要指出的是,这是人类有史以来规模最大的战争,数以百万的人被卷入其中,战壕延绵数里,而且平民百姓也未能幸免。德国对法国发动的作战没有取得成功。德军的推进在马恩河畔受到狙击,1914 年 8 月他们不得不适应一场持续的消耗战,而英国舰队实施的贸易封锁使德国的处境愈发艰难。在东线战场,8 月底到 9 月初俄国的进攻在波兰马苏里湖地区被德军击退,但俄国在加利西亚打败了奥地利军队并占领这一地区。奥斯曼土耳其帝国的加入使战线又多了两条:一是土俄在亚美尼亚的较量,二是土耳其与英国在美索不达米亚和埃及的战斗。

从 1915 年到 1917 年初,战争以极其惨烈的方式延续着,双方都消耗极大。德国在海上仍旧受到封锁。西线方面,凡尔登成为德军进攻力量和法军防守能力的象征。在意大利,沿着威内托边境持续上演着山地战。东线的战斗从立陶宛一直到罗马尼亚,呈现出拉锯态势,这反映了同盟国的技术优势无法压倒俄国的人海战术。直到罗马尼亚犹豫再三后决定参战,同盟国才得以占领整个区域。在中东,奥斯曼土耳其的军队面对从埃及过来的协约国部队一度占优,但一直未能推进到达苏伊士运河从而切断大英帝国的内部联系。英国的劳伦斯上校则与阿拉伯反抗力量签订秘密协议,后者以对苏丹的忠诚为代价,换取了建立一个从亚丁湾到土耳其的独立阿拉伯国家的可能。

1917 年,胶着的状况被一系列军事、政治和社会事件打破。军事层面,德军总参谋部重启无限制潜艇战的决定使德国与美国外交关系彻底破裂,随后美国参战(4 月 6 日至 7 日),拉美国家也纷纷加入。战场上军事力量开始失衡。此外,1917 年 6 月和 8 月,希腊与中国也加入到协约国阵营。最开始这些军事和政治变化产生的作用被俄国在 3 月 8 日至 14 日爆发的革命所抵消了,虽然在东线没有立即停战,但俄国军队遭受的重创为其之后的彻底瓦解创造了条件。十月革命后,亚历山大·克伦斯基的温和政权倒台,俄国的所有权力都被列宁和托洛茨基领导的布尔什维克党掌握，苏维埃立即向各国人民和政府表达了他们的和平意愿。事实上，由于军队解散，俄国不得不接受《布列斯特—立托夫斯克条约》中的苛刻条款，德国和奥匈帝国要求苏维埃政府放弃对所有巴尔干国家、芬兰、波兰和乌克兰的控制。对于当时的苏俄来讲，更重要的是如何让新生的政权生存下去，所以他们最终接受了严苛的条款。

俄国的战败没有带给同盟国预想的好处。相反，共产主义运动在俄国的成功使得革命呼声蔓延至整个欧洲。在1914年，把人民的利益和帝国主义制度分开还是遥不可及的想法，这一前提下诞生的政治同盟里，社会主义者的国家民族观念凌驾于阶级斗争之上（德国是最明显的例子）。十月革命的成功深刻改变了这种选择的单一性。最早感受到这一变化的正是德国人和奥地利人。因此《布列斯特—立托夫斯克条约》本来是巨大胜利的象征，但却起到了相反的作用，没几个月后人们就开始想要尽快结束战争。要求妥协与和平的呼声压倒了对于战争的鼓吹。1917年7月德意志帝国国会已经表现出了这一倾向，8月教皇本笃十五世提议结束这场"无用的杀戮"。1917年10月至11月奥匈帝国在卡波雷托战役中战胜意大利，但这已不足以改变整个局面，因为来自美国的大量援助已经陆续到达，威尔逊总统提出"战胜德国但不羞辱德国"，并为达成和平展开了政治外交行动，美国的干预也为奥匈帝国内部民族主义的抬头注入了新动力。1918年3月到7月间德国在法国发动了最后的攻势，同年6月奥匈帝国也在意大利实施了最后一次进攻，但协约国依靠其强大实力对虚弱的敌人组织起迅速的反击，斐迪南·福熙元帅在法国成功击退了德军；维多里奥·威内托10月在意大利的反攻同样击溃了奥匈帝国军队。但这些都不是毁灭性的失败。给人更多的感觉是同盟国自己放弃了战斗，首先是奥斯曼土耳其帝国在1918年10月30日签订了《穆德洛斯停战协定》，随后奥匈帝国在11月4日签订了《基屋斯蒂别墅停战协定》，最后德国在11月11日签订了《贡比涅停战协定》。但值得注意的重要一点是奥斯曼土耳其帝国至少在理论上残存了下来；奥匈帝国则彻底解体，民族主义者在各个国家纷纷宣告独立；德国皇帝被迫退位，德意志共和国宣布成立，在革命前的一片混乱中，弗里德里希·艾伯特领导的社会民主党在军人的支持下上台。战胜国准备与之签订和约的对象已经不是它们之前与之战斗的国家了。

2.4 第一次世界大战：政治和外交发展

战争打响时,尽管各国的总参谋部都已经制定了庞大的方案,但很少有人(或者没有一个人)想到战争能持续如此长的时间,并且会这么深刻地改变欧洲人的生活和欧洲在世界的地位。如果奥地利人能如同一开始期望的把冲突限制在"外科手术"的程度,这场战争可能也就走到巴尔干半岛势力重组这一步而已。奥匈帝国实力将进一步增强,俄国的影响力会减弱,而奥斯曼土耳其帝国尽管在巴尔干战争中会受到损失,但至少其未来还能得到保障。

这场冲突变成"世界大战"是否无法避免？答案当然是否定的。德国只要有限地对奥匈帝国的同盟协议做出解读就够了：奥地利人受到"挑衅"后"进攻"塞尔维亚,在这种情况下,1879年盟约第2条规定德国要保持"友善的中立"。关于德国军人"阴谋"扩大冲突,从而有机会使德国称霸欧洲的假设听起来很有意思,但实际上没有太大说服力。用历史宿命论来看的话,理论上所有人都在使用阴谋扩大自身的政治、军事、商业和经济利益。战争扩大化不是外交自动触发的,而是互相猜疑和对其他国家意图误判所产生的后果,也是高估自己达成有限预定目标的能力所导致的结果。随着战争的扩大,有限的战略目标也变得越来越膨胀。但直到1918年秋天还没有哪一个国家想要颠覆欧洲秩序。换句话说,奥匈帝国的领土可能要重新划分,权力可能有所下放,但它作为一个国家延续下去是肯定的,同样德意志帝国的存续也是毫无疑问的,就像法国作为战胜国或许实力会有所增强,但法国仍旧是法国,这点是不会改变的。唯一有风险的国家是奥斯曼土耳其帝国,对于它的未来命运很多国家在进行博弈。意大利的政权稳固性在1898年至1900年间(翁贝托二世国王遭到暗杀)充满了不确定性,当时社会党那样的反君主制政治力量不断崛起,还有一些反对意大利自由传统的力量也在壮大,如天主教中的一些派别。

同盟国与奥斯曼土耳其和保加利亚达成的战争协议主要内容是遏制和瓜分塞尔维亚与加强奥斯曼土耳其的武装力量。但同盟国对于在它们欧洲势力范围外的地方没有具体目标,只有德国计划在欧洲大陆外保持和加大其经济和社会影响力,向中东和非洲地区扩张。相反,在战争期间协约国明确了各自的野心,为了保持俄国人的战斗士气,它们觉得有必要做一些重大的让步,至少是在纸面上。1914年9月5日英法俄签署了合作协约,保证不寻求单独和平。1915年3月到4月间,协约国互相照会,英国接受了在战争取胜的情况下,俄国将获得君士坦丁堡和黑海海峡的控制权,而俄国需要承认伊朗的"中立区域"并入英国的势力范围以及英国在埃及的利益。法国人也加入了这一系列保证,前提是俄国必须认可英法在中东的行动。这在当时看来是一个有失平衡的让步,但其主要作用就是保持俄国人士气的高涨。至于英法在中东地区的野心,1916年4月至5月签署的《赛克斯—皮科协定》(赛克斯和皮科是实施谈判的两名外交官)中有详细说明。根据协议,中东地区的一片狭长地带,所谓的"新月沃土"遭到瓜分,法国将得到相当于现在叙利亚和黎巴嫩的土地;英国将获得相当于巴勒斯坦和伊拉克的区域;而俄国人将得到连接库尔德斯坦和土耳其亚美尼亚地区的权利。不过,这个协议建立在奥斯曼土耳其帝国灭亡的前提之下,而且需要建立一个独立的阿拉伯国家。另一方面,这个协议的达成也是劳伦斯上校暗中活动的结果,1915年7月到1916年3月英国驻埃及高级专员亨利·麦克马洪爵士与"麦加守护者"谢里夫·侯赛因通过秘密通信协商达成一致。独立的阿拉伯国家将覆盖整个阿拉伯半岛,包括中东地区,除了大马士革、哈马、霍姆斯和阿勒颇四省与巴勒斯坦圣地由英国进行保护。意大利的诉求也得到了满足,《伦敦条约》承诺意大利将获得特伦蒂诺,上阿迪杰直到布伦内罗的区域,威尼斯朱利亚直到卡尔纳罗的地区(不包括阜姆),达尔马提亚的三分之一,发罗拉的完整主权和阿尔巴尼亚作为保护国,十二群岛完整主权,以及土耳其半岛安达利亚区域的控制权,如果战后英法扩大各自殖民领地,意大利也将获得新的殖民地。除此之外,还有1917年4月19日至21日签订的《圣让—德莫里耶讷协定》,根据这一协议,意大利接受《赛克斯—皮科协定》,作为交换将获得伊兹密尔港的控制权,同时将土耳其半岛南部大片地区纳入意大利的势力范围。这个协议由于与希腊和法国的利益严重冲突,因而从未生效,而俄国在革命之后也没有加入。最后还有协约国向罗马尼亚参战做出的承诺,后者将获得奥匈帝国的一部分、特兰西瓦尼亚、巴纳特以及布科维纳。最后还有1917年11月2日的所谓《贝尔福宣言》,这是英国外交大臣贝尔福给锡安主义运动代表人物罗斯柴尔德男爵的一封信,信中表示英国支持犹太人民在巴勒斯坦建立一个"民族之家"。

通过所有这些协议就能明白战争是如何在协约国的推动下,从对塞尔维亚被攻击所做的回应演变成为一场在欧洲和世界范围内对权力进行重新划分的运动。首先受到这一变化影响的是奥斯曼土耳其帝国占领的地区,同时也是这场冲突的直接受害者。但殖民地世界也是争夺的对象,英国和日本在 1917 年 2 月签订协议,将德国在太平洋上的一系列殖民地群岛都交给了日本。但是关于德国在非洲殖民地的未来还没有明确的方案。

所有这些外交行动无不带有强烈的帝国主义和民族主义色彩,和 1918 年 1 月威尔逊提出的构想完全冲突。《凡尔赛条约》签署后,威尔逊由于在美国国内遭遇挫败,给欧洲国家留下了两年行动上的极大自由,这两年对于战胜国之间的政治讨价还价非常关键。美国总统发表的主张与苏俄公开的秘密条约之间有着显而易见的冲突,但也没有乍一眼看上去或者像后来的历史学家说得那么严重。事实上,威尔逊非但没有阻止,而是赞成奥匈帝国的解体;他没有足够的时间来控制英法在中东的行动自由,当他集中精力反对这些秘密协议时,主要瞄准的目标也是那些次要的,或者是不涉及和约内容,而只是关于国际体系中各个主体一般关系的议题。威尔逊的"新外交"从原则上要求英国政府宣布解除所有战争期间签订的秘密条约,这是对于"旧外交"理论核心的重大打击,虽然 1920 年威尔逊的下台使其他战胜国可以恢复之前中断的活动,但彼时的大环境已经截然不同;此外,威尔逊不遗余力地反对《伦敦条约》,甚至于和意大利在巴黎和会上的代表维托里奥·奥兰多彻底闹翻;之后又将他的观点加诸安全事务上,令法国人的计划也为之落空;他还向各国推销其国际联盟的想法。总之,"新外交"虽然过早夭折,但也给世界留下了深刻的影响。

2.5 和平条约和国际联盟

1919 年 1 月 18 日巴黎和会召开,会议的任务是找出战胜国之间协议的"政治"义务,抛开"法律"的形式,同威尔逊的方案及残存的几个帝国进行调和。出席巴黎和会的有 32 个国家和国家组织的代表,后者想要借此会议宣布他们国家的独立。威尔逊在去巴黎参加会议前访问了几个欧洲大国的首都,受到了英雄般的欢迎。其他参加会议的政府代表还有法国总理乔治·克列孟梭,英国首相大卫·劳合·乔治,以及意大利首相维托里奥·埃曼努尔·奥兰多。这几个人是和约条款谈判桌上的主角。他们的讨论都是不公开的,相关资料只有保尔·芒图和四国会议的译员和秘书留下的记录。闭门讨论进行得异常激烈,外界甚至怀疑这四个政治家能否最终达成协议(奥兰多在四月的一段时间退出会议,以表示对威尔逊的抗议以及意大利在阜姆问题上要求不被接受的不满)。威尔逊一上来就要求讨论《国际联盟盟约》,作为与战败国签订所有协议的前提和建立国际新秩序的保障。

威尔逊认为,国联的任务应当是改变冲突的性质,用法律的框架预防冲突的产生或使其和平解决。《国际联盟盟约》总共有 26 条,包括仲裁、调解、裁军、国联政治干预和海牙国际法院判决等预防性措施,能够解决一些较为简单的冲突。盟约规定,如果冲突无法以和平方式予以解决,会有一个经济、贸易和军事制裁制度自动生效,每个国联成员国必须为其执行做出贡献。所有这些工作将委托给三个机构:主要负责行政事务的秘书处、全体大会以及理事会(理事会由常任理事国代表和四个非常任理事国代表组成)。这些机构负责处理所有对世界和平构成威胁的争端,但它们所做的决议必须得到一致通过。这项严格的法律限制和不久后国联在实际运作中遇到的局限性使这个机构在面临严重危机时无法担负起"国际新秩序"参照点的职能。

此外,国联成员国的实际行动也很快体现出了威尔逊主义的局限性。首先,英国和美国在巴黎和会开始前就达成默契,英国的一切诉求都会得到满足。德国的所有舰队将停靠在斯卡帕湾,这样除了伦敦方面没有其他人能够控制这些军舰。英国人不光得到了这些,根据他们的要求,在国联的章程中加入了"委托统治"制度,把德国的前殖民地和奥斯曼土耳其帝国的部分领地交给国联,而国联委托给战胜国进行统治,这实际上就是给英国自治领和大英帝国本身的殖民计划披上了合法的外衣。这样一来南非得到了西南非洲的管理权,澳大利亚获得了新几内亚东部的管辖权,英国直接统治坦噶尼喀。同时,日本的要求也得到了满足,德国控制的太平洋岛国全部交由日本进行管理。

根据这些协议,除了巴黎和会和国联的原则外,四国委员会还主要负责德国问题(包括边境、裁军和赔款),意大利的东部边境问题,奥匈帝国的继承问题以及奥斯曼帝国局势发展所产生的问题。这一层面上就可以很清楚地看到,国联盟约的实质终究还是大国间的实力关系,和"旧世界"的国际秩序无甚区别。

德国人希望威尔逊"没有战胜国和战败国"的和平方案能以他们投降时被承诺的方式执行。他们对于法国的意图和波兰复国带来的后果并没有太多考虑。法国人虽然没能将莱茵兰分裂出德国，摧毁其1871年才获得的领土统一，但成功地获得了英美对于法国未来安全的保障，以及比德国预想更为严苛的条约章程。1919年6月28日签署的《凡尔赛条约》规定阿尔萨斯和洛林地区归还法国，萨尔地区从德国划分出来归国联管辖，直到1935年再由公民投票决定其归属，但矿区由法国独占，作为战争的损失赔偿。条约还规定了莱茵非军事区和对莱茵河沿岸地区5至15年时间的占领。除了领土方面的条款，德国还被要求废除义务兵役制，限制陆军人数不超过10万，这所有加在一起就是法国人的胜利果实。一些面积较小的领土（如欧本和马尔梅迪）割让给了比利时，石勒苏益格的命运由公投决定，结果北部划归丹麦，南部选择留在德国。至于东部边境，最敏感的还是与波兰的边界问题，结果上西里西亚割让给了波兰，下西里西亚由公投决定归属和界限。但对于德国来说最大的伤痛还是但泽（格但斯克），为了让波兰拥有出海口而划出一条属于波兰的"走廊地区"，切断了波美拉尼亚和东普鲁士之间的联系。但泽大部分人口为德意志人，通过投票成为自由市后，这个为波兰准备的港口实际上由国际联盟任命的机构管辖。

除了以上这些，和平条件还包括早已决定的舰队和殖民地安排。但最重要的是德国须向战胜国支付"应尽"的赔偿，用以弥补战争导致的损失。总数虽没有立即确定，但采取的原则显然与建立在威尔逊主义上的期待相违背，而最后得出的赔款总额（1320亿金马克）所引发的争论一直持续到20世纪30年代初。所有这些条款激起了德意志世界对于不公平和过分严苛条款的抵触和拒绝，尽管他们已经充分认识到了国家战败这一事实。德国人并没有如自己预期的那样参与和谈，他们得到的权利只是在一个书面文件里提出异议，最终还是被迫放弃具有实质性内容的部分，以避免再次引起敌对。在德国人眼里，《凡尔赛条约》就是不得不接受的强加于战败国的单方面苛刻条件，而且国内马上就出现了修改条约的强烈呼声。巴黎和会的第一个成果让战胜国和战败国都感到不满。只有英国从战争中得到了想要的，不光摧毁了德国的海军力量和军事潜力，还成功阻止了莱茵兰独立或自治导致的德国贫困化，从而避免了在欧洲大陆再次出现一个拿破仑帝国式的超级霸权国家。

同奥地利的和约在1919年9月10日于圣日耳曼签署。在非奥地利民族纷纷宣布独立后,奥地利的领土仅限于德语人群居住的地方。陆军数量减少至不能超过3万人。南蒂罗尔被割让给意大利,波西米亚、摩拉维亚和斯洛伐克统一成为捷克斯洛伐克,布科维纳给了罗马尼亚。1919年的公投使卡林西亚的一部分划归南斯拉夫,另一场公投将布尔根兰分给了奥地利和匈牙利,后者成为一个独立国家。奥地利共和国的领土缩减为原奥匈帝国的四分之一。除此之外《凡尔赛条约》第80条规定奥地利的独立性不得更变,反对任何与德国进行合并的企图。

与保加利亚的和约在1919年11月27日签订。根据和约,南多布罗加归还给罗马尼亚,另外几个小省割让给南斯拉夫。对于保加利亚来说,最大的损失是失去了西色雷斯地区通向爱琴海的入海口。

根据1920年6月4日与独立后的匈牙利签订的和约,特兰西瓦尼亚和巴纳特东部,相当于战前匈牙利三分之一的领土划归罗马尼亚,克罗地亚、斯洛文尼亚和剩下的巴纳特地区并入南斯拉夫。一小部分匈牙利人作为少数民族留在了并入捷克斯洛伐克的喀尔巴阡鲁塞尼亚。结果匈牙利成为该地区民族最团结的国家之一,但同时也是修改条约呼声最高的国家之一。

奥斯曼土耳其帝国的下场远比上述几国复杂,同时也更具教育意味,1920年8月10日在色佛尔签订的和约向奥斯曼帝国提出了极其苛刻的条款。土耳其必须放弃安纳托利亚以外的所有领土;色雷斯和爱琴海上的岛屿被割让给希腊,1917年交由意大利托管的伊兹密尔也由希腊临时管辖,五年后再通过公民投票决定归属。亚美尼亚获得独立,库尔德斯坦获得自治。帝国财政交由法国、英国和意大利控制。最后,达达尼尔海峡和博斯普鲁斯海峡两旁的"海峡地区"名义上仍属于奥斯曼帝国苏丹,但区内航行由一个国际委员会进行管理,该委员会同时控制海峡两岸的陆上地带,从而保证航行自由,或者更确切地说保证这一区域无法接受来自苏俄的援助,并且只向反对苏共的力量开放。

《色佛尔条约》是所有相关条约中最严苛的,也是第一个遭到完全修改的。立志复兴国家的土耳其军人不接受这一失败,在《色佛尔条约》签署之前就反对苏丹并开始对抗奥斯曼政府和西方力量(法国、英国、意大利、美国和希腊)。他们的政治方案非常明确,就是抛弃那些事实上早就不存在的东西(1913年开始奥斯曼帝国在安纳托利亚半岛外已经不复存在），通过战斗推翻苏丹政府，并在土耳其人统治的中央地区建立一个世俗、统一和民族团结的共和国，即使这么做会损害到亚美尼亚人和库尔德人的利益。

土耳其革命军的军事领导人穆斯塔法·凯末尔，发动了一场激烈的反攻。出于现实的考虑，先是美国，而后是法国和意大利都放弃了与凯末尔的军队直接对抗，将部队撤出了土耳其。1920年4月在安卡拉召开了土耳其大国民议会，促成了后来共和国的诞生，这个与苏丹对立的政权并没有立即被西方国家承认，直到希腊军队在英国的支持下仍被土耳其打败并被迫以屈辱的方式和成千上万难民一起从伊兹密尔逃回希腊。同时，凯末尔还成功打破了外交孤立，在1921年3月6日与苏俄政府达成了一战后第一个反殖民条约。这个条约也决定了亚美尼亚人的命运，他们建立亚美尼亚共和国加入苏联，在此之前其领土分散在土耳其（卡尔斯省、阿尔达汉省和埃尔祖鲁姆省）和苏俄两个国家。面对新的形势，英国人也不得不放弃对"大希腊"政策的支持并接受凯末尔政权对土耳其的统治。最后在1923年7月24日各国签订了《洛桑条约》，土耳其共和国收回了安纳托利亚半岛的全部领土，获得完全独立，并收回所有亚洲地区和"海峡地区"周边领土的控制权，同时还有一个特别公约规定了和《色佛尔条约》完全相反的海峡航行规则。在那之后土耳其对俄国的革命事业没有了任何兴趣，转而希望恢复同法国、英国和意大利这三个统治地中海东部国家的正常关系。

3. 一场"革命性"战争？

第一次世界大战的"革命性"不仅体现在它为十月革命的爆发和全欧洲革命热情的蔓延创造了条件，还因为这场战争和过去任何冲突的进行方式都不一样，并带来了深远的社会和经济变化，此外，从军事层面来看一战也同样是革命性的。根据詹姆士·巴勒克拉夫的计算，协约国动员了不到4100万人，同盟国动员了2500万多一点，总计6600万年轻人被卷入了战争，连同他们的家庭及所从事的农工活动。一代人消耗了六年时间在一场"毫无意义的杀戮"中。这是一场"大众战争"，有几百万士兵参加了战斗，这对整个社会生活造成了巨大影响。经历了这样规模的战争,各个国家人民看待政治的方法不可能不产生一点变化。战争对于大众的社会生活产生了创伤性的冲击,几百万人被迫去面对死亡的危险,所以有必要向他们解释做出这样牺牲的原因:赋予战争意识形态上的属性并为其添加民族大义的内涵,用简单的方法表达牺牲的必要和义务,虽然这在个体看来是完全没有意义的。

大众战争也意味着大众运动和大众生产。交通体系(从铁路、港口到航运、公路、大型装甲车和交通网)经受了严峻的考验和跨越式发展。飞机在战斗中的使用对于这个全新的战争手段和运输人员货物方式产生了极大的促进作用。主要工业国家的工业都获得了急速发展,流水线这一生产方式被大规模采用。泰勒主义的后果体现在工人的进一步无产化,这使他们走近意识形态运动,并愿意第一时间参与其中。换言之,战争留下的愤怒情绪促进了革命风潮的蔓延,同时也加剧了富裕阶层的恐惧感,使他们倾向于选择保守主义甚至独裁。许多19世纪的主流观念可以证明这一点。相对主义的出现使那些长久以来根深蒂固的体系产生了危机,相反革命社会主义和极端爱国主义的观点由于简单易懂而大行其道。前者被认为是社会革新的希望,后者则是国家进步的神话。战争为两者都提供了发展的土壤,留待后人去实践与衡量。社会关系的变化经过几十年终于成熟,牺牲国家成全个人发展的想法(今天有愈演愈烈之势)不再是天方夜谭。所有这些革新都是毁灭性的,但也留下了可用于和平时期的宝贵技术财富。

宗主国与殖民地或卫星国之间的关系变得更加重要。换句话说,控制原材料的重要性获得进一步提高,这不仅是出于经济上的考虑,更重要的是战略和军事上的原因,这一点在大战中得到了充分体现。战争固然是因为政治上敌对而爆发的,但也存在着控制资源的原因,这对于维持战争所必需的钢铁工业和能源生产是必不可缺的。举几个简单的例子,为了控制莱茵河谷或西里西亚进行的战斗不仅体现了古老的政治需求,还是因为战争的生产需要。同样地,在发现了石油对于运送大量士兵和生产能源的重要性后,控制中东地区已经和阿拉伯民族没什么关系,而更多是出于英国、法国和美国的工业需求。

最后,一战的革命性还体现在欧洲在世界上地位的改变,这一点在今天看来是毫无疑问的。表面看来,战争只关乎同盟国或者协约国的霸权,但是从更普遍意义上来说,涉及的是整个欧洲的未来。当时的欧洲面临的是外部个体(如美国)和虽然地处欧洲,但各方面都迥然不同的内部个体(如苏联)的快速崛起。两大阵营的互相较量中,同盟国是极具凝聚力的一股力量,它们的胜利相当于在欧洲中心形成了一个前所未有的强大政治经济体,并且能够通过殖民地问题上的适当调整获得英国的认同。如此一来,这个体系就有能力将英国殖民地的资源输送到其内部,因而它既可以承受反殖民主义的冲击也能够与美国进行对抗。希特勒式的尝试后来之所以成为可能就是因为和约造成的殖民地和领土损失并没有对这一力量的根基造成足够的伤害。

较之同盟国,协约国之间的联盟要脆弱得多,意识形态上也并不团结。俄国十月革命就明确指出了这个联盟根本无法决定欧洲大陆的命运。英法之间的关系由于几个世纪来的利益不同一直捉摸不定,再加上英国在发生了一战这样的惨剧后仍表现出保护德意志的倾向,这使得两国关系更加充满变数。英美间的"特殊关系"延绵几十年直至今日:表面上看这是一种合作关系,但很难掩饰英国在加入美国势力范围和回归欧洲大陆之间进行选择的纠结之心。意大利的加入并不能弥合联盟的脆弱性,因为意大利在国际体系中的分量只能说是"有用",但要说是一股"势力"还不够格。除了按年代顺序进行简单梳理和总结了一些概念外,在这场冲突的背景中已经隐约显出美国利益的存在。在欧洲问题上可能美国人自己都没有达成共识,但美国政府选择了支持这个相对脆弱的联盟,因为他们胜利后所形成的国际秩序更容易受到外部制约。威尔逊的"新外交"政策可以说是美国对欧关系新思路的小试牛刀。

进一步看,威尔逊的政治主张中还有一点能在更长远的时间范围支持这个新兴超级大国的利益。一战实际上反映出了英国和法国必须面对的一个重要问题,即去殖民化。马克思学说中对于殖民主义的批判在20世纪初的英国身上得到了直观体现。英法与各自属地间关系的核心就是宗主国对于殖民地军事、行政、经济和贸易的控制能力。法国已经在北非经历了民族主义运动的抬头,它在应对反殖民浪潮挑战时运用的是较为强硬的同化政策和比较坚决的殖民手段。而英国在独占制海权的前提下会根据实际情况对政策和法律进行调整,采用较为灵活的自治政策和周密的军事安排加以应对,同时更多地与当地精英阶层进行合作。在接下去的几十年里,有关殖民地问题的争论愈演愈烈,对于殖民大国的霸权产生了极大的政治破坏性。奥斯曼土耳其帝国覆灭后,传统帝国也开始消亡,美国根据自身利益推动了这一进程,在这个问题上苏联采取了实质上与美国一致的明确立场。英法两国在中东取得的成功只是一个幻觉,掩盖了当时处于萌芽阶段的反殖民主义将带来的巨变。从这一层面上来讲,政治上相对孱弱的协约国联盟取得胜利加速了欧洲的衰落。

第 2 章

安全政策的失败

1. 导读

首先我们要问一个问题,像一战那样一场旷日持久和毁灭性的战争给世界带来了何种程度的改变?乍一看最根本的变化就是欧洲政治版图的重新划分以及战胜国和战败国之间截然不同的处境。中欧和东欧经历了翻天覆地的变化,古老的帝国全都不复存在,沿着俄国边界从芬兰到罗马尼亚,穿过波罗的海诸国、波兰和捷克斯洛伐克,诞生(或重新出现)了一系列新的国家。巴尔干半岛也经历了巨变,奥匈帝国灭亡后,新出现的国家面临着严峻的生存考验。奥地利共和国只继承了曾经庞大帝国的一小部分,从诞生之日起就面临是否加入德国的问题,而重组之后的匈牙利成为被斯拉夫世界包围的一个单民族孤岛。

战争的胜利者自然就是一手促成这些变化或从中得益的国家。芬兰和波罗的海诸国获得独立是因为需要它们成为对抗苏俄的前哨;捷克斯洛伐克的诞生和罗马尼亚非同寻常的扩张也是出于同样的理由,后者为赢得战争做出的贡献其实非常有限。波兰复国则是为了弥补同盟国承担的部分历史责任,但其规模在西面由西方列强的意志所决定,在东面则取决于波兰人对抗苏俄军队的能力和在战场上的表现,由此硬生生造就了一个如此靠近白俄罗斯和乌克兰的国家。塞尔维亚同样是胜利者,在把这样一个小国改造成为南斯拉夫多民族大国的道路上，其统治者究竟有能力走到哪一步？这个疑问一直伴随着20世纪剩下的所有岁月，直到这个当年威尔逊一手造就的集合体彻底分崩离析。再往南的希腊也是战胜国之一，夺回了爱琴海北岸的控制权后它不必再与奥斯曼帝国发生冲突，但新的问题随之而来，与阿尔巴尼亚和宿敌保加利亚之间的对立越发严重。雪上加霜的是，尽管有着英国的支持并且手握伊兹密尔和西安纳托利亚，希腊军队完全占领爱琴海的计划还是破灭了。土耳其人的奋勇反抗虽然规模有限但异常坚决，一场世纪之争就此展开。中欧和巴尔干的局势矛盾重重，这种紧张局面对于过去的庞大帝国而言只是内部问题，现在则成了国际危机，大大增加了发生冲突的可能。这片土地刚刚摆脱了几个世纪的帝国霸权统治，就进入了长达二十年的民族纷争。巴黎和会为东欧和巴尔干创造的和平是一个相当脆弱的体系，经不起任何风吹草动。事实上从1919年到1939年，这里就一直是个纷争不断的舞台。

其他战胜国也有各自的问题。意大利希望通过战争坐上地中海和巴尔干地区的头把交椅，从而在国际事务中占据一席之地。吞并上阿迪杰地区早被证实是个祸福难料的胜利，而在东部边境上的争议则让意大利明白了它真正需要对抗的是哪些国家。奥匈帝国还在的时候，意大利可以背靠这个东北邻国，使自己免于任何来自北面的攻击，而奥匈帝国想要南进时则受制于三国同盟的约束。1919年和1920年后意大利还是面临着整个巴尔干半岛爆发战争的潜在威胁。比之前更糟糕的是，现在它的东北邻国异常弱小，这个历史上的敌人对意大利的安全又必不可少。奥地利的独立和维护这一独立所遇到的困难与产生的压力都对意大利的安全造成了影响。而在东边，意大利还要面对一个新的国家，1919年到1920年两国为了确定边界展开了一场激烈斗争。1919年加布里埃尔·邓南遮占领阜姆，使本来可以平息的纷争进一步深化，1920年到1924年通过《拉帕洛条约》（1920年11月20日）和《罗马公约》（1924年1月）两国终于达成妥协。还是说回意大利，虽然它在吞并十二群岛后获得了重要的战略位置，但在夺回利比亚控制权的过程中却陷入了苦战。地中海地区发生的其他战斗也没有为意大利带来太多利益。不管是法国还是英国都没有给意大利民族主义野心太多的扩张空间，最多也就是在亚得里亚海的有限区域，将奥特朗托海峡留给了意大利以便控制阿尔巴尼亚。意大利的温和派与和平主义者认为奥匈帝国的覆灭是意大利的伟大胜利,但实际上这却是意大利地缘政治被削弱的表现。邓南遮提出了"残缺的胜利"一说,认为意大利作为一战的战胜国并没有得到与其所做牺牲相匹配的成果,但这一说法毫无根据,因为意大利的大部分要求实际上都被满足了,1924 年甚至获得了阜姆的完整主权。但对于新形势局限性和其内在固有危险的理解为这一说法提供了成长的土壤,直到它深植于整个国家,推动了民族主义和修改条约的呼声在意大利大行其道,在这一温床上最后滋生出了墨索里尼的法西斯主义对外政策。意大利虽然是战胜国,但它心怀不满,焦躁不安。

法国从战争中得到的远比意大利要多。它迫使德国接受和约,收复了阿尔萨斯和洛林地区,得到了叙利亚和黎巴嫩的委任统治权,从而成为欧洲大陆的头号强国。没有对手可以威胁到它的地位,几乎回到了拿破仑一世和拿破仑三世的时代。但是法国比任何其他欧洲国家都要担心自己的"安全"问题,尽一切可能防止德国东山再起。莱茵河左岸地区没能从德国分裂出去以及英美保障条约的失效加剧了这种"不安全感"。国际与国内政策,重建和经济复兴,左派工会力量的压力和专制独裁的倾向,这些矛盾交织在一起造成了法国对外政策的不确定性和左右摇摆,令其无法做出明晰而坚定的选择,随之而来的衰落仿佛就是难以逃脱的宿命,一切曾经的"伟大"和"辉煌"都于事无补。

这个矛盾的根源来自于一个事实,就是协约国的敌人虽然在政治上被打败了,但无论是领土还是经济上都没有被击垮。它们只是几年之内在军事上不能动弹,而一旦具有条件可以立即恢复武装。如果说第一次世界大战是由于协约国(欧洲外围国家)和德意志帝国(以哈布斯堡王朝为后盾)之间的巨大冲突引起的,那就需要搞清楚这种对抗的根本原因是否已经不存在了,以及英国人是否仍像大战前那样理解这种敌对关系,只有这样法国才能够确定一旦出现危机,它还能期待并倚靠协约国集团的重新形成。但是战后的大英帝国回到了孤立主义立场,还对凡尔赛体系表现出了敌意。英国人甚至觉得法国作为战胜国得到的太多了,法国人不承认法德之间的差距是由于美国干涉而获得弥补的,而认为是英法之间的协议起到了决定性的作用。现在美国的关注点已经不在欧洲问题上,英国人不愿为法国在欧洲的霸权背书。但是欧洲大陆产生对立的根本原因还一直存在,甚至有加剧的可能。尽管拥有大量殖民地资源作为支撑,法国的经济发展潜力还是远不如德国。1926年德国制造业占全球的比重就回到了几乎两倍于法国的水平(11.6%对6.6%),这个数字足以说明两国地位的差距。法国作为战胜国成为世界一霸,比任何其他列强都希望《凡尔赛和约》的所有条款都能得到执行(所谓的"执行主义")。德国作为战败国看似饱受社会和政治动荡之苦,几乎要被带入了苏联人所期望的革命中去。但事实上德国仍然有能力重新成为欧洲复兴的"发动机",面对新兴力量的挑战,德国是拯救欧洲使其免于衰落的催化剂。德国虽然战败,并且被战争责任压得抬不起头来,但只要很短一段时间它就能够重新在各方面取得重要地位。欧洲的核心力量战败,而边缘势力受益,这一局面只会令欧洲继续衰落下去,并为大陆以外势力提供渗透的空间。后一点表现得非常明显,一方面德国的军事重建获得了苏俄的支持,后者与德军总参谋部签订了秘密协议;另一方面德国的经济重建完全有赖于美国的大规模投资,而这是通过美国人道威斯的战争赔款计划才得以实现的。

这么看来,第一次世界大战名副其实的战胜国实际上屈指可数。美国算是一个,但其国会并不想立即摘取胜利果实,还有就是英国和日本,战争以这种方式结束后,只有这两个国家获得了长期的利益。

英国的胜利可以说是辉煌的。1919到1920年大英帝国达到了巅峰。奥斯曼帝国统治下的大片领地被英国继承:1920年国际联盟给予英国管辖巴勒斯坦和伊拉克的"委任统治权",中东地区被英国一家独占,德国舰队的威胁不复存在,而意大利海军尚未成形。同样在中东,尽管阿拉伯人希望创建一个独立国家,但英国进一步巩固了与哈希姆王朝和沙特王朝的关系,它们先后统治了阿拉伯半岛。波斯湾地区的保护国也得到了加强,英国在当地的霸权不再受俄国渗透的影响,美国的挑战也还未到来。在非洲,英国直接或间接继承了德国的殖民地。与美国的特殊联系也通过一战得到了巩固,当时两国还没有意识到它们之间存在根本上的竞争关系。20世纪20年代初英国是世界的主宰,享有无条件的绝对安全,令它头疼的主要是国内由于战后重建出现的社会问题和工党势力扩大导致的政治危机,有时候还得应对去殖民化运动,但这些挑战都还未形成气候。总而言之,如果法国人把自己的情况同英国做一下对比,只能得出一个结论,那就是他们拿出自己的土地进行一场战争,最后的胜利果实却让别人给摘走了。

　　一战的另一个大赢家是日本。日本在 1917 年 4 月 2 日正式参战,大战的四年正好也是日本经济迅速发展和对中国施加压力的四年。当时的中国正饱受内战折磨,尽管也在 1917 年 8 月参战,但是中国在一战中的存在感并不强。这两个国家都参加了巴黎和会,但只有日本分到了好处。通过和约,日本得到了朝鲜的控制权,并将其作为反共的桥头堡对抗来自西伯利亚的革命威胁。太平洋上曾经属于德国的岛屿(马绍尔群岛、加罗林群岛和马里亚纳群岛)也都被委托给日本进行管辖;尽管威尔逊强烈反对,日本控制胶东半岛的要求还是得到了满足,直到 1922 年中国才收回主权。日本从 1902 年开始就与英国结盟(尽管同盟关系一直有潜在的破裂因素),东京与伦敦一同瓜分了亚洲,而且还想统治中国。大英帝国提议举办华盛顿会议限制海军军备,由威尔逊的继任者沃伦·哈定负责组织,正是在那次会议上,日本帝国的国际地位得到了认可:英国和美国获得了同等的海军装备权,而日本可拥有的舰队规模甚至超过法国和意大利。日本的实力并不来自于外部因素,而是由帝国独裁政治和日本精英政治文化共同创造的。由于自身资源异常匮乏,日本统治者转而向外扩张,而国内的经济政策则构建在等级秩序和追求卓越的精神上。日本拥有在国际事务中进一步发展的人力资源,但要实现这一目标,前提是必须建立一个庞大的帝国,从而提供其自身欠缺的自然资源和市场。出于这一逻辑,它必然要与英国分道扬镳并和美国进行竞争和对抗。

　　所以,想要辨别出一战对于国际秩序产生的改变,乍看之下得出的结论似乎是矛盾的。并不是所有战胜国都认为自己成为胜利者,或者说客观上真正成为胜利者了。世界头号强国表现出了孤立主义倾向,同时在太平洋问题上遇到了制约力量,随后又受到全球金融危机的影响。战败国退出了国际舞台,或者尽管留在了台上,但千疮百孔,问题百出,还对复仇雪耻念念不忘。

　　但是,不能断言这个框架就是未来国际关系明确和稳定的参照。相反,正是由于局势的不明朗、潜在的紧张关系、不满情绪的蔓延、社会的不安定和对革命的恐惧,以及美国从 1921 年开始明显退出欧洲事务而相反苏联的跃跃欲试,造成了一些棘手的政治难题。首当其冲的是与执行和约相关的安全问题。法国主导了这场持续十年的争论,它希望通过其他手段获取巴黎和会没有得到的东西。所有这些讨论都是以欧洲内部视角来看待战争的结果,但如果以更宽泛的角度,从全球的视角来看待一战的惨烈四年,就不难引发一些其他思考。首先,杀戮对于解决欧洲问题毫无益处,相反还会使欧洲进一步衰落,这一苦涩的结论已经得以证实。德国和法国之间的对立非但没有平息,还有愈演愈烈之势,意大利的野心非但没有得到满足,还表现得愈加膨胀;俄国对于西方的施压非但没有缓解,还以革命输出和跨欧洲外交行动相结合的方式同步进行;大英帝国的成功也具有局限性,如果它真的相信德国的崛起已经被扼杀,那就应该开始提防法国霸权的回归,后者无论在欧洲大陆和殖民地上都已对英国构成挑战,就像几十年前的德奥同盟一样。伦敦方面或许会帮助德国回到欧洲舞台对法国形成制约。

欧洲在第一次世界大战后仍活在19世纪最后几十年的荣光里,完全没有适应全球的变化脚步。欧洲的政治家如堂吉诃德一般幻想着统治全世界,同时却在解决大陆内部问题的过程中举步维艰,然而欧洲以外的世界已经准备好了颠覆欧洲的霸权。1920年到1930年之间,法国人一直在徒劳地试图解决自身的安全问题;1930年到1939年,希特勒的崛起成为又一场灾难与噩梦,或者也可以说是欧洲希望夺回世界掌控权的疯狂体现:在狂热力量的驱使下通过极端的计划建立一个军事帝国,不仅囊括民族主义呼声高涨的殖民地,还将整个欧洲纳入怀中,强迫欧洲人在"天选之民"的口号下团结在一起,共同奴役其他民族并且挑战美国的霸权。

德国的赔款问题和去殖民化运动的诞生表明了欧洲事务的决定权和其发展演变的关键并不在这片大陆上。美国先是被迫卷入了欧洲的财政问题,结果却作为一股外来力量参与到了欧洲政治之中。美国的地位过于重要,孤立政策显然无法继续下去了,尽管关于这点我们无法提供细致的分析和明确的数据。两次世界大战之间的几十年是一个过渡阶段,在这之间一战中表现出来的趋势变得越来越明显。但只有当变化在所有方面都体现出来时,当时的政治家才能明确感受到其重要性。德国的赔款问题就是其中的一个方面,这个问题和协约国的债务密切相关。1919年,约翰·凯恩斯计算出协约国的负债总额按当时价值达到40亿英镑,其中18.9亿英镑借自于美国,它是欧洲的主要债权国,债务国主要是英国、法国和意大利。凯恩斯坚持认为美国应该放弃债权,前提是国际金融体系内的其他债务国也同样这么做,但是威尔逊政府还是一如既往地毫不妥协。这一切其实都归结为赔款问题,因为以法国为首的协约国认为所欠美国的债务应该由德国的赔款直接偿还。

当德国人承认对发动战争负有责任时,他们就做好了赔偿战争损失的准备,不过具体的方式和数额到后来才确定。1920年经过讨论后决定,德国的战争赔款52%支付给法国,22%给英国,意大利和比利时各获得10%和8%,总数额直到1921年4月才最终确定为1320亿金马克(相当于313.5亿美元),以现金和实物进行支付。虽然可以采取分期方式,但头两笔金额(400亿)必须立即付清,而且德国一旦有能力就应支付剩余款项。从1922年1月起在赔款的支付方式和时间问题上就展开了一场没完没了的争执,德国人要求延期支付,并且希望能够减少金额并推迟期限。

最为理想的情况自然就是德国履行赔款,协约国用来偿还对美国的部分债务。但1922年2月美国明确表示不接受债务减免,德国人要求延期和美国人坚持追债针锋相对,也说明这两个问题确实紧密相关。情况陷入如此僵局自然有必要对整个局面进行重新考虑,但1922年4月在日内瓦召开的会议没有取得任何成果。另外,欧洲内部也出现了两个对立的观点,以大卫·劳合·乔治为代表的英国主张对欧洲问题进行重新讨论(这是英国支持修改条约的第一个征兆),法国总理雷蒙·彭加勒则认为应强迫德国完全履行赔款义务。法国这一强硬主张导致的后果就是,在日内瓦会议同期,德国和苏俄在拉帕洛签订条约(1922年4月6日),实现两国政治和经济关系正常化,打破了它们在欧洲被孤立的局面,也为日后德苏军事层面的合作打下了基础。

日内瓦会议和接下来几个月仓促召开的一系列会议都没有取得成功,这使彭加勒认为有必要使用武力。1923年1月,法国和比利时随便找了一个法律上的借口,将军队开进鲁尔,通过军事手段占领矿区并进行开采,以此作为战争赔款的实物赔偿。德国对此展开消极抵抗,一方面阻碍法国进行煤炭开采,另一方面使国家陷入货币危机之中(1美元在1922年10月可兑换4000马克,1923年7月能兑换9900万马克,同年11月能兑换到42000亿马克),这一灾难迫使双方都改变策略重新坐下来开始谈判。美国也不可避免地被卷入其中,最终成为了解决危机的核心力量。1923年9月,德国新总理古斯塔夫·施特雷泽曼宣布结束消极抵抗,表现出似乎愿意接受法国占领的态度。同年12月,德国、法国、英国和美国开始研究如何恢复德国财政并且重新商讨赔款事宜,最终在1924年4月形成了一个五年计划(道威斯计划,名字来源于主导该计划的美国经济学家),这个计划对欧洲产生了极其深远的影响,因为这是美国的金融力量第一次以解决危机为目的干预欧洲事务,并在欧洲经济体系中打下了深刻的烙印,使其走上了美国式的发展道路。

道威斯计划由两个主要内容构成:首先是德国恢复赔款,数额逐年增加,但并未规定总数,同时重组德国国家银行,更换货币(用地产抵押马克取代原来的帝国马克);另一方面,为了给德国赔款创造经济来源,在国际市场上以德国的铁路股份和国家税收作为担保发行8亿金马克的债券。最为轰动的是这笔债券在美国市场(10%多一点的份额)发行时,最终认购总额居然达到预计发行额的10倍。根据金德尔伯格的分析,这笔贷款是"美国对外金融活动的分水岭"。除了在法国和日本大规模投资外,美国还投资了几个德国的大型工业集团(如主营钢铁和煤炭的蒂森和钢铁生产企业克虏伯),这表示美国已经不再把欧洲视为一片需要保持距离的大陆,而是一个可以参与其中并且利益日渐扩大的地方。德国局势的稳定(道威斯计划实施后,德国经济开始恢复)和法国态度的相对软化体现了经济干预在政治层面的重要性,也为整个欧洲局势的稳定做出了贡献。根据勒内·吉罗和罗伯特·弗兰克的观点,1914年第一次世界大战之前美国是资本输入国,当年进入美国的资本为33.8亿美元,1929年美国对外投资达到146亿美元,但这个数字仍不及英国,同年英国对外输出资本168亿美元。1929年的伦敦交易所虽然还是殖民体系的市场参照点,但颓势已现,而美国输出的资源不带有任何的殖民地统治的政治负担。

德国人一直严格遵守道威斯计划履行赔款义务,直到1929年计划到期,各方开始讨论替代方案。按照1921年估计的数字,德国人还要支付接近1100亿金马克。而根据新的计划(该计划由美国人欧文·杨格主持的赔款委员会提出,1929年下半年讨论通过并在1930年1月实施),德国还须再偿还59年。杨格计划的重要一点是规定德国每期赔款的三分之二必须在协约国向美国偿还债务后才支付。这是美国第一次承认德国的赔款和协约国债务之间存在联系。为了保证协议执行和方便各国兑汇,在巴塞尔成立了一家国际清算银行,并且发行了 3 亿美元新债作为全新支付体系的启动资金。

1930 年初杨格计划开始实施时,金融危机已经影响了美国经济好几个月,并且正在蔓延到整个欧洲。当时全球化的联系已经相当紧密,不可能指望两个不同世界的出现。美国金融危机一开始蔓延到奥地利,随后是德国,之后到达了欧洲大陆的其他地方。德国总统保罗·冯·兴登堡请求美国干预。美国时任总统赫伯特·胡佛接受了呼吁,并提出从 1931 年 6 月 1 日开始德国的战争赔款和协约国的债务支付都暂停一年。为此 1932 年 6 月到 7 月在洛桑又召开了一次会议,最终决定停止赔款,但要求德国在 1935 年内偿付总计 30 亿马克,这笔款项德国一直没有支付。战争债务问题也未得到解决,胡佛和他的继任者罗斯福都不同意免除债务,其影响一直延续到二战后的欧洲货币危机。

从美国的这两次干预中可以看到,不管是华盛顿的政治界还是纽约的金融界都在现实面前从权,不得不与欧洲一起面对共同的问题。但是各个国家政府在战后恢复时期和后来面对大萧条时所采取的政策不尽相同,这也体现了它们对于局势理解上的偏差。政治家、经济部长、央行行长和私人银行家必须对全球问题做出应对,而这些问题的影响范围和严重程度是他们从来没有预料到的。全球化思维和控制资本流动及货币价值的技术和经济手段当时还不存在,有的只是用国际化方式思考问题的尝试和保护本国利益的愿望。随着金融体系越来越相互依赖,国际联盟在 1927 年召开了一次关于国际贸易问题的会议,根据国联的发起原则建议各国停止贸易战。事实上,为了应对国内经济问题,当时所有国家都实施了贸易保护主义策略。美国在威尔逊时期一度高举自由贸易大旗,但从 1920 年开始征收高额从价税,1930 年实施了《斯姆特—霍利关税法》并一直延续到二战结束后(罗斯福时期曾有个别调整)。根据这项法案,农产品平均关税从 1922 年的 19.86% 上升到 33.62%;纺织品从 49.54% 提高到 59.83%,金属制品从 33.71% 上调到了 35.01%。美国的做法立即被欧洲各国和日本仿效,英国也在 1931 年加入贸易战。如此一来,一方面经济危机打断了美国资本进入欧洲的步伐,另一方面新的关税政策把贸易之门也给堵上了。刚刚出现的互联互通之势被经济危机所逼退,大西洋两岸只能各自为战对抗危机。这可以说是两次世界大战之间二十年世界历史的分水岭,美国在政治、金融和贸易领域全面进入孤立,直到 1941 年才再重新扛起资本主义世界的领导大旗。

欧洲国家仍旧陷在微不足道的民族主义牢笼中,在它们对抗经济危机的过程中,最终胜出的是希特勒式的解决方案。两种政治方案的背离把欧洲推向了灾难和自我意识中的危机。

2. 欧洲的安全问题

总体而言,欧洲的安全和世界的安全都被交给了国际联盟。然而,这一总部位于日内瓦、1920年1月开始运作的组织有着诸多先天不足,以至于它的效力也不可避免地受到了限制。美国作为国联的发起人,原本可以扮演保持中立和地位超然的调解人角色,使组织真正发挥作用,但它最终却没有加入。战败国的缺席和苏联被排除在外使国际联盟完全被英法两国控制,意大利的态度摇摆不定,而日本的贡献也值得商榷。由于"法国的安全"停留在抽象概念上,法国政府一直试图赋予其实质内涵,从而达成巴黎和会上未尽的目标——使德国陷入包围圈,在较长一段时间内无法对法国构成威胁。匈牙利表现出重建哈布斯堡王朝的打算后,捷克斯洛伐克、南斯拉夫、罗马尼亚和波兰在共同利益驱使下结成同盟,并与法国建立了直接联盟关系,前三个国家之间还组成了所谓"小协约国"。但这些国家面临内部和外部威胁自身难保,根本没有能力为保障法国的安全做出贡献。结盟的目的只是不被其他国家通过外交手段而孤立(比如意大利),法国也从没幻想从它们那里得到可靠的安全保障。

巴黎政府采取的策略几乎没有连贯性,从1921年到1922年的寻求对话直接转变成了后来的诉诸武力。右翼政府上台后,雷蒙·彭加勒总理确定了武力解决方案。1923年1月11日法国出兵占领鲁尔区,借口是德国没有履行战争的实物赔偿,这一做法实际上是逼迫欧洲各国进行表态。彭加勒得到了意大利的支持(当时墨索里尼刚刚上台),但遭到了英国的反对。英国人认为法国的行动完全是个错误,除了进一步激化矛盾外不解决任何问题。德国的反应证实了这一担心。柏林政府以恶性通货膨胀为代价,下令"消极抵抗",在鲁尔区工作的德国人全面罢工,法国只能在比利时和意大利技术人员的支持下自己组织生产德国应该支付的战争"实物赔偿"。

这种解决安全问题的方法其结果就是形势全面陷入僵局。法国人被迫慢慢做出让步同时构思其他解决方案,主要思路是两个:一是加强国际联盟的作用,二是接受英国的调解做出妥协。1924年9月左翼联盟候选人爱德华·赫里欧当选总理,他试图推动国际联盟获得适当的司法权限来应对任何风险和危机。赫里欧与英国工党首相詹姆斯·拉姆齐·麦克唐纳达成一致后提出了一项方案,主要内容包括三点:一切国际争端都要实行强制仲裁;如果拒绝接受或回避冲裁,将根据国联盟约第16条的规定实施制裁;执行裁军计划。这项方案在外交上也被称为《日内瓦议定书》,所有国家都怀着巨大热情立即签署了协议,因为它似乎能将所有争端都以司法方式和制裁手段进行约束。麦克唐纳辞职后,英国保守党上台,奥斯丁·张伯伦成为外交部部长。而在意大利,墨索里尼痛恨一切稳定与和平,议定书被归为了旧时代的产物,国际联盟还是和过去一样缺乏约束力。

相比之下,妥协更能起到作用。德国人也意识到了恶性通货膨胀带来的政治和经济压力。1923年8月古斯塔夫·施特雷泽曼成为总理,作为保守的现实主义代表人物,他坚信德国要在欧洲成为一个正常国家的唯一方法不是挑战战胜国,而是赢取它们的信任,展现德国热爱和平和愿意开展合作的一面,特别是要表现出德国已经接受了所有发生的一切并且真诚希望参与欧洲安全体系的构建。1923年9月施特雷泽曼下令结束消极抵抗,这给彭加勒造成一种获得胜利的幻觉,与此同时,德国总理与英国进行外交协商,寻求克服危机的办法。随着道威斯方案的通过,紧张局势日趋缓和,英国人建议用莱茵河边境地区的局部安保条约来取代《日内瓦议定书》的全面安保计划。1925年2月,这一想法被施特雷泽曼所接受,最终形成了《洛迦诺公约》。根据该方案,一旦法国和比利时从鲁尔区撤军,德国将承认莱茵河为边界(之前柏林方面一直不予承认),将阿尔萨斯和洛林地区归还给法国,并且不再试图通过武力改变这一现实。尽管施特雷泽曼有隐晦的修改《凡尔赛条约》的意图(历史学家已有共识),但不管怎样这使得法德间的直接对话成为可能,而且获得了英国以及后来意大利的认可。《洛迦诺公约》在1925年10月16日获得草签,这与《凡尔赛条约》的性质已经截然不同,后者是强制性的,前者更多的是对事态的一种接受。莱茵区的政治气候显然已经不同于以往了,法德两个宿敌之间似乎能够达成真正的和解(这一情况持续了几年,直到1929年)。但是《洛迦诺公约》也存在一个隐患,就是在英国的授意下,"不通过武力改变边境划分"这条规定不适用于德国东部边界。波兰和捷克斯洛伐克与法国已经达成了联盟和互助公约,一旦遭到德国攻击将自动生效,两国对此非常满意。

  局部安全是否足以消除法国的担心一直是个值得思考的问题。实际上这一安全保障不应仅局限于莱茵地区。安全不是能够根据地理位置进行切分的商品。在当时的欧洲,安全应该是整个大陆共同进行维护的一个结果,因为欧洲的所有国家间联系都太紧密了。

  这也就意味着法国的安全问题不可能仅仅在莱茵地区层面上就得到解决,而要放眼整个欧洲大陆,特别是那些最脆弱、最容易擦枪走火的地方。首当其冲的就是意大利。一战结束后,意大利政府的外交政策是矛盾的,它有时候和英国一起,主张对战争造成的领土改变和经济赔偿进行重新商定,但更多的时候站在法国一边,坚持对战败国的强硬立场。墨索里尼刚上台时认为可以通过"大陆封锁"政策对抗英国的霸权。但1924年秋天开始,随着独裁政权在国内的巩固,墨索里尼和传统盟友英国越走越近,虽然他认为大不列颠在地中海的霸权对意大利构成威胁,但和伦敦方面的合作关系一直延续到1939年,几乎没有过大的中断。实际上从狭义上来说,意大利没有迫切的安全问题。作为英国的盟友,它在地中海上没有明显的敌人,1921年开始土耳其已经不足为虑,和希腊人之间的对抗(主要是1923年8月意大利占领科孚岛)也无关大局。在大陆上意大利同样没有敌人,虽然法国左翼不信任墨索里尼的法西斯主义,但是法国国内没有人主张对意大利采取侵略性政策。恰恰相反,他们想的是如何"限制"意大利在殖民地上对法国造成的压力。反倒是巴黎和会后诞生的几个新国家对意大利抱有相当的敌意。南斯拉夫在阜姆和阿尔巴尼亚问题上与意大利隔阂很深,但是1924年南斯拉夫已经完全接受了阜姆并入意大利的事实,至于阿尔巴尼亚问题,南斯拉夫则根本没有能力阻止。阿尔巴尼亚先是在1925年成为了意大利的卫星国,后来则沦为后者的专属地。这对南斯拉夫构成了威胁,因为其南部边境地区有大量阿尔巴尼亚族居民,这一威胁产生的唯一后果就贝尔格莱德政府选择与法国建立紧密同盟(1927年),但这种同盟对意大利的安全不构成任何实质上的危险。此外,墨索里尼对于一战后形成的新国家抱有敌对态度,他一直表现为修约派的支持者,这使得匈牙利、保加利亚和奥地利在一定程度上向意大利靠拢，但当时修约派亦没有形成真正威胁。意大利单枪匹马既没有实力也没有兴趣对巴尔干半岛的领土归属做出改变，因为这会造成难以估计的后果。意大利唯一的问题和奥地利独立有关，直到1933年这一直是意大利安全的唯一隐患，并在之后产生了越来越大的压力，这并不是说奥地利本身对意大利形成了威胁，国家间的力量对比已经发生了根本性的改变，直接危险毫无疑问已经不复存在。真正的问题在于奥地利的不稳定性，内部来看，其首都维也纳作为一个官僚机构和工人阶级占主导的城市，政治上偏向于社会主义，而周围的广大农村则保留着传统秩序，充满着强烈的保守气息；外部的不稳定性在于，从1919年开始，奥地利从地理和文化上不断靠近德国，由此产生了所谓的"德奥合并论"。19世纪20年代这一设想仍十分遥远，但德国经历洛迦诺会议后在欧洲的地位已接近正常化，与此同时泛德意志民族主义思想也开始抬头，不仅仅表现在上阿迪杰-南蒂罗尔问题上，也同时体现在"德奥合并论"这一假说中。如果说第一个问题只与意大利有关，那第二个问题至少在理论上也应引起法国的担心，然而事实上法国人担忧的仅仅是奥地利的经济恢复状况，而不是后者并入德国的可能。总之，维持奥地利独立的责任主要落在了意大利人的身上，这一努力从19世纪20年代一直延续到1938年。综上，在欧洲范围内，意大利的安全问题仅此一个，而且时有时无。

除此之外，我们也有必要研究一下苏联是否会构成一个安全问题。从内部体制的角度看，十月革命后一个非常明显的事实是，在那些"无产阶级化"程度最高的国家里，对于革命的期待一定程度上已成为现实，但这股力量还不足以颠覆原有体制。在法国和英国，共产主义者根本没有发动突然袭击的可能，在德国，技术层面上也不存在发动革命的土壤，虽然德国的军事实力在《凡尔赛条约》的限制下所有削弱，但统治阶级和社民党仍有足够的力量轻而易举地镇压不断出现的起义活动。唯一一个共产党人成功夺权并维持一段时间的是社会结构相对最为落后的国家，即匈牙利，库恩·贝拉的政权从1919年3月一直坚持到了8月。在其他欧洲国家，革命的危险通过各种手段被消除殆尽，有的国家是依靠长久以来的改良主义和议会传统，有的则有赖于专制统治，如意大利、波兰和上面提到的匈牙利。20年代初苏维埃问题更多涉及国际关系层面，首先是苏俄的西部边境问题，其次是与日本和中国的关系。

我们暂且只考虑欧洲,共产党对欧洲大陆已不构成威胁。1918年3月3日苏联政府与德国签署了《布列斯特—立托夫斯克和约》,由此失去了西线所有非斯拉夫民族居住的领土。尽管《布列斯特—立托夫斯克和约》在巴黎和会上被废除,其部分后果却被保留了下来,如芬兰、波罗的海国家(立陶宛、爱沙尼亚、拉脱维亚)和波兰的独立。苏联在1921年3月开始实施新经济政策,苏维埃政权把所有精力集中在了新生政权和经济体系建设上。尽管苏俄的外交政策一直摇摆不定,但革命的威胁已越来越远。随后苏德两国于1922年4月签署《拉帕洛条约》,苏维埃俄国想要结束孤立的愿望已非常明显。在政治层面上,西方国家在对莫斯科政权的承认上展开了争夺,最后英国在1924年拔得头筹,意大利和其他国家紧随其后,而美国是一个例外,直到1933年华盛顿政府才最终表明立场。这场竞赛的重要性并不体现在外交方面。苏维埃政府的孤立政策又延续了十年,能够置身于欧洲大陆各种事件之外无疑是令人羡慕的,但与孤立政策相伴的却是非常实际的行为和举动,这也表明在当时全球经济合作尚未消失殆尽。事实上苏俄的政府官员为了签署工业合作和引进技术资金的协议四处奔走,他们的想法不无道理,发达工业体系的贡献对于巩固苏俄政权是必不可少的。

在所有与安全有关的问题中,最复杂的是波兰,这个国家在18世纪末分裂后再次恢复独立。波兰对于欧洲局势具有举足轻重的作用,其独立后所产生的地缘政治意义无论如何强调也不为过。波兰的分裂状态一直是传统帝国间保持必要团结的一个默契点,而它作为独立国家的崛起则标志着欧洲新秩序诞生。但最微妙的事情在于,如果波兰的独立是新秩序的体现,那么它的边界划分无论从哪个地理方向看都对欧洲安全造成了威胁。边界问题不仅涉及立陶宛和捷克斯洛伐克,更重要的是波兰的东部和西部邻国。这一问题如何解决决定了波兰与德国和苏俄的未来关系,也决定了德国和苏俄的关系。对于德苏来说,波兰有能力成为隔开两个邻国的坚实屏障,也可能成为两者一有机会即实行征服的猎物。

新生的波兰在西部得到了奥地利的加利西亚,德国的波美拉尼亚以及西里西亚,东部则由白俄罗斯和乌克兰的领土构成。南部边境,也就是加利西亚,很显然由喀尔巴阡山脉作为分界,但其他边境无一不是各民族叠加在一起的地区。最后的解决方案是在上西里西亚举行全民投票(1921年),同时创造一条通往但泽自由市的"走廊"作为出海口。更加复杂的是波兰的东部边界情况。波兰重建后(1918年),总统和军队首领约瑟夫·毕苏茨基元帅一度期待俄国局势明朗后,能在乌克兰维持独立(1918年)的前提下确定最终边界。这将为波兰人对抗俄国的压力提供巨大帮助。然而这个前提最终被证明是不成立的,毕苏茨基和乌克兰民族运动领导人西蒙·彼得留拉的联盟受到了苏俄的决绝回应。1920年6月到8月间红军几乎攻打到华沙城下,在法国的帮助下,波兰实施反击最终击败了苏维埃军队。1921年3月的《里加和约》确定了波兰与苏俄的边界,沿着这条线从白俄罗斯到比亚韦斯托克的全部土地都被波兰收入囊中。一个由强烈民族主义作为支撑,地缘政治上被放大的"大波兰"国诞生了,它对于欧洲安全也是一个不确定因素。

还有观点认为,法国的安全问题更多是一种未获成功的情绪表达或是对未来可能产生危险的担忧,事实上短期内根本不会有任何后果。欧洲真正的问题是奥地利和波兰的状况,前者关乎意大利和德国,后者则涉及德国和苏俄。把注意力集中在法国人的角度显然偏离了事实的维度。

洛迦诺会议的两位主角,法国总理白里安和德国总理施特雷泽曼在职期间,法德关系经历了一段非常好的时期,在那几年中能够达成莱茵河流域最早的煤钢协议并非偶然,这也是二战后罗贝尔·舒曼发起煤钢联营计划的前奏。1927年8月法德还签署了一项非常重要的协议,避免两国间产生贸易冲突。阿里斯蒂德·白里安提出了欧洲联盟的设想,为这项以法国安全为主导的和平方案画上了圆满句号。美国国务卿凯洛格也表示支持,他的设想是通过公约使战争不能合法地成为解决国际冲突的工具(1928年8月27日)。

贯穿欧洲国家关系和政治事务的不确定性和不安全感来自于缺乏一个外部保障,能够在恰当时机实施干预从而解决争端、维持现状或在必要范围内予以改变。这项任务到1914年为止一直由大英帝国承担,但如今的英国已不再具备扮演这个角色所需的国际力量。一战后英国的当权者龟缩于摇摆的孤立政策,这一情况在劳合·乔治担任首相期间有所缓解,他一直试图推动欧洲大陆的战胜国对战后局势进行重新评估,但是1922年日内瓦会议的结果说明了一切。英国能够参与的欧洲大陆事务仅限于范围很明确的一部分,如作为《洛迦诺公约》的外部保障或是地中海问题。美国在政治层面虽然对欧洲事务不加干涉，但在金融和贸易中则积极参与。最后有必要强调一下这是一个过渡时期，也有必要提醒读者1929年到1933年的经济危机中断了欧洲和美国之间的联系。此后的十年间，直到1941年，欧洲被遗忘在了一边，任由其内部冲突之火以意想不到的方式再次燃起。总之，欧洲大陆的安全问题是在1929年到1933年这个转折后才最终成为现实的。

3. 裁军会议的失败

国联盟约第八条规定所有国家必须将本国军备"裁减至足以保卫国家安全的最低限度"，以及能够履行条约产生的义务为限。自从国联盟约成为《凡尔赛条约》的组成部分起，原本施加于德国的裁军要求就被泛化了，如若不然，就只有德国才须履行国联的义务。

裁军问题分为两方面：限制海军军备和全面裁军。海军军备问题在1922年的华盛顿会议上进行了讨论。至于全面裁军，则委托给一个专门委员会从1926年一直研究到1930年，最终于1932年在日内瓦召开会议。与此同时，海军军备问题也被美国总统卡尔文·柯立芝重新提出，他在1927年开启了中型军舰裁减问题的讨论。在这一点上法国和意大利之间爆发了剧烈冲突，最后两国都未能如美国所愿签署条约。墨索里尼无法接受他的政府不及前任政府在1922年获得的份额，也就是和法国一样的军舰数量。法国人一方面对墨索里尼在巴尔干半岛的积极行动有所警觉，另一方面坚持必须拥有两个舰队（一个大西洋舰队和一个地中海舰队），在海军军备问题上采取了毫不妥协的立场。直到1930年才终于有机会在伦敦重新召开了有法国和意大利参加的裁减海军军备会议。但是会议的气氛一开始就由于美国金融危机的影响而蒙上阴影，后来又因为两个情况的出现持续恶化，首先是大会开始前，英国和法国就商定在陆军裁减问题上保持同一立场，其次是墨索里尼表示愿意将意大利军备水平限制到最低，但前提是不能被任何欧洲国家超过。由于这些情况的存在，会议中的冲突即便没有宣传的那么夸张，也是难以避免的。最后，英国、美国和日本达成一项协议，宣布英美在巡洋舰、驱逐舰和潜艇数量上将保持均等，同时提高了日本的份额,日本被允许建造的舰队数量从英美的六成上升至七成。

意大利和法国的分歧仍旧无法弥合。1930年4月其他国家签署协议时,意大利和法国仍在进行谈判,直到1931年才达成一个极为复杂的妥协方案,既使法国人觉得满意,也让墨索里尼能够吹嘘一番。事实上在这样一个时间节点上根本不可能严肃地讨论裁军问题,最多只是对海军装备进行"削减"或"调整",英国和意大利这两个地中海国家都面临动荡时期,墨索里尼甚至预言十年内欧洲将陷入一场全面战争。在德国,国家社会党已成为主导力量,魏玛共和国政府受到了内部环境的极大制约。

裁军大会于1932年2月2日在日内瓦如期召开。会议的结果使法国在集体安全方案上保持的希望彻底破灭。当时皮埃尔·赖伐尔领导的法国政府委派陆军部长安德烈·塔尔迪厄提出一项计划,把各国削弱和裁减军备的活动纳入一个交由国联实施的集体安全保障体系中,这个提案与1924年《日内瓦议定书》中的集体安全倡议并无不同。意大利在裁军大会中继续扮演反对者的角色,墨索里尼政府的外交部部长迪诺·格兰迪老调重弹,宣称意大利接受任何裁军方案,愿意和其他欧洲列强一样把军备水平降到最低,但是裁军的前提是恢复国际合作和正义,言下之意就是要修改巴尔干半岛的领土划分,法国人不打算接受这一提案,但墨索里尼对外宣称要斗争到底捍卫裁军。

裁军大会上的真正新闻另有其他。德国总理海因里希·布吕宁针对法国的提案要求允许德国摆脱《凡尔赛条约》的限制,因为没有任何一个其他签约国忠实履行了国联盟约的义务,他还承诺德国将做出一系列单方面保证,如在若干年内不会提出领土要求,接受国际监督下的全面裁军,以此换取各国对"平等"原则(Gleichberechtigung)的认可,即德国与其他国家享有军备上的同等权利。在德国国内由于政治环境发生改变而做出单方面决定之前,承认这一原则是所有约束性协议生效的前提。

这是决定未来欧洲安全的一个重要选择。但是西欧主要国家没能达成一致立场,意大利继续虚与委蛇,而法国仍旧毫不退让。一个保守而民主的政府未能获得的让步,却被后来越来越专制和独裁的政府强求得到。布吕宁受国内经济危机和国际上外交受挫的双重打击,在1932年5月辞职,接替他的是弗朗茨·冯·巴本领导的一个右翼政府,同年11月又被库尔特·冯·施莱谢尔将军的政府所取代，与此同时纳粹党不断赢得选举并成为德国政治舞台的核心力量。裁军大会无法做出合适的决定，只能对德国的要求采取原则上反对的立场。直到12月（谈判中断三个月后），在冯·施莱谢尔担任总理期间，才最终决定接受德国的"平等"原则。但这个决定的到来为时过晚，并成为希特勒的借口。这位纳粹党魁在1933年1月底成为总理后，并没有立即把德国代表团从日内瓦召回，而是将其他谈判对象玩弄于股掌之间，1933年5月德国要求前一年12月允诺的"平等"原则立即兑现。这场把戏一直持续到1933年10月14日，德国代表团退出裁军大会，同日柏林政府宣布退出国联。一个月后举行的全民公决显示百分之九十九的德国人对此表示赞同。

法国人日夜渴求的欧洲安全问题解决方案最终带来的结果是，法国的安全在一战后第一次陷入了潜在的危机之中。巴黎政府必须调整其外交政策的基本前提以适应可能预见的未来情况。但是法国既没能团结欧洲和世界上的其他国家，也没能对自己做出正确认识，从而避免导致一战爆发的类似冲突再次发生。

4. 欧洲殖民主义的第一次危机

最能直接体现欧洲全球霸权日渐销蚀的就是殖民问题。19世纪最后几十年的殖民主义从世纪末开始引发了一场严肃的理论和政治讨论。这场争论集中在对资本主义的分析和对市场经济的批判上，但并不局限于马克思主义学说，还延伸到费边主义思想和教会的理论。争论的内容触及了殖民关系的本质，并且在结合了马克思主义思想后，成为批判资本主义的核心力量。20世纪初，英国人霍布森的批评性论文《帝国主义研究》开启了这场讨论，列宁、鲁道夫·希法亭和罗莎·卢森堡从理论上进行了深入。列宁在他一篇著名的文章中将帝国主义定义为资本主义发展的"最高阶段"，同时指出摧毁资本主义经济体系是争取独立斗争的手段和方法。

关于殖民主义兴起对国际格局和欧洲地位所产生的影响，真正的批判点在于从概念上来说，除了葡萄牙和西班牙外，欧洲在19世纪后几十年的帝国主义不仅仅是出于文化上的惯性，还是工业化生产对于土地需求不断扩增的后果。

工业化程度越高,欧洲国家就越感到控制生产所需原材料的必要性,这些原料在欧洲日渐匮乏并且价格不断升高,但在世界其他地方则相对更容易获得,所以拥有庞大的商船队和舰队就能确保对原料的直接或间接控制,由此也产生了殖民地和宗主国的依附关系。除了"争夺非洲"、资本主义"最高阶段"等等说法外,还有大量相关文学作品,几乎无一不是带有强烈贬损色彩的。看看约瑟夫·康拉德在小说《黑暗之心》里塑造的形象:"仔细想一下的话,征服这片土地实在算不上什么伟大的事情,实际上就是掠夺那些肤色与我们不同、鼻子比我们扁一些的人……他们的目的就是从这片土地的深处攫取财富,这项任务比起入室盗窃没有任何道德上的优越之处。"如今,那些残酷夺取他人财富的方式已过去百年,政治意义上的殖民主义也终结了五十年以上,我们不仅可以直面这一现象最沉重的方面,还能考虑其中一些全新的问题。在我们反思所有工业转型的过程时,似乎很难把变革所造成的社会和人力代价分离出去。英国社会在工业化的几十年间承受了巨大的代价,后来随着工业化的深入发展,这一成本通过其在欧洲大陆和美国,及在意大利、俄国和后来的苏联的投资转嫁到了那些国家的人民身上,如果考虑到这点,就很难在殖民主义统治、贫穷国家的大规模强制移民和苏联古拉格劳改营之间做出区分。另外一个明显的事实,是几乎所有被殖民的地区都难以再现古老的平静和传统文化,而是被迫进入了全球工业化的进程中,每个地方的最终后果都不尽相同:有的沦为残酷的剥削对象,有的在经历了大工业生产后摆脱了传统生产模式。殖民主义导致了文化、政治和科技的转移,殖民地人民有的做出了有效回应,更多的则是屈服于被剥削和同化的命运。对此,各种相关的评价和判断糅杂在一起,它们建立在不同的概念和逻辑上,并且对应各种殖民方式采用了不同的分析方法,因而根本不可能找出为殖民主义脱罪的共性因素。要将殖民剥削说成是益处良多的改变实在是十分勉强的,最多只能说它是以不同形式把人们在没有意识到后果的情况下纳入了全球范围的经济变革中。

在政治层面上这些分析毫无意义。没过多少年,殖民地人民就开始评判他们所受的剥削统治,这为之后的反殖民起义埋下了伏笔,早在一战之前这就是欧洲霸权的最大弱点。想要了解这一观点的理论描述,可参考列宁的一系列文章。这些文章无不触及帝国主义和资本主义列强与殖民地世界关系中最敏感的神经,也可以说是对于欧洲未来最敏锐的分析。

　　列宁的观点所带来的影响在大战前已有所察觉,比如中国、印度和土耳其民族运动者的起义,大英帝国殖民统治下白人的反抗(1907年英国承认加拿大、澳大利亚、新西兰和南非等国的附属身份不合逻辑,因而赋予它们近似独立的地位,以自治领的形式通过君主关系和政治效忠团结在大不列颠周围),但是警钟敲响的声音并未被听见。帝国主义列强在一战期间签订的秘密条约中并没有忘记为战败的德国和奥斯曼土耳其帝国瓦解后留下的殖民地划定方案。最终殖民主义没有因为英法获胜得以进一步推进只是因为这些方案与威尔逊的理念相左,可以说美国总统的理想也只是在这一层面上得到了明显的成效。国联盟约第22条开创的委任统治制度造成了诸多模棱两可的境况,以至于相当一段时间内人们都认为它是殖民主义改头换面后的新形式,而事实上这是该项制度通往成熟的过程。委任统治被运用到了奥斯曼土耳其帝国所有未立即获得独立的地方以及德国拥有的所有殖民地上。尽管委任统治制度分为甲乙丙三种类型,每一种都规定了受委任国不同的干涉措施,但实际情况是第22条把委任统治称为"文明世界的神圣责任",并把甲类委任统治地(中东地区)定义为已经达到一定发展程度并可能被承认为"独立国家"的地区,受委托国将援助这些地区,指导它们取得完全独立,并考虑"该地区的投票情况"为其选择受委托国。这一规定的实施实际上有利于法国,最终它获得了相当于今天叙利亚和黎巴嫩地区的委任统治权,英国得到了对应现在伊拉克和巴勒斯坦地区。法国人根据他们以前的殖民地政策,也就是同化吸收策略,对委任统治地进行管理,这使得巴黎政府很难从根本上实现"委托"给他们的任务。对于那些地方,理论上已经近在咫尺的独立在1936年才原则上予以承认,而直到1948年才事实上予以认可。英国人根据他们的习惯采取了自治政策,即把统治权委托给效忠大不列颠的地方当局。建立大一统阿拉伯国家梦碎后,一战中支持英国的哈希姆王朝得到了英国人的补偿,他们把美索不达米亚,即伊拉克的统治权委托给费萨尔(谢里夫·胡赛因之子,谢里夫在一战中代表泛阿拉伯阵营与英国签订条约对抗奥斯曼土耳其),约旦河西岸地区(即现在的约旦)作为"酋长国"委托给了谢里夫的次子胡赛因·阿卜杜拉。伊拉克在1932年正式取得独立(在英国的严格管理下),而约旦河西岸的独立则要一直等到第二次世界大战之后。与此同时,英国人在巴勒斯坦沿海地区的行动为日后阿拉伯世界与以色列之间的冲突埋下了祸根。

委任统治的特殊价值在于从法理上提出了殖民地国家短时间内获得独立的原则。去殖民化运动在帝国以外的地方日显端倪,整个北非地区的民族运动表现得非常突出。在埃及,华夫脱党的温和派民族运动者(代表团党,即独立运动者)迫使英国放弃了1914年取得的保护国地位并承认埃及的完全独立,但国王法鲁克在华夫脱党人的反对下仍然保留了部分权力。不管怎样,埃及成为效仿的对象。在利比亚,意大利军队不得不使出浑身解数并运用残酷手段恢复对昔兰尼加、黎波里塔尼亚和费赞的控制,阿布德·艾尔·喀德率领的当地阿拉伯部落一度使意军陷入困境。同时在阿尔及利亚和摩洛哥,反抗法国和西班牙统治的力量在阿布德·艾尔·克里姆领导下,首次提出了法国人和当地原住民共存的问题。

地中海沿岸以外,去殖民化运动同样快速蔓延。除了镇压措施外,最重要的是英国采取的应对方法。英国在1926年承认所有自治领的完全独立后,于1931年到1932年之间开始对殖民帝国进行彻底重组。1931年《威斯敏斯特条例》在英国议会通过后,各自治领可以拒绝在当地实施英国法律,并有权宣布完全独立。1932年召开的渥太华会议制定了帝国特惠制,英国在这个关税互惠体系中占据主导地位,并且维持了英镑作为美元以外兑换货币的地位。由此也诞生了所谓的英联邦:拥有相同文化和语言背景的国家自由选择联合在一起组成共同体,接受和大不列颠之间,尤其是与英国王室间的特殊联系,后者是诸多理念、体制和贸易关系集于一身的标志和象征。由于英联邦成员国当时仅限于白人居住的地方,这不可避免地对英国其他的重要殖民地产生了影响,首当其冲的就是印度,印度国民大会党(由莫罕达斯·甘地和贾瓦哈拉尔·尼赫鲁领导)和穆斯林联盟(穆罕默德·阿里·真纳领导)起来反抗英国的统治。

当时各国温和派精英阶层主导的渐进式去殖民化运动虽然不断蔓延,但并没有扰乱英国政策的推行,这一政策的核心在于寻找下一级合作者,后者的重要性在于和地方政府保持实质联系和负责关系。去殖民化运动更多影响到的是坚持推行同化政策的法国、比利时和荷兰,它们在刚果和印度尼西亚群岛上继续保持高压控制。意大利作为殖民国家中力量较弱的一个,采取了相对灵活的政策,如在厄立特里亚和利比亚推行同化吸收,而在索马里则实行自治。意大利殖民主义的批判点在于罗马当局没有正确意识到在非洲进行扩张的可能性已经消失,更没有充分理解到当时的帝国主义体制已经发生了深刻的变化。

5. 大萧条及其对国际政治造成的后果

欧洲对于安全的苦苦探求,加上内外部不断涌现的不稳定因素,已经表现出了令人不安的征兆。威尔逊营建国际新秩序的努力归于失败,而欧洲人自己制定出的仅仅是局部和临时的解决办法,由此产生的后果就是不确定感越来越强烈。每个国家都倾向于闭关锁国,独善其身。与其听取泛欧洲主义者的建议,严肃衡量美国和日本崛起对世界市场和殖民体系产生的变化,欧洲国家们还是更热衷于运用各自不同的政治手段和经济措施解决自己的问题。一战结束后的十几年里,城市小资产阶级的构成发生了变化,世界范围的共产主义倾向也偃旗息鼓,但是还没有出现任何具有类似影响力的替代品满足国际政治生活新的需求。所有这一切在1929年美国爆发金融危机并蔓延到欧洲时以极其强烈的方式显现了出来。身处全球化世界的国家不愿共同应对问题,而是以邻为壑筑起高墙,客观上为危机的进一步加深创造了条件,最终使危机从经济金融领域扩展到了国际政治层面。

1929年10月24日,在当时世界上最重要的两个金融交易市场之一——纽约华尔街证券交易所(另一个是伦敦证券交易所),股票交易价格在经历了长达三年的持续上涨后,突然出现了一个危险信号:1300万股票被抛售。几天之后的"黑色星期二",也就是10月29日,经历了几乎一周的下跌后,又有1600万股票被抛售。尽管随后几天交易暂停,但股价在11月继续暴跌,稳定没多久后在1932年又开始自由落体式的下跌,最终在1932年6月到达了历史最低点。在此之后股价缓慢回升,但直到1936年才回到危机爆发前的水平。

纽约证券交易所的崩盘最初只是一个与股票市场相关的事件。主要原因是过度投机和人为拉升股价,另一方面投资公司肆无忌惮地增加风险资本,把财务状况良好的企业和投机公司混淆在一起。美国联邦政府在危机的早期应对中采取了货币紧缩政策,这使得股价暴跌的影响体现在了实体经济和生产领域：如一些当时非必需商品（汽车）和可压缩消费（住房）的大量过剩，以及农产品和食品（如小麦，棉花，肉类）等美国的主要出口商品的价格下降。这场危机是两方面的，既有关金融市场，也涉及生产领域。金融市场在 1929 年和 1932 年受到了两次冲击，而生产领域所受的影响主要发生在 1931 年到 1932 年。1929 年纽约证交所的股票价值下跌了 50%，而在 1932 年跌至只有危机前最高值的四分之一和 1926 年价格的一半不到。至于生产活动，如果说 1929 年尚且正常的话（以 1913 生产值为 100 作为参照，1929 年产值达到 180.08），1932 年的生产总值只有 93.7，相当于 1929 年的一半：十年的经济发展化为乌有。1929 年的危机在劳动力市场造成 160 万人失业，而是 1932 年劳动人口中的失业人群已经达到了 1200 万这一天文数字。

我们应明确什么原因造成了美国的经济危机输入到欧洲，成为波及世界所有发达市场经济体的一种现象。大萧条从此以后成为每一时期经济衰退风险的代名词和象征。1920 年美国参议院通过决议与欧洲的政治生活分道扬镳，但是金融的力量很快把美国再次卷入欧洲这一漩涡。从 1923 年开始，美国参与了越来越多的欧洲金融事务，尤其是与德国战后恢复相关的活动。道威斯计划标志着美国资本大举进入欧洲市场，特别是德国，后者工业体系中的大量美国投资即是最明显的表现。1929 年的危机通过这条通道进入欧洲，并形成一个很难打破的恶性循环。

1929 年之前纽交所的股票价格一路飙升，这也使德国获得了大量来自美国的长期贷款，"黑色星期二"之后资金的突然中断造成了德国国内通胀高企和产业危机。1929 年德国的失业人口超过美国达到 190 万，而德国的总人口数只有后者的一半。大量支出的失业救助金使财政状况雪上加霜，为了应对危机布吕宁政府开始实施财政紧缩政策，社民党为此退出执政联盟。德国的政治天平开始向右倾斜，但从中受益的并不是布吕宁政府而是以阿道夫·希特勒的国家社会主义工人党为代表的极端反对派。这个以前名不见经传的小党在 1930 年 9 月举行的选举中获得超过 100 个议席。布吕宁在外交事务，尤其是裁军问题上采取了强硬的态度以期挽回民意，但这一做法造成的后果适得其反，美国和其他国家的银行迅速撤回了对德国和奥地利的投资。无论什么情况下，在对德国政治进行分析时，都不能忽略奥地利的重要性，因为两国政府在 1930 年 2 月签署了一项关税同盟原则协议(Angleichung)。由于《凡尔赛条约》对于德奥合并明文禁止,这项协议实际上是一种谨慎而迂回的解决方案,而且奥地利非常需要此方案,因为它在经济上面临的困难并不亚于德国。尽管这项协议由于1931年法国和意大利的反对未能最终实施,但已足以表露出德国修改凡尔赛体系的倾向,这引起了其他国家的警觉,对于德国的不信任感也有所增加。这可以说是美国股市危机和欧洲经济生活产生关联的第一个方面。但还不至于认为美国大萧条蔓延到了欧洲,事实上这只是第一阶段。

第二阶段在一年后才有所体现,奥地利经济由于德奥关税同盟的失败受到了巨大影响。一战结束后,奥地利经济体系根据维也纳政府新的领土范围进行了调整,但是原本奥匈统一市场突然缩小使奥地利工业不得不持续减产,经济稳固性也受到怀疑和挑战。就业问题同样困扰奥地利,失业人数占劳动人口的比例一直徘徊在10到15的百分比。有些企业被迫向银行出售股份,而后者则买入了大量从经济学角度来说价值持续缩水的证券资产。

奥地利最大的银行是信贷银行,由于对多家小银行实行控股,信贷银行从后者那里接收了低价值的公司股票作为抵押。1931年在准备接受多国银行贷款时,信贷银行管理层对自身财务状况进行了核查,结果显示负债已经超过了资产,银行就此破产。信贷银行的债务由国联承接,1931年8月国联筹措了2.5亿奥地利先令以分期的方式输送给奥地利,这样做的原因正是出于对德奥关税联盟的疑虑,而这项计划在一个月后的1931年9月被海牙国际法庭判定为不合法。这就是金融危机在政治层面和金融层面碰到一起的明显例证。从那时起奥地利一直处于严密的国际监控下,大部分时间是法国势力在起作用,有时候也有意大利的参与。但与此同时最坏的情况发生了,所有之前输入资本的奥地利人和外国人都把他们的资金撤出了信贷银行和奥地利,这引发了大规模恐慌并且蔓延到整个世界。一场原本仅限于美国和部分欧洲地区的危机成为世界范围的大萧条。关于资本主义经济最可怕的预言几乎成真。

事实上在1931年夏天,与一战赔款和债务问题相关的整个体系都受到了质疑。款项支付完全中止,投资和资本转移也已停滞,银行接二连三地破产倒闭。金融危机在美国演变成了经济危机,在欧洲同样如此。1932年美国的失业人数达到了1200万,德国则有560万人失业,1933年6月,美英法三国在伦敦召开会议讨论危机引发的问题和使国际市场恢复正常的办法,但会议没能达成任何协议,因为每一方都以本国利益作为出发点。全球市场分裂为互相敌视的多个经济体,所有人考虑的都是不惜一切代价自保而不是市场经济的理性选择。危机在政治层面的作用到达了一个顶峰,几乎十年时间内,所有国际事务都被经济危机带来的问题所左右,正如在封建时期,各地兴建城堡竖起高墙使自己免受危险的波及,但没有人能够意识到危险正是来自于市场理性规则的缺失和有待恢复。

芝加哥学派的著名经济学家米尔顿·弗里德曼认为,造成1932年危机如此深重的原因是英国政府在1931年秋允许英镑贬值的决定,这一做法"使大英帝国暂时与英镑区以外的世界失联,而美国却同后者继续保持贸易联系"。货币流通和其他经济变量之间的联系被扰乱,导致了国际货币关系的稳定性受到破坏。事实上1931年9月前英国一直维持着金本位,这使英镑成为避险的最佳资产,直到其估值超过了货币的实际购买力。英国金融系统的脆弱性在危机面前尽显无疑。英格兰银行的黄金和货币储备一直下降到了警戒线水平。而且没有任何国家有能力对一个仍占据全球货币霸权地位的国家进行救助。1931年9月21日拉姆齐·麦克唐纳领导的英国政府宣布放弃金本位,由此造成的结果是所有与英镑有关的货币都遭受贬值。这个决定也影响到了当时仍实行金本位的美国。英镑的贬值使美元持有者纷纷要求把美元兑换成黄金,面对这一情况美联储在几天之内将贴现率从1.5%提高到3.5%。这是危机期间采取的一项通缩手段,结果是美国产品在国际市场上的竞争力下降。没有人预料到如此大规模崩溃的到来,国际金融市场对于这样剧烈的震荡毫无准备。当时伦敦和纽约还在争夺世界头号金融中心的位置,英国的金融脆弱性在这次动荡中完全暴露出来,而对于美国来说,这是国内衰退期间对外部风险抵抗力的一次考验。

弗里德曼的文章只是从货币角度对危机进行了分析,但事实上这一问题还同其他"经济变量"有关。英镑贬值及之后,英国在渥太华会议上创建的关税优惠体系和英联邦的诞生对于世界贸易产生了重大影响。而美国在不遗余力地宣传自由贸易多年后,却在1930年签署《斯姆特—霍利关税法》,走上了保护主义的道路。美国政府试图通过这一措施保护国内市场,以避免商品价格继续下跌和失业率的进一步上升。新的关税法取得了良好的效果,虽然没能使美国完全免受全球金融动荡的影响,但不管怎么说,美国展示了他在国内衰退的情况下抵御外部风险的能力。上述情况形成合力,把奥地利和德国推向了危机的深渊,在危机面前各个国家都试图进行自我保护,首先考虑自己,然后再照顾大局,从长远看这是短视的行为,但就当时情况来说或许是唯一可行的办法。如果英国人也效仿美国的做法,那就意味着世界两大经济体不再步调一致,纽交所和伦敦证券交易所之间将产生严重对立,英国可能会面临全面调整。但经济体系两大核心间的分裂与当时已日显端倪的政治分裂几乎是同步的,后者产生的影响已经在德国身上体现得一览无遗。1933年在日内瓦召开的国联会议期间,罗斯福明确写道:

> 一个国家最重要的幸福要素是其内部经济状况的稳定,而不是货币价格……银行家过去崇拜和迷恋的事物已经逐渐发生改变,取而代之的是建立一个能够赋予货币持续购买力的国家货币体系……美国所追求的是一代人之后仍具有同样购买力和偿付债务能力的美元,这是我们希望能够在未来获得的……从这一角度说,我们的目标是世界上所有国家货币的稳定……只有找到了使所有国家通过自身资源实现收支和贸易平衡的政策,我们才可以讨论在世界范围内对黄金和白银进行更好的分配。

这是一个颇为强硬的立场,并且和美国当时口头宣称的贸易开放精神完全相左。事实上这是对世界上所有国家做的一个政治呼吁,希望它们能够恢复自身经济秩序,然后在新的基础上开展国际合作。但在当时,罗斯福的言论反映在政治层面上,无异于宣布美国孤立主义政策的开启。美国不但停止了对欧洲政治的介入,现在对欧洲经济也不再关心,而是等待欧洲各国自己慢慢恢复秩序。不仅如此,从英镑贬值将国际金融危机的影响投射到美国后,后者就向欧洲传达了一个明确信息:有必要稳定欧洲及其殖民地的经济情况,这一表态并未停留在口头声明。我们进一步思考不难发现,这里也预示了美国政府在1941年后所做的选择。

美国抽身离去的后果是各个国家加强了经济恢复政策的实施。失去外援后,各个欧洲国家开始根据自身政治结构和经济情况进行自救。有些国家受到的冲击较小,比如法国;有些在关税同盟中寻求庇护,比如英国;在意大利,法西斯政府对陷入危机的工业进行了国有化,并开始实施自给自足政策,限制外国进口,保护和促进国产。在德国,为了应对危机,最后几任非纳粹政府采取了紧缩政策并且实行外汇管制,国内生产活动被最大限度地保护,德国产品由于其高性价比被大规模出口到巴尔干半岛,从而抵消了国内通货紧缩可能带来的经济衰退风险。希特勒上台后进一步加强了贸易保护政策,同时启动了大规模公共投资计划,将所有国内资源强制引入基础设施建设和军工产业。

就这样,各种短视行为主导了经济政策的选择。1932 年后经济开始恢复,但所采取的方式却使矛盾进一步激化,直至走向极端(几乎令欧洲大陆陷入万劫不复的境地)。美国受到的挑战反过来揭示了它的重要性。1914 年到 1918 年的战争留下了太多悬而未决的问题,只有外部力量的强制干预才能解决。一战甚至没能打破英法德等欧洲大国(重新)统治欧洲和世界的幻想。所有这一切打破了延续至 20 世纪 30 年代初的乐观政治局面,和平的幻觉急转直下,变成了对冲突和自我毁灭宿命般的等待。

第 3 章

欧洲堡垒

1. 导读

按照时间顺序,本章应在1939年结束,即第二次世界大战打响之际。这样做的前提条件是假设任何情况下按年代划分都是史学分析最有效的方法。但是战争的喧嚣无法掩盖其背后涌动的长远和深刻变化,武装冲突通常会加速这些变化的发展,而很少令它们湮没于大炮的轰鸣声中。如20世纪那样空前复杂的社会中,比起五花八门需考虑的变量,反倒是一些不太显眼但富有内涵的事件更能提供有助于我们理解的线索。既然本书的目的是理解各个传统(军事)帝国如何演变成一个全新的国家关系体系,并且科技又是如何在这一过程中发挥主要作用,那就必须把导致这一角色变化的过程同欧洲影响力的衰落,以及由技术主导的全球互动联系起来。从这一角度看,衡量美国在世界政治经济体系中所扮演的角色就显得至关重要。

大萧条打断了全球化的进程,并使本位主义愈发盛行,尤其是那些幻想通过坚定帝国统治或是依靠庞大生产能力获得重要地位的国家,具体而言,这些国家在欧洲是英国、法国和德国,欧洲以外则是日本。美国人离席后,欧洲几个国家幻想回到熟悉的旧日时光:欧洲大陆和亚太地区的争端由英国仲裁,走出废墟后的列强继续互相敌对,而欧洲仍旧是强权政治的舞台并且主宰世界的命运。想要赋予这一幻想以现实意义,欧洲人必须摒弃本位思想,做好准备共同应对其他新兴大国的挑战。不过很少有人意识到这一点,更多人还是抱守着不合时宜的民族主义思想,或在自身优越感的驱使下试图通过武力把欧洲打造成"新的世界强权"(就像希特勒后来所做的那样)。1941年全面冲突达到最高潮时,美国人意识到世界政治经济体系的命运已被寄于一场战争的结果上,而他们自身也不可避免地受到波及。美国一直延续到二战开始的保护主义几乎使欧洲从世界政治版图上彻底消失,这时候有必要告别孤立政策,重新实施干预,从而拯救西方经济体系的彻底崩溃。当时的美国已经成为这一体系的核心所在。出于上述原因,本章选择1933年阿道夫·希特勒的上台为开端,直到转折性的1941年结束,美国在那一年的三个不同时刻重新扮演了国际政治的裁判,而这正是它当年为了保护国内经济而选择退出的角色。

英国具有强烈的本位主义思想。但在两次大战间隙的二十年间,尤其是德国表现出改变凡尔赛体系的倾向时,英国人选择冷眼旁观并试图建立自己特殊的地位,妄想能像过去一样成为维持欧洲大陆均势的裁判,但他们对于自身的评判没有考虑到如下事实,即美国已经成为大不列颠未来不可逾越的一道障碍。另一个具有强烈本位思想的国家是法国,但是1933年后法国人已经对通过集体形式解决安全问题不再抱有任何幻想,转而开始实施以防御性战略为核心的双轨政策,最明显的例子就是决定建造马其诺防线,这是一个用以抵御德国进攻边境地区的防御性要塞体系。与此同时,退出外交上的"相对孤立主义"也是法国防御战略的一部分,"相对孤立主义"使法国的对外联系仅限于东欧和巴尔干的反修改条约阵营,现在它开始寻找新的联盟,企图在德国的周围重竖起一道"隔离墙",遏制纳粹分子修改凡尔赛体系行为。这种本位思想注定失败,其原因并不是内在动机有问题,所有的潜在受害国都愿意携起手来对抗德国,但前提是让它们充分明白其利益所在。举波兰和意大利两个例子即能说明问题,历史总是宿命般地将它们与法国联系在一起,共同对付夹在中间的德国。不管是波兰还是意大利都愿意和法国合作对抗希特勒的危险,但前提是它们各自的观点和诉求被优先考虑,否则,这两个国家都随时准备退出同盟。退出同盟,对波兰来说是战术上的选择,而对意大利来说则是战略上的。

本位主义思想最为强烈的两个国家——德国和日本——都具有极强的事态策源能力。在亚洲,日本拥有足够的军事力量和经济实力觊觎中国,后者当时尚未摆脱第一次革命造成的混乱和痛苦。日本大肆宣传反对"白人"的殖民主义,鼓动了整个太平洋地区的民族主义者。

在欧洲,德国对许多无法确立国际地位的小国和附庸国进行同样的宣传,向富裕阶层灌输对抗共产主义的必要性,使他们相信通过专制或独裁能够维护自身的阶级和地位(随着人民阵线的创立,法国在内政上已屈服于共产主义)。希特勒动员大众参与工人运动,使他们将精力投入到民族主义的狂潮里,沉醉于伟大事业的幻想中,忘记了现实生活里的艰苦和困顿。这一章节我们主要分析日本是如何在1931年到1941年控制整个亚洲和太平洋地区的政治和经济,并通过国联的委任统治占领从东南亚到美洲西海岸间的主要群岛;以及纳粹德国是如何在1933年到1941年试图在欧洲推行霸权,为适应国际关系新局面的统治打下基础。在德国,关于"大日耳曼"地区的政治和经济问题一直是讨论的热点。虽然经济融合的进程被大萧条打断,但细心的观察者已经能够从之前几年的国际政治中发现端倪。"世界新秩序"尚未形成,但地缘政治决定国际地位的论点已经出现。30年代后期的主要特点,即一个欧洲国家(德国)试图成为这片虚弱大陆上的统治力量。

2. 日本的亚洲野心

日本在亚洲的政策不像欧式的传统帝国主义那样刚猛,但在20世纪30年代末已经得到了它所觊觎的几乎所有地方。日本的特点还在于它的执着,对始于19世纪末的国策一以贯之,在对抗俄国方面日本一直拥有大英帝国的支持,后来更是巧妙地利用了欧洲列强留下的权力真空。随着第一次世界大战的打响,帝国主义列强统治中国和太平洋地区的愿景落空,德国退出后留下的海岛很快被日本接手,菲律宾则一直是美国的势力范围。虽然英国、荷兰和法国仍然拥有东南亚的殖民地和中国沿海的"基地",但这些老牌帝国在亚洲留下的"珍珠"已不再是进一步的前哨,而是欧洲人扩张所能到达的极限。

主导日本政治的军国主义势力在一战前已让位于文职政府(但实际权力并未发生转移),构建后者的基础是组成议会的各个政党和1925年举行的男性公民普选。文职政府的主要特点是保守主义者和自由主义者的对立,前者的代表是工业资本家和大地主,他们支持传统的帝国主义政策,后者与商业贸易利益具有更多联系,因而倾向于更为开放的商业扩张政策。但文职政府与不同政治力量间的博弈并不意味着民主。劳动阶级在日本受到严酷压迫,承受着生产量和生产效率的苛刻要求,这一点带来的结果是1930年日本的工业生产值比一战前增长了300%。

世界经济危机严重影响了出口导向型的日本经济。由于政治体系尚处于过渡阶段,经济体制也未完成现代化,危机在日本国内造成了严重后果。民族主义团体和派别的力量压倒了文职政府的民主外衣和对外政策的温和一面。1931年这些变化完全显现出来。当时自由派首相浜口雄幸领导的东京政府在国联表现出较为温和的姿态,为此他在日本国内受到了军界的威胁。在国际问题上最激烈的争论是关于同中国尤其是"满洲"之间的关系,1905年日本在中国东北投入了大量资金建造铁路。日本人的投资政策遭到了中国政府的强烈反对,1911年孙中山在中国发起革命,次年末代皇帝溥仪退位,清王朝覆灭,中国试图恢复国家体制但一直无法控制国内分裂的局面。从1921年开始,代表资产阶级革命的国民党和新生的共产党展开了政治对抗,二者同时还要面对各自内部不同思想派别间的激烈斗争。

中国的北京政权面对日本侵略,并未做出实质性的抵抗。根据1915年与中国签署的公约,日本已经获得南满铁路的"所有经营权和所有权",并对中国提出的所有抗议予以威压。东京政府甚至计划扩大公约条款的适用范围,进一步侵犯中国的司法裁判权。

这场博弈涉及的利益非常可观。日本关东军在国内军方高层的默认下,未经政府批准即擅作决定对中国东三省实施军事入侵,这使得矛盾进一步激化。关东军借口保护日本资金参与建设的铁路(超过1000公里),在中国的混乱局势中保护日本投资,但这一行为事实上标志着地区和平的终结。日本拒绝了国联对于停止使用武力和维持现状的呼吁。1932年,溥仪在日本的扶植下成立傀儡政权,即"满洲国"。国联试图对日本的侵略行为做出回应,但是日本代表的犹豫不决(当时反对入侵中国)和各国对干涉行动可能产生后果的担忧,使国联的干涉陷入僵局之中。随后国联成立了调查团,由李顿爵士带领考察当时情况已经相当恶化的满洲。在调查结论报告中,李顿对事态状况进行了描述,并指出日本的行动是"专横而虚伪的行为"。在1933年2月召开的日内瓦会议上，国联公布了最终调查结果，而日本则以退出国联予以回应。对于如此蛮横和粗暴的行为，没有一个欧洲列强予以谴责，而美国也没有做出任何回应，因为直到1932年11月，合众国全国上下都在经历一场激烈的选战，与此同时还要应对国内经济衰退带来的问题。

直到1941年，在国际社会上日本一直逍遥法外。以"满洲国"为起点，日本开始蚕食中国领土。1935年8月它在内蒙古扶植了一个傀儡政权；随后将部队向北京和天津推进（1935年11月—12月），这一过程中没有遇到蒋介石政府的任何抵抗，后者在1925到1926年取得了中国的控制权。欧洲秩序发生的变化促使日本走上反苏反共的道路，这一政策和希特勒的纳粹德国如出一辙（两国在1936年11月25日签署了《反共产国际协定》）。1927年开始，国民党和共产党产生冲突，为日本进一步侵略中国提供了便利。1937年7月，中日两国军队在北京附近的一系列冲突拉开了日本更大规模入侵的序幕，但两国仍未正式宣战。从那时候开始直到1938年底日本不断深入中国领土，取得了不少战果。1938年12月，蒋介石政府拒绝了臣服日本共同防共的"和平"建议，于是东京方面转向国民政府中的不同政见者，委托汪精卫组建了一个反蒋政府，是少数几个支持日本并享有孙中山左膀右臂声誉之人。1940年3月汪伪政府在南京成立并很快得到日本、德国、意大利、西班牙、罗马尼亚和其他德国附庸国的承认。

所有这些都体现出了日本的决断：利用美国国内困难和欧洲的危机逐步推进对东亚的控制和征服。法国在欧洲的战败（1940年6月）为日本再次提供了机会，东京方面向维希政府提出派遣日本军队入驻印度支那。1940年8月29日，贝当政府被迫签署协议承认日本在远东的所有经济和政治利益。通过这项协议的执行，日本在印度支那占领了相当数量的基地，并开始把目光投向荷属印度，向那里派出使团就经济协议展开谈判，但事实上协议包含了大量的政治内容。日本虽然剑指东南亚，但其所有入侵地区都不与苏联和美国的利益产生冲突，它所做的只是接收希特勒在欧洲大获成功后产生的亚洲红利。所以日本的本位主义相较欧洲列强具有完全不同的特点，它尽量避免与"欧洲堡垒"以外的两个国家（即苏联和美国）在短时间内发生公开冲突。

尽管历史上与苏俄这个邻国纠缠不断,但日本人一直努力避免挑衅莫斯科政府。1939年8月达成的《苏德互不侵犯条约》没能阻止1940年9月27日在欧洲战争如火如荼之际,德意日三国签署《三国同盟条约》。条约承认了德国和意大利在欧洲的地位及日本在亚洲的霸权,要求签约国在遭到未经宣战的外部攻击时互相驰援,同时还规定签约国与苏联间的现存关系不因为新条约的签署而改变,这使德国人能够继续与斯大林保持合作,日本也能在苏联面前维持中立。《德意日三国同盟条约》针对的敌人是潜在的英美联盟。为了避免腹背受敌,东京政府在1941年4月13日巴巴罗萨行动前夕与苏俄签订了互不侵犯条约。这是对希特勒发出的信息,也是一个不言自明的选择,在对美作战还是与之达成某种形式妥协的问题上,日本选择了将太平洋作为战场。如此一来,日本的本位主义就有了内在逻辑,因为它确切指出了自己可能的敌人。日本与美国的对立并不是出于政治原因,而是由于商业竞争及两国对亚洲市场影响力的争夺。这种竞争关系的深刻含义和对此应该表现出来的态度长久以来一直是日本国内争论的焦点。直到1941年12月转折时刻到来前,妥协并不是完全不可能,但能否达成则取决于美国,这就要求日本的扩张局限在一个范围内。日本政坛在这个核心问题上展开了激烈的辩论,在迷茫但不可动摇的决心下,日本最终选择了向"沉睡的巨人"发起攻击。

3. 希特勒德国与欧洲

日本在亚洲政策的演变过程是极具线性的。在欧洲,由于各种历史和年代史的存在,要想观察到同样明确的变化是几乎不可能的。希特勒的上台标志着德国复仇思想的胜利和古老而又根深蒂固的侵略企图的回归。希特勒这一人物是众多学者的研究对象,也是目标明确的遣责对象,以至于有时候会忽略究竟是在什么样的政治局面下一个人的行为能够引起如此惨重的后果。希特勒统治德国政治生活达12年,并且留下了不可磨灭的印记,一个狂人在极端主义和反犹思想的推动下将自己的国家推向了人类历史上前所未有的大规模流血冲突中,在其身后造成几千万人死亡的后果包括六百万犹太人被屠杀的恐怖,这不是几句谴责就能了结的。

希特勒生于奥地利,成长在一个崇尚反犹太思想和泛德意志主义,同时敌视自由民主文化的环境里。贫困的生活和第一次世界大战强化了他性格中的某些方面:愤怒、内向、暴力、被情绪主导但却能将情绪以令人无法抗拒的方式灌输给他人。希特勒的理论非常强硬,他的思想相当明确地体现在了《我的奋斗》中,这本书分为两卷,分别出版于1925年和1927年,内容由希特勒在狱中口述(当时他因在慕尼黑发动政变失败而被捕入狱)。长篇大论的阐述和隔三岔五的跑题使这本书阅读起来非常费力,全书的核心思想是以奋斗精神和战斗意志拯救德国、欧洲和全人类。这个过程必须由"被选中的人民",即德国人来领导,通过无限度及无条件地执行希特勒的计划来实现。希特勒的计划是净化雅利安人种并重建欧洲大陆的秩序,把欧洲从犹太人和金融财阀的统治中"拯救"出来,引导其走向文明复兴的伟大未来。这一文明建立在民族净化事业必要牺牲者的尸体上,就像北欧神话一样。虽然这是一个疯狂的梦想,但却已有几十年根植于英国、德国和法国的文化与传统中。希特勒的形象对于后人来讲更多是漫画式的,但在当时却完美概括了德国政治生活的方方面面,甚至能够反映欧洲在世界历史中的地位。不能忽略的事实是,一个如此癫狂和病态的人不仅获得了纳粹分子和狂热大众的认可,还取得了工商企业界和相当一部分德国甚至是欧洲知识分子的支持。对于这一矛盾应该有一个解释,而可能的原因就是,希特勒并不仅仅是一个充满魅力并能够操纵大众的典型人物,也是欧洲对自身文明危机进行诸多反思的结果。当然这是一个激进和错误的结果,但事实上,早已埋入欧洲文化土壤中的种子如今结出了果实,一方面是因为不同人物和思想的因缘际会,另一方面则是当时的政治经济环境使纳粹运动出人意料地兴起。希特勒宣称自己是其意大利导师墨索里尼的德国追随者,然而墨索里尼的法西斯主义实际上是意大利资产阶级和民族主义思想退化后的结果,与德国纳粹主义仅仅在制度的政治形式上具有一些共性而已。

这就是为什么纳粹政权能在德国建立,而欧洲对此保持相对平静的原因,或者说这个现象虽非正统,但并无反常。希特勒这个漫画式人物的崛起和纳粹主义这种疯狂思想的兴盛是"欧洲堡垒"生存意志的极端体现。为了欧洲霸权的延续,当时欧洲最强大的国家之一试图以坚不可摧的独裁和罔顾道德善恶的行为取得优势地位,所有这一切都体现出欧洲力量的构成要素:几个世纪以来建立在文明和对地球上其他国家不公平行为上的力量。20世纪30年代,欧洲人在文化和文明上进行输出的能力业已衰竭,当时的欧洲由于经济危机和各国采取的孤立政策而日益衰弱。但是欧洲仍有对政治强权的呼唤,并找到了希特勒作为其表现。在新的世界体系中,只有一个急切渴望成为世界强权的欧洲才能够生存下来,只有征服他国才能避免被支配的命运。选择希特勒是对欧洲大陆历史性衰退的一种逆转抗争和垂死挣扎。因此希特勒并不仅仅是德国的体现,有意无意间也成为欧洲企图摆脱其没落命运的尝试。有人提议成立欧洲国家联邦,这是挽救欧洲未来最理性和合理的办法,但在被恐惧和各种其他情绪主宰的年代,欧洲主义更多体现为一种乌托邦式的价值观,而不是实实在在能够成为世界主宰的路径,而且欧洲历史上有太多国家想要统治这个大陆,这样的例子数不胜数,最近的就是大不列颠的"日不落帝国"。

把1939年后灾难的责任推给一个人(或者希特勒在国内外的合作者)是件再容易不过的事情,对1933年到1939年欧洲历史过于草率的阅读必然使人产生这样的理解方式。1939年之前,希特勒的计划得到了许多人的帮助、奉承、容忍和支持,但这些人后来都站到了纳粹德国的对立面并且成为民主政治的代表人物。灾难产生的重要原因还是因为希特勒不仅有着清晰的意识形态,也拥有良好的把握时机能力,知道如何在战略和战术执行层面步步推进其政治行动,更具有非比寻常的欺骗能力,总是能够把对话者逼入两难境地:如果不屈服于德国独裁者的意志,就准备面对战争。

1933年到1934年间,希特勒的政治行动主要集中在国内,他首先要在德国和纳粹党内都取得无可置疑的统治地位。国家体制层面,在被兴登堡总统以民主方式任命为总理后,希特勒立即举行选举,结果纳粹党大获全胜。1933年3月他通过一项法律赋予自身更多的权力,并在事实上架空了议会的职权;1934年8月1日兴登堡去世后,希特勒再次颁布法令将总统和总理合并为一个职务——"元首和帝国总理",并由自己担任,由此达到了权力的巅峰。

在纳粹党内部,希特勒通过激进手段战胜了所有竞争者。他肆无忌惮地排除了最危险的对手:恩斯特·罗姆,冲锋队曾经的头目(冲锋队是希特勒在1921年创建的纳粹军事组织)。罗姆在党内和军队的公开反对声使希特勒感到厌恶,1934年6月30日他下令将罗姆残酷杀害。纳粹独裁者还利用这个机会从肉体上排除了其他阻碍其前进脚步的人，其中包括前总理库尔特·冯·施莱谢尔将军。纳粹冲锋队的专横残暴非常让人厌恶以至于罗姆被杀大快人心。由于罗姆身负道德败坏之名，他及其同党被残酷清洗受到了彻底忽略。

另一个巩固国内权力的方法是恢复经济。希特勒采用了一系列带有凯恩斯主义色彩的基础设施公共投资计划（公路、电网和工业项目），德国的失业率快速下降。1938年公共投资达到了总投资额的33%，而私人投资也同样由政府的决策主导。重整军备四年计划的实施也为吸收失业人口起到了巨大的作用。财政资源被经济体制几近榨干，但这也使德国在越来越接近战争的同时，所拥有的实力已经超越了潜在的对手。

对外方面，希特勒的战略目标十分明确，但在战术上极具弹性。首先是重整军备，接下来按顺序把欧洲所有德意志民族的人民统一到德国，然后建立一个联盟体系，不管好坏要让欧洲列强承认德国是它们在国际政治中的领导，接下来对"非雅利安"人种和斯拉夫世界展开进攻，打败苏联并占领乌克兰（后者的工业和农业基地对于支持世界范围的冲突来说是必不可少的），以此逼迫苏维埃政府采取守势，同时煽动苏联内部一直存在的民族敌对势力。下一步，希特勒计划针对大不列颠，英国人必须做出一个选择：与德国的欧洲合作建立世界新秩序并将它们的殖民地资源供德国人使用，或者搪塞推托继续采取孤立政策。一旦它们采取第二个方式，英伦三岛就会遭受来自欧洲的猛烈攻击，而英国战败后，德国和其盟国日本就有机会控制世界上的所有海洋，美国将会陷入包围，拉丁美洲一直存在的反美激进思想也会抬头，美国届时将束手无策，无法应对其受到的挑战。希特勒对于美国在世界政治和经济中的统治地位非常了解，他明白一旦发生全面冲突，美国会成为他必须与之战斗的敌人。为此希特勒构想了一个完全纳粹式但又不失现实主义的学说：

> 只有民族主义的种族政策才能避免欧洲国家由于其人民的价值不如美国而把政治领导权拱手相让。在未来，只有内政坚实外交有力的国家才能与美国平起平坐，它（这样的国家）知道如何从种族上提升人民的价值，知道通过何种政治形式让国家服务于这一目的……所以国家社会主义运动的责任和义务就是让祖国尽可能的强大，为完成这个任务做好准备。

二战打响后希特勒还说过：

> 通过这场斗争……德国将成为地球上最强大的国家……丘吉尔有朝一日会下台，英格兰会爆发激烈的反美运动，并且加入到欧洲对抗美国的行列中来。

英国后来对纳粹德国的激烈抵抗使这一预想完全落空，希特勒对日本人讲了这样的话：

> 现在世界上只有两个国家之间不会产生冲突，即德国和日本。美国人在帝国主义思想的驱使下时而向欧洲腹地前进，时而向亚洲地区进击。从我们的角度来看，东面有苏联的威胁，西面则是美国这一敌人。从日本的角度来看，俄国的威胁在西而美国的压迫在东……我们要一起摧毁它们。

这些政治幻想小说似的假设（事实上并非完全站不住脚）可以串联起这位德国独裁者的所有行为。这些行为包括临时变卦、突然翻脸、闪电突袭，严格意义上说贯穿了他的一生。但是纳粹德国对外政策的头两年仍以小心谨慎地筹备为主，尽可能不引起外界警觉，纵然如此，许多欧洲国家也已有所察觉。

希特勒从一开始就提出了布吕宁在日内瓦裁军大会上的主张。他坚持要求落实 1932 年 12 月原则上赋予德国的平等权利。德国新任外交部部长康斯坦丁·冯·纽赖特是一个温和派，希望以自己的努力淡化分歧，他前后九个月参加了日内瓦大会，但整个会议过程都处在相互指责和怪罪的氛围中。希特勒要求前一年 12 月通过的原则得到落实，其他列强国家应立即将军备水平降到和德国一样，这实际上是把法国裁军作为德国继续参加会议和不单方面重整军备的前提。本来有望实现的合法诉求变成了政治讹诈。这一提议遭到拒绝后，希特勒在 10 月 14 日宣布德国退出裁军会议，并同时退出国联，通过这种方式希特勒彻底摆脱了束缚德国重振军力的国际制约。此举在当时并不被认为是挑衅行为，因为"权利平等"原则已经被认可，表面上看在无法就实施办法达成多方协议的情况下，德国政府不得不单方面来执行。

希特勒的"克制"，或者说"小心"，随后体现在了中欧和东欧政治上最敏感的两个问题上，即波兰和奥地利。波兰是法国的传统盟友，两国间曾签署友好协定和《洛迦诺公约》认可的互相援助条约,因而有充足的理由担心德国民族主义可能就"波兰走廊"和但泽自由市提出领土要求。然而1934年1月26日,波兰政府和德国政府签订了互不侵犯条约,这不能不让人感到吃惊。重要的不是这个联盟本身的建立,而是两个国家在政治目标上居然能有契合点。波兰方面希望完善自身的安全保障体系,通过"双轨政策"实现来自法国和德国的双重保险。这一点正合德国的心意,柏林政府的意图是尽可能不使东方邻国产生警惕,直到1939年前德国一直掩饰其最终计划。在德波互不侵犯这一政治背景下,给人的感觉是两国有一个共同的敌人,即苏联,而为了对抗这个强大的敌人,在一定条件下(即西方列强的同意),德国和波兰可以像盟国一样并肩作战。反对共产主义是两国合作的黏合剂:对德国来说这是一个备选方案;而对波兰来说这是一个战略选择,能为其以后联合中南欧共同对对抗苏联的计划奠定基础,通过这个连横合纵的方案可在未来与意大利、匈牙利和南斯拉夫的关系上取得一定进展。

在奥地利问题上,希特勒表现得更加委婉和克制,但这对于意大利是个强烈的信号。纳粹政府上台后,奥地利的基督教社会党人试图为国内的政治和经济危机寻找出路,他们相信与意大利和匈牙利的关税同盟是一个解决办法(1934年3月17日)。在那个过渡时期,意大利的影响力非常可观,奥地利总理恩格尔伯特·陶尔斐斯以墨索里尼为榜样。但陶尔斐斯一方面要对抗国内的社民党反对派,由于他的暴力镇压,反纳粹联合阵线一直无法在奥地利成形,另一方面,他还要对抗奥地利的泛德意志主义分子,后者在德国纳粹党的支持下大力鼓吹德奥合并。这场斗争(应该说是政治进攻)的高潮时刻是一群纳粹分子在德国政府的支持下试图夺取政权。局势本可以朝和平方向发展,6月14日到15日,墨索里尼和希特勒在他们漫长的个人交往史中第一次在斯特拉和威尼斯会面,目的正是讨论奥地利问题和解的可能。不久之后在7月25日的一次突然袭击中,陶尔斐斯被刺杀,奥地利总理的位置暂时被纳粹主义者占据(发动政变者被捕入狱后,基督教社会党极其艰难地组建了以库尔特·冯·许士尼格为首相的政府),此时德国元首第一次表露出其两面三刀的虚伪,同时也体现出了奥地利独立问题对于德国和意大利间关系的重要性。希特勒对墨索里尼关于维也纳事变的高调立场并不感冒,也不在乎派往边境(布伦纳)的两个意大利军团的威胁,或许他真正担心的是不想过早改变一直以来在国际舞台上苦心营造出的温和形象(毫无疑问当时是非常成功的),希特勒很快宣布和奥地利纳粹分子保持距离,对他们的行径予以谴责并以最合适的方式安抚墨索里尼以及反应并不十分强烈的英法。

所有这些谨慎之举让时人觉得希特勒真心想要而且能够缓解德国和其他列强间的利益冲突(这是当时的普遍观点),有些国家口头表示支持修改《凡尔赛条约》(如意大利),但几乎所有大国都时刻准备着反对任何欧洲权力划分的改变,特别是有利于德国的变化。一开始希特勒的小心翼翼并没起到成效,说起来荒谬的是,欧洲对于德国的威胁真正做出强力政治回应的只有1933年1月到1935年4月这段时间,而这正是希特勒表现相对温和的两年。在这短短两年时间中,欧洲其他国家为防止希特勒行为产生严重后果进行了认真讨论。意大利首先开始行动,随后法国和苏联跟进。英国仍旧按兵不动,其行为上的犹豫不决和模棱两可最终为希特勒的胜利铺平了道路。

贯穿1933年欧洲政治生活的根本性问题可以概括为一个简单的提问:有没有可能在希特勒为落实其计划真正开始政治行动之前,构建一个对抗纳粹德国威胁的统一战线?在研究二战的起因时,无论怎么强调这个问题的重要性都不为过。从对行为的分析上可以得出一些令人信服的结论,而根据这些结论能够对纳粹的政治计划理出头绪,并且辨别出所有共犯,他们或公开,或沉默,是他们令纳粹的成功成为可能——所以这个提问中也暗含了之前的一个论断,即希特勒不应该是战争的唯一负责人。

从纳粹势力在德国崛起直到1935年,意大利的政治立场在欧洲具有"决定性"的作用,这倒不是因为意大利本身具有多少实力,而是出于欧洲政局的特点,这么说的意思也不是传统上所理解的意大利的摇摆能够改变欧洲力量分布的天平。事实上,罗马的选择与欧洲秩序的几个关键点具有直接联系,特别是在奥地利独立的问题上。正如波兰问题一个世纪以来一直是几个传统帝国间外交团结的黏合剂,奥地利的独立则是促使欧洲大国对德国进行遏制的催化因素。意大利坚持奥地利应保持独立,法国同样如此,虽然态度没那么坚决,但也一直非常坚持,它们是反德联盟(确切说是对抗德国修改凡尔赛体系威胁)的核心,并为达成这个目的已有所行动。这个联盟能产生多少效果取决于英国的表现,但伦敦方面对于意大利在维持统一战线上的诚意充满怀疑。

墨索里尼很快感觉到了欧洲局势的变化,并且通过他一手掌控的外交部在1932年表达了他的这一认识。在新形势下,意大利政府试图充分利用自己国家所处的特殊地位,并且走出了雄心勃勃的第一步。罗马有意回避了在两个潜在阵营中作出选择的尴尬局面,将自己放在仲裁和调解人的位置上。1933年3月墨索里尼提出了《四国公约》,其实质就是在德国"平等权利"原则被承认及希特勒上台后抛弃日内瓦裁军大会。墨索里尼计划在意大利、法国、英国和德国间达成协议,重新建立一个"欧洲领导机构",《四国公约》类似于《洛迦诺公约》,但不同之处在于前者的目的是重新进行势力划分,而后者的目的恰恰是阻止这一行为。"四国领导机构"的目的是让签约国根据1928年的《凯洛格—白里安公约》(又称《非战公约》)实现有效的政治和平,并且在有必要的情况下,通过适当的行动让第三方执行"四国领导机构"做出的决定。理论上,这项工作为建立一个强大同盟奠定了基础,然而根据国联盟约第19条的规定或"互相理解和共同利益"原则(至少部分规避了国联的规定),《凡尔赛条约》将为之修改,这在当时的情况下会导致冲突发生。此外根据《四国公约》,1932年12月承诺赋予德国的军备权利平等原则也将慢慢得到执行。

墨索里尼这一提议的目的非常明显:一方面,承认修改《凡尔赛条约》的原则将使一些最危险的争议得到解决(对于德国人来说即是但泽"走廊"),另一方面,《四国公约》可用来控制德国的重新武装。更大层面上来说,公约能够成为一个法律牢笼,使德国颠覆凡尔赛体系的力量被限制在合理的程度上,而法国和德国这对老冤家也能受到英国和意大利的控制,不再采用1925年《洛迦诺公约》中的保证国身份,而是能对任何变化进行制衡的角色。

墨索里尼的计划表面上受到了欢迎,但实际上并没有取得信任。尽管意大利的提议被转化为婉转的文字在,1933年7月15日由四个相关国家的代表签署,但后来一直没有得到批准和实施。各方对此表现得如此冷淡,欲究其根本原因,有必要对意大利的意图进行深刻考察。墨索里尼将修改凡尔赛体系作为外交问题提出时,就准备把意大利在殖民地和埃塞俄比亚问题上的诉求与之联系在一起。他想表达的意思是意大利的帝国主义野心与欧洲均势无关,但两个西方大国近十年来一直不同程度地对此表现出冷漠和敌意,如果最后意大利的愿望能被接受和认可,那么罗马方面将努力发挥自己的作用把德国重建欧洲秩序的企图引向国际联盟的框架。《四国公约》计划非常明确地提出了一个英法两国必须做出的选择:到底什么才对欧洲的和平构成最大威胁?危险可能来自于意大利的殖民倾向(但它的军事力量如此孱弱,以至于没有其他控制地中海国家的同意都无法在非洲自由采取行动),也有可能来自于德国针对奥地利准备展开的行动。对于法国和英国来说,到底哪个更加危险?是意大利在埃塞俄比亚的野心,还是希特勒对凡尔赛体系的侵蚀?

在此问题上,英法之间存在分歧。英国一直认为禁止德奥合并是一个错误,但弥补这个错误可能会带来一些小风险。英国人从来没有赞同过对中欧和东欧地区的政治局势进行重新划分。这一点也体现在1925年召开的洛迦诺会议上,他们拒绝了在德国东部边境也采用保障条约的提议。虽然时过境迁,但英国人的想法没有发生改变,他们认为柏林政府的控制权从民主政党构成的联盟转到一位血腥独裁者的手中并不是什么大事。

然而,法国(和苏联)对于希特勒的崛起非常担心,并很快在其外交行动中体现出来。不过,在检验这一担忧是否被坐实之前,不妨再度审视之前的重要问题:有没有可能在希特勒的计划从纸上化为现实之前,在欧洲建立起一个统一战线?这个疑问一直盘桓在欧洲大陆上空,直到1935年才有了明晰答案:由于英国和法国所做的不同选择,上述可能性并不存在。

法国没有受到经济危机的第一波冲击,但从1932年开始还是感觉到了影响,一年之中更换了五届政府。1933年对于法国人来说是充满不安和担忧的可怕一年。墨索里尼的建议提出了棘手的问题,希特勒表面上的温和使人怀疑背后是否存在真正的危险。法国外交部部长约瑟夫·保罗·邦库尔坚信能够找到集体安全的解决方法,而彼时日本刚刚吞并满洲,希特勒则正在裁军问题上虚与委蛇。转折点发生在1934年2月,加斯东·杜梅格组建政府并任命路易·巴尔都为外交部部长。从那时开始,法国的外交行动恢复了战略眼光,巴尔都向苏联、多瑙河—巴尔干地区国家以及意大利做出了重要回应。根据巴尔都的判断,法国的真正敌人是德国。但安全问题已经无法再靠集体协议来解决了。集体安全协议固然不能放弃,但还得加上一个横跨欧洲大陆的联盟体系,这比起英国人口头提倡的团结更加实在,不会由于情况稍变就瞬间消失殆尽。

因此，所有和法国拥有共同利益的国家都应该与之进行对话。

这一政治方针的外在表现发生在 1934 年 4 月，巴尔都使法国政府通过一项决议，宣布与德国继续谈判没有任何意义（就像巴尔都事实上做的那样）。在此之后，法国外长为寻找可能达成的保障条约展开了密集的外交活动，这就是历史上的"东方洛迦诺"方案（虽然《洛迦诺公约》的精神在这里体现甚少，或者可以说是根本没有任何体现）。法国外长巴尔都接连造访了华沙、布拉格、布加勒斯特和贝尔格莱德（这几个首都构成的名单具有不可辩驳的说服力）对互助和担保协议进行讨论，而根据复杂的程序，德国也需要加入协议从而保证所有相关方的利益。最终问题能否解决与苏联密切相关，巴尔都从一开始就提出法俄之间签署一个"特别协定"以对抗德国可能的入侵（这点是与《洛迦诺公约》最大的不同之处），显然这已经不是普通安全保障的范畴了。

法国和苏联从 1933 年初就开始重新走到一起，1934 年 1 月两国签署了经济协议，苏联人认为这是达成互助公约的前提。这也是莫斯科方面开展外交行动的一部分，通过 1933 年 7 月达成的普通和特别协议苏联和所有周边国家都建立了联系。它们继续推进这项显然针对德国的政策，与意大利在经济层面达成协议后于 1933 年 9 月 2 日签署了友好、互不侵犯和中立条约。1934 年 9 月苏联加入国际联盟（与德国退出国联相差一年左右）。这一过程非常漫长，并且仍有许多问题尚待解决，尤其是一个重要问题始终没有明确，即西欧国家到底是将苏联作为对抗德国的一个盟友，还是内心深处仍旧怀着对共产主义政权的敌视，仅仅利用苏联的力量来削弱德国。从巴尔都与苏联达成的协议中就能看出相对犹豫的迹象，而随后发生一系列事件令形势急转直下，上述疑问一直没有一个明确解答。

巴尔都的方案有两个问题没有解决，而且都是非常关键的，即意大利和英国。在建立反德"防线"的过程中，这两个国家应该扮演什么样的角色？对于巴尔都的担心，英国的反应可谓轻描淡写。英国外交大臣约翰·西蒙爵士表示，防范德国的危险是一个"毫无意义"的想法。英国人坚决不表现出对法国的任何偏袒。巴尔都和苏联人之间的对话加深了英国对法国的不信任，因此伦敦政府对法国外交活动的支持抱有前所未有的谨慎和保留。

在维也纳发生针对陶尔斐斯政府的政变后，墨索里尼的回应方式让巴尔都相信意大利领袖对于德国人并不是完全没有意见的。《四国公约》不应该被理解为亲德行为,而是在一定条件下用来遏制德国的防范之举。巴尔都任命查尔斯·尚布伦伯爵为驻罗马大使,并由他来准备自己对意大利的访问。尚布伦伯爵仔细研究了法意两国间产生分歧的原因,最后和他的部长得出一致结论,意大利对于巴尔干地区的和平政策会有兴趣,这也能诱使墨索里尼对法国支持意大利入侵埃塞俄比亚产生期望。

在如此充满期待的情况下(巴尔都访问罗马原定于 1934 年 11 月 4 日至 11 日),悲剧突然发生,并且使一切陷入了停顿。1934 年 10 月 9 日巴尔都在马赛迎接南斯拉夫国王亚历山大一世到访,一名克罗地亚民族极端分子的袭击造成两人双双身亡。法国外交部部长精心织起的大网就此破裂。但这也并不意味着所有方案全都取消,巴尔都的继任者皮埃尔·赖伐尔比起前任的计划更倾向于恢复与英国和意大利的协议,用以平衡他与德国达成妥协的构想。这一想法的实施在最初几个月内对墨索里尼是有利的。事实上赖伐尔完成了他前任未尽的罗马之行,于 1935 年 1 月 4 日至 7 日访问了意大利首都(几个星期前意属索马里和埃塞俄比亚边境的沃勒沃勒发生冲突事件,随后引发的外交争执成为意大利入侵埃塞俄比亚的借口)。

此后发生的事件让人觉得墨索里尼和法国外交部部长之间的对话只是两国关系和欧洲政治生活中的一个短暂小插曲。但在更长的时间跨度上,这一系列会谈可被解读为面对两种改变凡尔赛体系的企图(德国和意大利),英法两国会明确地选择支持意大利,寄希望于后者能够在维护欧洲和平上做出贡献。这想必也是赖伐尔去罗马会谈的真正意图。法西斯政权在意大利登台后,两位代表各自国家的政治家(赖伐尔真的能代表法国吗?)第一次就几十年来(除了一战期间)法意两国间摩擦及不和的原因进行了深入讨论。罗马会谈消除了很多矛盾并就一些特别问题达成协议。但是,讨论的核心议题,还是围绕两国在共同利益上的一致,以及法国愿意给予意大利在埃塞俄比亚放手行动的自由,只要后者能够加入欧洲反对修改凡尔赛体系的阵营。法意两国表示捍卫奥地利独立是它们的共同利益,两国将为此竭尽全力(经过大量准备,1935 年 6 月法国总参谋长甘末林和意大利总参谋长巴多里奥将军签署了军事协定,这一协定直到第二次世界大战前夕一直有效)。墨索里尼得到的回报是法国放弃在埃塞俄比亚的部分权利，并给予意大利在该地区放手行事的自由。

围绕这一协议的真正意义，后来出现了激烈的政治争论并演变为一个历史学上没完没了的辩题。但不可否认的是，不管赖伐尔模棱两可措辞下的真正意图是什么，当时法国和意大利在外交上是站在一起的。巴黎政府通过其外交部部长之口表达了其观点，即在德国的危险面前，法国更愿意支持意大利在欧洲以外地方的扩张企图。法意协定的另一个重要特点是面对意大利国内对于德国对奥政策的普遍不满，墨索里尼明显倾向于选择与法国合作共同制衡德国。

法意两国对罗马协定的解读并不一致，这使得局面更为模糊不清：墨索里尼认为这是对意大利领土扩张合法性的进一步认可，是意大利在得到英国同意后，能在埃塞俄比亚自由行动的前提。而对于赖伐尔来说，罗马协定是针对众多欧洲问题的一项安排及建立联盟的步骤之一。这是非常重要的一步，而非终点，因为最终决定将视英国和德国的反应而做。

至于德国，希特勒撕毁《凡尔赛条约》的意图正从理论设想化为现实。1935年3月16日，他宣布德国重新实行义务兵役制，这项措施与《凡尔赛条约》第173条直接冲突，但对于希特勒建立他理想规模的军队是必不可少的前提。这是针对巴黎和会上签署条约的第一次公然违反，应该会引起直接而严厉的反应，否则将产生政治上的毁灭性后果。如今已经挑明了欧洲大陆存在两股改变现有秩序的力量，并且必须对此做出选择。这对于法国是个问题，对于英国更是如此。

1935年4月11日至14日，墨索里尼、赖伐尔和麦克唐纳在斯特雷萨举行会谈对希特勒举动的后果进行评估，并商议如何遏制德国修改凡尔赛体系的图谋。不过这三人并未达成实质性决议，会议公报的内容仅仅是接受德国的行为，并对此"单边"做法表示遗憾。但是将斯特雷萨协议的重要性贬低到如此地步或许并不合适，毕竟在会后的宣言中不乏慷慨激昂之词：

> 出于维护国联集体和平之的目，英法意三国以一切适当手段反对任何对于凡尔赛条约的单方面改变，对此危及欧洲和平的行为三国将通过真诚而紧密的合作共同应对。

这段表述具有丰富的潜在含义，对建立所谓"统一战线"作为欧洲和平的保障予以了认可。在法国人看来"创建和平即一切"，所以欧洲的稳定被理解为

"所有",斯特雷萨三国须以同样的方式履行这一责任,因为"统一战线"的分裂即意味着向希特勒敞开大门。危险不再是抽象意义的,英国人的犹豫和希特勒的侵蚀行动已经使事态往这令人担心的方向发展。"统一战线"一旦破裂,德国独裁者的前进道路将一马平川,无论在短期还是对于欧洲的未来都会产生摧毁性的后果。墨索里尼对此的评论一针见血,他写道:"积极参加西线统一阵营的构建是英国的核心利益,也是维系和平的唯一办法,不管是有德国参与的和平,没有德国的和平还是必要情况下用以对抗德国的和平……德国在欧洲的霸权对于英国来说将尤为危险,因为英国手中有着最'丰厚'的战利品。"

因此,斯特雷萨协议是具有决定性潜质的,或许可以让希特勒在寻求合作与被孤立之间做出选择。只能说"或许",因为最关键的一点在于"统一战线"是否牢固。为了使这个协议真正具有政治意义,法国和英国必须保持行动一致并且能为互相接受,但实际上两国采取的行动却使彼此渐行渐远。

1935 年 5 月 2 日法国和苏联在巴黎签署互助条约。根据条约,双方在遭到任一欧洲国家无端攻击时要互相进行援助。为了平息英国人的不安情绪,法国把具体条款与《洛迦诺公约》和国际联盟做了绑定。其结果就是,根据国联盟约第 16 条,侵略行为是否构成互助协议履行义务的条件须由国联认定,这使得保障机制失去了自动触发性。该协议签署后不久苏联和捷克斯洛伐克也达成了类似的互助条约(只有在法国提供支援的情况下,双方才有义务互相支援)。这两个协议对法国的反德联盟起到了巩固作用。赖伐尔政府启动的一系列协议最终构成了对抗德国的网状外交体系。但这个体系的稳固性受到了质疑,甚至被英国的行为所摧毁。

法国和意大利 1 月签署的协定体现了西方大国间可能达成一致的广度,然而伦敦方面仍旧充满了未知,英国政府最终面临法国人已经解决了的两难选择:维护"统一战线"并利用意大利的地位,或者打破这个联盟帮助德国摆脱孤立。这一问题此前便存在,德意两国到底哪个对其利益构成更大威胁,英国要做出判断和选择。

英国很快做出了回答,这是战争开始前几年的一个转折点,但在当时它的重要性并没有被充分理解。1935 年 6 月,德国和英国在伦敦重新开始就海军装备裁减进行双边对话("裁军"的意思就是对"重整军备"做出规定)。德国人将谈判节奏不断加快，1935年6月16日，柏林派出的谈判代表约阿希姆·冯·里宾特洛甫成功签署了一份海军协议。协议的内容非常令人担忧，规定德国能够建造的军舰总吨位不超过英国的35%，潜艇吨位不得超过英国的45%，后一个限制在未来与伦敦政府"友好协商"后能够单方面予以突破。这一条款事实上允许德国人随心所欲地建造潜艇，达到他们想要的舰队规模。

英德海军协定距斯特雷斯协议的签署仅相隔两个月，"统一战线"因此产生了深深的裂痕，不仅因为其违反了斯特雷萨三国的协商义务，更重要的是英国的决定表明了它已做出最终选择，海军协议只是其中的第一步，接下来很快还将看到其他后果。简单来说，英国人的决定意味着希特勒双边外交的胜利，从此开启了一段由德国主导的狂飙失控时期，意大利帝国主义也应声附和。

统一战线破裂的重要意义也很快就体现出来。一开始法国人对英国的做法感到非常愤怒。法国驻柏林大使邦塞表示，英德海军协定是"元首外交上的胜利，他天才的体现，对他所坚持理论的认可，及对他一直以来不懈努力、所经历的失望与挫折的回报"。在此之前，欧洲体系可以被理解为各种复杂关系的集合，其中德国代表了最大的不稳定因素，意大利虽然蠢蠢欲动，但尚能控制，这个体系中，英法两国之间及之后扩展到英法意苏四国的协议就像一个外交铁笼遏制了德国的胡作非为。海军协定将这一切都摧毁了。英国人做出了有利于希特勒的决定，这个决定换种说法就是认为德国的危险不及意大利，英国人推动了欧洲历史的转折。伦敦政府使墨索里尼与赖伐尔达成的协议丧失了一切实际价值，并再次把法国置于一个两难境地中：是以和英国的良好关系为代价选择继续与意大利站在一起，还是牺牲对意大利做出的承诺而维持与伦敦方面的友好往来，并接受德国改变凡尔赛体系的企图。法国的外交政策被逼到了死胡同里，直到第二次世界大战打响一直没能走出来。

在这一问题上，对于英国而言，地中海要比欧洲的安全更具重要性，这是非常明显的，"帝国的利益高于和平"。伦敦政府竭尽全力向法国施压使他们放弃对墨索里尼做出的承诺，并且在埃塞俄比亚战争开始之前实现了这一目标。英国的托词是意大利为了帝国主义野心牺牲了与大不列颠长达一个世纪的友谊。这算什么借口？英国人眼睛都未眨一下就违反了斯特雷萨协议，却毫无忌惮地要求法国履行公约的神圣责任并在国联内反对意大利膨胀的野心及随后的行动。

这个选择过程中,最可怕和危险的一点是英国人对于希特勒的持续信任,认为他是一个理性的政治家。在他们看来,希特勒可以改变欧洲的格局,通过德国实力的不断增强来制衡法国,同时遏制虽然遥远但危险性不亚于任何国家的苏联。一年之后,时任英国外交大臣的安东尼·艾登对他的观点做了一个"精彩"论述,在给张伯伦的信中他写道:

> 我认为意大利和德国的立场有明显不同,与后者签订一份协议起码还能维持相对较长一段时间,特别是如果得到希特勒个人保证的话;但墨索里尼是个真正的流氓,他的承诺和保证没有任何价值。

艾登的观察力或许不是非常敏锐,因为他写这封信前不久希特勒刚利用形势的变化第二次公开违反《凡尔赛条约》。根据条约第42和第43条,莱茵河右岸50公里宽的狭长地带为非军事区,其中不得驻扎任何德国军队,也禁止建造军事设施。1936年3月2日,希特勒下令3月7日之前占领莱茵区。36000名士兵在当地居民的夹道欢迎下完成了任务,随即德国人就地建起了齐格弗里德防线,与法国的马其诺防线遥相呼应。对峙双方谁都不敢,也不愿意轻举妄动,尽管比起1935年恢复义务兵役制,这次行动更加暴力和挑衅,是对于《凡尔赛条约》和《洛迦诺公约》的全新挑战。希特勒这么做的借口是巴黎方面批准的法苏互助条约,这一托词从法律上来看根本站不住脚,实际情况是他的耐心已经快要耗尽。艾登继续安抚希特勒,希望与之建立英德同盟;深陷埃塞俄比亚战争中的墨索里尼也没有理由反对德国。总的来说希特勒几乎没有受到强硬回击,这使得这位纳粹独裁者相信欧洲大国无法建立起反德"联合战线"。绥靖政策的所有元素都已体现在了英国的行动中。对均势政策的错误理解使英国人成为德国纳粹修改凡尔赛体系的急先锋。他们破坏了斯特雷萨阵线,并给希特勒指明了前进的方向,使他相信自己的政策是行得通的,德国能够摧毁1919年在巴黎建立起来的秩序,而原因则是英国人认为他比起"流氓"的墨索里尼更受控制。

4. 考验：意大利征服埃塞俄比亚和西班牙内战

1935年10月3日意大利入侵埃塞俄比亚，这是欧洲列强发动的最后一场殖民征服战争。这一侵略行为给世人以不合时宜的感觉，也印证了20世纪30年代"军事帝国"的理念已经失去了大部分意义。尽管意大利的军事行动当时引起舆论一片哗然，并被认为是一桩国际丑闻（远比日本占领中国东北更加引起公愤），但今天看来无非就是一个愤愤不平的中等强国的一次极端表现，它试图利用欧洲的政治矛盾和美国事不关己的态度，以较小的代价取得丰硕的成果。从今天的太多方面看意大利入侵埃塞俄比亚都是一个带有总结性的事件，它标志着一个时代的终结，更是一场全面冲突的新开始。

墨索里尼的行动是属于上个时代的。他并未给意大利带来实实在在的利益，而仅仅是面子上的满足。意大利的帝国主义文化植根于19世纪，由于一直未得到满足而存续了下来，而且还加上了强烈的民族主义情绪和墨索里尼不断灌输的古罗马精神。墨索里尼认为，征服埃塞俄比亚意味着意大利获得了与其他列强平起平坐的地位，而在此之前它的地位一直较为边缘，外交艺术的缺失也是造成这一现象的原因之一。墨索里尼曾对赖伐尔表示，征服埃塞俄比亚后，意大利就能与其他国家一样得偿所愿，特别是取得这一成就通过了漫长的外交博弈和一系列协议的签署，从1906年开始，持续到1923年和1925年，直到1935年《罗马协议》达到高潮。

由于瓦尔瓦尔事件的争议在国联框架下长期无法有效解决，意大利开始了单方面的军事行动。但实施这一入侵行为时的国际形势已较1935年有了深刻的变化。伦敦政府已经做出倒向德国的选择，所以它们能向意大利做出的让步非常有限，远远低于墨索里尼所希望得到的默许态度。此外，在英国"国联联合会"进行的民意调查中，九成英国人支持国联的裁军政策与和平方案，以及对侵略国实施非军事制裁，相对较低比例的受访者（59%左右）支持军事制裁，调查结果也一定程度上影响了英国政府的决策。

欧洲局势的变化为墨索里尼制造了意想不到的困难。面对埃塞俄比亚的上诉，国联在10月9日对意大利实施了经济制裁（但没有把石油等战略物资列入禁运范围,执行也并不严格),这给了墨索里尼大肆鼓动民族情绪的契机。外交行动也同步展开,法国外交部部长赖伐尔和英国外交大臣塞缪尔·霍尔在 11 月提出了一个妥协计划,实际上将埃塞俄比亚的大部分领土交予意大利手中。但是媒体披露了计划的内容,认为这是对于侵略者的可耻奖励。霍尔被迫辞职,这份计划也在 12 月流产。意大利方面只得加强军事行动的力度,1936 年 5 月 5 日,巴多里奥将军率领的军队攻入埃塞俄比亚首都亚的斯亚贝巴,5 月 9 日墨索里尼宣布埃塞俄比亚并入意大利,意大利国王维托里奥·埃马努埃莱三世也同时成为埃塞俄比亚皇帝。

胜利只是表面上的,因为占领首都并不意味着战争结束,意大利军队为了控制埃塞俄比亚的其他地区陷入苦战之中,这一情况一直延续到二战之前,更重要的原因是战争带来的外交形势变化引发了一系列反应。

直到 1935 年夏天,意大利一直表现出参与维护欧洲秩序的意愿,特别是捍卫奥地利的独立,但前提条件是欧洲对其在埃塞俄比亚的行动不制造太大障碍。战争之前,墨索里尼在 1935 年 5 月 25 日发表讲话,表示意大利不想再坚守边境地区,哪怕是像布伦内罗那样重要的地区。这番讲话传达了一个明确的信息:意大利对于欧洲问题的态度取决于欧洲对于意大利入侵阿比西尼亚(埃塞俄比亚旧称)的态度。虽然联盟还未被推翻,但这已是一个预先警告。

《霍尔—赖伐尔协定》失败后,墨索里尼开始了转变方向的第一步。1936 年 1 月 6 日他向德国驻罗马大使乌尔里希·冯·哈塞尔男爵表示斯特雷萨阵线已经彻底完蛋了,意大利将不再反对纳粹德国对奥地利的渗透。这或许算不上一个转折,但却是态度转变的预兆。这件事本身就有深刻的意义,因为墨索里尼的话不禁令人感叹一战后欧洲战胜国之间的关系居然能变化至如此程度。1935 年前,战胜国达成团结的主要原因是力量的不均衡和经济危机,而如今一些更深层次的因素开始产生影响,使战胜国之间的分歧不断扩大。这为希特勒霸权计划的全面实现铺平了道路。换句话说,这也显示出国家利益的短视观点如何把欧洲带向一场新的内战。

有些荒唐的是,这样重要的一个结论居然是由欧洲政治中一个极其次要的方面推导出的,即意大利的外交政策。但那几个月中,决定欧洲局势走向的确实是,或者说主要是意大利做出的选择。直到 1934 到 1935 年,遏制欧洲体系彻底瓦解的力量主要是在维护几个基本稳定因素必要性上的共识。在一个建立于传统强权政治基础上的欧洲体系中（国联盟约的规则或许掩盖了这一本质），每个国家都能找到各自的利益点。但在面对那些能够支撑起国际关系新秩序的全球计划时，由于纳粹德国的推波助澜，颠覆欧洲体系的力量开始起作用，那时候起致力于维护稳定的国家就一直在寻求建造"抗洪大坝"。但各个国家间的行动方式并不一致：英国人低估了颠覆凡尔赛体系的力量；意大利的立场摇摆不定，墨索里尼浮夸而善变；法国人最敏锐地觉查到了危险，但没能根据情况的严重性采取坚决行动——用来抵御希特勒侵略的大坝还没完成建设就已四分五裂，而意大利在埃塞俄比亚的举动也是对这个欧洲政治生态的考验之一。

1936年5月后，地中海局势发生急剧变化。法律层面上，1923年在洛桑签订的海峡制度公约有所变化。1936年7月20日达成的《蒙特勒公约》将海峡地区的主权全部归还给土耳其，由后者决定在和平时期和战时的通航权（黑海沿岸国家享有特权）。同时在巴勒斯坦委任统治地，英国试图为犹太人建设"民族家园"，这一项目的启动造成了阿拉伯人和英国人之间矛盾的加深和一场反英斗争的开始。反英情绪也蔓延到埃及，1936年上台的华夫脱党与英国签订协议得到完全独立（8月26日），代价是英国有权在苏伊士运河沿岸保留一万名士兵、军事基地以及400名飞行员为穿越运河的船只引航（剩下的产权由苏伊士运河工作所有）。

不过，最重大的变化发生在地中海西部的西班牙，在这一事件中同样出现了一个汇集欧洲政治所有矛盾的外交战场。当时西班牙面临的困难与意大利相似，即从一个农业国家转变为工业基础不断夯实的工业化国家。在第一次世界大战和随后的几年里，这个转变过程伴随着激烈的政治冲突。那一时期的西班牙国王是波旁王朝的阿方索十三世（他的统治从1902年一直延续到1931年西班牙共和国成立）。政治上占据核心位置的是米格尔·普里莫·德里维拉的法西斯式独裁统治（1923年到1930年），他是西班牙国内保守阶级和军人集团的代表。从1931年到1936年，左翼和右翼势力轮流掌权，直到1936年2月人民阵线获得议会选举大胜，曼努埃尔·阿萨尼亚领导的左翼政党联盟组阁上台，这些政党一部分主张改革，其余则带有明显革命倾向。1936年7月17日，西班牙在摩洛哥的驻军爆发反政府叛乱(几乎在新政府成立同时即开始准备),政府军镇压失败。叛军首领弗朗西斯科·佛朗哥是一名四十多岁的军官,以军事才能和坚决反对左翼和共产主义的立场而闻名。叛军得到了德国提供的运输机,从南部海岸一直向西班牙腹地渗透,并在北部城市布尔戈斯建立了军政府,以此显示反对马德里政府的力量已经遍布整个西班牙。佛朗哥并不是一个空想理论家,而是一个非常实际的军人,时刻准备与任何人结盟,只要对方支持其建立独裁政府的计划,而他自己将成为"考迪罗"(Caudillo),即西班牙的法西斯式军事独裁者。西班牙内战是欧洲大陆上最为惨烈和残酷的内战之一,直到1939年3月,这场战争已经成为衡量全世界政治力量和判断所有欧洲国家政府立场的标杆。

一场如此暴力的冲突,发生在西班牙这样重要的国家,不可能不产生国际影响,我们应该从这个角度对西班牙内战进行观察,而不是仅仅着眼于内战的进程以及佛朗哥将军是如何取得胜利最终成为独裁者的。

第一个关注点是欧洲国家对于西班牙内战的态度。不论是西班牙合法政府还是佛朗哥主义者都需要援助。所有外援中最重要的来自于意大利,其他援助多少带有象征意义或敷衍了事的感觉。马德里政府先向法国求援,几个星期前社会党人莱昂·布鲁姆领导的人民阵线刚在巴黎组建联合政府。法国立即发出了一批数量不多的武器装备,但几天之后援助即告中断,巴黎政府自身也出现了危机。布鲁姆想出的替代方案是提议意大利和英国实行"不干涉"政策(1936年8月1日)。之所以采取这一方针,一方面是担心德国会觉得法国对马德里政府的公开援助有亲苏之嫌,更重要的原因是英国希望避免地中海地区由于意大利的行动和法国、西班牙,甚至再加上苏联之间的协作而出现不稳定的局面(《蒙特勒公约》签订后,苏联可以通过海运向马德里政府输送大量援助)。然而苏联的干涉并未减少,除了提供武器装备外,苏联还支持志愿者组成"国际纵队"从法国进入西班牙参加战斗,共同对抗法西斯敌人。

希特勒当时还没有把西班牙看作为必要的棋子,而只是将其当成重要的原料储备地(尤其是钨)和德国新武器的试验场(特别是轰炸机、潜艇和一些野战装备),总的来说,德国在西班牙的军力不超过1万人。倒是意大利在尚未结束埃塞俄比亚战争的情况下,通过100多艘船向西班牙派出了总共5万名"志愿者"、2000门大炮和800架飞机。至于意大利为什么要以这种方式参加一场空前残酷而原因又并不明确的战争,还有许多要解释的地方。总的来说,可以排除意大利想要吞并巴利阿里群岛作为补偿的假设,如此一来就要从意识形态上来看了。佛朗哥并不是法西斯主义者,但是他发起的叛乱却具有鲜明的法西斯主义色彩,因为支持叛军的主要政治力量之——西班牙长枪党带有明显法西斯主义倾向。但这个解释也不具有太大说服力,因为墨索里尼既不认识佛朗哥,对他的政治计划也知之甚少。他在与一名叫伊夫·德·贝纳克的年轻朋友谈话中说道:"佛朗哥在西班牙的胜利能使我们在将来免于被包围的命运。"换句话说,墨索里尼之所以做出这样的选择是出于一种担忧,他害怕一旦意大利恢复与英国的关系,法国和西班牙的人民阵线政府会在苏联的支持下妨碍意大利在地中海的进一步野心。这个令墨索里尼感到恐惧的新兴集团将使法国进一步疏离伦敦政府,同时把英国推向德国的怀抱,而意大利的行动自由也将进一步受限。

如果考虑各国军事干预在西班牙产生的实际意义,会产生这样的印象,即这种干预的实际影响非常有限。法国提出的"不干涉"政策没有遭到任何国家的反对,9月8日,在伦敦甚至成立了国际委员会监督各国的行为是否遵守外交承诺。事实上"不干涉"政策只是一纸空文,委员会也没有任何权力阻止"志愿者"纵队从四面八方进入西班牙境内(主要来自于意大利和法国)。内战一直持续到支持叛乱的常规军击败马德里政府的"合法"武装力量。最先是意大利和德国,随后法国和英国也在1939年2月承认了佛朗哥政府。"不干涉"政策客观上支持了叛军而不利于合法政府。此后,佛朗哥将军对西班牙的独裁统治一直持续到1975年。

但是,这些事件的罗列并不足以说明西班牙内战在政治上的重要性,或把它定义为即将到来的第二次世界大战的征兆和预演,以及"欧洲大陆历史的真正分水岭"。关于这点有必要消除一些普遍的谬误,并且认识到这一判断受到了先入为主概念的影响,也就是将反纳粹意识形态作为两次世界大战之间欧洲历史的主要区分因素。根据这一理论,两次大战间的二十年被分为了两个阶段,第一阶段的主要特点是欧洲民主大国未能理解纳粹政权暗含的风险,第二阶段就是经过西班牙内战这场考验,欧洲分裂为相互对立的两个阵营(即法西斯阵线和反法西斯阵线这对不共戴天的敌人）。但在这里，由于意识形态的偏见导致事实真相受到了篡改（这就是历史的局限性）。1936年既不存在法西斯阵营也不存在团结一致的反法西斯阵营。唯一达成一致的是战术层面以外的反共反苏，这使英国和德国联合在一起，使德国和意大利联系在一起，使意大利在1936年前倒向法国，并且抛开在地中海的矛盾与英国和德国走到一起，也令波兰倾向西方，并使那些建立在沙俄与哈布斯堡王朝遗产上的新生国家同维护凡尔赛体系的国家和主张改变这一体系的国家（如匈牙利）站在一起，成为对抗共产主义的第一线。如果非要说1936年存在一个反法西斯战线，也很难在1936年把德国和意大利归到一起，因为这两个国家虽然在西班牙问题上立场一致，并在1936年10月建立了"柏林—罗马轴心"，但从战略角度看完全不和，并且对于欧洲未来的打算也迥然不同，我们之前也屡次提起，比起意大利，英国与德国的关系要更近。根据这些事实，我们不能赋予西班牙内战太多其自身不具备的意义，而是应该将之放到一个更合适的位置：一场由于内部转型引发的重大危机，和其他欧洲国家经历过的没有太大不同，只是因为恰好发生不安定的1936年，才会对国际局势产生如此重大的影响，如果不是1940年后德国击败法军并推进到比利牛斯山脉，这场危机的整个经过和结束并不会给欧洲国家间的关系带来重大改变。

5. 德国扩张和绥靖政策

西班牙内战突然揭示了法国在欧洲政治中所占地位的脆弱性。受到英国外交方针的限制（英德海军条约和"不干涉"政策就是最具说服力的两个例子），法国政府对于其日益严重的安全问题无法采取主动措施，只能被动地直接面对那些试图颠覆欧洲格局的国家挑起的冲突。德国军队已经进驻莱茵河边境地区，两国的防御工事互相对峙，仿佛是中世纪欧洲封建国家的两个城堡。法国仍受累于欧洲霸权强国的历史负担，但当时却已是孤家寡人，无论与苏联还是和巴尔干国家的联盟都无助于法国对抗德国，甚至还构成负担。

主要发生变化的是法国与英国的关系。由于巴黎政府做出的一系列选择（《墨索里尼—赖伐尔协议》，与苏联结盟，拒绝加入包括英美在内的经济同盟，根据勒内·吉罗尔的观点,这个联盟原本可以为欧洲经济制定规则),英法间的关系也愈发疏离。德国占领莱茵区后,甚至比利时也改变了同法国 1920 年即开始的密切协作。1936 年,比利时国王利奥波德三世宣布德国进驻莱茵兰违反《洛迦诺公约》,比利时将奉行一种"纯然为比利时所独有"的政策,预示了其即将采取的中立态度。

英国政府没有支持法国,而是大胆地采取了与德国结盟甚至与意大利和好的政策。为此英国人努力说服后者相信维护地中海的稳定符合各方的共同利益,而推行这一理念的第一步就是 1937 年 1 月 2 日英意两国政府签订了一个"君子协定",以意大利停止干涉西班牙内战为前提,规定双方不对地中海现状做出改变,并且互相尊重在这一地区的权利和利益。协定没有明确是否在法律上承认意大利吞并埃塞俄比亚,这个问题一直拖到 1938 年 4 月才得到解决。

英国靠拢德国表现得更加干脆。1937 年 5 月组建的张伯伦政府既有勇气拒绝希特勒阴险狡诈的建议,也是对德绥靖政策的继承者和一段时间内的主要实施者。绥靖意味着为了维持和平,以完全符合希特勒外交政策的方式接受德国的要求。德国元首非常清楚没有取得英国事先同意就采取行动所暗含的风险,就像他 1935 年和 1936 年所做的那样,而且他认为已经是时候考验英国能否参加德国的全球称霸计划,通过两国之间的联盟将诞生一个世界无敌的政治经济强权力量。希特勒把这一计划委托给了其心腹里宾特洛甫,后者当时尚未成为第三帝国外交部部长,但已经是希特勒外交政策的重要人物之一,也是 1935 年英德海军条约的德方谈判代表。1936 年夏天,里宾特洛甫被任命为德国驻英大使,具体任务就是和英国人就达成"紧密联盟"进行谈判,英国人唯一要做的就是让"德国在东方放手行动"(苏联对西班牙内战的干涉让里宾特洛甫更有话可说)。德国方面则承认大不列颠在殖民地和海上的霸权,但是要把 1919 年剥夺的一些殖民地还给德国。

里宾特洛甫的工作没有取得任何成果,因为英国人虽然反对共产主义,但是和任何一个欧洲大国一起履行明确的义务并且陷入不可预知的未来,对于他们来讲都是绝对不能接受的。不过那段时间和整个 1937 年,就如意大利驻英大使迪诺·格兰迪所写的那样:"德国在伦敦风靡一时",这使纳粹政府得以推进其侵略计划的最后准备工作。1936 年 7 月 11 日,意大利人正忙于在埃塞俄比亚的军事行动,西班牙的将军们也还没有发动叛变,希特勒战胜了奥地利的反抗力量,与许士尼格政府签订协议,结束了 1934 年维也纳事件留下的紧张状态。德国承认奥地利的主权(这些漂亮话足以让墨索里尼放心,就好像德奥协议是意大利的胜利一样),并且承诺不干涉奥地利内政。奥地利要以自己作为"德意志国家"的立场来处理对德关系。同时,1934 年开始在奥地利实施的纳粹党禁令也被撤销,甚至有两名纳粹党要人还进入奥地利政府,其中一个成为外交部部长。奥地利从意大利的卫星国变成了德国的卫星国。墨索里尼从 1936 年年初开始已经接受了这一现实,就像他对哈塞尔说的那样,这也为希特勒的进一步行动铺平了道路。

柏林政府的行动分为两个方面:买通英国和哄骗意大利。墨索里尼感觉到了他"学生"的想法,但也知道与德国达成过于紧密的联盟可能带来的危险,这会把意大利拖入颠覆凡尔赛秩序的阵营,从而彻底丧失一直以来意大利的最大优势,即"选择的自由"。墨索里尼认为意大利在欧洲关系中的"优势地位"时期已经过去,为此他个人也不再执掌外交部,而是交由女婿加莱阿佐·齐亚诺,后者当时是亲德派的代表人物之一。1936 年 10 月,齐亚诺出访德国,共同商定承认西班牙佛朗哥政府,并且签订了一系列议定书明确了双方的互利领域。对于这些议定书墨索里尼后来做了一个限制性定义:"柏林—罗马垂直线不是壁垒,而是一个轴心,可以在这个轴心周围团结所有愿意进行合作和维护和平的欧洲国家。""轴心"的定义在政治层面上超出了墨索里尼有所保留的本意,从此以后这被错误地认为是德意同盟形成的开始。虽然大家都这么认为,希特勒也施加了很大压力希望两国达成"一个德意联盟作为反共产主义的屏障",但是这位意大利独裁者的想法仍旧摇摆不定。

对于意大利来说,另一个重要时刻是一年后的 9 月 25 日到 29 日,墨索里尼最终接受邀请访问德国。希特勒以最高规格接待了意大利"领袖",一方面他向墨索里尼表示一直视其为自己的导师,另一方面大肆炫耀第三帝国的组织能力和军事力量,向他的客人展示一个不可阻挡的强大形象。墨索里尼兴奋异常,但也担心与德国关系过密所带来的风险,9 月 28 日他在一百万列队整齐的德国人面前用德语发表演说,嘲笑了日内瓦和莫斯科"虚伪并且谎话连篇"的偶像们,并预言欧洲的未来将是法西斯主义统治。那个时候墨索里尼尚在犹豫之中,他原则上同意意大利加入反共产国际协定(1937年11月6日),并最终在11月与德国和日本共同签署该协定。这些口头承诺给希特勒的感觉是他已经完全把墨索里尼争取到了自己的计划中。希特勒一点错都没有,因为即使墨索里尼对纳粹的力量仍心有保留或者暗暗羡慕,在当时他都已经不能为意大利外交政策制定独立自主的行动。这就是希特勒的胜利:在两年中他成功地夺去了其他欧洲国家独立思考其外交政策的能力。对于英国人他非常了解,法国人的命运已众所周知,现在轮到了意大利。希特勒完全有理由相信,在占领莱茵兰的冒险行动后,已经到了打破凡尔赛体系的决定性阶段。

6. 从"德奥合并"到战争

二战结束后,在大量德国档案资料中发现了一份会议纪要,内容是1937年11月5日希特勒和他的主要政治和军事负责人之间的会议,由希特勒的助手弗雷德里希·霍斯巴赫上校进行记录。这份文件后在纽伦堡审判中被用来证明1938年发生的所有一切都经过事先预谋,出席那次会议的纳粹党高层要为战争负全部责任。希特勒在那次会议上表示,解决德国问题的唯一办法就是战争,1943年到1945年内战胜法国和英国,在此之前必须摧毁达成同盟的欧洲国家:首先是捷克斯洛伐克和奥地利(后来由于情况变化顺序有所改变),随后是波兰(针对波兰的行动视日本对苏联的态度而定)。行动开始的最后期限将根据国际形势而定,但希特勒的预计是1938年开始。

"霍斯巴赫备忘录"和其他重大事件的记录文件一样有许多不同的解读。不过有一点很清楚,这份备忘录对于纽伦堡的法官非常有必要,因为他们可能没有足够的历史方面的知识,而这份文件是对纳粹党魁们进行定罪的确实依据。但是从历史学角度来看,把这份备忘录定义为计划书似乎是不合适的,在某种程度上甚至是虚伪的。事实上,今天大家都知道类似这样的会议希特勒召开了很多次,而且每次他都把计划毫无保留地陈述一遍。希特勒在与别人的对话中也不断重复这些计划并且写进了《希特勒的第二本书:1928年来的记录》中,这部希特勒"秘密作品"知名度较小,直到1961年才得以出版,但元首周围的纳粹高层显然对其内容非常了解。比文件和备忘录更有说服力的是希特勒在内政和外交上的行动。从 1934 年开始他就以事实行动和大量公开演讲证明了改变凡尔赛秩序的决心。就算他没有公开宣扬战争，所有人也对此心知肚明，从 1935 年起法国人就相信冲突迟早会到来，1931 年墨索里尼就预言十年内欧洲必将爆发一场战争。想要了解希特勒的意图（虽然不能作为法律证据，但足以进行政治预判），只要看他的所作所为就行，而不用等待秘密文件的公开。把历史研究建立在案件卷宗上肯定不是正道，因为这两项工作的目的是不同的：后者是伸张正义，而前者是为了明白一些事件为什么会发生以及是如何发生的。关于"霍斯巴赫备忘录"最后一点想说的是，如果把这个备忘录作为历史学分析的基础，就意味着希特勒那些非自愿的"共犯"不用在战后承担任何责任。没有人能够了解元首的意图，因为他只把它们告诉了心腹，而其他人在政治上是无辜的（比如那些假装没看到德国行为之严重性的欧洲国家）——然而事实并非如此。

1937 年底到 1938 年初，希特勒以不光彩的手段将那些对其计划仍表现出迟疑的人逐出了政府和军队高层。经济部长亚尔马·沙赫特在 1937 年 11 月辞职，外交部部长冯·纽赖特在 1938 年 1 月被里宾特洛甫取代（后者在德英同盟计划失败后对英国极为反感），国防部长维尔纳·冯·勃洛姆堡和陆军总司令维尔纳·冯·弗里奇的权力也被架空。希特勒自己担任了国防部长并且任命对他唯命是从的瓦尔特·冯·布劳希奇为总参谋长。现在元首周围站着的都是与他有着同样军国主义信念的合作者。

第一个转折点的到来是德奥合并。当时的政治和外交环境已对德国非常有利，1937 年 11 月，英国掌玺大臣哈利法克斯伯爵在德国会见了希特勒和戈林，认可他们以和平的方式对欧洲政治版图，主要是但泽走廊、奥地利和捷克斯洛伐克做出改变。1938 年 2 月哈利法克斯伯爵成为外交大臣，希特勒从此可以完全仰仗英国的绥靖政策。法国当时的政治和军事条件不利于它们做出反击，而意大利则陷入了尴尬的境地：虽然反对德奥合并，但与德国和英国同时交好，事实上当时意大利正在与伦敦方面进行谈判以结束两国在地中海的争端（1938 年 4 月 16 日）。就算墨索里尼有什么想法，他也束手束脚无法回击。

希特勒把他的前任弗朗茨·冯·巴本派到维也纳担任德国驻奥地利大使。冯·巴本的任务是协助纳粹的渗透工作并且说服奥地利总理许士尼格和希特勒达成合作。这项行动在1938年2月突然加快了节奏，希特勒在德国会见来访的许士尼格时对他做了大量粗暴的口头威胁，明确强调奥地利已经陷入孤立。他成功地使维也纳政府做出改变，任命纳粹党人阿图尔·赛斯·英夸特担任内政和安保部长。这就好像把保险箱的钥匙交给了窃贼一样，纳粹分子成为奥地利的主人。许士尼格的几步昏招（比如在3月14日就独立问题发起全民公投）对德国的行动起到了助推作用。3月11日，戈林向奥地利总理发出最后通牒，要求撤销公投并让位给赛斯·英夸特。总统威廉·米克拉斯拒绝服从柏林方面的强制性要求，随后赛斯·英夸特宣布成立临时政府，而这个政府做出的第一个决定就是请求德军进入奥地利境内进行军事干涉。

为了减轻墨索里尼自尊心上受到的伤害，希特勒在同一时间做出了必要的外交行动。3月12日他派黑森的菲利普王子前往罗马，向墨索里尼保证上阿迪杰地区并入意大利的问题在1919年已经"一次性永远"解决，并向他解释了德国必须在奥地利采取"紧急"行动的原因。墨索里尼对已经发生的事情强颜欢笑，当晚他热情地回复希特勒，表示完全理解并且支持后者的行动。这相当于同意了德国占领和吞并奥地利，为希特勒在3月14日以胜利者姿态进入维也纳铺平了道路。

德奥合并很快就淡出了欧洲的外交视线，这个结局无论如何已是无法避免的，施特雷泽曼在1925年就预言这是德国改变凡尔赛体系的第一步。但是奥地利作为一个独立国家的终结为欧洲政治带来了深刻影响。意大利和法国团结一致的原因不复存在，而德意间的协同得到了加强。奥地利被吞并还体现出了英国对于中欧局势的冷漠，另外，德国和意大利在上阿迪杰和南蒂罗尔地区的奥地利居民归属上产生了分歧，但双方都否认问题的存在。最后，德奥合并造成了整个波西米亚地区被德国包围的局面。

从欧洲层面上看，凡尔赛地缘政治格局被摧毁是德国扩张行动和英国绥靖政策共同作用的结果。虽然4月16日意大利和英国在罗马签订"复活节协议"正式解决了两国间的众多争议，并且重新建立了正常的双边关系（事实上这一协议平衡了意大利由于奥地利丧失独立而遭受的外交挫折，为两国结束在地中海问题上的分歧打下了基础），给人一种感觉似乎有可能重新建立起类似于斯特雷萨阵线的东西，但是这一短暂时期并不影响英德协同的根本方针，这一点也决定了欧洲的未来。伦敦政府继续施行绥靖政策用以排除希特勒行动包含的潜在危险。

虽然对绥靖的概念和确切内容做定义有一定困难,但很清楚的一点是这与英国对柏林外交政策的理解有关。如果我们将范围进行放大的话,也可以在劳合·乔治的"重构主义"政策中找到绥靖的元素。但是绥靖政策的具体概念和希特勒的存在是分不开的。这一术语可以概括英国1933年到1939年(或1940年)对德国立场的最显著特点。这不是一种放弃政策,甚至某种意义上可以说"绥靖"表达了用理性方法解决难题(虽然这是一种幻想)的诉求,而不是听天由命或放任希特勒军国主义自由发展。与绥靖政策紧密联系在一起的是英国首相张伯伦,他认识到了英国力量的局限性:自治领不愿意再次被拖入欧洲内部冲突中;舆论一边倒的和平主义倾向;以及大英帝国在军事上的准备不足。所以绥靖政策的内在实质,是一系列原因迫使英国人通过妥协来寻求冲突的解决办法,这让德国挣脱了自己铸造的看不见的牢笼,并以部分殖民地为代价获得了重新进入全球市场的机会,甚至还能缓解国内政治中的紧张对立,不要忘了至少在慕尼黑会议之前,德国国内仍有主张妥协的力量。

不过,还需要考虑到一个事实,即绥靖的概念首先是不列颠岛国思维的产物,即认为欧洲问题和大英帝国的问题是"不同"的。这一思维衍生出的倾向是把希特勒看作一个富有侵略性并对和平构成危险的人物,但在特定情况下也可以是一个可以信任的对话者。对于"欧洲堡垒"的形成,英国人还是以他们几百年来的习惯方法来看待,他们认为德国作为有能力遏制苏俄扩张并且不威胁到大英帝国海洋权益的新兴国家,比法国更值得信赖,意大利自然更不用提了。在这一前提下,绥靖政策某种程度上似乎是积极的。当欧洲以外的新兴国家地缘政治规模和经济实力茁壮成长时,这一政策有利于增强欧洲的实力。英国人并不把希特勒看作真正的危险,也并未意识到一个欧洲超级大国诞生后,第一个受害者就是大英帝国自己。

但是,由于在欧洲大陆缺乏有力的盟国,大不列颠为了让希特勒不发动战争不得不对他百依百顺。奥地利之后就轮到了捷克斯洛伐克,后者的苏台德地区居住着350万德国人。历史上这片区域从近代开始就是哈布斯堡家族的势力范围,当地的德意志民族之前属于波西米亚,1918年后成为捷克斯洛伐克的一部分。但这些对于希特勒来讲都是次要的,就像之前的奥地利一样。纳粹主义在德国诞生和崛起的同时,苏台德地区也兴起了自治运动,并且表现出越来越强烈的纳粹色彩。德国吞并奥地利后,自治运动被希特勒作为对抗布拉格政府的系统性工具。希特勒和苏台德地区纳粹领导人康拉德·汉莱因在密切协作的基础上,先提出了地区自治的要求(布拉格政府不得不接受),随后又进一步提出苏台德并入德国,这将使捷克斯洛伐克的领土被重新划分。法国和英国对这一新事态进行了协商但未达成一致。英国外交大臣哈利法克斯伯爵向法国总理爱德华·达拉第和外交部部长乔治·博内明确表示,如果法国在没有直接受到攻击的情况下支持捷克斯洛伐克和德国开战,英国将不会予以援助。墨索里尼自然也不会另作他想,1938年5月希特勒来到罗马,作为一年前墨索里尼去柏林的回访,意大利领袖对于德国在苏台德地区的行动表示完全支持。同此针对德国的侵略行为建立一道屏障的假说完全没有任何依据。

1938年夏天,问题又有了新的发展。德国民族主义者不断高涨的叫嚣声和德军在萨克森地区的集结令人担心战争一触即发。实际上,希特勒在5月30日就下令国防军准备在10月1日之前开进捷克斯洛伐克境内。但在面对德国尚未准备好的军事挑战之前,元首首先在外交上展开了行动,因为他知道自己手里拿着的是必胜牌。希特勒出人意料地表现出了妥协的意愿,诱使张伯伦开展外交调解,直到9月让英国人体验了冰火两重天的感受。张伯伦先派出特使,后来亲自前往贝希特斯加登的"鹰巢"(希特勒钟爱的巴伐利亚山间城堡),在那里德国独裁者向英国首相极力控诉捷克斯洛伐克的残酷谋杀行为,并提出以捷克斯洛伐克为代价协商达成一个协议。这个提议根本上符合绥靖政策,张伯伦与伦敦方面和法国政府进行了讨论。9月22日他再度前往德国来到在莱茵河畔的戈德斯贝格,在那里希特勒走了一着险棋:根本没有任何协商与谈判,布拉格政府被要求在10月1日内"接受"把整个苏台德地区割让给德国,此外还要满足波兰和匈牙利对其提出的领土要求。如果不这么做会发生什么,战争吗?希特勒把做选择的责任抛给了伦敦政府和布拉格政府。英国人虽然破口大骂,但还是打算做出让步,他们暗示说法国可能会对此实施军事干涉,不过相对而言更难的还是怎么说服捷克斯洛伐克总统爱德华·贝奈斯。

9月28日早晨,张伯伦在未与伦敦政府协商的情况下,写信给希特勒告诉他一切都能在"没有战争的情况下立即"解决,他已准备好在最合适的时候前往柏林对问题进行讨论。这样英国首相就给了希特勒虚张声势的机会。从他对希特勒有求必应开始,就已经想好了一个好听的说辞,叫作"欧洲领导集团做出的决定"。张伯伦还联系了墨索里尼,后者非常乐意担任危机"调解人"的角色,他带着一系列提议前往柏林,而所有建议都同之前他与希特勒商定的内容完全吻合。9月29日到30日慕尼黑会议匆匆召开。贝奈斯甚至都没被允许参会,苏联也被完全排除在外(但如果法国开战的话,根据1935年的协议苏联也能实施军事干涉)。

慕尼黑会议过去是最吸引历史学家关注的题材之一,现在似乎已被公认为无耻的卑劣行径。希特勒的所有要求都得到了满足。法国和英国还非常满足地加上了它们对于捷克斯洛伐克剩余领土完整性的保证。会议结束后,布拉格政府才被告知这些决议,几个小时后,捷政府不得不全部接受,因为没有人能够提出并且捍卫任何一个不一样的选择。

随后这场悲喜剧中最可笑的一幕到来了,希特勒和张伯伦举行单独会谈对其他问题进行了讨论,最后张伯伦得到了希特勒签字的一纸文件(也就是他回国后手中挥舞的"战利品"),其中强调英德之间的良好关系具有头等重要性,并表示《慕尼黑协定》和1935年的《英德海军协定》是两国努力维护和平、通过协商谈判解决一切争议,以及不断致力于"消除潜在分歧并为欧洲和平做出贡献"的象征。和平就这样暂时被保住了。考虑到时代背景,有人可能还认为这是民族自治原则的又一个例子。但事实是希特勒不费一枪一弹就建立了一个拥有8000万人口的帝国,而和"但泽走廊"一样由德意志人居住的"波兰走廊"很快就成为希特勒式民族自治原则下一个关注对象。这里我们不禁要问,英国首相真的对自己做出的所谓"重要贡献"称心如意吗?毕竟这些后果导致了欧洲地缘政治格局的剧变。不管是张伯伦,还是达拉第,甚至是墨索里尼(他假装或者说幻想自己是慕尼黑会议的主角)都无法对一个事实视而不见,即在欧洲中心有一个强大的国家正以势不可当的步伐摧毁凡尔赛体系。这难道是绥靖政策所要达到的结果吗?

希特勒吞并苏台德地区后的目标并不马上是波兰,而是捷克斯洛伐克剩下的领土。他利用了波西米亚人与斯洛伐克人以及喀尔巴阡地区罗塞尼亚人之间的严重不合与分歧,支持他们建立自治区(捷克、斯洛伐克和一个法律地位不明确的罗塞尼亚),并且煽动与此有关的民族独立运动。随后希特勒操纵布拉格和布拉迪斯拉发政府的重要人物,使前者向柏林提出干涉请求(1939年3月15日到16日),而后者则成为独立国家,并且很快就屈从于德国的霸权之下。虽然蒂索神父试图抵抗,但最终都归于徒劳,事实上他也是众多矛盾交织在一起的牺牲品。就算到了这一地步,张伯伦还是坚持认为英德协议是欧洲和平的保障。

与此同时,希特勒做出了真正导致战争的决定。在占领布拉格之前,希特勒就决意通过另一次"外科手术式"的行动消灭作为"欧洲政治因素"的波兰,这是元首全力准备对法战争的前提。早在1939年4月3日,希特勒就下令为9月1日发动进攻进行军事部署。波兰面临着绝望的政治局面,夹在宿敌苏俄和近邻德国之间。在慕尼黑会议后,德国即开始向波兰施压,要求根据1934年签订的互不侵犯条约建立反苏联合阵线。

早在1938年10月,里宾特洛甫就说明了德国的要求:波兰应将但泽市归还给德国,并允许建造享有"治外法权"的一条公路和一条铁路连接波美拉尼亚和东普鲁士。波兰的回复异常强硬和乐观,华沙政府高估了自身的军事抵抗能力和德国威胁恫吓可能引发的外交援助。德国人维持高压态势一直到占领布拉格后的没几天,即1939年4月21日,里宾特洛甫通告波兰驻柏林大使约瑟夫·利普斯基马上接受德国最后通牒式的要求。4月28日在国会大厦的讲话中,希特勒表示和波兰之间已不存在任何外交对话的空间。

进攻波兰逐渐成为一种现实,这表明形势已有了全新的变化,也拉开了欧洲政治史上最震动和对立的时期之一:1939年夏天。

如果说直到慕尼黑会议中希特勒的行动更多还是外交恫吓而并没有实质性的军事内容,那么1939年开始德军已经做好了准备对波兰那样的国家发动"闪电战"并赢得战争。威胁已不再是虚张声势,而具有实际发生的可能。其他国家是怎么看待这个问题的,应该如何评估法国可能做出的反应,还有相对更难预测的英国、意大利和苏联的反应?绥靖政策还有继续实施的空间吗?意大利站在德国一边到底能达到何种程度?莫斯科政府会做出什么样的对策?日本的立场会怎样影响苏德两国的行动?最后一个问题是:美国还要"沉睡"到什么时候？

1939年3月31日，在英国下议院的一次讲话中，张伯伦表示如果德国对波兰的攻击威胁到后者的独立，英国和法国将实施救援。乍一看绥靖政策似乎有所改变，但如果仔细推敲就会发现这些话仍旧模棱两可。英国只是承诺了维护波兰"独立"，但并不意味着保证做出无条件援助，也不排除与德国达成妥协的可能，即以波兰的部分领土换取"独立"。这种做派贯穿了整个二战期间的外交活动（直到雅尔塔会议），甚至贻害战后多年。张伯伦开创了一种讲话艺术，既能让听者放心，同时也留下妥协让步的空间。英国做出的只是一个单边承诺。几天之后，波兰外交部部长约瑟夫·贝克来到伦敦。张伯伦向他保证将签订互助条约，但是关于文本内容的谈判一直持续到8月25日，也就是苏德签订互不侵犯条约之后，这样一来英国和波兰之间的协议就没有任何价值了。再看法国，1925年的法波同盟互助条约在1939年5月12日进行了续订，但是两国总参谋部在5月19日达成的军事协议中规定，波兰受到德国攻击15天后，法国军队才会开始向德国发动全面进攻，而且还需要两国另行签署政治协议。事实上这项协议在1939年9月4日签署，当时战争已经打响了。法国军队应该在9月19日开始行动，但德军在9月17日已开进华沙，所有这一切看起来就像一个可怕的玩笑。

是什么原因让墨索里尼不再犹豫，最后完全倒向德国呢？这是一个经常被提及的问题。但其实根本不用进行太多心理分析就能明白是什么因素导致了意大利的选择，尤其是在1939年3月15日到16日布拉格事件之后。如果说直到慕尼黑会议时，意大利领袖还相信自己是欧洲未来的仲裁者之一，那么布拉格发生的一切使他最终醒悟了。和法国、英国一样，意大利也是一个孤立的国家。希特勒的行动剥夺了法国的外交自主性，使英国被迫实施绥靖政策，虽然希特勒对墨索里尼向来敬重有加，但意大利也不得不做出选择，是与德国完全站在一起，还是与其他国家建立"统一战线"（虽然英国的政策已经让后一种可能成为幻想）。所以，面对布拉格事件带来的惊讶和德波之间紧张局势的升级，墨索里尼根本没有其他出路，只能响应德国1936年就不断发出的邀请与之建立正式同盟，和德国分享侵略政策的成果，可能的话还可以在协商范围内尝试对希特勒的行动做出限制。墨索里尼在一次法西斯大会上的讲话中说道，意大利的问题是"提高我们在轴心国伙伴面前的地位"。

往这一方向努力的第一步就是占领阿尔巴尼亚。一年前齐亚诺伯爵就提出并策划了这一行动,用以平衡德奥合并对巴尔干半岛局势造成的影响。1939年4月7日墨索里尼正式付诸实施,两天之内意大利王国即吞并阿尔巴尼亚,张伯伦认为这是无用的挑衅行为和不讲道理的海盗行径。这个极具争议的行动后,纳粹——法西斯同盟即正式诞生。1939年5月22日在柏林签订了被称为"钢铁条约"的协定,其中最重要的两项条款是:双方在所有涉及共同利益的欧洲问题和其他问题上保持一致,以及在战争情况下,如果缔约一方卷入冲突,无论是防御还是进攻性质的,另一方必须以"所有海陆空军力量"予以支援(第三条)。墨索里尼得到了协商的权利,但把意大利和德国的决策绑在了一起,包括军事上的决定。

墨索里尼选择加入德国阵营的弱点和轻率之处在于,他没有考虑意大利的具体利益和对其安全的保障。整个谈判过程中,齐亚诺向里宾特洛甫和希特勒明确表示意大利无法参加一场持续三年以上的战争,但这点没有体现在条约内容中,同样没有提及的还有上阿迪杰和波兰问题(尽管当时希特勒已经准备下达进攻波兰的命令)。几天之后当墨索里尼意识到犯下的错误时,他试图采取补救措施并向希特勒发去一份备忘录作为"钢铁条约"的补充,墨索里尼预计双方通过面谈可以最终补全5月22日签订条约的内容。但希特勒在战争开始前非常小心地避开与墨索里尼见面,这使得意大利对于德国行动的公开立场一直保持不变。直到8月开战之前,意大利人才和柏林方面拉开一定距离。

苏联政府从纳粹上台后就表现出明确的态度,但事实上也是非常纠结。斯大林意识到了德国对于苏联潜在的侵略企图,但也非常看重与德国从1921到1922年就开始的技术和军事合作。他对于建立欧洲集体安全体系表现出了积极参与的意愿,但也不隐瞒对于英国和德国政策两面性所含风险的担忧。另外,苏联还要注意其身后,也就是日本的政策,事实上后者一直处于摇摆不定的状态,直到1941年4月才最终决定其军事侵略的方向(苏联还是美国),并在希特勒不知情的情况下与苏联签订中立条约。这一条约使斯大林不用担心在遥远的东方和西面两线同时作战的可能。

1939年3月31日,苏联的立场发生了根本性的转变。英法两国对波兰做出的保证让斯大林确信德国在挑起全面冲突前绝不可能攻击苏联,因为摧毁波兰是向东方发起进攻的前提。这个转折非常重要,因为它标志着欧洲政策中反共歧视的终结(至少在一段时间内),并给予斯大林左右逢源的可能:和西方国家就保卫波兰进行合作,或与德国就瓜分波兰达成联盟。这一可能很快就得到验证。1939年4月中旬,苏联和法国开始商谈共同对抗德国的侵略,5月英国也加入进来。但是达成协议过程中的最大障碍是各方之间的互不信任和波兰人对于苏联的抵触(后来可以看出莫斯科方面的意图确实不能让人放心)。谈判耗时耗力,异常艰难,一直持续到8月21日终于有望达成协议。然而风云突变,8月23日突然传来消息,苏德签订了互不侵犯条约。

这一耸人听闻的转折是希特勒的杰作。元首已经决定要加快实施他的计划,以防范美国觉醒后带来的风险(当时已经出现了这一征兆)。所以有必要尽快铲除波兰这个障碍回过身来对付英国和法国,把占领苏联的土地作为"生存空间"这一步推后到下个阶段,但要实现这一计划必须通过外交行动在战术上稳住苏联。在这一背景下希特勒才会与斯大林突然达成协议,但这一决定并非完全不可预料,1939年7月和8月上旬,希特勒非常清楚意大利的犹豫,他也知道,墨索里尼对于在短期内而不是三年后再发动战争的决定非常恼火。意大利和日本的态度有所保留,而英法已经改变了讲话的语气,这使德国趋向于孤立。没什么要比在这时候准备进攻波兰更危险的了。所以德国和苏联从1939年春开始的经济合作谈判在8月中旬突然改变了内容。莫洛托夫——不久之前刚接替李维诺夫成为苏联外交政策的负责人,表示出了签订互不侵犯条约的意愿。里宾特洛甫紧急赶往莫斯科(进攻波兰本定于8月26日,后来被推迟到9月1日),在8月23日和苏联外长共同拟定了互不侵犯条约和附加的秘密议定书。条约的内容非常平淡,而在秘密议定书中则指出了希特勒为获得灭亡波兰的许可而向斯大林付出的代价。这个代价非常高昂,希特勒接受协议时只是想做些让步哄骗苏联人,却没想到通过那种方式他使苏联成为巴尔干半岛和中欧政治的主角,一般认为欧洲二战后的分裂始于《德黑兰宣言》和《雅尔塔协议》,但事实上所有这一切早在之前就发生了。秘密协定书的四项条款说明了苏德两国承认双方在东欧的"势力范围"。第一条关于波罗的海国家,规定双方以立陶宛北部边界作为各自势力范围的分界线;第二条关于波兰,两国在波兰的势力范围大体以纳雷夫河、维斯杜拉河和桑河一线为界,至于是否保留波兰作为独立国家的问题被推到以后另行商议;第三条表示苏联在比萨拉比亚拥有利益,而德国对该地区毫无兴趣。最后一条强调协议书的内容绝对保密。

《苏德互不侵犯条约》及可能存在的秘密协定(苏联在冷战结束后一直予以否认)成为当时的一颗外交重磅炸弹。齐亚诺伯爵在日记中写道:苏德联盟是一个"怪物般的结合",并与"钢铁条约"的文本和精神完全冲突(实际上希特勒没有和罗马政府做任何协商)。而其他欧洲国家则明白,德国终于可以放手去对付波兰了。

7. 咆哮的年代:第二次世界大战的欧洲战场

1939年9月1日清晨,德军越过了波兰边界。希特勒表示这是一次"治安行动",不针对任何西欧国家。几天之后墨索里尼就提议召开和谈,但他的外交信誉已经丧失殆尽了。9月2日意大利宣布其"非交战状态"。9月3日英国和法国依据义务对德宣战。在此之后的一系列军事事件我们以较短篇幅进行一下回顾。

"闪电战"大获成功。9月25日整个华沙落入了德国手中。同时苏联人以"不明第三方力量利用波兰国内的混乱可能危及乌克兰和白俄罗斯同胞"为借口,出兵越过边境并一直推进到8月23日与德国协议划定的界限。9月28日苏德协议进一步得以完善,双方在具体问题上达成一致,立陶宛划归苏联势力范围,作为交换德国从维斯杜拉河推进到了布格河。不久之后波罗的海国家被邀请加入苏联的"保护",这是它们变成苏维埃社会主义共和国的第一步。

到这时希特勒才算是赢得了这场与时间的赛跑。他把苏联拉下水,这样后者在军事和技术层面就不至于和德国产生直接冲突。在斯大林对这个庞大而迟钝的国家完成调整之前,有足够的时间用来对付西欧国家。希特勒认为,建立一个足以面对任何外敌的"欧洲堡垒"并维持其全球霸权已经不再是空中楼阁。一年半内发生的所有一切都证明他是对的,但接下来几个月里情况则出现巨变,侵略波兰似乎已不是象征性的军事演练,而成为希特勒政治生涯中犯的第一个错误,也是最主要的错误之一。发生在墨索里尼身上的情况在希特勒身上重演：只要他的行动停留在政治层面，都能取得不错的结果；而一旦付诸战争，则会遇到不可预料的反抗。因为世界上其他力量将被迫对事态严重性进行评估，哪怕是最不愿意插手的国家，比如美国，也不得不结束懒散的状态而站出来阻止希特勒，因为德国计划建立的庞大体系与美国对全球市场的需求完全冲突。

至于斯大林到底有多大的野心，只要观察苏联在波罗的海的行动就能明白。最有说服力的事例即苏维埃俄国对芬兰的攻击（1939年11月29日到1940年3月12日），斯大林希望借此展示苏联的军事力量，从而对柏林形成威慑。但正是苏联在这场所谓"内战"中的平庸表现让希特勒觉得苏俄的军事力量十分薄弱，从而坚定了他继续实施西欧战略的决心。

对波兰发动的"闪电战"没有给英法任何采取行动的机会，看起来"外科手术式"的行动又一次成功奏效了。希特勒相信英法会再次妥协并发动和平攻势：他向西欧国家做了一次厚颜无耻的讲话，重复那些陈词滥调——内容无非是德国受到了冤枉，除了一些殖民地作为补偿外，他根本别无所求。所以只要能够重新讨论南欧和中东欧的利益划分，柏林方面随时准备进行谈判为和平和稳定创造条件，但和平的代价是重建一个更小更顺从的波兰和一个更大范围的反苏联盟。

希特勒重启绥靖政策的企图没有获得成功。英国人终于明白了强权政治比意识形态更有说服力，而且，1935年到1939年希特勒已经太多次玩弄了英法对他的信任。对于法国而言更是毫无疑问：10月10日巴黎政府回绝了德国的和谈建议。温斯顿·丘吉尔这样主张对德强硬立场的人进入了英国政府。10月12日伦敦方面也拒绝了希特勒的紧急外交方案。至此之后剩下的就是战争搏杀了，整个欧洲大陆，除了西班牙、葡萄牙、瑞士和瑞典外，都被卷入了冲突之中。

1939年秋冬到1940年初是在外交论战（包括比利时徒劳地宣布中立）和战争准备中度过的。已经纳入统一指挥的英法军队试图引诱希特勒向斯堪的纳维亚半岛进攻。某种程度上他们做到了，希特勒很快启动了早已部署好的计划，在4月9日出兵占领丹麦和挪威，到6月9日挪威所有残余的抵抗活动都被击垮。同时在5月10日的德军进攻法国，攻击方案袭自1914年的一战，同时根据现代装甲战的需求进行了调整。5天之内德军穿越中立国荷兰和比利时把法国逼向绝境。6月14日,德国军队以凯旋仪式进入巴黎。第二天保罗·雷诺政府下台,国家权力被交予亨利·菲利普·贝当元帅——一战的英雄却也是法国亲纳粹右翼的代表人物。6月22日法国政府签署停战协议。根据希特勒的意愿,短暂的谈判和签字仪式象征性地在贡比涅森林雷道车站的火车车厢内举行,这里曾是1918年德国签署投降协议的地方。

停战协议的要求没有预想的那么苛刻。法国从大西洋沿岸到卢瓦尔河谷,包括普瓦捷和图尔的领土由德国占领。萨沃伊、里昂和整个南部仍由法国控制,但军队人数减少到12万,政府迁往温泉疗养胜地维希,海军舰队集中到指定港口在战后再归还法国。协议中既没提到法国的未来,也未提到法国的海外殖民地,这表明希特勒沿用了俾斯麦在1866年战胜奥地利后的政策,对战败的敌人不予以羞辱,以此希望后者将来能够成为同盟—卫星国。

与此同时,墨索里尼也做出了决定。战争如他预测的一样没有局限在"外科手术式"的范围内,意大利没有任何理由加入这场战争。1939年9月到1940年3月(或许是5月)期间,墨索里尼一直在寻找退路,但所有其他选择都被证明是不可行的。面对希特勒在法国的巨大胜利和这一胜利对东欧和巴尔干造成的影响,墨索里尼相信希特勒向他发出的警告并不是空穴来风:

> 这场战争的结果也决定意大利的未来!如果贵国追求的未来只是成为一个胸无大志的欧洲国家,那么我的理解就一直错了。如果这一未来是根据贵国人民生存权利所提出的要求来保证意大利在历史、政治和道德情操上的存续,那么今日德国与之战斗的敌人也将是你们的对手。

所以问题就很明确了,意大利必须做出选择:是站在胜利者一方(希特勒认为他已经是了)还是疏远并且敌视这个胜利者。这个两难问题墨索里尼无从选择,因为前提已经摆在那里:要么与战胜国德国在一起,获得与他一样的地位,要么沦为"胸无大志的欧洲国家"这样的次要角色。墨索里尼在1940年3月10日收到这个信息,当时对法国的进攻尚未打响。3月31日墨索里尼在一份"秘密备忘录"中写道:虽然我们十分倾向于协商和平,但有必须考虑到以下情况:

> 意大利不可能在整个战争期间保持中立,这样做的话它将失去其

地位，变得无足轻重，沦为瑞士一样的国家，甚至更为糟糕。所以问题不是意大利是否会参战，而是什么时候参战，以何种形式参战，把我们参战的时间尽可能延后以符合意大利的荣耀和尊严。

当德国开始进攻法国，并且战局越发明朗时，尽管意大利武装力量尚未准备周全，但显然做决定的时刻已经不能再往后拖了。只有法国的有效抵抗才能成为墨索里尼参战的借口，但当德军一路高歌兵临巴黎，击垮了马其诺防线和法军的抵抗后，墨索里尼被迫做出当时看来唯一理性的决定。1940 年 6 月 10 日，他宣布意大利向法国和英国宣战。为了把意大利从一个俯首听命于他人的国家变成有能力根据自身利益进行选择的国家，墨索里尼苦心经营了二十年，这一过程终于在 1940 年 6 月到达了尾声。如今希特勒成为欧洲大陆统治者并且德国赢得战争已经是个无法否认的事实，意大利要以平等的姿态站在胜者身旁。

由于意大利的参战，冲突范围也扩大到了和德国关系不甚密切的国家。战争延伸到了意大利殖民地，而那里几乎都被敌军包围；战争也蔓延到了巴尔干半岛，在那里意大利已经拥有阿尔巴尼亚的主权，德奥合并和捷克斯洛伐克解体后的又一系列变化很快拉开帷幕。中期来看，墨索里尼的加入对于纳粹——法西斯联盟产生了积极的作用。但眼下的问题是意大利与法国的停战协议。法国政府不想宣布战败，因为他们实际上并未被意大利打败，所谓的战争也不过是零星的边境地区冲突。德国只能向法意两边同时施压，最终停战协议于 6 月 24 日在罗马签署。

战争在西欧地区告一段落，而波兰灭亡后，整个巴尔干半岛局势已经开始发生变化，希望改变半岛格局的国家在德国的支持下纷纷提出要求。主要受害国是罗马尼亚，它被迫将比萨拉比亚割让给苏联，把北多布罗加给了保加利亚和近一半特兰西瓦尼亚给了匈牙利。事实上匈牙利政府要求的更多，但当时罗马尼亚已经采取了亲德政治路线，希望借此保护自己不被苏联攻击。剩下的问题就是南斯拉夫和希腊了。当德国人在制订下一步攻打英国的计划时，墨索里尼也想开辟一个他自己的战线：进攻希腊的行动于 1939 年 10 月 28 日开始，但很快就暴露出意大利军事上的准备不足。希腊人不仅顽强抵抗还实施了反击。若不是德国和匈牙利军队趁着贝尔格莱德犹豫之际在 1941 年 4 月入侵南斯拉夫并且很快进入希腊,意大利的军事行动很可能演变为一场灾难。最终在克里特岛失陷后,希腊政府也被迫签订了停战协议。

当时利比亚和埃及境内的军事行动仍在艰难进行时,而整个欧洲大陆已经处于德国的控制之下。欧洲被强行统一起来,除了英国之外——5月9日,主张殊死抵抗的丘吉尔接替张伯伦成为首相。从战争伊始丘吉尔就是希特勒战略和战术上的最大麻烦。如何才能让英国人屈服?首先能想到的就是准备一场军事侵略(也就是执行"海狮计划"),或者假装要出兵英伦三岛,让英国人提心吊胆的同时偷袭苏联这个天敌?这是摆在希特勒面前决定命运的一个选择:继续攻打英国还是回到最初的目标上来?根据这一目标,德国应该从苏联那里夺取"生存空间",然后参与到世界权力的重新分配中,虽然英国的力量需要进行压制,但大英帝国将被允许继续存在,并在美国提供支援或决定参战之前与伦敦政府达成妥协。

1940年7月,法国业已溃败,英国也面临威胁,对此美国已经有所行动,希特勒相信美国是他的主要敌人,但美国在1942年之前无法参战,所以要在此之前把所有一切都变为既成事实放在富兰克林·罗斯福总统面前。但是美国的态度取决于日本的行动,如果日本侵略的目标是美国,美国将无暇顾及英国,这一情况下伦敦方面可能被迫接受德国的和平条件。希特勒的最终目标是建立一个由德国、日本,或许还有意大利共同主宰的世界格局。这也是1940年9月27日签订三方条约的目的,这个条约从政治上保证了德日意三国面对美国可能的行动能够互相进行驰援。就这样,战争从1939年希特勒所谓的"外科手术式"行动变成了全球范围的冲突。

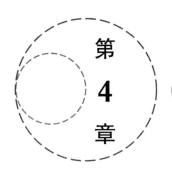

第 4 章 全面战争和西方世界体系的起源（1941—1947年）

1. 导读

现在有必要澄清为什么按年代顺序划分无法反映二战进程中的重要节点，根本问题在上一章中已经指出了。从地缘政治角度来看，二战是法国大革命之后影响最深刻的一次变革，谁都无法对这一事实视而不见。二战的意义是重大的，也充满了各种悲欢离合，但需要注意的是，相较于军事层面，1939 年到 1945 年之间的政治、经济和金融关系变化并不同步。德国作为整个问题的核心是毫无疑问的，直到 1941 年它确实一直牢牢占据着舞台中央位置，但从 1941 年开始，不管表面上看起来如何，德国已经不再是变革产生的首要推动力了。几个月之内，它就沦为了其他国家政治博弈的对象。1933 年是全球政治经济体系发生断裂的标志性时刻，也是欧洲内生力量试图挽救老大陆颓势并维持世界霸权的开端，然而 1941 年这个计划已经体现出了它的内在脆弱性和强烈的主观性，根本不值得这样程度地付出精力和资源。只有德国和英国把它们的力量整合在一起，这个计划才有些许成功的可能。但是英国在面对同美国之间的体制性联系和与希特勒霸权统治下欧洲的政治联系两个选项时，没有经过太多犹豫就最终选择了让希特勒一个人去战斗。这一选择决定了德国的计划必将失败，并且直到大萧条前一直支撑全球政治和经济的结构关系将被重建。

换一种说法,美国从孤立政策的长睡中苏醒,这给了英国制衡希特勒冒险主义的可能(后者由于重新得到更加牢固的联盟而精神不断高涨)。伦敦政府的选择既不简单也不轻松,因为英国人很清楚伦敦和纽约迟早要在争夺全球经济金融霸权的问题上最后摊牌。

面对欧洲爆发危机的早期征兆,美国国会在1935年8月开始批准一系列"中立法案",禁止美国公民向任何战争国家运输和贩卖武器,或向冲突的任何一方提供借款。1937年到1938年情况发生了变化,随着欧洲局势的恶化,美国人不得不重新思考问题。1938年的时候美国国内已经非常清楚如果他们不提供大量贷款和物资,西欧国家将无法对抗德国。

这一问题在1938年底已经成为现实,当时法国外交界的权威人物让·莫内前往华盛顿试探能否为法国购买一批战斗机。但他很快就发现,除了政治障碍之外资金也是一个问题,没有现金的话什么都做不了。这里就能看出美国中立政策在金融层面上的体现了。尽管罗斯福在1939年初表现出了对欧洲局势的担忧,但就连英国人也无法从他那里得到更多。美国总统向英国保证会提供援助,但只有在战争打响后。总之,尽管双方都有合作的意愿,但没有一方能真正实施。英国人技术和资金上不允许,而美国人政治和法律上有顾虑。这一局面中唯一受益的只有德国。想解开这个矛盾,美国就必须彻底改变对于欧洲未来的看法。《租借法案》就是在这个背景下制订的,这个法案标志着美国在欧洲问题上重新开始扮演积极的角色。

这次的干预不再像1917年一样借用国际主义的抽象概念,而是完完全全的现实主义和强权政治。眼看着欧洲就要成为纳粹的天下,美国不能再袖手旁观而是准备与之战斗。希特勒的最终计划是对美国形成完全包围之势,这对华盛顿的安全和利益构成了现实挑战。罗斯福必须对这一威胁做出应对,但同时也要尽量避免被卷入战争。

正是出于这样的担心,《租借法案》应运而生。根据这一法案,美国总统可以在他认为合适的情况下"售卖、租赁或借出武器、弹药、食品和任何防卫物资,给予总统认为对美国至关重要而应受到保护的国家"。美国海军不会为运送物资的商船护航,但在法案讨论过程中美国与英国海军部签订秘密协议对这一情况做出了安排,也为美国参战后双方实施联合军事行动奠定了基础。

第 4 章　全面战争和西方世界体系的起源(1941—1947 年)

《租借法案》根本性地颠覆了美国的中立政策,因而受到了国内孤立主义者和亲纳粹团体的阻挠。尽管如此,法案还是在 1941 年 3 月 11 日通过了,抽象意义上来说(因为法案的具体实施需要美国和每个受益国签订直接协议),它宣告了美国政治和经济不再被动地参与欧洲事务,而是开始承担明确的责任并在后来赋予了这种责任意想不到的普遍性。德国驻华盛顿大使当时表示,《租借法案》是英国献给美国人的"进贡品"。但是把《租借法案》定义为美国霸权主义(有意无意)征服大英帝国的表现是个错误。这种定义的前提建立在有一只"看不见的理性之手"引导市场经济资源流动并使强者更强的过时理论上。但在市场经济和民主体制中,没有哪只"看不见的手"能够制订出如此程度的战略计划。我们应该注意到在当时美国国内的争论中,这一法案可能产生的潜在影响并未被低估,但不管是罗斯福,还是法案的主要推动者摩根索,都没有一个先入为主的概念作为行动依据。就算他们所做的决策是有意为西方世界内部格局的改变打下基础,他们也没有预想到这个变化的特点和影响之深远。但也不是说这两位美国政治家(以及其他法案的支持者)就是纯粹的国际主义者,只能说在市场经济体制中,长期决策不是被制订出来的,而是短期战略选择慢慢发展后形成的结果。

实施《租借法案》的潜台词就是把德国看作世界政治最大的威胁。实际上在美国领导层看来,轴心国集团,尤其是德国,都是不守法的国家,习惯于背弃它们的国际义务。国际法和中立原则在比利时、荷兰、丹麦和挪威身上没有起到丝毫作用,面对侵略者只能用自卫原则进行反抗。从这一层面上来看,大英帝国的海军力量对于美国和整个西半球抵抗纳粹的渗透和侵略毫无疑问是非常必要的。整个战争期间华盛顿政府一直把德国作为需要打败的首要敌人,因为它是最危险也是最有能力直接攻击到美国的。希特勒的"胡言乱语"在欧洲和许多其他地方经常被人低估,但美国的政治领导人对这些话一直非常严肃地对待。所以,《租借法案》是帮助了英国,但也是美国保护自身安全意图的体现。

不过这个观点在 1941 年 6 月 22 日受到了突然挑战,德军开始实施巴巴罗萨计划,即进攻苏联。不仅是传统盟友,现在连意识形态上的传统对手也成了希特勒侵略行动的受害者,《租借法案》应该作何反应?这对于政治上讲究原则性和一贯性的美国,提出了一个现实层面很难解决的问题,对于历史学来说也是一个同样复杂的问题,如何理解美国人立即决定援助苏联的原因?对于这个问题千奇百怪的回答可以看出为什么美国人在战后重建时期会有千差万别的态度。

在1941年5月27日的一次广播讲话中罗斯福说道:

> 我们不会接受由希特勒统治的世界。我们也不会接受和20年代一样的战后世界,纳粹主义的种子就是在那一时期播撒并且成长壮大的。我们只接受一个言论和表达自由的世界,同时还有信仰自由,免于匮乏的自由和免于恐惧的自由。

这番话里找不到任何表述是和斯大林统治下的苏联社会对得上号的,尤其是苏联提倡为工业化奉献所有和对政权绝对忠诚的年代。但是希特勒的攻击将意识形态上的对立转变成了军事上的同盟。美国陆军部长亨利·刘易斯·史汀生发表过如下观点:

> 现在向苏联输送一些可能的军事援助,直到他们能够持续有效地对抗轴心国对于美国的安全至关重要。我认为总的具体承诺应该由美国和英国通过协议确定下来。

莫斯科方面也有压力,因为西方的援助来得太迅速和高效了。为什么要帮助苏联?只因为它的领土和德国接壤,可以成为反攻的基地吗?这个问题需要更深层次的思考。美国人有必要知道援助苏联是为了帮助一个力量不足以独立对抗德国的盟友,还是说,苏联人得到援助是因为他们确实能够成为战争期间和战后抵抗德国的另一个重要力量,换言之,苏联人得到援助到底是因为他们实力太弱,没有援助将很快崩溃并使德国能够腾出手来对付美国,还是因为强大的苏联就算不能成为盟友也会成为美国长期打交道的对象?很明显这两个问题的不同之处在于对苏联未来看法的不一致上:究竟是可能的"卫星国"还是欧洲复兴的支柱,哪个才是罗斯福前面那番话里表示的意识形态敌人?

为了回答这一系列问题,罗斯福派他最信任的伙伴哈里·霍普金斯前往莫斯科。访问时间是1941年7月底到8月初,霍普金斯在几次私人会见中向斯大林承诺提供一切可能的援助,莫斯科方面给他的印象是苏联人"将不惜一切代价坚持战斗"。根据罗伯特·舍伍德在《罗斯福和霍普金斯》书中所写,霍普金斯在莫斯科的访问"标志着美英在战争期间同苏联关系的转折点"。霍普金斯回国后，美国政府即向莫斯科方面传达了"提供一些可能的经济支援帮助苏联抵抗武装入侵"的坚定决心。

从这些表述中可以推断，尽管还没有制定具体的方案，罗斯福的实用主义已跨越了意识形态障碍，把与苏联结盟作为了美国政策的一个基点。直到整个1944年甚至是1945年4月罗斯福去世，虽然两国间有摩擦和分歧，但美苏同盟是华盛顿当局所有决策的出发点。美国在这场战争中采取的战略也证实了这一点。

1941年8月14日，《大西洋宪章》发表。尽管日本偷袭珍珠港突然把美国也拉进了战争，但盟国的整个战略并未改变：需要打败的头号敌人仍旧是德国。只有当战争资源足够时，下一个考虑的才是对日本进行反击。这一点上美国的政界和军方立场都非常坚定。尽管有时候行动目标会有所偏离，比如1942年11月实施"火炬行动"占领法属北非并迫使意大利投降（这些事件关乎英国在地中海的核心利益），但美国以马歇尔将军为首的军队高层有一个决心从来没有动摇过，即在英国准备大量军队寻找合适时机登陆法国，向德国的工业和军事心脏地区发动进攻，而苏联人的任务是在美国的援助下顶住德国东线的攻击随后从波兰向德国进发。

美国当局也并不是只考虑战争的军事层面。日本偷袭珍珠港后不久，国务卿科德尔·赫尔就建议成立"战后外交政策咨询委员会"，名义上由他担任主席，实际运作交由副国务卿萨姆纳·韦尔斯，成员包括美国政治、经济和学术界的杰出人物。委员会的任务是处理美国在战后将要面临的所有问题，因为战争一旦胜利，美国将担负起重建国际政治秩序的责任。由此产生了建立一个替代国联组织（即联合国）的初步设想。但关于这点值得注意的是，联合国的设想建立在二战盟国间"持久一致"的政治原则上，根据"四警察"（Four Policemen）理论，四个国家（英国、美国、苏联和中国）间的协作将是这个全新世界性组织有效运作的前提。中国问题先放在一边，很明显苏联已经成为世界和平新的支柱之一，一个美国想要并且可以与之达成协议的国家。

在重建安全体系的同时，美国还想创建一个货币和贸易体系以避免两次世界大战之间的灾难再度发生。最终目标是重建一个具有足够货币流动性能够保障兑换制度的国际贸易多边体系。这里用了"多边主义"而不是"自由贸易",因为前者并不以取消一切贸易壁垒为目标,而只是减少这些障碍。事实上,任何问题都不应该提得太绝对。美国设计的体系能够最大化满足国际贸易的需求,当时大萧条造成的严重后果已经被克服,但可以预见的是战后的根本问题是流动性,也就是主要国家获得财政资源支持其国际贸易水平的能力。所有人对于一战战后的例子仍旧记忆犹新,流动性和贸易问题最终导致了保护主义和以邻为壑思想的盛行。"多边主义",是比"自由贸易"更加实际的一个解决方案,因而成为美国提议中最核心的部分。而"机会均等"则成为美国多边主义的核心概念,与全球市场的未来息息相关,并且成为通过贸易手段决定和维持政治关系的工具。这么看来,"多边主义"要求根据不同情况实时调整并要求全球范围的覆盖性(包括英联邦国家和苏联),因此这是一个永远无法完成的复杂项目,在放弃了不现实的雄心壮志后,取代这个计划的是建立一个目标更加有限的组织,即"关税与贸易总协定"。协定的章程在 1947 年就确定了下来,但直到 50 年代中期才完全得以实施,只不过当时冷战大幕已经打开,苏联自然也没能加入关贸总协定。

至于货币的流动性,由于苏联积极参加谈判,美国和英国获得了很大的进展,国际货币基金组织得以诞生,为建立固定和可控的汇率体系奠定了基础。这一工作的相关讨论于 1944 年 7 月在美国新罕布什尔州的布雷顿森林开始进行(同期展开的还有关于创建联合国的磋商),最终达成了一个长期协议,由此确立了以黄金为基准的固定汇率制度,而且汇率不能随意修改,除非货币基金组织同意有必要对"某一严重失衡"进行修正。就这样一个新的机构诞生了,所有联合国成员均可加入,每个国家根据国民收入等客观指标和相关谈判及协议获得固定份额。货币基金组织要控制和应对货币危机,但这个体系的核心是美元与黄金的固定兑换义务(1 盎司黄金兑换 35 美元)。由于美国政府承诺确保美元与黄金间的持续可兑换性(一直持续到 1971 年 8 月),只有美元一定程度上具备了黄金替代品的作用,因此它成为确保货币基金组织(在当时全球总产值的允许范围内)开展活动的基准货币。但是美国在这个体系中得到了太大的权重,以至于从货币基金组织成立伊始,其他国家中就不乏有一些政治意见。换句话说,国际货币基金组织既是调整全球货币体系的机构(包括苏联在内),

第 4 章　全面战争和西方世界体系的起源（1941—1947 年）

也是经济体系和经济政策的差异反映在政治关系上的场所。

在这里，我们需要再一次考虑这些计划及其实施初始的政治环境。《租借法案》是美国第一次表现出对战争产生的货币和贸易紧张局面负起责任的意愿，之后联合国、国际货币基金组织及关税和贸易总协定的创建则体现了美国对战后秩序进行更加具体安排的志向，这一秩序将建立在反纳粹同盟国家合作的基础上，但是显然美国将占据更重要的主导地位。当时并不排除世界上所有国家（包括苏联）达成一致合作的可能，但是美国想要由自己来制定新规则的迹象也是非常明显的。而且这次不再是像 1919 年那样建立在抽象原则上，而是建立在一个事实之上，即美国是二战中唯一本土未受到直接攻击的国家①，正如加德纳写的那样：

> 作为唯一能够采取行动在世界范围内消除贸易壁垒的国家……拥有相对强大的经济实力，健康稳定的国际收支，以及对于全球福祉至关重要的市场，美国在国际贸易政策上的影响力远远超过了其他任何国家。

研究二战战后的问题，不管是政治层面还是经济层面的，都要考虑美国这种参战方式的变化。

在做出了最重要的战略决策（也就是将德国作为头号敌人予以打击）后，美国人几乎是很不情愿地利用了意大利军事和政治危机给盟国造成的机会。意大利军事上的颓势在 1942 年已经显现出来，当时国内的诸多政要、军队主要领导以及最高统治者国王维托里奥·埃马努埃莱三世都想撇开墨索里尼与盟国单独签订和平协议，这些迹象当然不可能逃过美国和英国的注意。在这一情况下，美国人不再犹豫，果断地和英国一起转战地中海。具体而言分为两条战线：一是英国在埃及的反攻，阿拉曼战役结束后，1942 年 10 月底德意军队被迫撤出埃及，放弃利比亚并寄希望于能够守住突尼斯；二是火炬计划的实施，英美联军、反维希政府和戴高乐（Charles de Galle）将军组建的自由法国军团登陆并迅速占领北非。贝当政府在非洲的失败使德国决定占领 1940 年 6 月 22 日停战协

---

① 1898 年美国正式合并夏威夷；1941 年 12 月 7 日，日军袭击夏威夷美国太平洋舰队基地珍珠港；但到 1959 年 8 月 21 日夏威夷才正式成为美国第 50 个州。——译者

议后剩余的法国领土，也使戴高乐在法国抵抗运动中的作用进一步凸显。针对德意军队在突尼斯残部的最后攻击于1943年5月结束，轴心国部队放弃了在非洲的一切抵抗。

从那一刻开始通向意大利的道路已没有任何阻碍，盟军登陆行动在7月10日展开并很快取得成功。7月25日意大利发生政变，墨索里尼下台，巴多里奥将军组建了军政府。1943年9月3日新政府的密使与盟军签订停战协议，使意大利改变阵营转而攻击德国军队。由此出现了一个问题，就是如何对法西斯政府倒台和意大利转向的重要性进行评估。美国人和英国人在这个问题上争论了一年多，英国坚持传统理念，认为地中海（也就是意大利）对其未来的霸权至关重要，而美国觉得地中海和中东地区在战后的实际战略性还需要进一步研究。结果就是攻克意大利产生的作用非常有限，盟国更重要的任务还是直接对抗德国。

1944年6月6日，几乎是意大利投降后一年，盟军成功发动霸王计划，在法国诺曼底实施登陆。美国的技术优势已经在军事行动中得到了极大体现。几周之内法国即被解放；随后在莱茵河沿岸展开了一场拉锯战，1945年春天盟军部队已经深入到了德国境内，同时苏联军队在1943年2月的军事行动和1944年夏天占领波兰后，已经推进到柏林并驻扎在了之前商定的分界线上。1945年5月7日，纳粹高层大部分已被消灭或由于失败而选择自杀，一个军人领导的德国政府签订了投降协议。

欧洲战事结束的时候，出现了一个对于这片古老大陆的运命和战胜国未来关系极为重要的问题。德国试图统一欧洲并使之成为世界政治的中心，为这个计划它耗尽了所有力量和资源。现在德国毁灭了，欧洲也被拉入了这个毁灭过程之中：从战争的废墟中实现复兴可能需要几十年，同时还要面对战胜国未来关系这个重要问题。对德国应该作何处理？要在欧洲的心脏位置保持如此大范围的政治真空吗？德国的未来又该是什么？几个月之前很多人提出了自己的假设。美国财政部长摩根索认为应该摧毁德国所有的工业潜力，使其退回到一个农业国家。这些极端主义观点很快就被否决，并且被事实驳倒。1945年年中最现实的解决办法就是把（根据雅尔塔会议确定的）联合军事占领变成共同管制，其中也包括了法国的参与。共同管制意味着战胜国之间的合作政策。

1945年7月到8月召开的波茨坦会议做出决定：在和平协议签订之前，德国由四个国家占领，后者将根据两个重要原则实施管控：一是有必要照顾到德国人"维持生计的需求"，二是占领期间，应视德国为一个统一的经济整体。

第一点并没产生什么国际性重大问题，因为每个占领国都根据自己的标准对德国人"维持生计的需求"做了定义。第二点才是主要问题所在，因为从中可以看出战胜国制定经济政策（以及间接"政治政策"）的能力或意愿。这个问题不仅仅关系到德国人，因为在他们土地上即将开始的是一场决定战胜国之间未来关系的实验。实际上西方国家（甚至是对于德国怀有巨大敌意的法国）都非常确信，共同经济管控在德国实施后，协调一致和高度控制下的重建工作将扩展到整个国家，不但能够压制德国东山再起的幻想，也会使德国越来越向市场经济靠拢（哪怕工党在英国上台和法国执政联盟中共产党的存在都无法改变这点），但对于苏联这个问题的看法就不同了。首先既然是共同参与德国的经济管理，那就要给苏联在德国所有经济问题上以发言权，包括苏联占领区以外的地方，比如莱茵兰地区；此外其他战胜国须承认苏联拥有以"实物"形式提取德国赔偿的权利，不仅可以从它们的占领区攫取，也能从西方国家的占领区获得。所以这里就出现了两个问题，关于这两个问题既可能达成一致，也可能产生冲突。西方国家认为解决德国人"维持生计之需求"的方法是在未受影响的工业领域恢复生产活动，这个问题对于苏联非常棘手，需要通过市场经济派和计划经济派协商制订方针来解决。另一方面在赔偿问题上，苏联人（考虑到他们可怕的战争经历并且来自于一个将消费品视作毫无意义的资产阶级奢侈品的经济体制）坚持以他们用得着的工业设备和基础设施作为战争赔偿，苏联军队严格地对德国人的消费品和他们认为有用或喜欢的东西进行系统性征缴。

非常明显，在德国问题上两个根本对立的看法共生在一起，这就需要双方都做出妥协。从这一点上也能看出德国的未来，甚至是资本主义世界和苏维埃这个联盟的未来。虽然问题出现在欧洲的中心，但它的作用范围却是世界上所有苏维埃力量和西方力量接壤的地方。今天我们很容易就能对此得出一个结论，但不要以为这个结论在当时是轻松愉快得出的。双方当时都知道赌注是什么。西方国家，特别是美国，想要进一步衡量它们战争期间制订出的成功方案，以及市场经济的强大吸引力；苏联则要计算重建的花销，与最发达经济体对抗的成本,以及和强权政治发生冲突的代价。就像美国做出参战决定时面临的问题一样,苏联真的是一个建立战后和平的强有力对话者,还是一个需要严酷的警察纪律维持国内紧张局势,比起对话更倾向于用武力(战胜德国的红军)在欧洲获得显要地位的帝国?这里说的"欧洲显要地位"是针对欧洲大陆的概念还是像希特勒那样在全球取得共鸣?

1945年到1946年的失望经历是对这个问题的简单回答。当英美(没有法国人)在各自的占领区内小心翼翼地推进经济组织重建和民主政治恢复时,苏联人已经立即着手实施经济改造,内容不仅涉及消费品没收和提取战争赔偿,还包括农业改革、关闭所有私有银行、冻结个人账户及将未拆除的工厂企业收归国有。把德国作为"统一的经济整体"进行管理的想法终究只是停留在了纸面上。德国局势的发展成为了一种衡量标准,任何类似的计划和方案其结果如何,都得看它能否在欧洲保守主义和自给自足政策的废墟上重新建立起一个更加自由的政治、经济、金融和贸易体系,这貌似是由战争中强大的美国所主导,但其实并不仅仅是经济影响力的问题,而更多取决于政治和外交的要求,即战胜国之间的关系。

在这一层面上,美国国务卿詹姆斯·弗朗西斯·伯恩斯进行过极端尝试,1946年2月他建议立刻与德国达成和平协议,外加一个四方保障公约防止军国主义再次崛起。苏联对这项提议的回复取决于谈判结果,也就是美国能在庞大的贷款方面以及苏联对德国的政治改造问题上做出多大让步。由于这些原因,伯恩斯的计划被搁置了。同时,不断出现的争议和各类事件催生出了许多说法,比如资本主义体系和社会主义体系间"无法避免的冲突"(斯大林,1946年2月)或是"铁幕"一说(丘吉尔,1946年3月)。随着国际的形势急剧恶化,美国在1946年夏天已经确信无法达成长效协议,并且有必要把美英法三个占领区合并为一个西方区,在没有苏联同意的情况下准备重建德国经济(1946年9月6月伯恩斯在斯图加特的讲话)。

因此可以说,1945年秋天到1946年,以政治法律层面的制度途径和经济金融层面的多边主义作为重建世界秩序准则的可能性(或希望)已经烟消云散。取代多边主义的是东方和西方的两极对立,更确切地说就是聚合所有"可能的市场",即除了苏联控制地区和中国(1949年之后)以外的整个世界。

第4章　全面战争和西方世界体系的起源(1941—1947年)

美国外交战略的改变始于1946年2月,但最终产生实效要到1947年春天,美国与轴心集团的几个小国(包括意大利)签订和平协议从而排除了任何与苏联人进行对话的必要。马歇尔将军被任命为国务卿是一个重要的转折标志,他从二战开始即是著名的战略家,同时也是杜鲁门总统的亲信(杜鲁门在1945年罗斯福突然逝世后接任总统一职)。美国外交官、苏联问题专家查尔斯·波伦当时极力主张避免与苏联决裂,他做过如下分析:

> 当今世界,美国必须面对与之前所有决定做出时背景完全不同的情况。战争结束后,无论是政治还是经济上的统一已经不复存在了,大国之间分成了两派,一边是苏联和它的卫星国,另一边是世界上剩下的国家。简单说,现在有两个世界,而不再是一个。面对这个让人沮丧的事实,美国尽管非常痛惜,但要在自己的利益范围内,为了自身和非苏维埃世界的安全重新研究并确定政治目标……现实情况使非苏维埃世界必须通过一切可行的手段在政治、经济、金融和军事上紧密联系在一起,从而能够有效地同苏维埃地区进行对话。只有这样自由世界才有可能在苏维埃的集权和残酷的行动面前幸存下来。

这一系列概念中诞生的意识形态思想不久后即催生了"杜鲁门主义"(1947年3月12日),当时的主要目的是在苏联的政治和军事威胁下保护希腊和土耳其,以及1947年6月5日宣布的欧洲经济援助方案——马歇尔计划。在一个不那么为后人熟知的讲话中,杜鲁门阐述了"马歇尔计划"的重要意义:

> 今天,和20年代一样,我们站在一个历史转折点上。各国国民经济都被战争摧毁。不管在世界哪里,未来都是不确定的,经济政策处于极不稳定的状态。在这样一个充满怀疑和犹豫的环境中,美国对于世界的领导将成为决定性因素。
>
> 我们是世界头号经济强国。不管乐意不乐意,未来经济关系的架构取决于我们。全世界在期待,也在关注着我们,看我们能否做到。我们肩负着做选择的使命,我们可以把各国引向经济和平,也可以让他们陷入经济战争……我们的人民团结一致,能够理解自己的责任,准备好了承担起领导的重任。美国人民将坚定地为建立一个长久稳定与和平的世界秩序而努力。

美国就这样完成了从孤立主义到明确担负起责任的转变。不久之后的马歇尔计划表明了美国发挥其领导作用所采取的方法,在当时看来确实是世界历史的一个转折。世界的中心从欧洲转到了美国,美国成为能够拯救欧洲(首先是英国)于水火的政治和经济力量。通过危机也证实了布雷顿森林体系无法在欧洲实行,因为战争已经彻底摧毁了欧洲的经济体系,更重要的是它们无法再从殖民地获得财政资源用来支持重建。国际收支赤字不断飙升,这进一步印证了一个事实:英镑已无法继续作为国际贸易的货币符号之一。只有与黄金挂钩并且可以自由兑换的美元才能把世界贸易体系从流动性枯竭的危机中拯救出来。美国的任务就是挽回这一局面,这也是马歇尔计划的由来。美元成为当时的世界性货币,美国则成了"世界的央行"(在这里使用琼·斯佩罗的定义),为整个国际金融体系发行货币。这个结论在后来的很长一段时间内一直伴随着激烈的历史学争论。但是,通过争论我们可以进一步了解各项选择和决策中包含的内容,而不是仅仅停留在国际政治重大事件的影响和意义上。

2. 美国从中立到参战

美国放弃孤立主义经历了一个曲折而艰难的过程。罗斯福和大部分美国人并没有立即意识到纳粹危险的严重性。美国对于意大利在埃塞俄比亚的政策和希特勒颠覆凡尔赛秩序的野心相对比较淡漠,而是把更多注意力放在了国内问题上。为了摆脱经济衰退,华盛顿政府采取了一系列改革措施,但这些努力尚未完全体现出效果,许多人预计还需要很多年才能恢复繁荣。

这里需要补充一个事实,在欧洲发生政治危机期间(1936年到1938年),美国政治家和金融家对于英法两国的呼吁反应并不强烈,这可能也是出于他们对欧洲国家的普遍不信任,因为除了芬兰以外,没有一个欧洲国家还清了一战中欠下美国的债务。1934年通过的一项法律甚至禁止贷款给尚未还清一战欠债的国家。做出这个决定也是因为当时普遍认为英国仍拥有大量财富,但它不想用来重整军备,而只想保护自己在世界上的霸权地位。所有美国总统委托进行的民调都显示,大部分美国人反对自己的国家介入任何欧洲事件。

不过事实并非完全如此,1939年美国国会在最后一个《中立法案》中态度已有所软化,允许以短期贷款的方式出售美国货物,因为当时英国财政资源不足的情况已尽显无疑。为了满足它对于硬通货的需求(即美元),1940年2月伦敦政府向美国银行发行英国国债,从中得到了3000万美元。孤立主义者们指出,这些金融行为表明英国在海外拥有大量资产,向伦敦政府发放债券前应对其海外资产规模进行清查。直到1940年大选确定其第三届任期前,罗斯福的政策或多或少都被民意束缚或影响。

这一状况发生改变是因为德国突然攻打挪威、丹麦、荷兰和比利时,并随后进攻法国,这时候美国当局才确信在援助英国的问题上已经不能再拖了。1940年12月8日,丘吉尔致信罗斯福,概述了英国所处的战争环境及包括增加军备在内的战略计划,重申了英国战斗到最后一刻的决心,最后表示如果英国得以幸存,美国也能从中获得经济收益。丘吉尔并没有提出具体要求,只是强调:

> 我不认为美国政府和人民将继续坚持原则,把对我们承诺的慷慨援助局限于武器装备和能够立即付款的物品。你们可以确信的是,英国已经准备好蒙受重大损失并做出巨大牺牲,能够捍卫这份事业和信仰令我们倍感光荣。我们把剩下的事情放心交给你们和你们的人民,相信你们必能找到令大西洋两岸后人们认同且赞赏的手段和方法。

所谓"剩下的事情"即短期援助之外的所有结构性问题:这是丘吉尔这封信的核心内容,他向罗斯福指明了风险和赌注。"剩下的事情"将决定所有,包括英美关系的未来。当时美国舆论已经转变风向,开始支持对英国实施援助,哪怕这样做会有被卷入战争的危险。1940年12月29日罗斯福进行"炉边谈话",他通过这一形式与民众建立直接联系。讲话中罗斯福强调美国的安全取决于英国是否能幸存。他不想把自己国家带入战争,但非常明确地表示:"美国应该成为民主的弹药库。"罗斯福没有具体说明会怎么做,但表示为了美国的价值观和自身利益,将尽一切手段援助英国。

根据缓慢的程序,美国的下一步是向国会递交《租借法案》计划,授予总统在指定情况下采取行动的必要权力。专门研究《租借法案》的历史学家金博尔认为,英国人在那天觉得"既光荣又耻辱,这在他们的历史上是第一次"。英勇抵抗纳粹侵略是他们的光荣,耻辱则是因为这个即将诞生的联盟是由美国主导的。一位英国驻华盛顿外交官在那几天里写道:"联合王国在其历史上第一次焦急地等待一条美国法律的通过,他们知道英国的命运将由这个结果所决定。"

辩论非常激烈,1941年3月11日所有程序终于走完,《租借法案》正式生效。但这只是一个法律基础,因为法案规定援助需在美国与每一个受援国分别签订框架协议后才能交付。这对于英国而言不仅仅是走形式的问题,因为美国国会的辩论焦点大多集中于英国是否在海外拥有资产,能够变卖后作为援助的补偿。弄清这一点有助于理解美国战后与欧洲保持密切联系的根源。1941年夏天,凯恩斯受伦敦政府的委托前往华盛顿对框架协议的内容进行谈判,他发现文件中还有这样一条(第七条):

> 美利坚合众国向联合王国提供用于防卫之援助的条款和条件……规定无论美国还是英国都不得歧视从对方国家进口的任何商品,并且为达到上述目的而采取有关措施。

围绕这条规定产生的争议持续了很长时间,并且由于这一条款的存在,很多人将《租借法案》理解为美国制定贸易战略的意图体现。在凯恩斯看来,这条规定非常"荒诞"而且不能接受,因为它违反了英联邦的帝国特惠制。框架协议的延期达成(1942年2月23日签订)并未妨碍《租借法案》立即生效。不过,这一条款某种程度上确实是美国有计划地对欧洲事务进行干涉的先兆,但其根本意图还是为了避免第一次世界大战后的情形再度重演。

1941年8月9日至13日,罗斯福和丘吉尔在停靠于纽芬兰的"奥古斯塔号"巡洋舰上举行会谈,两人对国际形势的发展进行了长时间讨论,并在谈话结束后签署了一个文件,即1941年8月14日正式公布的《大西洋宪章》,其中阐述了战争期间及战后两国将遵循的原则。这是一系列略带威尔逊主义色彩的要点,内容包括两国不追求领土扩张,不希望看到任何与人民自由表达的意志不相符合的领土变更;希望看到被剥夺自治权的民族重新获得自治;希望所有国家都有机会在同等条件下,为了实现经济发展和改善工人条件,参加世界贸易和获得原料。公约第六条写道:"在纳粹暴政被消灭后,希望能够建立一个安全和平的世界,并保障所有地方的所有人在免于恐惧和不虞匮乏的自由中,安度他们的一生。"最后,宪章还希望各国放弃将武力作为解决国际争端的手段。

这份文件完全是宣言式的语气,内容也比较泛泛,特别是对于英美租借补偿框架协议第七条没有做出明确解释。不过,事实上这项协议最终签署时,还是增加了一项条款,通过下一阶段的技术性谈判决定协议的具体实施。自由贸易作为绝对原则在一定程度上被冲淡了,这也更符合美国自己的需求,与口头所说的相反,实际情况中要以自由贸易的名义打破本国法律中的保护性措施对美国也是一个难题。自由贸易主义就此降级为多边主义,在这样一个强制性较低的范畴下,英美缔结了"特殊关系":但在这关系之中,已经有了等级之分,实力更强的美国是"大哥",而大不列颠由于相对较弱成为"小弟"。

3. 德国进攻苏联

结束了对波兰战争后的第二年,意大利和希腊还处于交战状态,德国和苏联的关系由于巴尔干局势的不断变化而受到了损害。侵略扩张的动力和分享德国胜利果实的企图使罗马尼亚和匈牙利之间出现了难以控制的紧张局面。罗马尼亚在向德意统治集团支付了高昂代价后,在9月突然改变阵营。亲纳粹分子逼迫国王卡罗尔让位于幼子米歇尔,并把所有权力交给他们的首领扬·安东内斯库将军,后者马上向柏林政府提出保护申请,使德国军队入驻罗马尼亚境内。这一行动首先令苏联人产生了警觉,他们通过1939年8月的秘密协议已经得到了罗马尼亚的控制权,并且准备不光占领比萨拉比亚(里宾特洛甫和莫洛托夫已达成一致),还有布科维纳以及连接比萨拉比亚和鲁塞尼亚的一小块区域。罗马尼亚突然改变阵营虽然受到了德国的欢迎,但对斯大林却是个明确的信号。希特勒还是以他一贯的风格试图把这一切解释为德国、意大利、日本和苏联之间建立更紧密联盟的前提。如果说希特勒的外交行动能够哄骗西欧国家领导人,面对斯大林难度则要大很多。不仅是因为斯大林比他们更狡猾更警觉,更重要的是斯大林内心深处认为"遏制"德国的唯一办法就是收复沙皇俄国的所有领土:从芬兰一直到比萨拉比亚。

最终的摊牌时刻发生在莫洛托夫对柏林的一次访问中(1940年11月12日到13日)。希特勒和里宾特洛甫向苏俄外交部部长呈现了他们的全盘计划,希望苏联能够加入德意日三国公约。但莫洛托夫并不赞同这个全球主义逻辑,就像斯大林战后所做的一样,他只考虑苏联在欧洲的野心,而且已经从布科维纳扩展到了对整个巴尔干半岛的全面控制，即从罗马尼亚到匈牙利，从南斯拉夫到希腊；此外莫洛托夫提出想要修改1936年签署的关于海峡制度的《蒙特勒公约》，斯大林在整个二战期间甚至战后都一直坚持这个想法。

双方的分歧已经不能再大了。会谈表面上圆满结束，但实际上已经彻底失败。斯大林原本认为能通过间接支持德国进攻英国迫使希特勒支付高昂的代价，但他没能从各种情报中意识到德国的整个欧洲计划。他没有想过或者不愿意去想，苏联此时虽然外交上非常强大，但经济和军事上却异常脆弱，莫斯科事实上面临一个选择：承认德国已经胜利并与希特勒进行谈判分享胜利果实，或是抓紧时间扩建用以自我保护的"缓冲区"。

实际上纳粹元首一直严格遵循着他的时间表，他已经下令部署针对苏联实施闪电攻击，以此作为与英国和美国全面决战的前提。1940年12月希特勒批准了年中就已做出的部署，根据这一部署，对苏联的攻击将于1941年5月15展开。他完全没有意识到会被拖入一场结局难料的拉锯战之中，还想象着德国的战争机器能在苏联同样取得闪电般的胜利。然而，希特勒首先遭遇到了政治和外交上的障碍以及预料之外的军事情况。

政治和外交障碍来自于南斯拉夫的局势，那里爆发了一场反对轴心国和反对加入轴心国集团的严重危机。1941年3月南国部分军队清剿主张与柏林妥协的亲德份子，并组建了由空军总司令杜尚·西莫维奇将军领导的新政府逼迫摄政王保罗离开南斯拉夫，拥立年轻的彼得二世为国王，并不切实际地接受了与苏联签订"友好条约"的建议。

这一事件造成了希特勒计划的意外推迟。进攻苏联的紧迫性和计划中入侵希腊的顺利开展都需要一个稳定的南斯拉夫，不给英国从海上插手的机会。希特勒不得不采取其一贯的快速行动。4月5日他下令德军立即进攻南斯拉夫，一起参与行动的还有意大利部队。这场战争在12天内就以德国胜利告终。4月17日南斯拉夫国王和政府被迫逃亡，军队签署停战协议。三天后希腊军队也请求投降并在4月29日签署投降书，国王乔治二世逃往开罗。南斯拉夫就此消失了（但是很快开始了一场对抗德军的艰苦游击战），但是巴尔干半岛的牵制妨碍了德军司令部根据原计划在苏联展开的行动。进攻苏联的日期被迫推后到6月22日，或许这个推迟对于整个战局的影响是致命的，因为德军达到莫斯科时将面临的是无情的寒冬。

进攻苏联符合希特勒的战略计划并且是全面战争的一个步骤,这场战斗对于夺取"生存空间"是必不可少的,但相对于整个战局却是次要的。而假设中同盟国日本的配合一方面可以压制美国,另一方面可以令苏联陷入最糟糕的军事局面:把部队分到相隔遥远的两线进行作战。遗憾的是这两个前提都是不存在的。4月13日,正准备在太平洋发动战争的日本政府与苏联签订了中立条约,这完全出乎希特勒的预料。就这样,巴巴罗萨计划(德国攻打苏联行动的代号)没有成为纳粹战争中一个艰难但短暂的插曲,而是标志着这场战争结束的开始,直到那一刻之前希特勒还能够在战争和外交中进行选择。但从1941年春天开始,随着《租借法案》的批准实施、日苏中立条约的签署和对苏联冒失地发动攻击,希特勒掌控和决定他国行动的能力日益削弱,他发现自己陷入了适得其反的局势中。如果说在那之前欧洲的命运还取决于他的决定,那么从此之后希特勒就不知不觉把决定权交还给了别人。换一种说法就是,欧洲以外的地方开始形成了一个联盟,其目的是把欧洲从纳粹的统治中解放出来,但是陷入这一境地的欧洲已经无法逃脱持续衰落的命运了,建立一个"欧洲堡垒"以维持其全球支配的梦想终究未能实现。

德国人对于攻打苏联抱有一种完全不该有的乐观,对于希特勒来说,这是他最鄙视的敌人被消灭的第一步。这种乐观来自于他们对德军执行力和技术优势的深信不疑,而鄙视则深植于纳粹思想中,这也使得东线的作战中出现了种族屠杀的情况,原波兰和苏联边境地区的斯拉夫人和犹太人成为残忍迫害的对象。冲突体现出来的残暴性质越来越接近于一场系统性的屠杀计划,对于这样的敌人似乎没什么好顾虑的。老百姓可以任其饿死,共产党的领导和犹太人要予以歼灭。当时已经接近希特勒下令执行"最终解决"的时刻。1942年1月30日希特勒在柏林宣布:"这场战争的结果将是犹太民族的灭亡。"这是大规模建造集中营和灭绝营的开始,从1942年年中开始(可能更早),战俘和犹太人被关押到那里被有选择地杀害。

军事层面上,德军的行动按计划迅速展开。希特勒投入了大量兵力,包括153个师、60万车辆、3580辆坦克和7200门大炮,外加罗马尼亚、芬兰、匈牙利和斯洛伐克兵团以及三个意大利师和一个西班牙志愿者组成的师。德国大使向莫斯科递交宣战书的同时,闪电攻击就已从三个方向开始:列宁格勒(今天的圣彼得堡),莫斯科,以及乌克兰和苏联南部。开始几周的战果非常惊人。几十万苏联红军被俘,列宁格勒被完全包围,攻击乌克兰的部队已到达基辅。这里我不准备展开德军在苏联战场行动战略上的诸多争议。总之,11月24日,德军已经推进到了离莫斯科城区20公里处。12月8日,德军行动上遭遇困难,苏联红军顽强抵抗,德军再没能往前推进一步。希特勒下达命令停止进攻,就此捅向敌人心脏的机会永远失去了。

对于德国的入侵,苏军一开始非常意外,抵抗也十分薄弱。关于战争初期组织混乱和斯大林反应迟缓的原因一直以来有很多推测。最新的资料文件向我们提供了一个很多方面来看都比较可信的观点。斯大林当时已经预计到了德国的攻击,但他认为只是小范围行动,完全没有想到会是如此大规模的入侵。斯大林曾表示:"希特勒和他的将军们不会疯狂到在两线发动战争。一战中,德国人就是这样被扭断了脖子。希特勒才不会冒这个险。"反倒是斯大林想好了要对德国发动突然的大规模进攻,不过时间将是在1942年。所以令斯大林吃惊的并不是6月21日遭到攻击这件事,而是他对于未来的所有计划都被打破了。至于后来有关他当时不在克里姆林宫的说法,现在看来只有小部分是有根据的。康斯坦丁·普列沙科夫最近表示,斯大林当时"在掌舵",换言之他仍在克里姆林宫,但是整个那段时间里,除了29日和30日外,他的工作状态一直"不太稳定"。不管怎么说,斯大林的表现让德军在苏联的土地上前进了550公里。普列沙科夫认为,虽然斯大林没有离开莫斯科,但他并没有发挥自己的作用。6月30日,他"几乎失去了自己的所有力量","开始胡思乱想","惊慌失措","对所有事情感到厌倦","深深地陷入了抑郁中,有时候会抑制不住地发火"。斯大林的将军们没有收到明确的命令,直到朱可夫回到司令部(德军进攻苏联几天前斯大林让朱可夫离开了司令部),再加上铁木辛哥的协助,局势才逐渐得到控制。然而代价是高昂的,不过斯大林由此下定了决心并开始执行朱可夫制定的战略:"不惜一切代价保卫莫斯科,哪怕放弃苏俄在欧洲的其他所有地方。"

斯大林差一点垮台的说法是没有根据的。他重新投入到了工作中,并通过广播演说恢复他由于前期失利而受损的个人威信。"兄弟姐妹们",他以这句开场白重新出现在公众面前,向同胞承认了作战的失利,并承诺将全面开战。这个演讲打消了所有猜测和恐惧。7月7日斯大林担任红军总指挥,原来担任这一职务的铁木辛哥元帅成为中央方面军总司令。这说明斯大林和希特勒一样也想亲自协调军事战略所有方面的问题。

斯大林的应对措施不仅限于军事方面,在制定出明确作战计划的同时,他马上向英国靠拢,随后是美国,苏联开始同西方国家保持步调一致,这一切都预示了德国将被一个广泛的外部联盟打败,而苏联将会占据一个统治地位,并且一笔勾销1939年8月与纳粹签订协议产生的负面影响(对于协议中的秘密内容,他在后来不断否认),使苏联在国际社会中的地位得到完全认可。如果说1941年前,所有国家在同苏联合作时仍对后者的诚意抱有很大保留,那么德国的进攻为斯大林提供了绝好的机会,使苏联得以摆脱一直以来身处的外交"孤立"状态。另外,虽然付出了巨大的牺牲,但是斯大林成功地将全苏联人民团结起来一致对德(虽然在乌克兰和克里米亚还有较多持异议者),同时把红军打造成了一支反抗纳粹残暴统治的强大解放军,并通过残酷而可怕的较量赢得了很高声望。

希特勒在离莫斯科中心几公里的地方停下了他的部队,其中也有另外一个原因就是他认为相比占领莫斯科,更重要的是夺取顿涅茨油田和工业区以及切断高加索的石油供应。总的来说,希特勒的理论并非没有道理,因为他考虑到了军事力量结构层面上的问题,而不仅仅是如何使用的技术问题。此外,向高加索地区进发是更大战略计划的一环:把反对英国的叛乱运动蔓延到阿拉伯世界,同时德意两国的军队共同向北非挺进。今天来看这些目标简直就是狂妄自大,但在1941年到1942年间并不是完全不可能实现的,事实上希特勒战略构想中的每一步都是有根据的。德军碾过了乌克兰并在1942年9月来到伏尔加河畔的斯大林格勒,同时另外两路杀向车臣和高加索。在中东地区反对英国的游击队呈燎原之势,但直到1941年6月前他们都还没有公开投靠德国。1942年春天埃尔温·隆美尔将军率部在北非的推进似乎正好与元首最乐观的计划相吻合。换句话说,高加索地区、中东和非洲不乏亲德势力的存在,只有希特勒军事上的失败才能阻止他们的行动。1941年冬天过去后,德军的军事行动再次展开并取得辉煌成果。但同时德国军队也疲于应付游击战,并为越发匮乏的资源所困扰,而苏联人已经开始得到了来自美国的援助。1942年9月占领斯大林格勒后,德军已经达到了他们所能推进的极限:大量部队在莫斯科外和列宁格勒周围受到阻击,同时在伏尔加河畔也展开了一场决定性的战役,并从1943年2月开始演变成了德军毁灭性的溃败。俄国的一场"小插曲"彻底欺骗了希特勒。现在他要面对的问题是如何在没有政治、外交和军事资源的情况下对抗越来越强大的敌人。

4. 珍珠港事件和美国参战

1941年12月7日,日本突然袭击美国停靠在夏威夷群岛珍珠港水域的舰队,使战争规模完全扩大到了全世界范围,但是此举对改善德国的处境并没有起到作用。一开始日本宣称的总体目标是与德国和意大利一致的,但在实际行动中,他们非常注意避免把欧洲和亚洲的情况混为一谈。战争确实是世界性的,但开展的方式仿佛是两场单独的战争。没有一个国家(特别是日本)有兴趣采取行动上的一致,因为那样做马上会和苏联产生尴尬,而这种尴尬是日本和苏联都不想挑起的。两场战事的交叉发生在珍珠港事件后,虽然三国同盟在法律上只具有防御义务,但希特勒和墨索里尼还是在12月11日向美国宣战。就这样,两场平行的战争重合到了一起,这一重合并不是军事意义上的,而是从产生结果上来看的,德意决定向美国宣战,而美国已经和苏联站在了一起,这就意味着德苏战争完全失去了功能和顺序上的作用。"打败苏联是向美国开战的序曲"这一想法失去了意义,因为美国和苏联事实上已经结为同盟。

日本的军国主义扩张思想从20年代开始已经非常明显,军国主义者从法国的战败中尝到了甜头。日本的目标是成为太平洋上的霸主,这要求它在对美关系上做出决断:妥协还是战争。东京政府在整个1941年一直处于摇摆和犹豫状态,也不乏与华盛顿就各自做出让步进行过交流和商讨。然而德国进攻苏联给局面带来了新的变化,日本选择继续保持中立(虽然当时政府中有一部分人支持干涉亚洲大陆),这使它在太平洋上的活动更加积极。由近卫文麿任首相、丰田贞次郎任外相和东条英机为陆相的政府恢复了向印度支那进行渗透的政策,7月维希政府承认整个中南半岛由日军占领,"保证其不受自由法国、英国和中国的干涉"。实际上,美国的情报部门非常清楚日军这项行动的真正目标是占领新加坡,在英国人最脆弱的时候打击他们在亚太地区的利益,使日本成为东南亚的主宰者,并且直接威胁澳大利亚和新西兰。

英美的反制措施是对日本贸易进行全面禁运。此外美国向日本军舰关闭了巴拿马运河,并将菲律宾军队(美国殖民地)列入美军成立远东司令部,由麦克阿瑟担任总指挥。1941年的夏天是在谈判中度过的,日本表示愿意做大量让步换取美国承认它在中国的特殊地位。日本的所有提议归根到底是希望通过近卫文麿和罗斯福的会谈说服美国对太平洋地区的势力范围进行重新划分。谈判失败导致了近卫文麿辞职和东条英机政府的上台,后者是日本陆军最有影响力的人物,他任命东乡茂德为外相。1941年秋,日本重启和美国的谈判,但是提出的条件更加苛刻。1941年11月25日,日本驻美大使野村吉三郎受命给美国国务卿科德尔·赫尔转达一个文件,如果该文件遭到美方拒绝,则还有一个更加苛刻的替换方案。在第一个文件中,也就是所谓的"甲方案",日本承诺不会对德意日三国同盟条约做延伸解释,但要求能够在未来25年内继续留在已经占领的中国领土上(海南岛、中国北部和内蒙古),以此换取日军撤出中国其他占领区。日本还承诺保证印度支那的领土完整,但前提是与美国在此问题上达成明确协议。通过秘密情报,美国领导人知道了"甲方案"只是用来拖延时间的,让赫尔因此严词拒绝了这个提议。野村吉三郎于是提出了比前一个更强硬的"乙方案",除了一些无关紧要的让步外,要求美国承认日本侵占中国和东南亚后的现状。

"乙方案"完全是挑衅性质的。12月1日,日本御前会议决定外交努力已告结束,将在华盛顿时间12月7日下午对美国发动突袭。美国的情报部门知道了日本做出的这个决定,但不了解攻击的具体地点。到了这个时间点上,任何试图阻止事件发生的努力都已经没用了。所以后来关于罗斯福"为了让美国参战,在明知道敌人意图的情况下却没有做出任何行动加以阻止"的说法实际上是缺乏根据的。知道一个侵略计划的存在(事实上当时所有媒体都在大肆议论)和参与其中完全是两个概念,特别是当这个计划已经快变成事实的时候。罗斯福或许能够直觉猜到日本的攻击将针对美国停靠在珍珠港的庞大舰队,但他也可能想的正好相反,认定日本人或许不敢攻击一个如此重要的目标。事实是偷袭行动让所有人都大吃一惊。驻美大使野村吉三郎收到的命令是在预计行动时间前20分钟向美国递交宣战书。偷袭珍珠港开始后的几分钟内，4艘战列舰被击沉，4艘严重受损，另外还有11艘军舰被击沉或无法投入战斗，118架飞机尚未起飞就被击毁。日本在一天之内就取得了太平洋的制海权。

制海权的获得使得日军在1942年横行整个东南亚，包括菲律宾、印度尼西亚、马来半岛、从泰国直到缅甸和印度的部分港口，以及新加坡。表面上看这似乎是无法阻挡的胜利，但其背后的原因仅仅是美国在战略上选择德国作为首要攻击目标，并且决定在建造出足够数量的舰队之前先不投入失地的收复中。这个过程用不了几个月，到1942年年中美国就已经能够恢复行动。但具体工作是漫长的，因为日本已经有了足够的时间在太平洋上进行经营。太平洋的局势和其他几个战场一样，1942年下半年是军事层面上的转折点。德意日三国军队正在失去行动能力，而盟军则在恢复。对同盟国而言，就当前形势做出统一，至少是协同的认识成为政治问题，在未来军事行动和战后初步方案上达成协调和一致是必不可少的。

5. 盟军的军事和政治选择及意大利投降

第二次世界大战不是一场冲突突然爆发的产物，而是许多事件按时间顺序不断叠加才使得冲突的范围不断扩大。在这整个过程中，原先造成冲突的政治前提和目标已经发生了变化。1939年的战争本是希特勒征服"欧洲堡垒"的一个步骤，至少他自己是这么想的。那个时候，苏联是德国的"战略储备"，就像美国之于英国一样。

世界上最强大的两个国家按兵不动，仿佛在等待传统欧洲耗尽最后一丝力量后成为它们入场干涉的对象。虽然这种说法对于1939年的苏联可能并不准确，但从事实情况来看，美国和苏联拥有足够的资源和产能，在未来将影响欧洲甚至世界，尽管它们尚未表现出这种规模和能力。

根据勒内·吉罗的计算，美苏英（后来组成反德联盟的三个国家）人口数量在1939年达到3.7亿，而德意日三国的人口数只有1.915亿。二战前夕，美国的钢铁年产量是5100万吨，苏联1900万吨，英国1300万吨（总计超过8300万吨);同一时期德国的钢铁年产量是2300万吨,意大利230万吨,日本不到600万吨,总数大约在3150万吨,是同盟国的三分之一。美国在1941年生产了26277架飞机,1942生产了47836架,苏联这两年分别生产了15735架和25436架,英国是20094架和23672架,三国总计是1941年62106架,1942年96944架;轴心国那边,德国在1941年生产了11424架飞机,1942年生产了15288架,意大利分别是3503架和2818架,日本是5088架和8861架,三国总计是1941年20015架,1942年26967架,分别为盟国的三分之一和四分之一。更有说服力的数据是坦克的生产数量:美国在1941年是4052辆,1942年达到了34000辆,苏联分别是6590辆和24446辆,英国是4841辆和8611辆,三国总计是1941年15483辆,1942年67057辆。轴心国方面,德国在1941年生产了3800辆坦克,1942年6300辆,意大利可能两年加起来有1000辆,日本分别是1000和1200辆,总共加起来不过10000辆多一点,和盟国相比大约是一比八。海军实力对比情况类似,算上日本偷袭珍珠港取得的成果也于事无补。德国的主要精力用在了潜艇上(整个战争期间德国建造了1111艘潜艇,美国和英国分别是177艘和178艘),1942年底英美两国的海军舰队吨位数几乎达到200万吨,而德国是35万吨,日本为50万吨。

这些人口和武器装备的数据与同时期经济方面的一系列指标也是吻合的(苏联的消费品生产是个例外)。这些数字放在一起根本无须加以解释,就能表现出战略储备使各国的力量对比产生了质的改变。其实,只要希特勒还认可苏联为德国的战略储备,双方的争议就还有讨论的余地,哪怕斯大林在动用资源方面(无论是民用还是军事)具有更大的能力——这样希特勒在欧洲感到安心,而斯大林也没有必要过分紧张或者怀疑,因为从1942年开始,不管战局如何,他都知道自己拥有不败的底牌。不过,当希特勒由于盲目坚持自己的计划并且误判苏联的抵抗能力,决心与斯大林决裂之时,德国理论上一直赖以生存的战略储备就突然消失了。从那一刻起,也就是1941年6月,德国尽管还是欧洲的主宰者,但必须独自与剩下的整个世界战斗。说"独自"是因为意大利的贡献实在非常有限,也因为日本对美外交行动和战争行为的目的与德国是不同的,不仅是不同,甚至可能是相斥的。

但事实恰恰相反,反纳粹国家间尽管古往今来分歧不断,意识形态上也互相怀疑,但还是建立起了相当坚固的联盟。其中,《租借法案》起到了决定性的作用。尽管没有精确数据,但苏联的一份文件资料中显示:到1944年7月11日为止,苏联总共从美国那里收到6430架飞机、3734辆坦克、206771辆汽车和总计219.9万吨食品。从那时候开始,战争援助问题一直是美苏双方争议的焦点,但这些粗略统计数据的意义却不容辩驳。

不过反纳粹联盟管理起来却并不简单,虽然所有人都想阻止希特勒占领欧洲的计划,但各方的理想目标和政治目的(公之于众的和秘而不宣的)都不尽相同。英国人的战争实际上是防御和重建,旨在恢复欧洲大陆所有被希特勒侵占的国家,并重新构建这些国家之间的关系,但要强调的是,并不是1937年时候的欧洲秩序。在某些情况下英国是可以做出妥协和让步的,但对于它来说重要的是消灭霸权扩张体系,这种建立在欧洲中心论上的帝国主义体系曾经威胁到联合王国的安全并且可能改变整个世界的秩序。这是英国加入战争的原因。然而也不排除它想通过与法国合作来损害意大利的利益,从而进一步扩张大英帝国的统治(这只是一个非常极端的假设)。捍卫当时世界上最大的一个传统帝国,主要指的是确保其特权不被来自德国的危险所伤害,说得更直白一点,还要防范去殖民化运动在亚洲和非洲的蔓延。所以英国的政策无论从哪方面来看都以防御为主,战争爆发一年之后,当英国面临财政危机时,它并不耻于向新兴国家做出妥协,并且和美国建立起所谓"特殊关系"的框架,虽然这一做法让大英帝国外交部和殖民部很不痛快。

美国的立场更加复杂一些,它强烈反对欧洲国家为了克服1929年到1932年经济危机而采取的保护和紧缩政策。罗斯福新政的主要推行者对于无法找到一致的解决办法大肆批评,美国国际主义的代表人物极力主张用"门户开放"政策来弥补保护主义造成的损失。当罗斯福成功地把贸易自由婉转地加进《大西洋宪章》里,以此作为"改善工作环境,实现经济发展和社会安全"的保障时,所有人都认为这些表述是白日做梦。但是,在阅读了文件的内容后,副国务卿萨姆纳·韦尔斯说道:

> 帝国主义的时代结束了。应该承认世界上所有人民都有自由的权利。应该保证全世界都能享有《大西洋宪章》的原则,包括所有五大洲和七大洋。每个国家都能够期待它们的合法贸易活动不被关税壁垒、

优惠制、歧视或严苛的双边限制所阻碍。

所以美国在应对这场战争时有两个考虑因素,一方面是作为正处于经济恢复期的国家想在未来实现贸易扩张的强烈愿望,另一方面是与敌人,甚至和盟友之间的冲突。美英之间的做法是把这种冲突维持在技术层面的谈判上,不留给外界由于错误解读而损害同盟牢固性的空间。

苏联人参加战争的目的就全然不同了。苏联可以说是被希特勒再次拖入了欧洲列强纷争的漩涡里。斯大林很早就意识到希特勒永远不可能赢得最终胜利,所以他马上尽可能地从苏德联盟中抽身出来。但通过这个短暂的联盟,苏联成功地将波罗的海到黑海的大片地区纳入了自己的势力范围,并且收复了1917年沙皇俄国失去的土地(或许还得到了更多)。这都是苏联利用时局变化完成的征服行为,但从它成为纳粹入侵的受害者一直到1944年6月(除了盟军在意大利的有限战斗),苏联一直在独力对抗德国侵略者,同时等待西欧国家在法国开辟"第二战场"。从侵略者变成了受害者,还怎么让苏联交还它侵占的土地呢?斯大林的战争目的是非常具体和明确的。随着战争结束和德国战败,欧洲的腹地将会出现一大片英国不愿意去占,而法国无力控制的政治真空地带,这就是苏联未来在欧洲的势力范围:得到欧洲大陆的统治权并把它变成现代化进程中苏联的经济支柱。希特勒的计划已经破产了,斯大林的目标一度停留在欧洲大陆,但从他对苏联未来实力的期许来看,已经具有了一定的世界性,相当于承认苏联将是世界第二强国,和美国平起平坐或紧随其后。

根据这些假设,并考虑到1942年底德国的战败已经只是时间问题,战后所要面临问题的次序已经有了一个清晰的轮廓。在新的欧洲秩序中,核心问题是德国的未来,其次是对巴尔干半岛的控制权,以及地中海地区(也就是意大利和中东)苏联势力范围南部边界的控制权。远东问题完全不同,由于苏联在1945年前一直对日保持中立,那里的战后方案决定权主要在美国手中,英国和澳大利亚也有一定参与。

要将所有这些国家的政治目标调和到一起,既需要法律层面的结合点,也需要军事、战略和政治上的纽带。法律层面的第一个举措,是在丘吉尔和罗斯福倡议下于1942年1月1日正式公布的《联合国家共同宣言》。这个宣言是在阿卡迪亚会议上起草的。1941年12月到1942年1月上旬,丘吉尔和罗斯福发起了这次会议，主要内容是讨论政治问题和军事战略。《联合国家共同宣言》相当于向轴心国和日本发布的战斗檄文。两场"平行战争"被放到一起进行讨论，丘吉尔和罗斯福再次强调了《大西洋宪章》的原则，并特别做出了两项明确承诺：投入所有可用的资源用于战斗，以及宣言签署国互相合作，不与敌国单独缔结停战协定或和约。尽管宣言的主要精神和《大西洋宪章》没有太大不同，都是英美国际主义思想的产物，但是苏联政府毫不犹豫地签署了这个后来演变成《联合国宪章》的预备性文件，这一点上可以说是顾全了大局。所有人都已经知道希特勒想仿效18世纪普鲁士国王腓特烈的战术，利用敌人之间的相互不信任来分裂他们。虽然签署协议并不意味着一定能执行，但这个形式在当时已经是一种保障，说明各方的利益已经达成了一致。而对苏联来说，确保自己不被新结下的盟国抛弃也是非常重要的。事实上整个战争期间，各个国家都互相猜疑对方会与敌国单独缔结合约。

一年之后的1943年1月26日，由于开辟法国"第二战场"一再推迟，苏联方面提出了抗议，罗斯福在与丘吉尔在卡萨布兰卡会面后，突然单方面向媒体宣布（没有事先告知丘吉尔，罗斯福将把两人秘密讨论的内容公布于众），盟国只接受敌国的"无条件投降"，这是一种模棱两可、有意模糊的说法，但是其中包含的政治信号非常明确：不会甩开苏联与德国单独签署和约，同样也不会和日本单独签署和约。

在政治军事方面，可以说整个1942—1943年的大部分精力都用在了尽快打败德国上。从1942年5月开始罗斯福向到访美国的苏联外长莫洛托夫承诺，一年之内美国人将在英吉利海峡外开辟"第二战场"。对于斯大林来说，当时的苏联承受了德国巨大的军事压力，而开辟"第二战场"能有效减轻纳粹在东线的施压，这个战略设想令他非常高兴。但是罗斯福做出承诺后没多久就食言了。阻碍德国人1940年登陆英国的困难反过来作用在了盟军身上，而且条件更加不利，因为德国人已经大张旗鼓地在大西洋沿岸筑起了他们认为"坚不可摧"的防御工事。长时间细致的准备和谨慎的时机选择是行动取得成功的必备前提。斯大林一直等到了1944年6月，而每多等一天，盟国都要为没有履行约定而受到指责。

在军事战略的选择上，英国和美国之间也爆发了一场激烈的辩论，历史学家对此的讨论从未中断过。很多人支持一种观点,即丘吉尔更倾向于针对意大利开展军事行动。他认为应该在欧洲的软肋处发动进攻,从意大利到巴尔干这片地区更容易避开德军,同时还可以阻挡苏联人进入巴尔干半岛。

这类历史学观点大部分都是没有根据的。当时盟军的主要战略是根据准备时间的长度选择攻击的地点。根据这一点,英国人成功说服了美国发动"火炬行动",即北非登陆计划,因为这一行动不需要太长的准备时间,并且意大利正处于虚弱状态,通过这一行动还可以向斯大林传递一个信号:1942年向苏联做出的承诺在能力允许范围内一定会得到遵守。美英两国司令部的观点唯一一次真正产生分歧是在1944年,当时盟军已在诺曼底登陆,德国部队也开始撤出意大利,他们放弃了罗马准备死守艾米利亚—亚平宁山脉。这种情况下,盟军如果加大兵力投入即可以提前解放波河平原,这一结果一旦实现将具有巨大的政治和军事意义。但是盟军总参谋长马歇尔将军不希望把注意力分散到主要行动之外,英国的提议就此被搁置了。

意大利半岛上再次开战是罗马政府改变阵营后的事情了。1943年7月25日,墨索里尼被免职并遭逮捕,法西斯势力没有进行什么抵抗就被消灭了,巴多里奥将军领导的政府试图以协助盟军在意大利北部登陆为筹码进行投降谈判。这能使政府保住君主制国家的威严,并且控制军队切实执行9月3日的停战协议与德军展开作战。但由于一系列误会和尔虞我诈的行为,巴多里奥的设想落空了。停战后,盟军只在罗马以南很远的萨勒诺湾成功实施了登陆行动,从那里慢慢北上收复整个意大利(1943年9月到1945年4月)。政治上来说,意大利的"无条件投降"变成了一个笑话,维托里奥·埃马努埃莱三世和巴多里奥的政府被承认为合法政府,前提是在战争结束后针对政体问题进行全民协商,以及意大利对德国宣战,后一个条件罗马政府在1943年10月13日就做到了。同时在战线以北,占领了意大利三分之二领土的德军和忠于墨索里尼的部队顽强地阻挡敌人的前进,而墨索里尼本人历经重重惊险后经由德军"橡树行动"成功营救,在意大利北部城市萨罗成立了意大利社会共和国,实质上就是德国的附庸国。忠于墨索里尼的部队与忠于国王的军队,以及停战协议后活跃于罗马以北阿尔卑斯以南的抵抗运动部队作战,法西斯主义的"伟大"梦想在手足相残中渐渐耗尽。

意大利是轴心国中第一个退出战争的,它也因此成为西方国家与苏联进行协商以及美英联盟的试验台。苏联虽然形式上参与了停战的程序,但实际上对于意大利发生的事情完全没有插足余地。这就形成了所谓的"意大利先例",苏联人遵照这个范例占领了其他一些敌国(罗马尼亚以南)。而另一方面意大利问题也突出反映出了英美联盟之间的内在分歧。对于英国人来说有一点是毋庸置疑的:只要放弃帝国主义幻想,意大利仍旧能够成为大英帝国在地中海的忠实附庸。所以英国人认为,在和意大利战斗及之后占领的过程中,尤其是在意大利未来政府组成上,他们的意见应该凌驾于美国之上,但是后者对此的看法则恰恰相反。美国有充分的国内政治原因(强大的意裔美国人团体)和国际政治上的理由阻止意大利被英国官员统治。如果说地中海对于英国是生命攸关的战略要地,那对于美国来讲就是潜在的重要地区,因为地中海是控制中东的前提,而中东地区对于美国的石油利益尤为重要(1943年开始,美国人就意识到了国内石油的过度开采可能会很快导致这一资源的枯竭)。这个问题是之后出现一系列摩擦的根本原因。英国已经到了做出选择的时候,是与强大的盟国分道扬镳还是充分考虑实力对比和帝国的整体利益,寻求妥协的解决办法。在意大利问题上,从1944年中开始,美国的意见就压倒英国占据了上风,不过这只是伴随终战而来一系列难题中的第一个。我们可以观察一下,在所有引起美英分歧的问题上,英国人所做的选择几乎都是首先考虑妥协和让步(1956年的事情是个例外),哪怕这样做会给他们带来一些牺牲。

6. 反纳粹联盟的内部矛盾和战争期间的重要会议

意大利的案例只是各个盟国由于参战的不同动机和盘算所引发冲突的表现之一,这些冲突既有西方盟国内部的,也有它们和苏联之间的,还有战胜国和戴高乐将军依托自由法国运动组建的政府之间的(1944年8月25日巴黎解放后该政府一直代表法国)。意大利的战败为战胜国提供了机会,对于在那些战争结束前无法回避的问题上妥协和让步的方法,当然各国有各自的盘算。出于这个目的,1943年10月开始了一系列的定期会议,并且参会人不再局限于罗斯福和丘吉尔,而是扩大到斯大林或莫洛托夫,从而能够真正应对那些可能导致

第 4 章　全面战争和西方世界体系的起源(1941—1947 年)

"伟大联盟"分裂的问题。从莫斯科外长会议(1943 年 10 月 18 日到 30 日),美英中三国开罗会议(1943 年 11 月 22 日到 26 日),斯大林、罗斯福和丘吉尔的德黑兰会议(1944 年 10 月 9 日到 19 日),同样由这三人参加的雅尔塔会议(1945 年 2 月 1 日到 11 日),直到斯大林、杜鲁门和丘吉尔(会议最后阶段由英国新首相克莱门特·艾德礼代替)参加的波茨坦会议,几乎两年的时间内,盟国间的大型高层会议(伴随这些峰会的还有无数工作会议,为峰会期间最终签订的文件进行准备)标志着一个个不同阶段,每个阶段都是在对各种难以调解的计划和野心尝试着进行调解。波茨坦会议成为 1954 年前大国间召开的最后一次峰会,后来的部长级会议都是为轴心集团的小国商定和约或者是为敲定对德和约的条款所做的徒劳努力。

所有这些会议中,雅尔塔会议是最具决定性的时刻,这一点已经在历史学上被神话了。一般都认为二战战胜国在雅尔塔会议期间把世界划分成了不同的势力范围,这一划分决定了战后欧洲大陆的生活并间接影响了世界的政治格局,直到 1989 年德国结束 44 年的分裂状态为止。但就像历史学中经常发生的一样,神话只有一小部分是与实际情况相符的。实际上势力范围的划分是一个渐进过程,从莫斯科会议召开前已经开始,也就是说从意大利被盟军占领的那一刻就已开始,直到 1947 年才结束。

纷杂不和的意见是否最终能奏出和谐的乐章?为回答该问题,有必要考虑美英苏三个大国对于战后格局的想法和理念。三大国的主要区别之处在于,当罗斯福开始考虑世界秩序和管理这一秩序的合适组织时,斯大林和丘吉尔还在以欧洲文化中根深蒂固的强权政治看待问题。最大分歧就产生于这个二元悖论。罗斯福的主要理念让人觉得是一种由美国经济实力掌控的全球霸权思维。这个观点在后来几十年里确实产生了一定影响,但如果在 1944 年到 1947 年就这么看的话,显然是忽略了罗斯福及其继任者杜鲁门对抗孤立主义时遭遇的艰难,相较于当时主张孤立政策的国内反对派,执政党的优势非常不稳定,另外这一观点也忽略了美国当时的影响力仅限于欧洲有美军存在的地区和亚洲日本人战败后逐渐撤退所遗留下的地方。一直到战争结束时,欧洲帝国主义体制(虽然处于危机中)和苏联限制了美国的想象空间,而且罗斯福的计划归根结底也有具有扩张意图的。

商讨工作是从莫斯科三国外长会议开始的(莫洛托夫、艾登及赫尔)。对于意大利发生的事情有必要给出一个形式的上规范,同时也要处理一些普遍性问题,比如战后事务讨论的框架。一定程度上,三位外长要重新梳理意大利投降造成的一系列问题。英美两国在谈判过程中表现出不想被动地面对既成事实,这种"轻率"的态度让苏联很难接受。所以会议长时间讨论了管制委员会及其构成问题,从那以后所有的停战协议都应纳入美英苏三国的政治管控。在这个雷区之上三方制订了一致的规则并最终成立"欧洲咨询委员会",对解放后的欧洲政治进行安排。实际上,莫斯科会议是一个带有欺骗性质的喜剧,在这出戏中每个国家都保持着头脑清醒。美国坚持罗斯福的"大设计",根据其设想,战后格局将建立在大型国际性机构的基础上,而现在就应该对创建这些机构进行讨论;艾登和莫洛托夫的注意力则更多放在实际问题上,比如波兰和南斯拉夫。满足和让步混杂在一起,给外界的感觉是只有各国的最高领导人出面才能最终理出头绪。

斯大林、丘吉尔和罗斯福的会面是在两位西方国家领导人和中国领导人蒋介石商讨远东局势后(开罗会议)举行的。罗斯福希望让中国参加开罗峰会,某种方式上也证明了"四大国"的论点,除了美英苏外的第四个国家是中国,而非法国。美国总统由于个人对戴高乐的反感,连带对法国也产生内心的不信任。中国方面提出了充满雄心的要求得到了令人鼓舞的承诺。中华民国当时正处于政治和军事上最脆弱的时期,但罗斯福保证美国会支持中国收复被日本占领的所有地方并且承认中国在东亚的领导地位。罗斯福唯一没有接受的是中国对于外蒙古的领土要求,他认为这些地方可以在必要时候作为与苏联谈判的筹码使后者对日本宣战,事实上后来美国也确实这样做了。

从谈判的议题设置、通过的决定,以及后来落实到明确协议的内容来看,德黑兰会议期间做出的决定对后来世界历史产生的影响最为重大。德黑兰会议上关于军事行动和政治问题的决定几乎没有一个后来被搁置的。很多问题上虽然只是做了意见的交换,但如果把这些意见和随后所做的决议进行比较,就能看出这些意见无论是在概念上还是在完成性上,都已经包含了后来那些决议的精髓。如果外交会晤的主题无法与之前和之后发生的实际事件产生关联,那么对它的赞颂就完全不合适了。

美英承诺在1944年5月1日前开辟"第二战场",军事问题从而得到了解决。罗斯福没有明确由谁来担任盟军最高司令,斯大林在这点上心怀芥蒂。但是美国总统在回国途中宣布已经在陆军参谋长马歇尔将军和地中海最高指挥官艾森豪威尔之间选择后者作为登陆作战总指挥,因为艾森豪威尔在实战指挥中展现出了过人的才能和极高的威望。另一个军事议题是在亚洲由苏联开辟"第二战场"打击日本,因为太平洋战争中美国几乎在孤军作战。斯大林承诺苏联将在欧洲战事结束后三个月内对日本宣战,但具体条件还有待定夺。

法律和政治方面,罗斯福重新提出了创建一个"联合国"组织的设想,前提是四大国之间能够保持长久一致。而在联合国内部将能够讨论殖民地问题。斯大林和罗斯福在和平、联合国和反对殖民主义这三点上很容易就达成了一致。建立一个全新国际性组织的工作就这样开始了,经过几个月对联合国章程的先期讨论,1944年8月到9月间,一批专家在敦巴顿橡树园(地处华盛顿高档社区的一座官邸)展开了最后商讨。

德黑兰会议通过一些非正式的方式讨论了其他一些棘手的问题。首当其冲的就是波兰。二战的打响是从保卫波兰独立开始的,但那个波兰在里宾特洛甫和莫洛托夫签订协议后就已经不存在了。丘吉尔很快就同意苏联继续保有1939年占领的地方,并以1919年英国外交大臣乔治·寇松勋爵提议的界限作为重建后的波兰与苏联的边界。为了补偿波兰损失的大面积领土,它的国境将往西朝德国方向推进200公里直到奥得河。独立的原则看似得到了维持,但领土完整没能完全做到。罗斯福对这一决定没有公开表态。在与斯大林的一次私人谈话中,罗斯福表示想要参加一年之后的大选谋求第四个任期。美国的波兰裔选民有六七百万,他们的情绪和好恶可能会影响最后的投票结果。罗斯福表示同意丘吉尔的主意,但希望斯大林能够理解他不便公开表明立场的原因。斯大林接受了这个解释,所以这一约定的正式成文被推迟到了后来的雅尔塔会议。

还有一个重大问题是德国。实际上,除了波兰边界和苏联提出对于哥尼斯堡的领土要求外,欧洲的版图不会发生改变。而关于哥尼斯堡和可能归于国际管辖的几个区域(萨尔、鲁尔、基尔运河),情况则比较复杂。有观点认为,战后德国可能会成为英国和苏联的势力范围,因为美国的军队早晚要撤出。但核心问题是德国领土将由一个单独的政治机构来管理还是把它分而治之,如果分治,这种"分区"的概念和性质又该如何界定。

此外,还有一些小的问题。斯大林明确表示波罗的海国家并入苏联是不容置疑的,事实上也没有国家实质性地提出异议。芬兰由于二战中站在德国一边,必须退回到1940年(冬季战争之后)的边界。斯大林还公开施压想要修改《蒙特勒公约》,但美英等国含糊其辞,因为这样做的话等于置中立国土耳其的地位于不顾。此外,各方还比较轻松地达成协议帮助伊朗摆脱战争造成的经济困难,以及大量援助南斯拉夫的铁托游击队。最后英国预先表示了想要解放希腊的想法。

除了一些普遍性承诺和登陆法国的决定外,这些讨论议题只有很小一部分体现在了会后公报中,但已足够清晰地勾勒出了三大国对于欧洲未来的打算,之后剩下的就是技术细节上的工作,以及应对一些由于军事行动造成的突发性状况。这些强国只是经过简单讨论就敲定了世界新秩序的原则,毫不考虑人民的意愿和各个国家的命运——或许有人会反对这样的概括,但仔细阅读德黑兰会议的纪要无法不让人产生不安。

1944年10月举行的莫斯科双边会议在历史学上给人的印象是战胜国仍旧坚持着老一套的行事方法。当时盟军刚在诺曼底登陆没几周,苏联已经占领了整个波兰,并快速从罗马尼亚向保加利亚和匈牙利方向推进。斯大林和丘吉尔的会谈就是在这一背景下举行的。丘吉尔在《第二次世界大战回忆录》中的叙述比较客观地还原了事件的背景,也符合当事人的性格特点,但不管怎样还是让人联想起18世纪的传统外交。

罗斯福由于忙于准备竞选而无法(或者说不愿意)参加这次会谈,他派去了美国驻莫斯科大使埃夫里尔·哈里曼作为见证人。在那次会议上,丘吉尔做出了一些让人不安的决定,因为他觉得有必须阻挡住苏联人前进的步伐。在会谈中英国首相和斯大林采取的方法(据前者在回忆录中所写)是在一张纸上简单地标出英苏两国战后在巴尔干的势力范围:在罗马尼亚,苏联占90%,西方占10%;在希腊正好反过来,苏联占10%,西方占90%;在保加利亚,苏联占75%,西方25%;在匈牙利和南斯拉夫双方各占一半。显然,莫斯科会议如果以这种方式来概括,会让人非常怀疑反纳粹国家领导人的公正和道德,因为他们的做法和纳粹没什么不同。客观上说,丘吉尔的叙述多少带有夸大成分,他把谈判过程做了新闻报道式的简化处理,真实情况并非如他所写。实际上,这个方案是通过极其复杂的政治行动和英国几个月外交谈判达成的结果。

苏联向巴尔干方向的推进一直令英国外交事务部心怀不安,因为他们担心苏维埃式的政治和社会改造会蔓延到意大利甚至整个欧洲大陆。为了应对这一风险,英国向苏联提议,考虑到迄今为止盟国领导人做出的一致表态,双方应该互相做出让步,在巴尔干半岛和欧洲留出一部分空间避免被完全苏维埃化。就像丘吉尔后来对其下属解释的那样,这些数字比例只是通过"让人容易理解的语言"表达在巴尔干半岛将不会有重大冲突或严重分裂。而对于英国而言,这些数字比例意味着能在过渡阶段和正式和约签订之前就得到即时利益。这些比例应被理解为长时间争论的一个比喻,早在10月份的会议举行之前,双方就对盟国管控委员会如何在和平协议签订之前对战败国进行管理展开了争论。由于在意大利战败的处理过程中被完全排除在外引发了莫斯科方面的不满,双方都想要避免这种不满情绪在巴尔干问题上再度出现。这是丘吉尔的希望,斯大林对此也心知肚明。

德国的战败只是时间问题,这促成了雅尔塔会议的召开。1945年2月,在阿登战役中挫败了德军的反扑后,盟军已经能够向德国本土进发(或者秘密与德国达成单独和平);同时苏联在成为巴尔干地区的主宰后,已经决定要把波兰变成自己的附庸国。1944年华沙起义,在德军消灭波兰"叛乱者"和犹太社区的同时,苏联红军正停在离华沙不远的地方。卡廷惨案的真相也引起了巨大的争议(几千名波兰军官被枪杀并埋在卡廷森林,苏联一度把责任推给德国纳粹,后来才被发现是前者所为)。1945年初,苏联决定承认波兰共产党组成的卢布林委员会为波兰临时政府,而由公民党人斯塔尼斯拉夫·米科拉茨克领导的波兰合法流亡政府失去了地位。这一决定使波兰问题变成了斯大林不愿继续讨论的既成事实。

在这种情况下,雅尔塔会议表面上尽管仍然十分重要,但将其置于之前已经开始的整个过程中来审视,这一会议的主要地位已大打折扣。雅尔塔会议只是在整个外交环境恶化的过程中一个短暂的缓和,各方做出了一些出乎意料的让步和妥协。

但不能忽略的是,在雅尔塔,各方最终决定召开会议启动联合国的建立。在此之前,几个关键性问题一直有待通过政治途径加以解决。首先是苏联在联合国大会上的代表数。最早苏联提出所有它的所有加盟共和国都应作为个体加入联合国。这是斯大林情绪的表达,他担心苏联在这个新成立的组织中没有控制能力,但这个要求在法理上没有根据,因为苏联的加盟共和国没有一个是国际上被法律承认的个体(就像美国的州一样)。但这个没有根据的要求在联合国大会内部的平衡机制上确实有它的道理。因而雅尔塔会议上对此做出了妥协,决定让白俄罗斯和乌克兰以创始会员国的身份加入联合国,这是盟国良好意愿的一次表达。

第二个问题在政治上也非常重要,而且不仅仅涉及苏联。联合国的执行机构是安全理事会,以联合国的名义做出执行决议。各国平等的原则在这里显然并不适用,大国在发起需要使用武力的决议中具有更大的发言权。问题的另一面则是在自由投票中,大国可能沦为少数派。理论上所有大国都有这个危险,但苏联尤为突出,它可能会在这个数量上西方国家占多数的组织中沦为少数派。一旦此类情况出现,大国间"长久一致"作为和平的前提就不存在了。所以需要通过一个设计避免安全理事会做出与后来成为常任理事国的五大国(美国、英国、法国、中国和苏联)意见相悖的决议。解开这个症结的办法是设立一个机制,只要五个常任理事国中有一国投反对票,那么安理会所做的决议即无效。简单而言就是五个大国拥有一票否决权,如果联合国的决议损害了它们的利益,它们有能力使之陷入停顿。再换一种说法就是:要么"大国一致",要么联合国陷入瘫痪。

关于联合国章程的最后一个问题是殖民地。确切地说只涉及一部分殖民地,就是国联以前的委任统治地。最终的决定方案是那些还没有取得独立的国家将由联合国托管,而战败国的殖民地和自愿接受托管的地区同样适用于这一托管机制。

对于罗斯福而言,联合国的启动是雅尔塔会议最重要的成果。回到美国后,他在2月29日对参众两院的讲话中表达了自己的激动情绪和对未来的畅想:

> 克里米亚的会议是美国历史的一个转折性时刻,也是世界历史的

转折性时刻。这次会议标志着单边行为的终结，排他性联盟的终结，势力范围的终结，力量平衡的终结，以及几个世纪以来我们尝试过而最终失败的所有体制的终结。而取而代之的是一个世界上所有热爱和平的国家都可以加入的全球性组织。

从那时候起，联合国成为世界政治希望和失望的根源。除此之外，雅尔塔会议还讨论了不少当下就要面对的问题，最重要的就是如何处置德国。把德国彻底肢解的提议已被否决，取而代之的是成立四个占领区（法国区在美国和英国占领区内）。这些占领区之间的协调工作将推到停战后再做讨论。关于德国还提到了赔款问题。苏联坚持要求德国赔款，并且认为至少一半应被用来赔偿侵略行为造成的损失。尽管丘吉尔不想讨论这个议题，但罗斯福并不反对德国支付总计2000万美元的赔款。

在波兰问题上，德黑兰会议和苏联制造的既成事实后，从领土角度已经没有多少可商议的空间，只剩下政治层面的问题了。卢布林委员会变成临时政府并不是一个难以接受的事实。对于西方盟国来说，捍卫流亡政府的权利只是一个"面子"问题，但对于斯大林而言，波兰是苏联新强权的主要象征及其安全保障。在这个问题上做出妥协不是件容易的事情。最终的解决方案留下了很多解释的余地，规定战后将在华沙建立一个"民族团结的临时政府"，移居国外的波兰人只要是真诚的"民主主义者"，都可以加入这个政府。至于哪个才是新政府的核心，是苏联扶植的还是米科拉茨克领导的，这一点并没有明确，雅尔塔会议结束后不久即在这个问题上爆发了争论。新政府的任务应该是在最短时间内举行自由公正的选举，但选举直到1947年1月才得以举行。

在波兰问题上的妥协后来一直被批评为西方对于斯大林示弱的体现。这些批评是单方面而且没有道理的。当时红军控制着整个波兰，斯大林可以做他任何想要的决定，而西方国家没有军事力量的支持无法提出任何异议。成功地获得一个新组建的政府和对自由选举的保证至少说明苏联的让步并不是一纸空文，而是斯大林确实愿意合作的表示。

雅尔塔会议的另一个"热点议题"是美英苏三国签署的《被解放的欧洲的宣言》，其中明确了战胜国军队所到任何之处都将遵循的普遍原则。除了互相协商、铲除纳粹等，最重要和积极的是承诺在每一个欧洲国家建立"自愿选择的民主体制",即组建"通过自由选举产生并代表人民意愿的政府"。

这个宣言也经常被认为是西方向斯大林示弱,以及接受欧洲分裂为不同"势力范围"的体现。但是,除了一些用词上的模棱两可和斯大林的表述外(他对宣言文本表示同意后留下了这样的评论:"我们可以用我们的方式来执行。重要的还是力量对比。"),宣言比起1944年丘吉尔和斯大林在莫斯科充满专制意味的行为已经是个根本性的进步。这个宣言为欧洲的民主未来提供了可供参考的宪法原则。实际上,如果宣言能被切实遵守,东欧的命运将大为不同。所以宣言非但不是示弱的标志,还是"解放者们"政治行动的一个典范。

除了这些议题,在会议以外,斯大林向盟国提出了苏联对日宣战的要价,他保证会在欧洲战争结束后两到三个月内兑现对日宣战。这些要求包括保证外蒙古独立,库页岛南部和千岛群岛划归苏联,大连港国际化和旅顺港海军基地租借给苏联,以及成立一个苏中合办公司共同经营满洲铁路。为了满足苏联这些要求,必须签订一个中苏条约,罗斯福为此向中国施加了很大压力。

德国投降后只剩日本还在负隅顽抗,英美苏三国最后一次会议在柏林西南的波茨坦举行。参会领导人除了斯大林没变以外,性格强悍的杜鲁门取代了罗斯福,而丘吉尔则在7月25日被选举中胜出的工党领袖艾德礼替换。会议的气氛完全不同了。互相指责和猜疑开始显露出来,会议做出的决议虽然非常重要,但只是对雅尔塔协议的完善。德国确定将被分裂,但同时成立一个盟军管控委员会协调四个占领区之间的事务,名义上是为了以统一的经济整体来管理德国。柏林问题也被提上议程,由于德国首都位于苏联占领区内,因而决定每个占领国将在柏林拥有一个各自的占领区,并通过具体协议规定这些区域和德国其他非苏联占领区之间的交通。至于赔款问题,杜鲁门没有罗斯福那么温和。总的数额没有被确定下来,各方只是非常勉强地达成了一个妥协,允许占领国拿走各自占领区内的工业设施。此外,由于苏联占领区工业化程度最低,它可以收到其他占领区上不超过15%的"富余"设施。与波兰的边界问题也最终敲定。德波两国以奥德河—尼斯河为界,但没有一个西方国家意识到有两条尼斯河,其中一条比另一条更靠东。手中掌握着东德控制权的苏联人很容易就在这个问题上占了上风,最终确定以西尼斯河为界。

波茨坦会议上最容易做出的决议就是与轴心集团的小国展开和谈。会议成立了一个"外长理事会",从 1945 年 9 月 1 日开始讨论与意大利的和平协议。

7. 全球融合的失败和两大集团的诞生

1941 年美国重返欧洲,随后它下定决心面对这个选择所带来的一切后果,直到由于不与日本妥协而被卷入战争,美国的(政治和金融)领导阶层一直满怀憧憬,想在保护主义横行和被战争和轰炸夷为平地的废墟上重建一个开放的经济体系,在这个体系中贸易活动可以不受歧视地自由进行,货币的流动能够畅通无阻,即将取代国联的国际组织能使国际法得到真正遵守。战争期间所有会议中美国做出的妥协和让步都是为了这一个目的。而美国本土几乎未受攻击,甚至因为战争而实力有所增强,此时它的综合国力已经远远超过了世界上其他任何国家。

当我们观察这些计划的实际实施和伴随美国战后政策每一步所产生的冲突时,很容易陷入一个判断,那就是美国想要重建的世界新秩序从一开始就由于某些原因受到了损害,导致了这个计划快速地走向失败。然而,半个多世纪后的今天,我们或许能够做出一个不那么绝对的判断。美国的尝试并不是完全没有希望的,在历史的发展中没有什么是不可能的,也没有什么是必须的,何况当时也没有任何人断言过,美苏之间的关系会在战后迅速走向决裂,并造成所谓"冷战"的开始。

事实上,有些判断是值得商榷的:斯大林是否真的是一个肆无忌惮的暴君;他是否真的如同几年后其继任者之一赫鲁晓夫所说的"反复无常、易怒、粗鲁和多疑"而且"迫害他人的手段已达到让人难以置信的程度",是否真如凯恩斯写的那样,"斯大林对于所有(社会理论的)试验者来说都是一个可怕的例子",俄国的"行政管理可能是世界上能看见的最糟糕的例子,要人们牺牲几乎所有生命赖以存续下去的东西"。纵然所有这些都是真的,那么二战前到 1941 年后整个斯大林时代,苏联和西方国家之间从未中断过科技与贸易合作,以及这一合作在 1944 年到 1946 年达到前所未有的高度,同样也是不争的事实。这一合作建立在《租借法案》的基础上,但主要背景还有美国在战后资助苏联重建的设想。向苏联贷款的想法在 1942 年就被提到过,1944 年埃夫里尔·哈里曼担任美国驻苏联大使时再次被提出,哈里曼是银行家和工业巨头,也是美苏关系许多重要阶段的主角。很显然,如果额度足够并且不附带苛刻的条件,贷款问题能够成为美苏两国战后合作的重要基础。斯大林必然不会接受美国以贷款为条件干涉苏联内政,但他完全有可能修改苏联重建的金融政策,并且消除心中的不安全感,沃伊切克·马斯特尼认为正是这种不安全感使斯大林做出了后来的一系列决定。1944年6月,美国商会主席埃里克·约翰斯顿访问莫斯科,并同斯大林进行了长时间会谈。当时斯大林渴望建立一个市场能够吸纳美国所有的商品并用原材料和黄金付款。那次会见当然不涉及谈判,但是斯大林也指出一个问题:美国生产的商品需要苏联这个庞大的市场。当时的苏维埃和共产主义经济学家们有一个流行的观点,即美国经济将在战后由于过度生产而陷入危机。斯大林和约翰斯顿说的话表明他也赞同这一预测,并且想利用这一可能为苏维埃经济体系带来益处。而在贷款问题上美苏在很多场合已做过不少假设,从10亿美元贷款到100亿美元都有,这些贷款将使苏联拥有足够的流动性购买急需商品。1945年1月3日,雅尔塔会议召开前不久,莫洛托夫明确向哈里曼阐述了苏联的需求:60亿美元年息2.5%的贷款,有了这笔贷款苏联就能在美国市场进行大规模采购。美国政府内部,摩根索赞成向苏联发放100亿美元贷款,这也是斯大林在雅尔塔会议上提出的德国赔偿数额。贷款和赔款问题又一次混在一起了。但是哈里曼在罗斯福去世后,考虑到苏联在波兰和东欧的表现,坚持要求贷款需要有明确的国际政治协议作为前提。实际上,苏联有足够的潜力实现战后重建,它需要的只是时间,但其国内形势提出了严峻和急迫的要求,因为民众的生活条件远逊于西欧国家。美国的贷款恰好可以缓解这一困难。有关这个问题的讨论持续了几个月。哈里曼在回忆录中提到,1946年初他和斯大林还就此事进行过讨论,但当时的政治局势已经相当紧张,苏联如不在外交政策上做出明确保证,已不可能获得贷款。从这一层面上来看,美国主导的全球化计划已经搁浅了。苏联人选择(或者说被迫选择)了自力更生完成战后重建。从那时候开始,即1946年初之后,苏联对于美国的任何合作建议都越发怀疑和敌视。

对日本作战的方式也使二战中的两大盟国渐行渐远。1942年日本进攻势头受到遏制后,1943年底美国通过航空母舰重新取得了战场上的主动权,随后发动的反攻在半年多的时间内就收复了日本占领的大部分地区，1944年10月美军在菲律宾登陆，逐步解放了整个群岛。1945年2月至6月间，美国海军航空部队取得了太平洋上所有重要基地的控制权。军事失利对日本国内造成了极大影响。1945年4月，日本国内主张政治手段结束战争的力量已经压倒了军方的强硬派。在混乱的局面下，成立了以海军大将铃木贯太郎领导的政府，试图通过苏联的调解达成妥协方案（当时已经不可能），为此日本驻莫斯科大使东乡茂德被任命为外务大臣。

美国已经包围了日本列岛。3月9日到6月15日美军轰炸机对日本中心城区实施了7000次轰炸任务。仅1945年5月10日在东京的一次轰炸中就造成12.4万人伤亡。1945年7月16日，在新墨西哥州的阿拉莫戈多军事基地，人类历史上首次核武器试爆成功，由此迎来了军事和政治上的最终转折。从那时候开始，华盛顿政府和杜鲁门（当时正在波茨坦）就知道可以依靠这种毁灭性的新武器独自决定战争的走向。7月26日美国、英国和中国政府（苏联当时还没有向日本宣战）向东京发出最后通牒，暗示了继续抵抗会遭受的后果，但并没有明确原子弹的威胁。8月6日，一颗相当于2万吨TNT爆炸能量的核武器被投放到广岛上空。整个城市被夷为平地，十余万人当场死亡或死于之后的核污染。8月9日，在日本的一片寂静中，第二颗原子弹被投向长崎。

8月8日，苏联向日本宣战，东京政府谈判的希望彻底破灭。8月9日在东京召开了由裕仁天皇参加的御前会议。天皇是日本的最高宗教和精神领袖，拥有至高无上的权威，他将做出最后决断。天皇最终宣布，接受联合公告"忍所难忍，耐所难耐"，所有军事行动停止后，9月2日在停靠在东京湾的密苏里号战列舰上举行了停战协议的签署仪式，但这根本不是无条件投降，而是明确保证了天皇制不会改变。几周之内，日本投降的消息传到了世界各地。9月12日朝鲜半岛的战斗停止，被分为"三八线"以北的苏联占领区和"三八线"以南的美国占领区。

美国对日作战的胜利在几个方面影响了苏联的地位，不过斯大林在雅尔塔会议上被允诺的条件并不会被收回，美国的成功体现在其他地方：它将独自占领日本和南朝鲜并且重新控制东亚和太平洋上的群岛，这样一来，美国不仅统治了大西洋和欧洲，还掌握了太平洋和它对面的亚洲。斯大林原先预想通过在雅尔塔得到的东西使苏联能在远东占有一席之地,现如今美国在那里的政治和军事力量足以对他的野心形成遏制。

核武器是美苏关系间出现的另一个新问题。在这里我们不讨论美国对日本使用原子弹是否具备必要性,也不深究这两颗原子弹究竟是针对谁的(直接针对日本还是间接震慑苏联),我们考虑的是另外两个问题。首先要明确的是,很长时间以来几个大国(德国、英国、美国和苏联)一直在为第一个造出原子弹开展竞赛。德国的希望一开始就很渺茫,而美国和苏联(开始时间稍晚一些)的进度几乎是平行的。美国首先达成了目标,但有理由相信,如果苏联人赢得了这场竞赛,他们也会做和美国人同样的事情。1945年8月后,苏联在核武器的研制方面拼命追赶美国,事实上在获得核力量之前苏联所进行的一切反对核武器宣传,其意义都是非常值得怀疑的。然而一个不争的事实是,由于率先造出原子弹,美国获得了原先不具备的优势。苏联人可以骄傲地宣称希特勒在欧洲主要是被红军击垮的,但原子弹改变了一切,这种武器授予了美国无上的权柄。这一力量在经济层面价值有限,但极大影响了各国的看法和认识,也左右了联合国内部关于建立核武器控制机构的争论。

联合国就是在这样的不幸中诞生的。1945年4月25日到6月26日,旧金山会议通过了《联合国宪章》,初始会员国为51个。联合国的组织架构与国际联盟很相似,但在许多方面更加复杂。机构间是互相平行的,包括一个联合国大会、安全理事会(投票规则在雅尔塔会议上已确定)和秘书长。安理会由11个成员国组成(后来增加到15个),设有5个常任理事国,其他席位每两年轮换一次。最有意思的政治创新是在宪章第一条中阐述了联合国的首要任务:"维持国际和平及安全",并以此为目的制订了预防性和压制性的条款,而整个体系在实际运行中的核心要点是"成员国有义务派遣部队供联合国军事参谋团调遣,后者的任务是执行安理会的决议"。这一创举使真正意义上的国际部队得以诞生,尽管实际上从没有实现。宪章的其他部分(第十一章)还涉及了殖民地问题,除了第十二章规定的托管领土,其他所有处于殖民统治的国家都被定义为"非自治领土"。表面上看,宪章的这部分只有象征性意义,但几年后就成为对抗殖民主义斗争的动力。

第一届联合国大会于1946年1月在伦敦召开,在那之后联合国大会非但没能成为国际合作的场所，反倒变成了紧张局势和宣传战的舞台，因为全世界都会听到联合国讲台上发出的声音。联合国做出的第一个决议是1月24日在伦敦宣布成立原子能委员会，其任务是为和平使用核能制定规则。但是莫须有的猜疑破坏了会议进程，当时西方国家怀疑苏联间谍成功窃取了美国核武器方面的重要信息，而联合国讨论问题的方式又令整个局面火上浇油。美国准备了一个方案，通过一个联合国特别机构清点全球现有的所有的裂变材料，对"浓缩铀和钍的所有储备"实施严控（这两种原材料对于制造核武器或和平利用核能都是必不可少的）。杜鲁门委派伯纳德·巴鲁克作为核问题代表向联合国递交方案，但他采用的方式完全是误导性的，巴鲁克在已经制定好的提议中加入了自己的想法，即安理会一票否决机制不适用于核问题。同时苏联代表安德烈·葛罗米柯也提出了理由非常充分的要求，他认为应将现存的核武器全部销毁后才能公平地进行讨论。在这一情况下几乎没有任何解决办法，建立核能使用监管机构的设想就此破灭，直到20年后美苏才就核问题达成协议。

战争才结束几个月，战胜国之间就互相产生了极深的不信任感。这里有必要理解这种不信任感产生的根源。美国的"世界大国"地位毫无疑问，二战的结果已经帮它把力量投射到了全球，从政治到军事，从贸易到经济。但美国人认识到有必要同另一个战胜国苏联建立一种双方均能接受的共处规则。苏联虽然战后自身影响力也获得了极大提高，但仍只限于欧洲和亚洲的一部分。战争结束后，苏联是一个幅员辽阔并且资源储备丰富的大国，但它必须面对重建所带来的巨大问题，同时在国际上明确其全球目标。因此，"世界大国"作为既成事实，对美国而言是个伪问题，而苏联则需要通过解决一系列问题来确立"世界大国"的地位。这些问题包括德国、巴尔干半岛、土耳其海峡和地中海的出口，以及利用中国即将发生的动荡扩大其在亚洲的影响力。斯大林为了实现这些目标祭出了雷霆手段。美国的霸权似乎是件非常自然的事情，更多地在潜移默化中完成，以前的帝国（如日本）被美国军事占领后，其民众非但没有表现出对于征服者的仇恨，还对美国人战后给予的帮助感恩戴德。然而苏联的霸权更多采用的方法是压制和征服，这从几百万人出于对苏联的恐惧而逃往西方即可见一斑。苏联士兵在德国和其他占领国大肆抢夺他们在本国从未见过的消费品，给人的印象是这支部队来自于一个落后国家。苏联在德国查抄企业作为赔款的行为无法引起任何人的好感。而它在政治生活中的做法也引起了被占领国人民的敌视,苏联虽然勉强同意自由选举,但只要资产阶级政党获得多数,它即取消选举结果,用威胁的手段操纵选举,以至最后的选举结果根本无人相信(几乎永远是共产党或人民阵线获得90%以上选票)。

根据雅尔塔会议的协定,波兰建立了联合政府,但90%的席位由"民主集团",也就是共产党及其追随者获得。米科拉茨克看到,只要是不利于共产党的商议结果都不会被公之于众,于是他选择退出政坛并离开了祖国。在罗马尼亚,雅尔塔会议后的第二天,苏联占领军就采取一系列行动推翻了政府和君主制,并把权力交由莫斯科方面的代言人彼特鲁·格罗查,现在公开的大量档案都已证实这些行为是经过预谋和精心策划的。在保加利亚则诞生了"爱国阵线"并在1946年11月的选举中获得九成选票。在阿尔巴尼亚,当时还忠于苏联的恩维尔·霍查以93%的选票赢得了1945年的选举。在匈牙利,1947年2月签订和平协议后的情况发展也和上述各国大同小异,富有争议的共产党领导人马加什·拉科西上台后开始集权统治。在南斯拉夫,虽然《雅尔塔协议》规定将建立一个联合政府,但反抗德国的英雄铁托元帅很快就把其他资产阶级分子抛在一边,1945年11月他以人民阵线的名义参加选举并获得了超过90%的选票。简而言之,在一个战前由农业地主、小农和小资产阶级构成的世界中,出现如此一致的选举结果,而且与整个社会基础完全对立,这不由得让人认定短短两年的时间内,苏联已经在上述地区成功地开展了社会革命,或者说将斯大林主义成了这些国家向苏联表示团结和忠诚的唯一方法。所有这些事情的总和或许并不是统一谋划的结果,而是每个国家特殊环境下的产物,但是这些特定环境产生的根源都可归于斯大林不惜一切保障苏联安全和力量的意志。军事上的胜利极大影响了斯大林的精神,加剧了他无节制的控制欲和敏感易怒的特质。

不管怎样,德国问题才是最重要的。如果苏联在德国问题的所有方面上都能保持发言权,那么它和西方的关系就不会破裂,但这一假设的前提是美国在较短时间内从欧洲撤军。1946年2月,美国国务卿伯恩斯提出通过一个25年的保障条约防止德国军国主义复兴,苏联这才明白撤军的大前提是不成立的。25年的保障期限意味着美军也将在德国驻扎同样长的时间,对斯大林而言这使

第 4 章 全面战争和西方世界体系的起源(1941—1947 年)

得同英国一起划分势力范围或自己单方面采取行动都变得不可能了。同一时期,美英两国在各自的占领区实施了新的经济政策,一方面西德需要面对八百万为了躲避苏军从波兰逃过来的德国难民,这就提出了如何提高生产水平和促进经济恢复的问题,另一方面也是减少民主政党组成的新政治体制的障碍。所有这些因素作用在一起,使苏联在东德的统治方式和美英在西德的统治方式渐行渐远。1946 年 7 月莫洛托夫拒绝了伯恩斯的提议,后者在他的回忆录中认为,苏联人这么做的原因是不想美国在欧洲驻军。

美国何以改变了对于苏联及其领导人的认识,究其原因只需对前文略作回顾。或许我们更应该探究的是苏联对美国态度的改变过程,但是这个过程行迹并不明显:斯大林一直把资本主义国家作为打击的对手或暂时合作的伙伴,不管它们是专制还是民主的。1939 年到 1941 年他和德国密切合作,而 1941 年到 1945 年又与西方民主国家站在一起。1946 年,由于已经不可能通过战争或对被占领国的施压来进一步扩张,与西方合作也就没有必要了。这也就不难解释为何 1946 年 2 月斯大林在国内重提共产主义世界和资本主义世界之间必有一战的论调。

美国对苏联态度的转折酝酿了几个月时间,直到和轴心集团小国签署和平协议时才完全表现出来(1947 年 2 月 10 日)。与此同时,美国也完全肩负起了全球化进程推动者的责任。杜鲁门宣言和马歇尔计划宣告了历史转折的到来,而两者推出的时机也是美国根据其全球战略精心选择的,综合考虑了苏联的行动和欧洲极其虚弱的现实。

1947 年 2 月 21 日,伦敦政府宣布停止不久前开始执行的英镑自由兑换政策,同时从希腊撤军(此前英国一直在帮助雅典政府打击北部的共产党游击队)。英国的危机显示了整个西欧面临的困难。所有地方都在努力进行重建,但所有重建必须依靠恢复出口生产和美国的援助。美国的援助包括欧洲急缺的商品和偿还外债所需的资金。英国和其他欧洲国家的工业发展都需要进口新机器,而这些机器只能在美国市场上购买到。短时间内,财政赤字就上升到了惊人的水平。1946 年 5 月,美国向英国提供 37.5 亿美元贷款,前提是英镑实现自由兑换。这实际上使英国市场完全对美国商品敞开大门,违反了伦敦方面一直坚持的帝国特惠制原则。其结果就是 1946 年底,英国的国际收支平衡走到了崩溃的边缘,伦敦政府被迫撤回了英镑自由兑换的决定。

美国发现自己走进了一个政治和经济上的死胡同。政治上逼迫英国从希腊撤军将有利于苏联的扩张,经济上英镑停止自由兑换不仅使英国的流动性告急,整个西欧的流动性也出现了严重断裂。除了这两方面的原因外,当时土耳其也在请求政治援助,莫斯科政府不断施压要求修改《蒙特勒公约》,并让土耳其割让1921年吞并的三个亚美尼亚族聚集地,面对这些情况,美国政府开始了政策大转向。3月12日,杜鲁门总统向国会两院宣布向希腊和土耳其提供4亿美元援助外加其他物资,帮助两国对抗正在受到的威胁(这个讲话后来被称为"杜鲁门主义")。接下来几个月,美国开始考虑欧洲最普遍的问题。

尽管欧洲的经济形势没像1946年物资短缺的冬天那样表现得令人绝望,但终究还是一个有待解决的根本性问题。在资金不足的情况下,欧洲的复苏只能通过贸易赤字来实现,这一政策在1948年已经影响到了美国的预算,但如果不这样做则整个欧洲将陷于崩溃。当时并不存在苏联的军事威胁,真正威胁西欧民主国家的是巨大的经济和社会压力。美国副国务卿迪恩·艾奇逊曾表示1947年美国的出口额达到170亿美元(超过二战前的四倍),但由于对方流动性不够,只有一半款项得到了支付。对此有必要采取大规模行动。美国必须从国外购买尽可能多的商品来平衡贸易顺差:

> 如今,出于我们自身利益和人道主义的原因,我们必须填补世界性的巨大赤字。唯一消除这一赤字的正确方法就是从国外进口尽可能多的商品……既然世界的需求超出美国的能力范围,我们要做的应该是特别援助那些对于建立全球政治和经济稳定,促进人类自由和民主,推动自由贸易政策和加强联合国权威最为重要的地区。

就这样,西方民主这个普遍性议题同美国和欧洲的特殊利益,以及美国防范金融风险的需求结合在了一起。虽然涉及的决策是经济层面的,但很显然问题针对的是普遍性的政治需求,而且可以反映出杜鲁门政府对于美国在全球事务中扮演角色的思考:既然建立全球市场已经不再可能,那就需要在一定范围内遏制敌人,直到它们耗尽所有资源。同时,所有实施市场经济的国家都有义务实施全面的结构性改造,不管是生产还是金融上的。

这就是美国国务卿马歇尔1947年6月5日在哈佛大学的讲话中所公布庞

第 4 章 全面战争和西方世界体系的起源(1941—1947 年)

大援助计划的基础。尽管从讲话到计划的实际实施经历了几乎一年时间,而且从原则上讲,计划面向的国家也包括苏联及其邻国,但马歇尔计划的执行仍旧标志着西方新体系的诞生,这个体系主要构建在经济层面上。最开始的时候,苏联、捷克斯洛伐克、波兰和匈牙利已准备接受马歇尔计划,但斯大林和他的部下马上明白了计划中所包含的政治含义。在是否加入马歇尔计划上欧洲分为了两个阵营。所有西欧国家,包括那些战争中的中立国,以及西德加入了计划,并由此成立了二战后的第一个欧洲组织——欧洲经济合作组织(OEEC)。

苏联立即做出了回应。1947 年 9 月,在波兰的斯克拉斯卡波伦巴举行了东欧国家及法国和意大利共产党大会。这次会议上苏维埃内部产生了分裂,意大利和法国共产党采取的温和路线受到了严厉批判,它们从 1947 年春天开始就被本国政府排除在外。会后发表的公报宣布在贝尔格莱德成立一个新的共产国际,世界由此被分为了两个"阵营":

> 世界上形成了两大阵营:一边是帝国主义反民主阵营,它的根本目标是建立美帝国主义领导的世界霸权和摧毁民主,另一边是反帝国主义的民主阵营,它的基本目的是摧毁帝国主义、巩固民主和根除法西斯残余势力。

教条主义思想在这里毕显无疑,一切对话的可能也正式终结。1941 年开始的世界性大战并没有导致全球大市场的诞生,而是催生出了两个水火不容的对立阵营。

第 5 章

从冷战到竞争共存
（1947—1964年）

1. 导读

随着对立的两大阵营的形成，国际关系的规则也发生了巨大的变化。从维也纳会议（1814年9月—1815年6月）到希特勒上台（1933年1月30日出任德国总理），这一期间的国际关系的主基调始终在"欧洲协调"（European Concert）的框架之内，并未产生实质性变化。1945—1947年间，"欧洲协调"这一机制仍然在主导国际关系，尽管期间进行了某些调整。自二战结束到1945—1947年间，整体而言，国际外交至少在形式上仍然是各个大国独立外交政策纵横捭阖的舞台，1945—1947年后，国际外交发生了影响深远的变化，概言之，即**"简化"**与**"延伸"**。所谓"简化"，即国际外交的有效对话者实际上只有美苏两个超级大国。尽管大部分国家表面上仍然独立制定其外交政策，然而以国际格局而言，国际外交的提纲挈领者无非是华盛顿与莫斯科。各国外交（不论自主与否，或程度如何），都只是构成美苏主导的主基调下的背景音，偶有不和谐音流出，然而终归保持了"和声"。1945—1947年后，法国一度未能从自己的大国旧梦中清醒过来，还认为自己的外交政策完全独立自主，1954年的越南战争以及其后北非等原法属殖民地纷纷追求独立，无疑是对高卢雄鸡接二连三的打击；英国也同样在二战后走过了相似的心路历程。这一老大帝国在二战后还满心认为自己能与美国平起平坐。1956年的苏伊士运河危机,同样成为英国殖民史的重大转折,英国人终究认识到不与美国保持充分一致而贸然行动,其结局恐难尽人意。在共产主义阵营中,苏联作为"盟主"的权威显然是不容挑战的。中华人民共和国成立后,中共曾试图坚持独立自主路线,然而在1958—1959年后,毛泽东认识到新中国在国际上地位未稳,仍不足以与苏联老大哥分庭抗礼。事实上,苏联阵营中任何敢于挑战苏联权威的国家,均遭到铁腕手段的压制或清洗,如1948年铁托领导下的南斯拉夫。总之,两极化的世界格局逐渐成形,原先欧洲大国制定的"欧洲协调"机制彻底退出国际外交。两大阵营的联盟,不仅仅是政治上的,还是经济上的,阵营内各国的经济制度高度一致,美苏由此统筹全球资源,在各自阵营内基本上乾纲独断。美苏所各自统治的"帝国",呈现出新的特点,在其内部,成员国与盟主的关系不再首先体现在传统帝国的军事和经济上的依附关系,而是出于相似的意识形态划分,两大"帝国"以其各自的方式实现了世界权力的重组,保障超级大国的意志在本阵营内部得到贯彻实施。

两极格局下的国际外交,在历史上,尤其是在欧洲大陆的外交传统上并无惯例可循,原因不言自明,现代外交思想起源于欧洲,然而两极格局下的外交影响已延伸至全球。全球——而不是世界的某一地区——都受到两极格局的冲击或影响,无一例外。这也就是战后国际外交呈现的第二个特点,**延伸**。制定外交政策,不再仅从地区利益出发,而要在越来越瞬息万变的全球视域下进行权衡,由此带来的改变三言两语难以道尽,概而言之,抽象的意识形态冲突体现在具体、甚至琐碎的日常生活中。尽管个别国家看似超然于两极格局,表面上并未加入任何阵营(或至少表现出这样的倾向),然而事实上并没有一个国家真正脱离这一格局存在。瑞士、瑞典、奥地利(1955年之后)、芬兰、印度、埃及(1973年之前)都声称在国际事务中保持中立,然而前三个国家实际上在经济上保持了与西方的紧密联系,后三者则实际上依附于苏联或接受其经济援助。声称保持中立的国家,尽管并没有通过缔结条约加入某一阵营,然而其中立立场终究不过是为了逃避加入某阵营带来的义务或负担,在考察某些重大政治事件的时候,不难觉察所谓中立国家的隐形立场。1957年起,西欧国家便已经开启了欧洲一体化的进程,然而这一政治方案经过几代人的努力,历尽曲折,直到

20世纪90年代才最终完全落地——欧盟的诞生,标志着新的经济政治主体登上国际政治舞台,并以独立自主的视野制定其全球政策。1970—1971年后,中国与美国渐行渐近,与苏联渐行渐远,逐渐成为苏联的根本利益的有力竞争者。

两大阵营,或者索性简化为美苏的大国关系,在国际关系新形势下与时俱进,不断自我调整。美苏的对立,其本质是世界观的对立。随着冷战的开启,两大阵营间的对立紧张日趋白热化,甚至将两极格局引向破裂的边缘。面对这一国际关系新格局,双方均无历史经验可借鉴。世界被撕裂成意识形态的东方和西方,社会结构、经济制度均存在巨大差异,也许唯一共同之处不过是称霸全球的野心。毫无疑问,对立局面并非二战后迅速形成,而是经过了各种历史因素的长期酝酿,而深刻的差异性更决定了这一对立将会愈演愈烈。美国著名记者、知名国际问题专家沃尔特·李普曼(Walter Lippmann)于1947年出版《冷战》一书,使用"冷战"一词来描述当前国际局势,此后,"冷战"一词在多个场合被借用,其内涵逐渐明晰。有必要强调的是,通常我们以"冷战"代指"两极格局",这两个定义在国际关系史的内涵并不完全一致,冷则冷矣,战则未必,以"战"(War)一词来概括二战后美苏主导的两极格局的特点,并不准确。在两极格局中,我们不难发现美苏各自的国内政策和对外政策中都有与冷战无关的部分,甚至在一些重大的区域问题上美苏还曾达成合作共识(如苏伊士运河危机、《核不扩散条约》等)。因此,从二战结束到1989年柏林墙倒塌这一历史时期,称其为"冷战",并不严谨,这一僵化、刻舟求剑的定义传递了一种错误的暗示,使我们无法真正认识不断发展变化的两极格局以及美苏关系的本质。换言之,美苏两个超级大国在二战后的关系不是一成不变的,双方都在不断变化的国际格局中调整对内与对外政策。探究其对外政策的差异,有必要回到两大阵营对立的起点,还原美苏大国博弈的关系中的"赌注"(任何博弈都不是心血来潮的,都以实现预定目的为前提),明确发展的不同阶段,并认识到阵营本身(其凝聚力、组成、内部矛盾的处理)和各个国家(国内政治的变化、阵营内部矛盾、与对立阵营的关系)都处在不断变化中。

1945年4月,杜鲁门总统上台后,放弃了罗斯福制定的对苏和平外交政策。1946年2月,美国资深外交官、时任驻苏联代办的乔治·凯南(George Frost Kennan)向美国国务院发了一封长达8000字的电文(1947年7月,凯南在《外交事务》7月刊中以署名"X先生"发表《苏联行为的根源》,内容正是该长电文),提出美国要对苏联的扩张倾向进行长期、坚定与警觉的"遏制"(containment)。遏制政策的出台,实际上是美国对二战后中东欧地区形势的一种默认。在苏联军队进入中东欧后,斯大林并未履行在德黑兰、雅尔塔以及波茨坦会议上的承诺,没有在该地区实行自由选举,然而苏联在这一地区的存在已成事实,除非诉诸武力,否则无法改变。美国寄希望于通过遏制政策,限制斯大林的政治版图的扩张,并认为美国应保持耐心,以伺苏联内部的先天矛盾爆发,并寄希望于天主教会能遏制共产主义在欧洲的蔓延。与此同时,遏制政策并不是被动消极的绥靖政策,而是将与美国紧密联系的各个国家或地区进行结构性整合,形成更具生命力的西方阵营。马歇尔计划正是遏制政策积极意义的体现,从这个意义上说,马歇尔计划比杜鲁门主义更具有建设性,该计划带领遍体鳞伤的欧洲走出战争的废墟,并实现了美国与欧洲经济关系的良性发展。马歇尔计划是美国欧洲政策的重大调整,美国认为,保障西方的政治自由与经济发展,首先要巩固市场经济的主导地位,而事实上,世界经济在美国和西欧的影响下,也最终摆脱了苏联集体主义的诱惑。当然,马歇尔计划并不仅是经济援助方案,但其在政治上的影响并不是通过赤裸裸的胁迫手段强加给受援国的,换句话说,美国提供经济援助,并不以政治目的作为筹码,部分受援国的政府并不是亲西方的,而是中间派甚至是社会主义政党执政①,而这些国家的政府也并不认为美国试图通过马歇尔计划改变本国政治经济结构,换言之,马歇尔计划提供的援助,并不以实施政治改革为前提,而着眼于推动受援国的经济复苏。不可否认的是,在一些国家,共产党的确在大选中被排挤出联合政府,如1948年意大利大选,在美国的干涉下,意共被拦在了联合政府的门外②,同样不可否认的是,在西欧所有受援国中,共产党从未被宣布为非法政党,也未像苏联阵营内的兄弟党受到苏共的压制甚至迫害。

---

① 作者这里主要指的是意大利和法国。法共与意共在反法西斯战争中贡献巨大,有着广泛的群众基础,在战后选举中,共产党取得了普遍成功。法共一度成为议会第一大党,意共党员在1945年达200万人,是西方第一大共产党,大选得票率接近意大利第一大党天主教民主党。——译者

② 考虑到意大利独特的战略位置,以及意共在1946年二战后第一次大选与社会党赢得了多数选票和议会中的多数席位,美国担心若1948年选举意共进入政府,其结果将会对各国共产党力量产生强大的示范作用。——译者

根据热拉尔·博叙阿(Gerard Bossuat)教授的统计,1945—1953 年间,西欧通过马歇尔计划、特别援助计划,以及自 1951 年起实施的防御计划,总计接受来自美国的援助达 253.65 亿美元①。授人以鱼不如授人以渔,随着马歇尔计划涌入欧洲的不仅仅是美元,更有背后的先进技术、逐步完善的经济制度以及工业生产力的大幅度发展,而一个经济复苏的欧洲,自然符合美国的全球战略。正因为马歇尔计划的实施,从 1948 年到本章结束部分为止,西欧国家均未再爆发过任何大规模的社会紧张或政治冲突:英国的工党与保守党的政党轮替已经成为政治生活的常态;法国的政坛在阿尔及利亚危机、德国重建军备议题引起法国政坛关注之前,大体上也保持了稳定;天主教民主党赢得了意大利 1948 年选举的胜利,此后逐渐过渡到中左执政联盟;德国基本法于 1949 年 5 月 23 日通过,联邦德国成立,法德和解以及西方阵营的确立迈出了重要一步。

苏联阵营的雏形即苏联及其战后占领国。1947 年,该阵营内部已经呈现出相当的内聚力。与美国不同,由于战后苏联国内经济负担较重,苏联并未对本阵营各国提供类似马歇尔计划的经济援助。在苏占区,尤其在德国东部占领区,苏联对当地的资源进行了掠夺式的利用。1947 年在斯大林和铁托的倡议下,欧洲 9 国(苏联、保加利亚、罗马尼亚、波兰、匈牙利、捷克斯洛伐克、南斯拉夫、法国、意大利)成立了共产党和工人党情报局(Cominform)。然而,苏联和南斯拉夫在社会主义的道路问题上发生了重大分歧。不仅铁托,波兰的瓦迪斯瓦夫·哥穆尔卡、保加利亚的特莱乔·科斯托夫、罗马尼亚的特拉斯加努、匈牙利的拉依克·拉斯洛等共产党领导人也都认为应当结合本国的实际发展社会主义,这显然是斯大林和苏共所无法容忍的。在斯大林看来,社会主义的民族道路的提法,无疑是在破坏共产主义阵营的团结。

苏共与南斯拉夫的争议在共产党和工人党情报局的成立会议中实际上已经初露端倪。此次会议后,民族道路的提法事实上被宣布为共产主义的异端。此后,各个国家支持走民族道路的共产党领导人,或者被排挤出党的领导层,或者被政治审判,甚至被处以极刑。1948 年 2 月,捷克爆发二月事件,联合政府的"资产阶级残余势力"遭到清除,忠于苏联的哥特瓦尔德上台。同年 6 月,南斯拉夫被开除出共产党和工人情报局,柏林封锁事件爆发,这两个事件不约而同

---

① 西欧主要国家中唯一一个没有参与该计划的就是佛朗哥统治下的西班牙。——译者

暴露了苏联阵营内部的问题,而柏林封锁产生的影响尤为深远。

柏林在地理上位于苏占区的中心。二战后,柏林一直由市民委员会进行管理,亲西方的政治力量在该委员会中占有 80% 的明显票数优势,而亲苏联的票数只有 20%,从这一比例中不难看出美苏在柏林的政治角力。波茨坦会议所签署的一系列技术性协议明确规定将在柏林与英美法等国占领区之间修建铁路、公路并开设固定航线,同时规定苏联方面应放弃任何将柏林问题国际化的意图,在柏林管理问题上与其他国家合作。1948 年 6 月 18 日,英美法三国占领当局在西占区实行单方的新货币改革,即发行有 B 记号之马克,借此推动西方占领区的经济一体化,对此苏联方面予以激烈回应。货币改革一旦落地,将大大降低柏林当地流通货币的实际购买力。苏联指责西方违反波茨坦协议,6 月 22 日,宣布将在苏占区也实行货币改革,发行新的 D 记号马克,6 月 24 日,全面切断西占区与柏林的水陆交通及货运。柏林一向被视为向苏联阵营展示西方生活方式的"橱窗",苏联采取的封锁行为势必对英美等国的应对能力形成严峻挑战。然而,苏联在切断了所有水陆交通后,还是"保留"了从西德往柏林的三条空中走廊通道,正是通过这三条空中生命线,西方成功解除了柏林封锁。据统计,1949 年 2 月,每两分钟便有一架飞机在柏林西部的各个机场降落,日均运抵 7—8 千吨的物资,足以满足至少两天的生活必需。西方之所以能够成功架设空中走廊,恰恰体现了苏联当局在柏林问题上的犹豫不决。1949 年 5 月 12 日,柏林封锁终于解除,而此前约一个月前,北大西洋公约签订成立,两个德国在欧洲的政治版图中已经呼之欲出。自此,柏林成为冷战冲突最为白热化阶段的象征,欧洲在这个城市被撕裂开来,两种不同的社会制度、公共以及个人生活方式在这里"亲密"对峙长达半个世纪。

在东欧国家内部,围绕党和政府的领导权的争夺从未停止,领导权的争夺,实质上是本国究竟应通过何种方式实现社会改革的论争,挑战苏联的权威,与苏联不一条心的叛逆行为亦不会随着苏联的镇压而结束。这都表明了苏联不可能,也没有能力在共产主义阵营内部实现高度的凝聚力,在"帝国"内部实现一盘棋的改革只是天方夜谭。苏联无视东欧各国的发展传统与历史国情,仅仅通过高压手段使各国的经济与苏联紧密联系,并遵循克里姆林宫的指示完成相应的转型,或者能收一时之效,但不能长久,同时也注定处处碰壁。1955 年 5

月,《华沙条约》在波兰签署,这是为了对抗北大西洋公约组织而成立的政治军事同盟,整个苏联阵营自成立到解体,只有在华约签订之日才表现出苏联所希望的这种高度凝聚力。在1948年南斯拉夫被开除出共产党和工人党情报局后,1953年,东德爆发了大规模罢工,要求减少工时、增加工资、罢免统一社会党领导人,东德当局与苏军联合镇压,造成数百人死伤;赫鲁晓夫的秘密报告犹如在苏联阵营扔下一颗炸弹,去斯大林化所产生的危机在整个中东欧蔓延;1956年,波兰爆发波兹南事件,波兰政府基本上还是通过和平手段予以平息;然而数月后的匈牙利十月事件却是以苏联军队开进匈牙利进行镇压而结束,共产主义阵营遭遇了自1939年苏德签订互不侵犯条约以来的最大危机;1961年,东德政府为防止成千上万的东德人持续涌向西德,下令修建柏林墙,此举标志着欧洲的最终分裂。七年后的1968年,苏联军队和华约军队开入布拉格,"布拉格之春""带有人性面孔的社会主义"实践宣告流产。

综上所述,两个超级大国在欧洲施加影响力的方式、程度、后果存在着巨大的差异。这种差异孕育着此后国际关系的进一步深刻变化。从冷战开始直到1955年这一期间,美苏均在不遗余力地巩固各自阵营,并不断发展调整两极格局下的对外政策,与此同时,双方都面临着阵营内部不断涌现的新问题:苏联经历了去斯大林化的阵痛(斯大林于1953年3月5日去世),而西欧国家则因为亚非拉前殖民地国家轰轰烈烈的独立运动而焦头烂额。斯大林生前判断,欧洲和亚洲才是美苏角力的主战场,而在他身后,超级大国之间的冲突很快蔓延并升级为全球性冲突。在亚洲,前法属殖民地的抗法运动如火如荼;英国人在中东同样狼狈不堪;而在大西洋彼岸,危地马拉的阿本斯总统所主导的一系列民族主义社会改革引起美国强烈不安,1954年6月美国雇佣军自洪都拉斯入侵,危地马拉军队在美国策动下发动政变,这一事件并不是发生在南美洲的孤立事件,而是预示着随着冷战的进行,美国家门口的"麻烦"也开始不断增多。总而言之,到了50年代中期,美苏两国事实上都已承认了彼此在两极格局下对世界进行的势力范围划分以及对方的"盟主"地位——1954年、1955年的两次日内瓦会议即是明证。

政治博弈、经济实力、军备力量都以不同的方式影响着两极格局的发展,核竞赛综合反映了这些因素。1949年8月29日,苏联试爆了第一颗原子弹,并宣布已经开始研制氢弹,这引起美国的不安与警觉。1950年1月,美国总统杜鲁门决定研制氢弹。10年后,两个超级大国在这一领域取得了可怕的进步,双方都拥有了威力在5000吨—1万吨级的核弹头,人类首次感受到了核武器带来的全球性恐慌。此外,美苏还在运载导弹,尤其是洲际弹道导弹和太空导弹体系上展开激烈竞赛。1957年,苏联率先实现目标,成功发射第一颗人造卫星伴侣号(Sputnik),苏联在这一领域实现领跑令美国人深深蒙羞。1969年7月,美国成功将宇航员送上月球,在这一领域实现全面赶超。最后,去殖民化运动拓展了国际政治舞台的维度,深刻改变了世界均势格局。在亚非拉各国争取独立的运动中,美苏的角力主要体现在提供援助、派遣技术专家、提供发展经验、输出发展模式等方面,这一"竞争共存"是欧洲局势相对稳定的必然结果,同时,美苏也都认识到对新独立国家施加影响,将成为在不断延伸的两极格局中巩固世界霸权的关键。

两极格局下各种冲突因素不断加深、累积与转化,国际关系中的火药味越来越浓,剑拔弩张的气氛下,擦枪走火的风险指数越来越高。超级大国主导下的整个世界都坐在一个越烧越热的巨大火药桶之上。难道二战后的两极格局的形成,就是为了制造规模更大、后果更不可想象的第三次世界大战吗?美苏领导人,以及英国、法国和中国领导人都不同程度地意识到了寻求新形势下共存的方案,以避免人类的非理性错误导致文明的毁灭。核竞赛和导弹竞赛提醒人类,人类第一次拥有了足以自我毁灭的巨大能力,这种恐怖均势本身就在制造恐怖,并超过了任何历史时期。在后希特勒时代的世界,任何尚未完全失去理性的人,都会对世界和人类的命运表示深深的担忧。紧张局势必须降温,人类应当有足够的智慧实现国际关系的某种缓和。1955年的日内瓦会议标志着美苏关系解冻的开始;1959年,赫鲁晓夫出访美国,进一步推进了美苏关系的缓和;然而与此同时,1958—1961年间,美苏关系由于柏林问题出现反复,一度搁置不前;1960年5月的巴黎峰会,尽管苏共领导层未能就美苏缓和达成一致,但这一问题至少在原则路线上再次得到确认;1962年10月、11月古巴导弹危机爆发,美苏关系再次跌入冰点,但双方都保持了最大程度的克制,事件并未持续恶化;1963年8月5日,美苏签署《全面禁止核试验条约》,这是美苏在冷战中第一次通过谈判,而不是武力震慑,联手"统治世界",国际关系此后逐渐展现出缓和的曙光。

2. 两大阵营的发展与演化

1947—1955年间,苏联阵营与西方阵营的组织结构都发生了深刻的变化。这里有必要首先澄清的是,马歇尔计划、经济合作总署、欧洲经济合作组织(OEEC)等机构均不涉及"组织结构的变化"。1948年4月3日,杜鲁门批准设立经济合作总署,同年4月16日,欧洲经济合作组织成立,这两个组织成立的初衷仍然是美国或者西欧国家间协调、落实财政援助的机构。只有欧洲支付联盟(EPU)可视为在"组织结构上"对西方阵营进行调整,然而该组织作为欧洲国家间支付的票据交易机构,其职能仍然局限在技术层面上。

1948年年初,西方阵营逐步开始在严格的政治意义上进行结构调整。1947年12月,苏、美、英、法四国外长会议在伦敦召开,会议主要讨论对德和约的准备、德国非武装化的实施、全德临时中央政府的建立等议题。此次会议并未达成任何实质性成果,会后西方三国外长均认为,战后的主要威胁已经不再来自德国的复兴,而是来自苏联,至于这一威胁指的是政治上的,还是军事上的,以及三国在面临这一可能的威胁时各自承担何种角色或义务,当时并未明确指出。1948年1月22日,英国外交大臣、出身工党的恩内斯特·贝文(Ernest Bevin)在英国下议院发表了关于"西方联盟"的长篇演说,对苏联的外交政策进行猛烈抨击,号召欧洲国家对斯大林主义进行适当回应。贝文反复提及的"西方联盟"是一个宽泛的概念,几乎囊括了所有西欧国家,他十分清楚,美国不反对欧洲的联合,相反,它迫切希望欧洲能走上一体化的进程,而要引起华盛顿方面的充分重视,就不能以英国外交大臣的身份隔空喊话,而要代表整个欧洲发声。美国对此心领神会,随后发表回应,称只要不是为了某个特定地区的利益,而是从更广泛的整体出发,那么美国愿意参与到欧洲防御中。二战中泛欧主义所倡导的欧洲一体化虽然颇有一定市场,但仍不免带有纸上谈兵的理想主义色彩,在战后出于建立反共战线的需要,这一政治理想开始逐渐成为政治现实。贝文抛出"西方联盟"之后,法、比、卢、荷四国均表示响应。1948年3月5日,英国开始同上述四国举行谈判,3月17日,五国外长在布鲁塞尔签订为期50年的《布鲁塞尔条约》,这是二战后第一个多边防御协定,条约保障 5 个缔约国不受来自德国或"来自任何可能产生威胁和平的"地区的侵略威胁。当时作为独立的政治实体的"德国"并不存在,而"任何可能产生威胁和平的其他地区",虽未明指,但已心照不宣,在文字上如此咬文嚼字,无非是想避免过度刺激苏联,字斟句酌的外交辞令已经足以明示,《布鲁塞尔条约》所形成的军事联盟,其规模将不受到任何限制。贝文关于"西方联盟"的设想,直接催生了《布鲁塞尔条约》的签订,若以更宏大的历史维度来看,"西方联盟"不妨被视为半个多世纪后欧盟的先声。

值得一提的是,《布鲁塞尔条约》签署前一年即 1947 年的 3 月 4 日,英国和法国便签署了《英法同盟互助条约》(又称《敦刻尔克条约》),该双边条约名义上是防止德国军国主义复苏,但实际上防范的仍然是苏联。1948 年 5 月,第一届欧洲统一运动大会在荷兰海牙召开,各国的主张欧洲一体化的泛欧主义团体均到会参加。① 这些机构的政治主张实际上不尽相同,然而毕竟都统一在一致的政治表述下。此次大会以泛欧主义的视角阐释了布鲁塞尔条约组织以及北大西洋公约组织的意义,认为这是欧洲一体化的重要体现。1949 年欧洲统一运动协调委员会提出,同时成立由各国议会代表组成的咨询议会和进行最终决策的部长委员会,前者是欧洲议会的前身,而后者则是欧洲委员会前身。

《布鲁塞尔条约》缔结当日,杜鲁门致函国会明确表示:"美国将以适当的形式,根据需要给予这些国家以支持。"对杜鲁门的政治生涯来说,这是一着险棋。时值美国总统大选,杜鲁门正寻求竞选连任,政治上的任何重大表态都必须慎重,而当时美国国内普遍认为,马歇尔计划在实现西欧复苏的同时遏制了苏联,政界也有相当一部分人相信在当年的 2 月事件之后,捷克斯洛伐克已经彻底倒向苏联,斯大林或将就此收手,不再染指欧洲其他国家,何况 4 月 18 日,意大利举行了战后第二次大选,亲美的天主教民主党获得成功,这些都使许多美国人有理由相信,即使是在像意大利这样拥有欧洲第一大共产党的国家(直接与苏联阵营的南斯拉夫接壤,受到共产主义渗透的风险最大),其国内局势也至少是在可控范围内的。换言之,远在大洋彼岸的大多数美国人无法真正理解为何欧洲如此恐慌,并且不断呼吁美国在提供经济援助之外,进一步提供政治和军事

---

① 如英国以丘吉尔为首的"统一欧洲运动"、法国的"欧洲联盟法国委员会"等。——译者

上的保障。西欧，尤其是英国，不断敦促美国迅速做出决定。《布鲁塞尔条约》签字后的第五天，美、英、加代表在五角大楼开会，研究如何应对来自苏联的军事威胁，并商定了建立"北约"组织的具体措施和规定（即所谓的"五角大楼谈判"）。

杜鲁门决意推动美国加入欧洲防御，彻底打消欧洲的恐苏情绪。作为民主党出身的总统，杜鲁门要想说服共和党占多数的参议院原本并不容易，然而参议院共和党领袖范登堡（Arthur Vandenberg）摒弃党见，积极支持杜鲁门。范登堡认为，美国在二战后的世界格局中应当从根本上承担起全球超级大国的责任。美国自立国之初，华盛顿便立下了孤立主义的外交传统，在其告别演说中更是警告美国不要因为对他国的防卫承诺而陷入纠缠不清的结盟关系。而二战后，美国政界逐渐形成共识，此一时，彼一时，孤立主义指导美国外交的时代结束了，国际主义将成为新的外交政策方针，美国将完全投入到国际事务中。太平洋战争前，范登堡还是一个坚定的孤立主义者，而到了1945年1月10日，参议院的演讲中，范登堡表示："我过去一直是相信美国可以依赖自己保障安全的人之一。现在，我不再相信今后任何国家仅仅依靠自己的行动就可以免遭攻击。我希望最大程度的国际合作，以确保敦巴顿橡树园基本理念的成功。"范登堡思想的转变反映了美国外交政策的逐步转向，其在参议院长袖善舞，为杜鲁门主义的施行提供了巨大的政治保障。

美国政坛关于欧洲防御问题的讨论甚嚣尘上之时，柏林封锁"不失时机"地发生了。西欧此前的担忧被证明并非杞人忧天——在西方三国占领当局宣布在西占区进行币制改革后，苏联方面进行了激烈的回应与威胁。1948年6月11日，范登堡决议在美国参议院表决通过，为美欧结盟开了绿灯[①]，就在同一天，苏联宣布实施"柏林封锁"，这无疑使美国政府不再犹豫，下决心推动北约的成立。根据《范登堡决议》，美国对西欧防务作出明确承诺，总统有权通过宪法程序，缔结与国家安全相关的区域性协议或集体性协议。

两次世界大战中，美国均是参战国，然而并未签订任何盟约。《范登堡决议》的出台，标志着美国对外政策的历史性转向，宣示美国彻底告别在和平时期

---

① 1948年5月19日，美国参议院以压倒多数通过了《重申美国通过联合国获致国际和平与安全的政策，并指出某些要追求的目标》的议案，即《范登堡决议》。——译者

不与他国结盟的传统,美国在西方阵营中的大国领导责任,扩展到了政治军事领域。签订《北大西洋公约》的谈判于1948年7月6日开始,1949年3月底在美国华盛顿签署,这一战后西方阵营最重要的盟约在范围、成员国的义务等方面得到了明确。

《北大西洋公约》最核心的问题,是明确缔约国,尤其是美国,通过结盟关系所承担的义务属于何种性质,换言之,即需要明确成员国在一旦"确认发生履行盟约的场合",所采取的行动属于防御性还是进攻性的。在《北大西洋公约》第五条中,有如下表述:

> 各缔约国同意对于欧洲或北美之一个或数个缔约国之武装攻击,应视为对缔约国全体之攻击。因此,缔约国同意如此种武装攻击发生,每一缔约国按照联合国宪章第五十一条所承认之单独或集体自卫权利之行使,应单独并会同其他缔约国采取视为必要之行动,包括武力之使用,协助被攻击之一国或数国以恢复并维持北大西洋区域之安全。

在九个多月的漫长谈判中,各方主要围绕两个方面的问题进行商讨,即防御机制的性质与范围。盟约的防御机制将在发生第三方攻击时启动,但并未明指所谓的"第三方"是谁,尽管就公约所保障的区域而言,唯一的假想敌只能是苏联。而所谓"履行盟约的场合",不过是遮遮掩掩的外交辞令。对于在受到攻击时,各缔约国对受攻击的盟国所应尽的义务,公约同样有些语焉不详,"对于一个或数个缔约国受到的武装攻击,应视为对缔约国全体的攻击",指明了触发防御机制的条件,然而各缔约国所采取的反制措施并未指明,而是将由缔约国"采取必要之行动,包括武力之使用",换言之,诉诸武力进行防御并非缔约国的义务,其性质也由各缔约国自行决定。这也就决定了《北大西洋公约》提供的是一种间接的、约束力并不强的防御保障。公约文本存在较大的解释空间,这种文字上的模棱两可,原因在于尽管美国总统得到了缔结政治与军事同盟的授权,美国宪法却规定宣战权属于参议院,虽然杜鲁门推动了北约的成立,但当"履行盟约的场合"真正发生时,美国如何应对尚无定论,这也就导致了欧洲对于美国参与欧洲防御总显得信心不足,尽管美国在此后多次以实际行动予以安抚,但欧洲的不安的情绪贯穿了冷战的全过程。

此外,如何定义公约的范围,或者说究竟哪些国家应被接受为缔约国,是一个政治问题,而非地理问题。实际上,即使仅从地理上去界定"北大西洋地区"也并不容易,这毕竟是一个过于模糊的地理概念,《北大西洋公约》也的确不是依照地理或历史传统形成的共识去定义自身范围的。挪威、丹麦、爱尔兰、英国、法国、荷兰、比利时、卢森堡、葡萄牙、加拿大、美国,自然属于"北大西洋地区",而即使再不严谨的地理学家也不会将瑞士、瑞典纳入该区域。如果说后两个国家因为其悠久的中立传统,一定程度上中和了其地理上的"偏离",那么西班牙和意大利的不同待遇则凸显了该公约的政治属性。联合国此前曾通过决议,只要西班牙仍维持现行政治制度,则不接纳其加入联合国,并建议所有成员国从西班牙召回大使,这对于吸纳西班牙加入北约显然构成了不小的障碍。[①]地处地中海的意大利在战后艰难地摆脱了战争中的不光彩形象,并获得了国际社会的尊重,但土耳其和希腊对其加入北约表现出强烈的不安,不过法国却对此表示支持。在法国看来,意大利缺席的《北大西洋公约》,在政治意义上将是不完整的。这种不完整性首先体现在地缘政治上,尽管除了中立国家和卢森堡之外,其他各国均处于这一地理范围内,然而美欧共同防御若不纳入意大利,则会使英国成为公约的政治版图中心,这是法国不愿意见到的,拉拢意大利加入,正好为法国提供了地缘政治的腹地,平衡了英国在北约版图上的中心地位。此外,法国还从各国的政党政治的角度进行考量。各缔约国中,除了法国和葡萄牙(葡萄牙的加入,主要是考虑亚述群岛的重要战略地位),其他各国的执政党,均为较左的社会民主党等政党,而此时在意大利,天主教民主党在政府中地位已经十分巩固,意大利的加入,在法国看来也有助于平衡北约国家内部的政治生态。在法国看来,意大利缺席的《北大西洋公约》,基本上只是一个"名副其实"的海洋性公约,而意大利的加入则将北约的触角伸向地中海。同时,我们不要忽略了意大利在西方宗教文化中的独特而重要的地位。法国和葡萄牙这两个天主教国家在缔约国中是少数派,许多缔约国的主流信仰为抗议宗,意大利的加入无疑将拉近北约与天主教会的关系,而事实上,在北大西洋公约缔约谈判期间,梵蒂冈方面也曾表示某种程度的中立。谈判期间,不断从苏联和东欧

[①] 佛朗哥统治下的西班牙在战后遭到国际社会的孤立。1952 年,西班牙加入联合国教科文组织(UNESCO),1953 年美西签订军事协约,到 1955 年西班牙才加入联合国,1982 年正式加入北约。——译者

传来神职人员遭到迫害的消息,西方社会对苏联的宗教政策、人权状况持续关注,对苏联的仇视情绪在社会蔓延,这也是意大利加入北约的不容忽视的背景。最后,法国支持意大利加入北约,当然也有其"私心",根据当时的法国宪法,法国在北非的殖民地,如阿尔及利亚,是法国领土的一部分,精明的法国人意识到,如果因为意大利是地中海国家,就将其拒之门外,那么,其北非殖民地在将来也可能出于同样的原因被排除在北约的共同防御体系之外。总而言之,基于上述复杂因素的考量,在谈判可能因此进入僵局之际,法国态度坚定,将意大利加入北约作为本国缔约的最后条件,由于法国的坚持,意大利被"抬进了"北约,于1949年3月初受邀在《北大西洋公约》上签字,但意政府并未参与到对公约文本的起草与讨论过程。

《北大西洋公约》的缔结,开启了美国与西欧的军事同盟,然而仅从军事同盟关系或者西方阵营在地理上的扩张上来考察这一纸公约的内涵,就无法深刻把握其深远意义。试问,如果北约的成立只是为了防范苏联的威胁,那么1989年这一威胁彻底解除后,北约是否也随之失去了存在合理性?答案显然是否定的。在世界均势格局下,北约的政治意义远大于其军事意义,这一公约不拘泥于空间地理上的定义,囊括了大西洋两岸的众多国家以及美苏对立的前线国家,且并未明确公约的有效期(公约指出,缔约国在条约签署二十年后,可以单方面、永久退出,然而这一情形在北约历史上从未发生过)。杜鲁门的回忆录或能帮助我们一窥他在推动北约成立时的动机,他认为,"也许只有通过建立一个大西洋安全体系,才能使法国接受德国的复兴"。欧洲因为公约中并未对美国形成约束性的共同防御义务,而有所抱怨,而杜鲁门此番话表明他是从更为纵深的历史维度来审视《北大西洋公约》。1919年,威尔逊总统也曾对法国做出类似的承诺,30年后,美国告别孤立主义外交,成为西欧的保护者。《北大西洋公约》的意义,正在于军事同盟关系的政治意义上,军事盟约或有时效性,而盟约的政治意义则不断与时俱进,并不随着假想敌的消失而终止。1989年以后,北约不仅并未退出国际舞台,而是扩展到整个欧洲,确保了后两极格局下欧洲大陆在美国的强大保障下的和谐。

有必要指出的是,《北大西洋公约》往往在许多场合与北大西洋公约组织(NATO, North Atlantic Treaty Organizzation)混用,二者被认为是同义词。实际上,二者在内涵上有所重叠,却不尽相同。戴高乐将军于1966年3月宣布法国退出北约军事一体化组织(NATO),但法国从未退出《北大西洋公约》。1950年6月25日,朝鲜战争爆发。朝鲜半岛在二战后形成分治,南北两个政权体制迥异。苏联在战后占领朝鲜半岛北部,并扶植金日成建立了斯大林派的亲苏政权,即朝鲜民主主义共和国;美国则在南方扶植李承晚政权,成立大韩民国。南北两个政权都不是民选的民主政府,然而韩国政府同意在联合国的监督下进行选举,而朝鲜则在战后一直孤立于国际社会。1949年,国民党丢失大陆,兵退台湾,10月1日,中华人民共和国宣告成立,几乎在第一时间便宣布与金日成的朝鲜建交。

战火在朝鲜半岛点燃,其政治影响是全球性的。1949年5月23日,德国基本法获得通过,美英法三国占领区下的德国各州(Lander)合并,成立德意志联邦共和国,定都波恩。同年9月,康拉德·阿登纳(Konrad Adenauer)被选为联邦德国首任总理。10月7日,德意志民主共和国在苏占区成立,宣布实行社会主义制度和计划经济体制,首都为东柏林,德国统一社会党主席瓦尔特·乌布利希(Walter Ulbricht)担任部长会议副主席。东西德的相继成立,似乎正是朝鲜战争的欧洲翻版,但二者并不能完全相提并论。朝鲜战争通常被美国与欧洲国家认为是一场"代理人战争",即朝鲜的军事行动秉承了苏联的旨意,斯大林试图通过局部地区的军事行动打破美苏在冷战后形成的某种默契,借以试探西方的反应。而东西德的成立则不同,北约国家此前普遍研判认为,即使没有苏联的同意或支持,东德也可能单方面寻求德国的统一。

1949年年底到1950年4月初,美国的全球战略发生了深刻的改变。苏联打破了美国的核垄断,并着手研制氢弹,引起了美国的高度警觉。1950年1月,杜鲁门下令加紧研制氢弹。美国国家安全委员会是为总统制定外交政策的主要咨询机构,在经过几个月的研究后,该委员会于1950年4月提交了新的国家安全战略报告(即国家安全委员会第68号文件(NSC-68)),报告分析了来自苏联的军事威胁,并对遏制政策进行了修正。报告指出,苏联的目的在于"通过冷战谋求对全世界施加绝对的权威",这对美国形成了"致命的挑战",美国应当加强其遏制政策,大幅度增加国防支出(报告分析称,美国的军费支出比重较低,苏联的军费支出占国家财政预算的19%,而美国只占6—7%,应将这一比例提高至 20% 左右)。朝鲜战争的爆发,有力验证了 NSC-68 号文件对苏联意图的推断。美国国会很快就此做出回应,报告中提到的加强国防预算等措施,在朝鲜战争以及欧洲防御体系的建立等方面都得到了具体的体现。

美国战略政策的修正,以及朝鲜半岛的战事,都直接影响到欧洲防御体系的进展,这种影响首先体现在德国的重新武装问题上。毫无疑问,欧洲防御体系离不开德国的参与,然而二战毕竟刚刚结束 5 年,战争的硝烟甚至还没有完全从欧洲上空消散,就连德国人自己也尚未走出战争的阴影,这个时候提出重新武装德国,将遇到何等阻力可想而知。这也就不难理解为什么法国是在《北大西洋公约》签订后,才接受联邦德国的成立,同时,阿登纳领导下的西德政府未来若产生任何重大的法律或军事问题的变化,都应当充分考虑法国的反对意见。总之,重新武装德国的前提是加强欧洲防御,同时必须防范德国军国主义死灰复燃。

两个法国人,让·莫内(Jean Monnet)和罗伯特·舒曼(Robert Schuman)在欧洲经济领域的变革中扮演了重要的角色。历史上欧洲为了资源打了太多战争,荷兰海牙不久前召开的欧洲统一运动大会中体现的欧洲联合的精神,启发以莫内为代表的欧洲主义者从资源开发领域寻找突破。[①] 莫内曾指出:"欧洲各国如果只是在民族独立的基础上重建各自的政府,强权政治和经济保护主义就会重新抬头,欧洲就无和平可言。欧洲繁荣与必不可少的社会发展意味着欧洲各国应该成为一个联邦,或是一个'欧洲实体',使欧洲成为一个共同的经济单位。"莫内提出以类似欧洲联邦的组织来统筹法德两国的资源,保障工业生产的发展,同时避免因能源问题而引发的军国主义势力抬头。1950 年 5 月 9 日,法国外交部部长罗伯特·舒曼提出"欧洲煤钢联营计划"(即"舒曼计划"),建议将法国、德国的煤钢生产置于一个其他欧洲国家都可参加的高级联营机构的管制之下,统筹协调两国的煤钢资源。几个世纪以来,法国和莱茵河右岸的政府(先是普鲁士,然后是统一之后的德国)总是陷入对该地区煤炭、钢铁资源的争夺中,这是两国历史冲突的主要原因之一。根据舒曼方案,两国的煤钢资源将由法德共同参与管理的联合机构进行协调。这一方案反映了煤炭能源在工

---

① 欧洲联邦主义由来已久,12 世纪的汉萨联盟就在北海和波罗的海沿岸建立了商业中心。伊曼努尔·康德将这个联盟称为"贸易协会",并预言它会逐渐发展成为一个统一、民主和联邦化的欧洲。

业生产中的重要性正随着科技进步而逐渐降低,进而使冷战格局中的法德关系呈现出合作的前景。然而历史积怨岂是一朝一夕可以化解,何况二战毕竟刚结束,法德两国民众心中的历史伤痕短时间内无法消弭,舒曼的欧洲共同体理念并非没受到怀疑甚至指责,但这一计划奠定了法德和解的基础,标志西欧从联合走向一体化进程的重大转折,预示了欧洲通过协议解决争端的曙光。1951年4月18日,由法国、联邦德国、意大利、荷兰、比利时、卢森堡六国参加的《欧洲煤钢共同体条约》在巴黎签订,1952年7月25日正式生效。煤钢共同体作为一个超国家的管理机构,为解决欧洲内部问题提供了理想框架,欧洲主义者为之欢呼雀跃,给予了高度评价,然而欧洲已经不再只是欧洲人的欧洲了,仅从欧洲政治的角度评价欧洲煤钢共同体的意义,未免有欧洲中心主义之嫌,该共同体的创立对于美国对外战略而言也是至关重要的。杜鲁门就曾对欧洲煤钢共同体的建立表示欢迎,称之为"建设性的具有政治家远见的行为"。

在《北大西洋公约》签订之前,美国对于欧洲面临来自苏联的威胁,仍保有较谨慎的态度。美国态度在1950年(或者还要更早)发生了转变。北大西洋防御战略的实现,必须让德国参与到欧洲军队中来,然而,重新武装德国,必须迂回地让法国(以及其他欧洲国家)认可。朝鲜战争的爆发加深了欧洲的不安全感,而美国在战争爆发翌日,却决定若苏联进攻西欧国家,则美国将撤出1/4的驻德美军,这更加让欧洲感到忧心忡忡。北约国家敦请美国承担起更大的防御义务,保证欧洲在面对苏联侵犯时,必要的时候甚至可以放弃欧洲内陆,建立起相对更靠后的防线。在这样的背景下,重新武装德国势在必行。

1950年夏,美国政府宣布调整其大西洋战略。9月,华盛顿提出加强西欧防务的方案,同月于纽约召开的美英法三国外长会议就该方案内容进行了讨论。美方计划在北约的框架内部,成立由美国领导、欧洲各国派兵参与的欧洲军事一体化机构,美国特别指出,德国也将派10个师团参与到该体系中。美国意在通过使德国重新建军搭上欧洲防务一体化的顺风车,使德国在二战后被盟国全部解散的军事力量再次出现在欧洲。这无疑触动了法国人敏感的神经。1950年10月24日,法国总理普利文抛出"普利文计划",试图将重新武装德国的潜在风险降至最低,同时也是对美国提出重新武装西德作出妥协性主张。根据普利文计划,西欧各国建立欧洲防务共同体,由各国提供军队组成"欧洲军",

西德可以加入欧洲军,但前提是德国军队不得单独行动,不参加北约,不设立国防部、国防军和参谋本部。普利文计划并未得到其他国家的积极响应,尤其是美国对法国过于限制西德感到不满。在美国的压力和西德的要求下,法国在12月末提出了对普利文计划的修改,同意德国的重新武装与欧洲军的成立同时进行,联邦德国可以向北约提供一定数量的军队。同时,法国人从舒曼的欧洲煤钢共同体中找到了灵感,试图推动舒曼方案运用在欧洲防务上。1951年1月,巴黎会议召开,会上各国正式举行欧洲防务共同体的谈判,各方经过一年多的讨价还价,最终于1952年5月26日,法国、联邦德国、比利时、荷兰、卢森堡、意大利六国外长在巴黎签署了《欧洲防务共同体条约》,一个超国家性质的"欧洲防务共同体"(European Defense Community)宣告成立。条约的签订,表明法国在原则上接受重新武装德国,建立高度一体化的北约军队,并由艾森豪威尔出任北约武装部队(即北约军事一体化机构NATO的前身)最高司令(前文提及,北大西洋公约和北约军事一体化机构NATO的内涵实际上是不同的,公约签订在前,NATO成立在后)。关于西德重新武装的谈判,事实上催生了欧洲一体化军事部队的诞生,而《欧洲防务共同体条约》的签约国,就是欧洲煤钢共同体的成员国。不过,上述各国在防务共同体中并未让渡国家主权,尽管在欧洲主义者看来,这正是欧洲防务共同体的不完美之处,但就其政治成本而言,仍不失为一个可以接受的方案。然而,条约签署后,在进入各国议会的批准程序中,遭遇了巨大的阻力。尽管大多数法国人并不反对德国重新武装,但国民议会中的戴高乐派强烈反对西德在防务共同体的框架内重建军备,认为防务共同体具有一定的超国家性质,加入该条约或将导致法国在未来让渡国家主权。法国国民议会在经过两年多的马拉松式的辩论后,最终于1954年否决了该条约(319票对264票,该条约甚至在程序动议阶段便夭折),历时四年的欧洲防务共同体最终胎死腹中。然而,重新武装德国并未随之流产。

1954年10月23日,布鲁塞尔条约组织五国同联邦德国和意大利在巴黎签署《巴黎协定》,对《布鲁塞尔条约》进行了修改,决定将1948年上述五国签订成立的布鲁塞尔条约组织改建为西欧联盟。西欧联盟决定吸收战败国意大利和联邦德国加入,解决了德国军队参与到欧洲共同防务的结构性问题。然而该联盟并不设独立的委员会,而是组建由各国代表组成的理事会。1955年5月,《巴黎协定》在各国议会均得到批准。由于西欧在防务上主要依赖北约，西欧联盟的主要政治活动集中在协调各成员国在安全和外交关系相关问题的立场，并未实际承担防务职能，部长理事会除了不定期举行会议之外，基本上无重大活动，直到1984年6月12日，西欧联盟在巴黎举行中断多年的外长会议，正式宣布"复活"。

《巴黎协定》的签署，标志着西方阵营在组织层面上的形成，并将欧洲煤钢共同体所开启的欧洲一体化进程扩展至军事领域。阿登纳领导下的联邦德国在成立后，被视为是德国的唯一合法政府，这一合法性首先为重新武装德国以及德国加入北约奠定了基础。联邦德国此后走上了政治与经济复兴的和平道路。

接下来我们将视角转向苏联阵营。与西欧相比，在斯大林的权威统治下，在这一时期苏联阵营内部显得更为平稳一些。1948年二月事变之后，捷克斯洛伐克倒向苏联阵营，同年6月，南斯拉夫被开除出共产党与工人党情报局，此后，东欧国家基本上团结在苏联的无产阶级国际主义的旗帜下。斯大林更倾向于对苏联的卫星国分而治之，苏联并未打算形成集体性的防务条约，而是与各国分别签署双边协议，这一期间苏联阵营内部的唯一广泛性组织是经济互助委员会(The Council for Mutual Economic Assistance，简称为Comecon)，该委员会在一定程度上是欧洲经济合作组织的苏联翻版。美法等国就重新武装德国问题争论不休时，斯大林及其继任者不断对西德重新武装表示激烈反对。《巴黎协定》的签署催生了西欧联盟之后，苏联认为应向西方展示共产主义阵营的牢不可破。1954年11月20日至12月2日，苏联同东德、波兰、捷克斯洛伐克、匈牙利、罗马尼亚、保加利亚、阿尔巴尼亚在莫斯科举行欧洲国家保障欧洲和平和安全会议，会议通过宣言声称如西方国家批准《巴黎协定》，苏联和东欧国家将在组织武装力量和联合司令部方面采取共同措施。1955年5月6日，《巴黎协定》签署后翌日，苏联宣布废除与英国和法国分别于1942年和1944年缔结的防御条约。5月11—14日，上述八国代表在华沙签署了《华沙条约》，条约第4条规定："如果在欧洲发生了任何国家或国家集团对一个或几个缔约国的武装进攻，每一缔约国应个别地或通过同其他缔约国的协议，以一切它认为必要的方式，包括使用武装部队，立即对遭受这种进攻的某一个国家或几个国家给予援助。"

华约盟国的同盟义务的自发性与无条件性,与《北大西洋公约》第5条规定并无二致。与《北大西洋公约》不同的是,《华沙条约》并未将政治协议和军事协议分开,并且规定了自身的有效期限,"如在欧洲建立了集体安全体系并为此目的缔结了全欧集体安全条约(这是缔约国坚持不渝地努力争取的),本条约将在全欧条约生效之日起失效"。根据条约第5条规定,"缔约国各方同意建立它们的武装部队的联合司令部,统率根据缔约国各方协议拨归其指挥的各国武装部队",在华约组织的历史上,该武装部队的总司令和参谋长均由苏联人担任。

《巴黎协定》和《华沙条约》在1955年5月短短的一个月之内相继生效,从而在军事层面上进一步形成了欧洲的分裂局面。自此以后,美苏两大阵营在欧洲大陆的摩擦和冲突并没有真正停止过,然而均未突破这一年所形成的稳定性机制。在这个意义上,我们不妨说,1955年以后,冷战以及两极对立的欧洲阶段结束了。1955年后,两极对立的形式和主战场都将发生新的变化。

3. 从美苏对立到第一次美苏缓和

1952年11月,杜鲁门宣布放弃竞选连任。民主党总统候选人艾德莱·史蒂文森(Adlai Ewing Stevenson)在当时负有盛名,被誉为仅次于温斯顿·丘吉尔的天才,共和党候选人则是二战英雄艾森豪威尔。在普通民众中,史蒂文森的受欢迎程度显然无法与艾森豪威尔相提并论。在激烈的选战期间,共和党利用民众的英雄崇拜情结,大力宣传艾森豪威尔的赫赫战功(此时的艾森豪威尔同时还是北大西洋公约组织欧洲盟军统帅)。艾森豪威尔毫无悬念地赢得了总统大选,成功问鼎白宫。杜勒斯(John Foster Dulles)被任命为国务卿,进入美国政府决策层。1953年1月,艾森豪威尔宣誓就任总统几天后,斯大林去世。在两个月不到的时间里,白宫和克里姆林宫相继易主,国际政治舞台告别了杜鲁门和斯大林的强硬对立时代。尽管其政治主张或出于选战的需要有策略性调整,世人对艾森豪威尔的政治主张并不陌生,而相比之下,后斯大林时代的苏联领导层的变化,在外界眼里则更为神秘与难以解读。

杜勒斯一贯以其强硬的对苏立场著称,他甚至毫不客气地批评过杜鲁门的外交政策,认为过于软弱,认为遏制政策不足以应对苏联的威胁。1952年共和党进行竞选期间,杜勒斯发表了《大胆政策》(Policy of Boldness)一文,强调美国应采取更加积极、大胆的对苏政策,实现推回策略(roll back),即不惜通过军事行动将局势推向战争边缘,逼迫敌对国家最终屈服。1953年12月在批准欧洲防务共同体的国会辩论中,杜勒斯威胁称,如果欧洲防务集团建立不起来,"将导致一个对美国基本政策的痛苦的重新评价",暗示美国可能从欧洲撤军。1954年1月12日,杜勒斯在纽约对外关系委员会上发表演说,描绘了其"新面貌"战略,批评杜鲁门政府的战略"不是一种健全的战略",并进一步指出,"我们的目标是使我们同盟友的关系少花钱多见效。为了做到这一点,要更多地依靠威慑的力量,同时减少对局部防御力量的依赖",美国在防御上花费过多(占财政预算的14%),而欧洲盟友的防御支出只是3%多一点,核竞赛对军费开支自然提出更高的标准,但也不能不顾及成本。杜勒斯公开而详尽地对大规模报复战略(massive retaliation)进行阐述,宣称"单纯的局部防御绝不可能遏制共产党世界强大的军事力量。必须用大规模报复的打击力量作为进一步的威慑来加强局部防御……阻止侵略的办法就是由自由世界愿意并且能够利用自己选择的方式在自己选择的地点做出有力的反应"。

在充满火药味的言论背后,杜勒斯实际上敏锐地嗅到了斯大林去世后苏联国内局势出现的危机以及两大阵营共存的信号。我们应当在政治和军事背景下考察杜勒斯的言论,从而全面认识其真实意图。杜勒斯关于推回策略的表述,是在总统大选期间抛出的,明显带有为选举造势的性质,推回策略的火药味一定程度上化为了艾森豪威尔总统就职典礼上的礼炮。杜勒斯口口声声强调苏联若进犯,则将招致美国"马上进行报复",然而这一主张也只是停留在口头威胁上,并未在随后的行动中落实,因为引发美国进行立刻报复行动的条件并不充分,试问1945年以来,苏联的军事威胁果真明确存在,使得大规模报复战略能够成立吗?战后斯大林每走一步都保持了克制与谨慎,即使在自家门口的朝鲜战场上,苏联军队也并未与美军发生直接冲突。因此杜勒斯的"新面貌"战略产生影响并不是直接的,或者说,杜勒斯炮制这一政策,并非基于对国际政治现实的考量,更大意义上是向欧洲和苏联发出信号。通过新面貌战略,美国意在知会欧洲盟友,美国的核保护伞将确保欧洲的安全,只要苏联不将欧洲作为其军事行动攻击的直接目标,那么欧洲就应当抛开顾忌,并有信心在欧洲之外追随美国。而苏联人接收到的信号则是,世界局势在发生新的变化,美国愿意绕过欧洲盟友的恐苏情绪,直接与苏联进行接触。通过对新面貌政策的这一解读,我们不难认识一个作为东亚问题专家的杜勒斯,其外交思路的中心逐渐从欧洲发生偏移,试图通过大规模报复战略,对苏联在欧洲的存在进行威慑,同时腾出空间将视角转向东亚。历史学家马克·特拉亨伯格(Marc Trachtenberg)指出,大规模报复会引发同样大规模的回击,美苏双方拥有同等级别的摧毁对方的实力,这一均势格局实际上表明大规模报复战略在逻辑上本身并不成立。换言之,均势格局中冲突双方都面临着同样的问题,即在先发制人之后,没有一方能够确保不招致对方程度相当的"大规模报复"。随着核竞赛愈演愈烈,实施先发制人的可能性实际上并不存在。

这一时期的欧洲,在某种意义上沦为了美国在国际政治的跟班。一部分欧洲人已经觉察到了这种转变对欧洲意味着什么;在世界政治新格局中,欧洲已经不再是中心,失去了国际关系中的主体地位,成为超级大国全球战略的一枚棋子。前文提及的被誉为"欧洲统一之父"的法国人让·莫内,在 1952 年被任命为欧洲煤钢共同体最高机构的主席,1954 年 11 月,莫内表示欧洲应当在一体化框架内拥有行动的自由度,而不是唯美国马首是瞻。他指出,西欧各个国家需要通过民主的方式,找寻自身在新的历史时期的定位:

> 我们欧洲国家,在今天的世界中已经变得太小了。今天,美国和苏联定义了现代科技的规模,而在未来,将由中国或印度来定义。

今天看来,这无疑是先知先觉的智者之言。欧洲的"小国"应当寻找与超级大国竞争的新方式。根据莫内的构想,欧洲应当在这些领域实现一体化:交通、传统能源、核能源的共同开发利用以及农业。在莫内等人的推动下,各国政府开始在一个更为广泛的意义上讨论欧洲经济一体化的方案。这并不是一朝一夕可以收到实效的,但却影响了此后数十年直至今天的欧洲以及世界。莫内关于建立欧洲经济同盟的构想在 1955 年 6 月 1 日成为现实,参加欧洲煤钢共同体的六国外长在意大利墨西拿举行会议,建议将煤钢共同体的原则推广到其他经济领域,并建立共同市场。比利时外长保罗-亨利·斯巴克(Paul-Henri Spaak)受命主持专门委员会的工作(即所谓的"斯巴克委员会"),讨论建立欧洲共同市场以及成立欧洲原子能共同体(EURATOM)。斯巴克委员会的工作同样遭遇不小的阻力,欧洲防务共同体失败的历史似乎要再次上演。1956年11—12月,苏伊士运河危机爆发,英法两国试图通过军事行动实现苏伊士运河的私有化遭遇失败,这一事件成为欧洲经济同盟谈判的重大转折。在此次危机中,英法两国面临的不仅是埃及的反抗,还遭到了美苏的联手干预——这是两个超级大国首次为达成共同的政治目的而在区域问题中联手。美国认为英法在苏伊士运河危机中的作为是老牌殖民主义的行径,出于自身全球战略的考量,同时也为了在非洲的去殖民化进程中与苏联竞争,拉拢新独立的亚非拉国家,美国反复向两位欧洲盟友施压。且不论英法行为的正当与否,美苏的干预无疑验证了先前莫内的论断,苏伊士运河危机彻底打破了英法殖民旧梦,也使西欧各国意识到建立统一的欧洲市场的迫切性。苏伊士运河危机后,斯巴克委员会主导的与荷兰、比利时、卢森堡、法国、意大利、联邦德国的谈判进展加速。1957年3月25日,六国外长在罗马签署建立欧洲经济共同体与欧洲原子能共同体的两个条约,即《罗马条约》,该条约经六国议会批准,于1958年1月1日生效,标志着欧洲经济共同体的正式诞生。以英国为代表的七国对该条约表达了怀疑与抵制,英国担心加入该条约会失去主权及控制国内经济的权力。七国决定另外成立单独的组织使非欧洲经济共同体成员国能在与欧洲经济共同体六国进行谈判时保持团结,同时在其内部实行一定程度的自由贸易。1959年11月,英国联合瑞典、丹麦、挪威、奥地利、葡萄牙、瑞士六国成立欧洲自由贸易联盟(European Free Trade Association,简称EFTA)。事实证明,英国等国对欧洲经济共同体的怀疑和抵制是一种误判,欧洲经济共同体成立之后,不断发展壮大,推动了西欧(后来是几乎整个欧洲)的政治经济发展。

  欧洲经济共同体从发起到最终成立这一期间,美苏两个超级大国的新政策也已经十分清晰。杜勒斯长袖善舞,四处奔走,继续推销其新政策,而苏联也以各种方式宣告其全球利益所在:这一时期苏联对美以防御政策为主,美苏关系得到了一定的缓和。杜勒斯的新政策表明了美国的对外政策不是一成不变的僵硬教条,而是因势利导的灵活策略。1953年9月26日,美国恢复与西班牙的外交关系,两国正式签署《美西共同防卫援助协定》,该协定规定美国可以在西班牙领土利用和开发空军及海军基地。与此同时,美国还向希腊、土耳其两国提供了大量财政和军事援助,并竭力拉拢在外交上备受孤立的南斯拉夫,意大利也因此被迫放弃了将的里雅斯特自由区(Free Territory of Trieste)并入意大利的努力(1947 年在签订对意和约时,的里雅斯特自由领土成为中立领土,然而由于联合国安理会无法就地区行政长官人选达成一致意见,该中立领土一直处于各方势力割治的局面)。1954 年 10 月,意大利接受了妥协方案,的里雅斯特回归意大利,原自由领土的东部地区则留在南斯拉夫。

1953 年春天,杜勒斯出访中东各国,进行了长时间的"考察之旅"。此时的中东早已是为国际政治中的焦点,作为第一位访问中东的美国国务卿,杜勒斯此行主要为推动建立共同防御体系,构建南高加索地区的防御带(即北层防御带,"Northern Tier")。杜勒斯的外交之旅,间接推动了英伊危机的解决。伊朗石油业自 1913 年起一直由英伊石油公司掌控,该公司的背后实际上是英国政府。1951 年 4 月,民族主义者穆罕默德·摩萨台被任命为首相,上台后第二个月,摩萨台宣布将英伊石油公司国有化,英伊石油公司到 1993 年到期的特许经营权被撤销,其资产亦被没收。此举使英国政府大为不满。此次危机为后来几十年的石油争端埋下了隐患,也为后来伊朗革命埋下伏笔。1954 年 8 月,摩萨台政府在政变中被推翻,英伊危机解除,美国公司占 40% 股份的石油联合公司成立。

在进入政界之前,杜勒斯有过多年的法律工作经历,骨子里是个法律人,深信只有订立盟约实现的政治体系方能保障美国的利益,此前提及,他同时还是一名资深的东亚问题专家。1954 年,北越在奠边府战役中获得对法军的决定性胜利,法国撤出越南北部,动荡的东亚局势在美国对外政策中的分量不断加重。1951 年,美国、澳大利亚、新西兰签署了《澳新美安全条约》(Australia, New Zealand and the United States Pacific Security Treaty,缩写为 ANZUS)。1954 年 9 月 8 日,美国、英国、法国、澳大利亚、新西兰、菲律宾、泰国、巴基斯坦成了东南亚条约组织(SEATO),这一类似北约的共同防御组织取代了《澳新美安全条约》。1954 年 10 月 25 日,艾森豪威尔在致南越总统吴庭艳的信中承诺美国将随时进行援助,条件是南越政府进行必要的改革,建立一个"真正强大,并能够抵御武装颠覆或侵略的国家",这番表态实际上透露出了东南亚条约组织的本质。

杜勒斯满世界推销其外交政策,对订立条约似乎有着近乎偏执的兴趣,表面上看,其外交政策是杜鲁门的遏制政策在全球范围的延伸与进一步阐发:单方面的遏制是不够的，或者说，应当将遏制政策升级为对苏联的全面包围。然而，杜勒斯的新政策并非新瓶装旧酒，美国外交政策的转向，离不开对苏联国内局势的研判——斯大林去世后，苏联国内政治经历了去斯大林化的阵痛，斯大林个人专断独行的时代已经成为历史，后斯大林时代的苏联阵营内部出现了动荡甚至破裂的信号。

斯大林并未留下政治遗嘱，强人谢幕后，苏共最高领导层出现了政治真空。围绕着接班人问题，苏共领导层展开了一波三折、血雨腥风般的争斗，苏共中央全会在斯大林死后宣称要恢复集体领导的原则，但实际上政治斗争暗流汹涌。斯大林执政后期，其个人权威很大程度上维系了东欧各国的共产主义信仰，然而在苏联国内，斯大林晚年性格越发乖戾猜疑，不少苏联人都暗地里猜疑其精神是否出了问题。斯大林曾经当着贝利亚赞扬元帅伏罗希洛夫，称其是老布尔什维克，然而不久以后，贝利亚就收到了关于这名德高望重的苏联元帅是英国间谍的黑材料；莫洛托夫被许多人认为是斯大林天然的接班人，他也被毫无征兆地拿下，接替他的是维辛斯基。党内高层在斯大林面前无一日不是战战兢兢，如履薄冰，而小人物的遭遇则更是迷失在历史的尘埃或浩瀚的卷宗中。成千上万的持不同政见者，因为莫须有的猜疑定罪，在西伯利亚的劳改营度过了漫长而艰苦的岁月。1953 年 1 月，苏共机关报《真理报》刊文《医疗专家面具下的邪恶间谍杀手》，指控 15 名医生利用职务便利阴谋杀害主管意识形态的安德烈·日丹诺夫等高级领导人。两名医生死于刑讯逼供，其他医生屈打成招，承认参与了这场可怕的阴谋。苏共内部的权力之争日趋复杂和白热化，用赫鲁晓夫后来的话来说，"看起来，乐团里每个乐手都在心不在焉地演奏各自的乐器，而乐团指挥其实已经停下了手中的指挥棒"。

斯大林在身后留下了庞大的政治遗产。斯大林时代的苏联，社会生活发生了巨大转型，苏联成为全球性的超级大国，拥有了庞大的战争机器。斯大林的接班人并非没有意识到他所开创的政治经济体制的局限性，但对其结构上的脆弱性仍缺乏清醒的认识。简而言之，苏联的经济制度从各个方面来看都是背离市场经济的。苏共中央在国家经济和财政政策上拥有不容置疑的决策权。庞大的官僚机器维系着经济制度的运转，重工业和军工成为经济发展的重中之重，轻工业长期得不到重视，经济体制的畸形严重制约了苏联社会民生的发展。

实际上，即使实行计划经济，也不能完全无视投入产出的比例关系，然而苏联的计划经济却一味追求产量上不断再创新高，质量管理却得不到保障，导致了巨大的资源浪费，成本的合理控制更是无从说起。僵化的经济体制也制约了科技进步对经济发展的正面贡献，生产效率处于停滞不前的境地。由于国有企业在国民经济中占据绝对垄断地位，市场竞争几乎完全被扼杀，这一自给自足的经济体制越来越无法调和其内部矛盾，导致日后苏联解体的根源，在斯大林时代便已经在慢慢发酵。一言以蔽之，苏联经济政策的失败，不是经济本身出了问题，而是政治问题，生产效率日益低下，发展创新动力不足，人的发展必然也受到极大的限制。

斯大林无法预知自己的死，而即使他能够早做准备，他也未必会指明其接班人。他的"亲密战友们"随后形成了"集体领导"。马林科夫出任苏联部长会议主席（相当于政府总理），副主席有四名（相当于副总理），其中莫洛托夫为外交部部长，贝利亚出任内务部长，布尔加宁担任国防部长，卡冈诺维奇出任经济问题部长（国家劳动和工资问题委员会主席）。伏罗希洛夫元帅东山再起，迎来其政治生涯的巅峰，成为苏联的国家元首（苏联最高苏维埃主席团主席），赫鲁晓夫成为苏共中央委员会第一书记，苏斯洛夫担任中央书记。在苏联部长会议主席团的名单中，赫鲁晓夫的名字排在马林科夫、贝利亚、莫洛托夫、伏罗希洛夫之后，列第5位。西方对赫鲁晓夫这个名字甚至感到有些陌生，出乎更多人意料的是，最终赫鲁晓夫杀出了权力斗争的重围。

集体领导表面上一团和气，实则暗潮汹涌，各方势力都谋求提高自身威信，觊觎全面继承斯大林留下的政治遗产。1955年7月的最高苏维埃会议上，赫鲁晓夫及其支持者向马林科夫发难，指控其滥用权力，参与发动了"列宁格勒冤案"，与贝利亚来往过密。马林科夫在压力之下辞去部长会议主席一职，转任部长会议副主席兼电力部长。而就在不久前，贝利亚已第一个品尝了权力斗争失败的苦果。1953年6月26日，贝利亚在受政治局谴责后被捕，罪名是"为外国资本家卖力"。当他向马林科夫求救时，这位昔日好友却别过头去，置若罔闻。同年12月23日贝利亚被执行死刑。马林科夫一定不会想到，不久以后自己也将被迫辞职，不过比起在肉体上被消灭的贝利亚，他仍然是幸运的。

贝利亚成为了过去时，而他活着的时候似乎就只属于过去，或者说他从来就没有从过去走出来,与斯大林一样,他始终都提防着德国,认为德国才是苏联的心腹之患。现在,斯大林的时代结束了,忠心耿耿的贝利亚也追随领袖于地下,在赫鲁晓夫的时代开启之前,历史留给马林科夫一点个人时间。相比之下,马林科夫等苏共领导人的视野更为开阔,出生于1902年的马林科夫还是领导集体中年纪最轻的一个。1953年8月,马林科夫承诺要推动经济工作的重心向消费品领域转移,并公开明确表示支持与西方改善关系,他表示:"我们坚信,没有什么悬而未决的问题或争端是不能由各方通过签订协议以和平手段解决的。苏联愿意实现两个阵营之间的和平共存。"

在此后的多个场合,马林科夫也多次表达了寻求与西方对话的意愿,在这个方向上,他的步子迈得似乎有点大。他指出,战争是全人类的灾难(他的同志们则多数认为,战争摧毁的不过是资本主义制度),核战争一旦爆发,将不可避免地葬送整个世界文明。马林科夫的言论招致中央委员会主席团大多数人的坚决反对,当然反对的声音并不意外,事实上,即使马林科夫本人在1949年还声称,"如果发生新的世界大战,帝国主义将被消灭"。

马林科夫上台后的一系列表态似乎预示着美苏和解的希望。文学界敏锐地感觉到了社会政治生活中发生的变化。作家爱伦堡于1954年发表了中篇小说《解冻》,书中多次提到严冬即将过去,"已到解冻时节","春天就在眼前"。

纵观这一时期,杜勒斯一方面不断巩固西方阵营,另一方面也在着手改善美苏关系,赫鲁晓夫上台后,实际上并未否定马林科夫的对美政策,同样将与西方对话视为苏联对外政策的两大重心之一,只不过比起马林科夫的老成谨慎,赫鲁晓夫的风格要粗暴得多。此外,赫鲁晓夫同样重视巩固苏联的势力范围。在苏联看来,家门口的欧洲,局势已经显然稳定下来了,而亚非拉国家的去殖民化运动和1955年发起的不结盟运动,则为苏联提供了新的机会。

1953年,两大阵营的紧张关系就已经出现了初步放缓的迹象。1951年,朝鲜战争已经打了一年,6月23日,苏联驻联合国代表马立克提出和平解决朝鲜问题的建议,主张交战双方谈判停火与休战,把军队撤离"三八线"。6月25日,杜鲁门发表政策演说时称,美国愿意参加朝鲜问题的和平谈判。6月30日,联合国军总司令李奇微表示接受苏联建议,并准备举行谈判。然而,由于谈判各方对彼此仍然高度不信任,谈判进展迟缓,几乎陷入僵局。谈判期间恰逢美国总统大选,艾森豪威尔在竞选中公开承诺,当选后将尽快和体面地结束朝鲜战争。10月25日各方在板门店重启谈判。11月27日,谈判各方就军事分界线及非军事区问题达成协议,"以双方现有实际接触线为军事分界线,双方各由此线后退两公里以建立停战期间的非军事地区"。1953年7月27日,朝鲜停战协定签订,直到今天朝鲜半岛的分裂局面仍然没有改变。

1954年,美苏迎来了营造缓和局面的第二次契机。1月25日,英国外交大臣艾登提议在日内瓦召开四国外长会议,讨论欧洲局势。会议进行到2月18日,仍未达成任何实质性结论,4月26日,会议在日内瓦再次召开,讨论朝鲜问题的政治解决和印度支那的停战问题,朝鲜和韩国均派代表参加此次会议,中国政府总理周恩来亦率团出席。中国代表出现在日内瓦会议上,让杜勒斯颇为头疼,美国并不承认中华人民共和国政府,然而相关问题的解决无法绕开中国,杜勒斯被迫对外宣称,美国参加谈判不意味着在任何意义上承认中华人民共和国,在美方的坚持下,中国政府代表团不是以与会国,而是以受邀国的身份参加会议。日内瓦会议开了将近两个月,在朝鲜问题上同样没有任何突破,但在越南、老挝、柬埔寨(即印支三国)问题上通过《日内瓦会议最后宣言》,实现了印度支那地区的停战,然而美国代表并未在最后宣言上签字。

从美苏关系的角度出发,日内瓦会议达成的一系列协议,实际上反映了国际局势的新变化。日内瓦会议是继1947年的和平条约①和朝鲜停战协议之后,美苏第一次以会议形式在重大议题上实现妥协。学术界对于日内瓦会议存在着不同、甚至是争议性的解释,但不可否认的是,此次会议为国际关系带来了新气象——大国之间,尤其是美苏之间,在经历了战后几年的紧张对立之后,实现了用妥协来取代冲突的解决方式。尽管此次日内瓦会议还不能真正视为美苏关系缓和的开始,但毕竟双方的政策中已经开始逐渐渗透这一思维,而这种政策的逐渐转向不是某个阵营一厢情愿便可达成的,当然更不是一蹴而就的,而是一个逐渐变化的过程,双方逐渐转变思维,不再将冲突视为两大阵营不可回避、难以超越的阈值。

1955年7月18—23日,美、苏、英、法四国在日内瓦召开了二战后首次政府

---

① 反法西斯同盟国与法西斯德国的盟国意大利、罗马尼亚、保加利亚、匈牙利和芬兰分别缔结的和约的总称。——译者

首脑会议。会议仍然延续了此前会议定下的基调。此时赫鲁晓夫在苏联的地位已经逐步巩固,美苏两国政府首脑实现对话的时机逐渐成熟。二战结束后,处理欧洲战败国问题一直是苏联和西方国家争执的关键。此前对奥地利和约的缔结,解决了二战的一大遗留问题,对世界局势特别是欧洲局势的缓和起了积极的作用,同时为后来的四国首脑会议的召开铺平了道路。奥地利是纳粹德国军事扩张的第一个受害国,战后,奥地利和德国一样,分别由苏、美、英、法四国分区占领。1946年四国外长会议决定起草实现奥地利独立的对奥和约。1949年6月,四国外长会议达成对奥和约主要问题的初步协议。然而由于在这之后德意志联邦共和国的成立,斯大林认为应当搁置对奥和约问题,首先解决德国问题。1955年5月15日,苏、美、英、法、奥五国外长在维也纳签订了《奥地利国家条约》(全称《重建独立和民主的奥地利的国家条约》)。该条约并不被定义为对奥"和约",也是考虑到奥地利和同盟国在二战期间实际上从未存在战争状态。条约规定,全面恢复奥地利主权、独立和1938年1月的边界,禁止奥地利与德国缔结任何同盟,奥地利应组建民主政府等。同年,10月,奥地利宣布永久中立,不参加任何军事同盟。

正是在这样的一个相对缓和的国际氛围下,1955年7月18日,四国首脑会议在日内瓦召开。这是战后四大国在1945年波茨坦会议以来的第一次四国最高级会议。赫鲁晓夫、布尔加宁、莫洛托夫代表苏联参加,艾森豪威尔和杜勒斯代表美国,英国代表是艾登和哈罗德·麦克米伦,而法国方面则是总理埃德加·富尔和安托万·比内出席。峰会上四国领导人讨论了德国的统一、欧洲安全、裁军以及东西方关系等议题。

此次峰会一度被外界寄予极高的期望,甚至有人乐观地认为冷战即将结束,和平指日可待。然而美苏在许多问题上均存在重大分歧,会议同样未能获得实际成果,舆论失望之余认为两大阵营错失和解良机。实际上,峰会前外界普遍的高预期是注定要落空的。各国领导人在此前接触不多,尤其是美国对于苏联新领导集体的了解并不充分,互信更是无从谈起。美苏领导人在对话中,都试图最大程度扩大和巩固各自的势力范围,这也导致了会议笼罩在其他国家对美苏的不信任情绪中。正如莫内所言,在超级大国面前,欧洲的传统强国已经显得十分"弱小"了:大英帝国的国际影响日渐式微,第四共和国时期的法国

(1946年到1958年的法国共和政府)国内局势并不稳定,自顾不暇,遑论其他,这也就决定了在峰会上,英法两国注定难有大的作为。尽管如此,此次峰会的意义仍然是不容低估的,这毕竟是战后东西方最高领导人首次直接接触,坐下来讨论国际问题,会议本身就已经传递出积极的信号——它标志着美苏两极在战后尖锐对立的结束,更是冷战漫长的终结历程的起点。日内瓦峰会后几十年里的国际格局的整体走势大体上未发生重大偏离,尽管多次冲突箭在弦上,蓄势待发,然而最终都还是通过理性对话在最后关头实现非军事解决,回归此次峰会所定下的基调。

此外,我们还可以从这一时期前后的两件大事印证此次峰会的深远意义——在峰会之前,这几乎是不可想象的。首先是苏联与西德实现邦交正常化。1955年1月,苏联宣布终止同德国的战争状态。在四国首脑峰会召开之前的6月7日,苏联方面邀请西德总理阿登纳访苏,讨论两国建立直接的外交、经济和文化关系,即实现两国关系正常化。这是战后苏联首次向西德政府发出照会,事实上是从国际法意义上承认西德。阿登纳经过反复权衡,并与美国方面进行充分沟通后,于6月30日回复苏联的照会表示接受邀请。1955年9月8—13日,阿登纳访问莫斯科。苏联希望通过与西德关系正常化,推动东西德之间的对话,并借此削弱西德加入北约对苏联的不利影响。而阿登纳此行目的也十分明确,他强调任何势力都无权绕开西德政府决定德国的前途(德国统一问题本身就是日内瓦峰会的重要议题之一),西德虽作为西方阵营的重要成员,不会因此牺牲其民族利益。尽管两极格局并未因阿登纳访苏发生结构性变化,但阿登纳此行毕竟在战后苏德关系中迈出重要的一步。在最后相互交换的备忘录中,阿登纳和苏联部长会议主席布尔加宁宣布:"联邦德国和苏联之间正常关系的建立和发展将有助于解决整个德国的悬而未决的问题,因而也有助于解决所有德国人民面临的主要问题——重新实现德意志民主国家的统一。"9月23—24日,联邦德国联邦议会与最高苏维埃主席团先后批准了两国政府正式建交的建议,西德与苏联正式建交,这也是西德与苏联阵营国家建立的唯一的外交关系。

其次,联合国的半瘫痪状态也得到了解决。美苏对峙的两极格局导致不论是联合国安理会还是联大协商一致的投票率一直较低。美苏为了各自利益频繁使用否决权,这种情况使联合国机构几乎处于半瘫痪状态,沦为美苏两国斗争的场所和工具。1949年10月,中华人民共和国成立后,中国在联合国的代表席位问题也随之产生,此外,随着去殖民化运动的兴起,新独立的国家陆续成为联合国的新成员,而这一席位分配上的变化对苏联是有利的,这使美国深感不安,尤其是在联大会议上加入反美阵营的国家超过了1/3,足以使许多程序性决议难产。1955年12月,联合国安理会通过决议,吸纳16个新成员国加入,联合国成员国从58个国家上升至74个。联合国内部的这一变化,将在此后数年里,彻底改变国际关系原有平衡,关于这一点,下文将详加阐述。

美苏从对立逐渐转向对话,同时并未因此放缓各自在世界范围内巩固并扩大影响的努力。一方面也与苏联的利益在世界范围内的明显扩张有关。斯大林去世后,苏联不断在地中海、非洲、拉丁美洲、南亚、东南亚以及中国、太平洋地区寻求扩大势力范围。苏联热衷于证明其作为全球超级大国,有能力在世界各个角落施加其影响。马林科夫在多个场合的讲话提出了苏联外交政策的对话思维,而布尔加宁、赫鲁晓夫等人则通过行动走得更远,世人都感受到了新一代领导集体与斯大林的差别。即使是在苏联与西方"伟大的同盟"的时代,斯大林都从未想过离开苏联本土,只有波茨坦会议算是破例了一回,然而1945年年初,罗斯福的健康状况已经十分堪忧,斯大林却仍坚持其前往雅尔塔参加三巨头会议。斯大林之后的苏联新领导人相比之下更具活力,也更热衷于在国外进行长期访问。1954年9月29日赫鲁晓夫率苏联政府代表团访华,当时中苏关系尚未交恶,而在此前的日内瓦会议上,中苏在印支问题上也展开了富有成效的合作。1955年5月26日,赫鲁晓夫率领由苏联部长会议主席布尔加宁、第一副主席米高扬等人等组成的苏联代表团飞抵南斯拉夫首都贝尔格莱德,同铁托举行会谈。值得一提的是,苏联领导人亲吻南斯拉夫同志,作为一种外交礼仪,本无须进行过多解读,然而当时电视已经相当普及,苏南两国领导人打破政治僵局、握手亲吻的画面通过电视镜头得到了放大,有人将其解读为恐怖的死亡之吻,有人则视之为是苏南和解、相逢泯恩仇的信号。总之,赫鲁晓夫访问南斯拉夫,收获了巨大的成功,巴尔干同盟被打破,苏南关系的改善推动铁托向中立主义靠拢,远离北约的拉拢。

1955年7月,赫鲁晓夫在苏共中央全会上甚至指出,如果印度在中国之后加入社会主义阵营,那么西方资本主义将决定性地衰落下去。同年 11 月 17 日到 12 月 21 日,赫鲁晓夫和布尔加宁接连访问了缅甸、阿富汗和印度,此行同样收获颇丰。虽然并未加入苏联阵营,但印度的中立立场得到了确认与加强。值得一提的是,赫鲁晓夫此次访印,两国签订了经济合作协议,赫鲁晓夫为印度带来了可观的经济援助,同时也影响了印度此后的经济发展模式,此后,印度实行了三十多年的计划经济,这也为后来印度经济的发展与转型埋下了隐患。

4. 去斯大林化以及苏联阵营的危机

自列宁始,苏联领导层的权力交接从未形成一定的机制,高层权力斗争愈演愈烈,领导层的更迭必然带来政治体制的"阵痛",对苏联国内政治以及国际政治都产生一系列重大影响。1922 年 12 月,列宁第二次中风后,将权力移交给斯大林和季诺维也夫、加米涅夫形成的"三驾马车";而斯大林生前从未明确指定接班人,其身后的苏共毫无疑问将卷入权力斗争的漩涡。马林科夫上台以来,开创了较为温和的政治新路线,这也很快反映在苏联与华约国家关系上,东欧各国坚定执行斯大林路线的政治势力很快便从领导层遭到了清除。

1955 年 2 月,马林科夫在与赫鲁晓夫斗争中失败,被迫辞去部长会议主席一职,尽管仍然留在政治局中,但却担任政治地位明显较低的部长会议副主席及电力部长——政治斗争的失败者不再从肉体上被消灭。赫鲁晓夫上台后,开启了苏联政治的新气象,反观马林科夫,不过是在斯大林和赫鲁晓夫之间的一个过渡。此时的西方对这位苏共中央第一书记的了解并不多。1955 年的赫鲁晓夫,在外界看来,完全是一张新面孔。外界很快注意到,这位苏联新领导人与斯大林气质风格气质迥异。斯大林是内敛而阴郁的,而赫鲁晓夫的性格则更外向、热情、乐观些,他的行事风格沉静不足而鲁莽有余,举止做派难称有政治家风度,几乎就像是个俄罗斯农夫。此外,赫鲁晓夫并不拥有像斯大林那样的绝对权力,而是受到政治局和苏共中央的制约。

赫鲁晓夫事实上并未否定马林科夫的政治路线,上台后他与军工业保持了相当密切的关系,事实上,自斯大林时代以来,军事重工业就一直控制着苏联经济的命脉。赫鲁晓夫同时强调,国际关系中的紧张气氛已经不复昨日,斯大林时期对盟友过于强势的联合方式已经过时,较为温和的经济合作方能确保盟友的忠诚,苏联要认识到形势正在起变化,审时度势,因势利导,方能在国际政治中打好手中的牌。

1956年2月14—25日,苏共二十大召开,赫鲁晓夫迎来其政治生涯的巅峰,并很快让苏共、苏联乃至全世界都认识了自己。在会上赫鲁晓夫做了两个报告,其一是公开报告,讨论国际问题,其二为秘密报告,即后来震惊世界的《关于个人崇拜及其后果》的报告。

在公开报告中,赫鲁晓夫阐明了和平共存的问题,提出"现代战争不是注定不可避免的",认为两大阵营将"和平共处、和平竞赛、和平过渡",认同以不同方式过渡到社会主义的道路,这实际上是对斯大林的无产阶级国际主义的社会主义的否定,认可了不同国家实现社会主义的民族道路的合法性,表明苏联将与不结盟国家一道,谋求巩固和平局面,社会主义事业在这样的国际氛围中将取得更大的进步,最终以和平手段征服全世界,当然赫鲁晓夫没有忘记为"和平"加一个注脚,那就是在资本主义仍然强大的国家,向社会主义过渡则只能伴随着"尖锐的阶级斗争、革命斗争"。

赫鲁晓夫在公开报告中已经明晰地表达了不同于斯大林主义的政策,2月25日,苏共二十大最后一天,赫鲁晓夫抛出了重磅炸弹,突然向大会的代表们作了《关于个人崇拜及其后果》的内部报告,从根本上否定了斯大林,猛烈抨击了斯大林的个人形象、政治路线。赫鲁晓夫指责斯大林要为大清洗时期的恐怖政治、迫害少数民族的罪行以及破坏法制等的独裁作风负责,他情绪激动,列举大量事实,控诉斯大林是如何对待(或者说是虐待)自己的同志们的。这份报告对斯大林的个人神话、历史地位及其造就的体制进行了全盘否定。

尽管今天我们仍习惯上将赫鲁晓夫所做的内部报告称为"秘密报告",但报告内容很快便为世界知晓。起初,赫鲁晓夫要求代表们"不要把话题扩散到党外,更不必说传到媒体那里"。然而在3月,赫鲁晓夫就将一份报告文本作为材料发放到党组织里,供700万党员和1800万共青团员讨论学习。同时,以色列情报机构在华沙获得秘密报告文本,于4月送到美国中央情报局手里。1956年6月5日,《纽约时报》全文刊登了该报告,对报告内容苏联方面并未进行否认。

赫鲁晓夫秘密报告不仅否定了斯大林个人,更将斯大林所代表的国际共产主义判了政治上的死刑。随着秘密报告在全世界范围的披露,国际共产主义遭遇了前所未有的危机。苏共的政策转向,同样引起中国密切关注。中方认为,赫鲁晓夫的报告体现了苏共当局的修正主义立场。该报告的出台,实际上埋下了中苏关系不和的导火索。在东欧,赫鲁晓夫的报告更是引起轩然大波,尤其是在1956年4月17日,共产党和工人党情报局解散,此事件几乎是在向铁托示好,同时标志着苏共与东欧兄弟党的关系在发生新的变化。

在波兰,赫鲁晓夫秘密报告的扩散引发了全国性的反响,波兰各地爆发了罢工以及反政府游行示威,尤其是波茨南一地的工人游行升级为暴动,后被警方武力镇压。波茨南事件并未上升到反共暴动,仍是社会主义阵营的内部矛盾,是波兰人对苏联对本国的控制以及苏联模式的不满的一种爆发,群众将不久前恢复人身自由的前领导人哥穆尔卡视为波兰的希望所在。

民众的不满情绪在各地蔓延,波茨南事件蔓延到全国,不仅华沙街头,全国各地都涌现出成千上万的抗议人群,事态严重升级。哥穆尔卡意识到,波兰需要重建民族共识,同时又必须小心谨慎,避免苏联方面的过激反应。历史选择了哥穆尔卡,他成为波兰群众、波共以及苏共都能够接受的人物。在1956年10月19日,赫鲁晓夫率苏共代表团抵达华沙,对波共施加压力。同一天,哥穆尔卡在波共中央二届八中全会上被提名为波共第一书记候选人,这也表明哥穆尔卡作为坚定的共产党员得到了苏联的认可。同时,苏联方面也做出了一定的姿态,自1952年起便担任波兰外交部部长的康斯坦丁·罗科索夫斯基被解除在波共担任的职务,并不再担任华约军队的总司令。

波兰问题在波兰国内和两国关系层面都得到了解决,哥穆尔卡的政治智慧是解决这次危机的关键。作为一名忠诚的共产党员,他对共产主义的信仰以及他对苏联的忠诚都是无人质疑的;在波兰国内,哥穆尔卡被视为反对斯大林的改革派的领袖,在群众中享有崇高的声望,因此他的东山再起在波共内部也并未遇到阻力。尽管波茨南事件平稳解决,然而苏联阵营内部的不稳定性,在南斯拉夫被开除出共产党与工人党情报局后,再次暴露在世界面前。

外界还未来得及完全消化波兹南事件的影响,一波未平,一波又起。匈牙利国内局势发生动荡,在深度和广度上都全面超过波兰。波兰危机从爆发到解决,整体上都在波共(波兰统一工人党)内部进行,然而匈牙利危机则远非匈牙利劳动人民党内部有能力解决的,政治体制本身成为矛盾的焦点。1955年5月,匈牙利国内的知识分子和学生在党内发起了裴多菲俱乐部(该组织得名于匈牙利著名的民族主义诗人裴多菲,他是1848—1849年反奥匈帝国的民族英雄)。裴多菲俱乐部在党内发起政治论辩,猛烈抨击了党的政治生活,指责党的第一书记拉科西·马加什大权独揽、排除异己。苏共二十大召开后,拉科西的反对者观点更具攻击性,先前捍卫拉科西的党内政治势力也开始有所顾忌。劳动人民党内部分裂局面进一步加剧,严重影响了拉科西的政治地位,此时波兰事件的爆发再次激化了匈牙利的国内矛盾。1956年7月,苏联高层访问布达佩斯后,匈牙利党内也在寻求一种类似于波兰的解决方案,即撤掉拉科西,提名格罗·埃诺为党的第一书记。然而这一迟到的方案已不能满足国内反对派的政治诉求,匈牙利劳动人民党内已经形成了三足鼎立的局面:顽固的斯大林派、卡达尔·亚诺什领导的中间派、纳吉代表的对运动持同情态度的派别。

匈牙利国内局势在1965年10月6日全面升级。当天,匈牙利为恢复名誉的拉伊科·拉斯洛等人举行国葬,数万群众参加,成为事件升级的导火索。10月中旬,匈牙利劳动人民党对局面已经基本失去控制。大规模学生与群众游行爆发,要求由纳吉出面组建新政府。10月23日,更多市民群众加入了游行队伍,从裴多菲塑像前浩浩荡荡出发。广播大楼门前响起枪声,游行示威活动很快演变成激烈巷战,数十人丧生,数百人受伤。劳动人民党在与赫鲁晓夫紧急商议后,进行人事调整,仍由格罗·埃诺担任党的第一书记,纳吉出任政府总理,匈牙利驻扎的苏联军队表示愿意撤离布达佩斯。与此同时,劳动人民党斗争日趋白热化,出现了不少批评纳吉等人的声音,认为国家政治生活正受到"法西斯主义与反动派"的威胁。24日下午,苏联单方面发动了代号为"行动波"的行动,对立局面剑拔弩张。游行民众要求苏军立刻撤出匈牙利,并要求格罗辞职。25日,议会大楼门前再次爆发流血冲突,数十人死伤。帕尔·毛莱泰尔将军拒绝执行对示威人群进行强制驱散的命令。此后,劳动人民党中央罢免了格罗的职务,卡达尔·亚诺什继任第一书记,局势得到一定缓解。1956年10月27日,纳吉宣布了新政府的组成名单。28日,纳吉宣布已与苏联方面就撤军问题达成协议,并宣布解散政治警察,组建新的安全部门。10月31日,纳吉宣布结束一党制并组建多党联合政府,任命毛莱泰尔为国防部长,卡达尔宣布解散劳动人民党并另行组建社会主义工人党。苏斯洛夫和米高扬作为赫鲁晓夫的密使,在匈牙利事件一开始便被派往布达佩斯,跟踪事件发展的全过程。1956年10月29日,停火令正式生效,苏军坦克从布达佩斯市区撤出,退往郊外,布达佩斯群众认为获得斗争的胜利。纳吉的新政府并不能迅速弥合国家的伤口,无法短时间内建立政治权威,旧势力仍然不断抬头,事态远未彻底平息。然而就在这种情况下,纳吉铤而走险,误判了局势,他在得到政府的批准后,宣布匈牙利退出华约,并于10月31日向米高扬通报了这一决定。纳吉此举,实际上将匈牙利事件从国内问题升级成了国际问题,一旦匈牙利退出华约,苏联苦心经营的巴尔干半岛的政治机制将不得不重新评估,这一后果显然是苏联无论如何无法接受的,但纳吉却想当然地认为苏联将至少不会反对。就在纳吉向米高扬通报其决定的同时,两国政府对话的大门彻底关上,苏联随即形成对匈牙利局势的最后决定。此前苏军从布达佩斯撤离,此时看来只不过是暂时后撤,原地待命进行整顿。11月1日晚,卡达尔出走布达佩斯,前往莫斯科与苏联领导人会晤,从苏联那里得到保证,在苏军使匈牙利国内局势恢复正常后自己将取代纳吉的地位。11月2日,时任苏联驻匈牙利大使安德罗波夫还在与纳吉虚与委蛇,就苏军撤离的细节问题进行讨论。11月3、4日,事态急转直下,苏军已是箭在弦上。11月4日,纳吉发表了最后一次绝望的广播讲话后,前往南斯拉夫驻匈使馆寻求政治避难,而铁托已与苏联人达成一致。1958年6月15日,纳吉、毛莱泰尔及其追随者被判处死刑,次日即被执行。卡达尔出面组建了新政府,匈牙利开启了卡达尔时代,在卡达尔领导下的匈牙利并未完全开倒车,改革事实上仍然逐步推进。

　　匈牙利危机不仅戏剧化地改变了纳吉、卡达尔的个人命运,同时还改写了整个国家的前途。危机的爆发与最终的武力平息,表明苏联阵营并非铁板一块,苏联对共产主义阵营的统治并不如想象中那么稳固,而更像是一张薄如蝉翼的网,在面对逐步激化的内部矛盾时,自我纠错机制的缺席导致内部冲突无法协商解决。同时,西欧各国共产党也从此次危机中意识到苏联经验的局限性,一方面此前斯大林的独断专行极大伤害了东欧国家人民的民族自尊,东欧内部长期被压抑的不满情绪迟早将爆发,另一方面,危机深刻反映了国际共产主义经验的瓶颈。

从国际政治的角度审视波匈事件,我们或可得出不同的结论,即波匈事件对两极格局的影响都是相对有限的。尽管在危机爆发的开始阶段,西方阵营都进行了大规模的宣传战,承诺将加大对东欧国家的援助力度,但事后看来,西方所承诺的援助,主要是基本的人道主义援助以及对反政府人士提供政治避难,换言之,大部分援助并未从根本上刺激苏联,已在欧洲形成的整体稳定局面并未由于苏联阵营的危机产生变化。这一阶段的两极格局逐渐从对立冲突走向竞争共存,美苏均无意改变这一局面。波匈事件的发生与解决,都是在苏联阵营内部进行的,冷战在欧洲的阶段事实上已经结束了。

5. 殖民体系的终结与竞争共存

5.1 背景

考察去殖民化运动,应该在一个更广阔的视域下进行。随着美苏超级大国地位的确立,20世纪国际关系的主题很大程度上表现为美苏的大国关系,去殖民化运动的兴起与美苏关系共同影响世界政治格局,标志着国际政治发展轨迹的转向,或者说打破了国际关系的原有运行轨道。去殖民化运动并非始于二战后,在一战后已经在一些地区展开,但其真正意义上的全面兴起仍是在二战后,具体分为两个阶段:首先是二战后头几年,其次是20世纪60年代前后。在20世纪60年代前后,殖民体系在世界范围内陆续瓦解,殖民主义在国际法层面上不再具有合法性。在此有必要强调的是,探讨殖民主义瓦解的重大意义不能局限于某一地区在某一历史时期孤立的现象表达,而要进行普遍而有联系的阐述,应认识到,国际贸易体系下殖民地与宗主国之间的不平等关系,已成为了应该也必须要被超越的障碍。建构新型全球市场,定义全球市场规模及其边界,成为两大阵营亟须面对的新问题。去殖民化运动改变了市场经济国家的国际贸易规则,同时也向施行高度集中的计划经济体制的国家提出了适应这一变化的挑战——这一挑战不仅是政治上的,还是经济上的。随着去殖民化运动的深入,新独立的国家与老牌殖民大国的关系发生了前所未有的巨大变化。作为国际政治中的新主体,新独立国家政治上自主,经济上趋于稳定,渴望摆脱前宗主国的束缚,而老牌殖民大国则面临着调整与前殖民地的关系,这种关系不再是过去的从属关系,而至少是一种合作关系。

上述表述当然未免过于笼统片面,甚至带有某种理想主义色彩。前宗主国在调整与前殖民地国家的关系时政策各异,而新独立的国家在摆脱殖民地地位前,经济发展水平亦参差不齐。面对这一前所未有的大变局,新独立国家的本土精英应对能力也各有差别。19世纪后半叶形成的全球机制延续到20世纪50年代,其稳定性和完整性逐渐被改写,前宗主国与前殖民地的关系正发生转型,然而欧洲殖民大国仍试图在当地维系其影响。帝国旧梦已如残阳西落,新的世界秩序的帷幕正在徐徐拉开——旧殖民体系的代言人、新生的前殖民地国家以及谋求全球霸权的超级大国,注定要在这一新战场上进行博弈与角逐。以更广阔的历史维度观之,去殖民化运动对世界格局的深远影响甚至超过1956年后美苏之间爆发的数次冲突。国际格局呈现出的新特点、新问题,到20世纪末仍未得到完全解决,不少问题持续影响着21世纪以来的国际政治。许多欠发达国家的自身发展问题,在去殖民化运动中被推向了世界政治的前台。

讨论去殖民化运动的深远影响,首先应探究殖民体系的一般性问题以及各个新独立国家自身发展的个性化模式。许多欧洲国家——尽管有的国家(如比利时)并不是传统意义上的欧洲强国——都在历史上通过殖民扩张,得以施展其全球影响力。殖民地的丰富资源流向欧洲各国,奠定了欧洲各国经济发展的基础。在讨论传统殖民帝国时,我们往往只局限于英法两国,诚然,英法确是西方殖民化进程的主角,然而事实上,我们不应该选择性地遗忘比利时、荷兰、葡萄牙、意大利、西班牙、丹麦,以及一战前的德国,这些国家同样并未缺席殖民扩张。殖民化甚至并不是西方的专利,东方的日本也对非本国领土实施殖民统治。几乎整个非洲、东南亚以及中美洲的大部分地区、加勒比群岛以及南美部分地区,都曾经在欧洲的统治下,世界的统治权与资源的分配权集中在少数称霸世界的欧洲列强手中。当然,英法毫无疑问是最具代表性的,大英帝国和法兰西帝国,在其如日中天之时,都曾统治远超出本国领土的辽阔疆域。

5.2 殖民关系的本质

从15世纪直至18世纪末,大航海时代使欧洲重新定义了世界的边界。在近两百年的地理大发现时代,"新世界"的疆域不断在欧洲人的视域中延伸,而殖民体系的建立并不完全等同于地理大发现，欧洲工业化的高度发展才是殖民扩张的根本原因。殖民体系的建立，为欧洲资本主义的扩张提供了广阔的原材料市场，殖民地市场的价格机制受到宗主国的严格控制，广阔的殖民地本身还意味着宗主国工业产品销售的巨大市场。资本在殖民过程中产生了丰厚的利润，并得以在市场间自由转移，资本主义社会的发展机制通过欧洲帝国主义的殖民扩张得到最淋漓尽致的体现。列强的殖民扩张，奠定了欧洲国家财富的根本，同时是列强统治世界的重要手段。欧洲中间商控制了矿产与棉花等原材料市场，在生产中产生丰厚利润，反过来通过资本运作进一步发展原材料市场，如此循环往复。个人、家族乃至国家由此积累起巨大的财富，然而，人不过是流动的资本的代理，通过金融市场，资本获得收益，再通过人的不断追加投资，实现利益的最大化。资本主义与殖民体系的关系是一个过于宏大的命题，这里不准备进行展开。1870—1920年期间，欧洲资本市场陷入一种不安的情绪中，这种情绪来自于资本无法获得预期收益而产生的焦虑，这与当时欧洲国家的经济情况有直接关系，在资本焦虑、不满的情绪推动下，欧洲殖民列强不惜以武力维护殖民体系的有效运转。换言之，资本与政府之间实际上达成了一种相互依存与合作的结盟。

以上是从殖民体系本身出发进行的阐述，而进入国际关系视域中，我们发现，"当代帝国主义"这一概念的本质，可被表述为宗主国对殖民地人民意愿的一种漠视。某些宗主国对殖民地采取直接统治，这种统治当然并不以保障殖民地人民的福祉为目的，而是服务于宗主国的国家利益；而有的宗主国则通过在殖民地当地扶植其认可的代理人进行间接统治，以掠夺殖民地的资源，代理人政府自然唯宗主马首是瞻，通过这种代理关系，代理人所属部落或政治势力攫取巨大的政治资本，并因此获得经济上巨大的好处（拘泥于代理人因此获得的巨大的个人财富并无太大意义，因为个人财富即使是天文数字，与殖民体系的资本流动相比，实在是微不足道的）。宗主国的殖民政策，究其本质是一种霸权下的歧视政策，傲慢的欧洲声称文明的白人对黑非洲负有文明开化职责，然而这只不过是在意识形态上自欺欺人的粉饰而已，被殖民的地区，在各方面都受到不对等的殖民主义转移体系的冲击。首先是政治层面上的，宗主国的政治势力与政治模式无条件地输入到殖民地，取代了殖民地的政治原生态；其次是经济层面上的,表现在商品和资本的大规模转移,原材料向工业生产转移,工业产品又通过关税保护政策向殖民地市场转移;最后,则是获得巨大利润的资本再次流向殖民地市场。通过政治与资本元素的转移,殖民地在经济上越来越依附于新的生产机制,原先的社会平衡被打破。

殖民地古老的社会平衡被迫发生转型,甚至被颠覆。工业生产摧毁了当地的社会结构,社会阶层开始分化,社会化大生产制造了原本并不存在的无产阶级化,现代化的城市生活开始蚕食古老的部落,西方文化随着资本的转移涌入非洲,与原生态文化发生碰撞与融合。殖民体系内部的不平等的转移,不仅体现在政治力量的输入与资本的周转上,还伴随着科技与文化的转移。美国技术史学者希德里克(Daniel R.Headrick)指出,资本的不断涌入只在理论上为殖民地创造财富,实际上还是服务于帝国主义的利益的。这一观点就其原则而言,具有完全的政治正确性,但经不起进一步的推敲。不可否认的是,传统殖民大国(如法国)在殖民过程中,确将西方的普世价值传播到当地,此外,殖民地社会的持续、漫长的转型必定会带来生产工具、生产方式的革命。新技术的发明与新文化的传播固然首先服务于殖民体系,然而殖民者留下的或者带不走的基建设施、技术设备,客观上对于摆脱殖民地位的国家而言,正是国内经济赖以发展的基础。

概而言之,传统殖民体系打乱了殖民地原有的古老文化传承,引发了激烈的社会转型,帝国主义国家越俎代庖,从本国利益出发,插手殖民地当地的民族事务,改造当地的经济发展模式。欧洲资本主义发展的矛盾甚至战争被强加给了殖民地国家与地区(尤其是非洲),殖民地同样无法独善其身,不同程度地卷入帝国主义战争中来。然而吊诡的是,庞大的殖民体系愈加成熟,也就愈发虚弱。在殖民统治中,殖民地原先固有的原生态的政治力量不断被削弱,同时,来自欧洲社会自身对资本主义与帝国主义的批判也不可避免地随着资本的流动影响了殖民地的少数精英阶层——传统的帝国体系在发展自身的同时,实际上也同时培育着自己的反对者。最终,保守主义的去殖民化运动和革命的去殖民化运动找到了联合的最大公约数,共同致力于发掘本民族的古老传统,或者尝试定义全新的民族价值。对殖民体系的否定某种程度上是不可能完全彻底的,殖民者的合法性被否定了,然而其一手划定的界定民族价值的边界却不再能够轻易更改。

5.3 殖民主义的衰落

传统殖民体系是建立在不对等的关系基础之上的，只要仍然存在利益，且相应的政治环境又默许甚至鼓励追求这一利益，殖民体系就将存续下去。宗主国与殖民地当地民众之间的偶发性冲突，并不足以终结殖民体系；只要庞大的官僚结构仍然有效运转并因此受益，他们便没有理由不维护殖民体系的存续，更何况资本在殖民体系内部的流转，所创造的丰厚利润以及物畅其流的商品流通都在为宗主国创造巨大的财富。然而殖民扩张其兴也勃，其亡也忽焉，这一页终究在 20 世纪 60 年代被翻了过去。究其原因，正是上述支撑该体系的根基发生了动摇。世界开始逐渐意识到，由殖民地与宗主国形成的帝国并不是开放的体系，它面向少数人，而多数人并未从中受益；另外，自社会主义运动诞生之日起，在意识形态上天然地承载着反殖民主义的使命；随着工业化国家之间的原材料与工业产品之间的贸易条件不断改善，殖民主义本身不再意味着对殖民地的绝对影响或控制，工业体系从殖民体系中不再必然获取丰厚的回报。19 世纪末，殖民帝国主义无往不胜的神话被打破。1896 年 3 月 1 日，埃塞尔比亚皇帝孟尼利克二世率军在阿杜瓦战胜意大利侵略军，意政府被迫于同年 10 月 26 日与埃塞俄比亚签订《亚的斯亚贝巴和约》，放弃将埃塞俄比亚作为其保护国的要求，承认埃塞尔比亚作为主权国家的完全独立，甚至还赔款 1000 万里拉。意大利殖民者的失败，不仅是刚实现国家统一不久的意大利的军事失败，更是西方殖民体系在整个非洲的失败。此役过后，非洲在殖民者面前的心理发生了深刻变化，此外，埃塞俄比亚对意大利的胜利，并非一次偶然的反殖民主义的表达，1900 年中国爆发义和团运动，同样是亚洲对西方殖民体系的有力回应。

1917 年，一战中始终保持中立的美国不再隔洋观望，宣布参加协约国对同盟国的作战。年轻的"美国牛仔"建国未久，但并未忘记彰显自己的帝国战略——我们不应忘记，这个年轻的帝国主义大国自身也是反殖民斗争的产物。

西方的威尔逊与东方的列宁不约而同形成对殖民地问题的呼应①,处在美苏之间的非洲与印度,也迎来了日益高涨的追求独立的去殖民化运动。殖民地问题成为亟待解决的现实问题。1922年国际联盟向英、法等七个受任国颁发了委任统治书。委任统治制度曾被认为是殖民体系面向殖民地人民意愿的一种开放性努力,然而乙和丙两类委任统治实际上赋予受任国过于广泛的职能,受任国与委任统治地之间的关系本质上仍是一种虚伪的宗主国与殖民地的关系。只有在甲类委任统治地(伊拉克、巴勒斯坦以及叙利亚),当地政府追求民族自决的愿望才得到一定程度的满足,后来的历史事实也表明,这一类委任统治地较早实现法理上的独立——联合国成立时,伊拉克、叙利亚和黎巴嫩均已成为独立国家;而乙类和丙类委任统治地则被转为联合国托管制度下的托管领土。

5.4 去殖民化运动:第一阶段

1867年加拿大取得自治领地位,其后,澳大利亚(1901年)、新西兰(1907年)和南非联盟(1910年)也陆续成为自治领,自治领事实上离完全独立只有一步之遥。大英帝国开始逐步转型为英联邦。意大利在埃塞俄比亚的殖民扩张遭遇惨败,《亚的斯亚贝巴条约》规定,意大利承认埃塞俄比亚的完全独立;二战期间,英美联合宣布《大西洋宪章》,许多殖民地以追求自治与独立的名义派兵参战,为战争的胜利做出巨大贡献,对于殖民地国家而言,战争的正义性同时来自本民族的反殖民斗争。此外,二战前期,欧洲列强在亚洲和太平洋战场上的节节败退,客观上也使得英法殖民帝国内部的离心力增强,推动了战后前殖民地人民的独立运动。我们通过时间轴罗列以上事件,不难描绘出去殖民化运动的第一阶段的主线。当然,要细致完整地还原全过程非本书篇幅所能及,以下我们仅从国际关系的角度出发,分析最具代表性的案例,以评估这一变化带来的深远影响。

时至今日,"日不落"帝国的衰落几乎已经成为去殖民化运动的代名词,但客观地说,首先品尝去殖民化运动苦果的却是法国。1945年,日本宣布无条件

---

① 列宁于1917年的十月革命之前即提出"社会主义革命与民族自决权"的理论构想;1918年1月,美国总统威尔逊发表"十四点"宣言,提出"民族自决权"概念,称民族自决是重新划分"战败国"领土的依据。——译者

投降，法国殖民者准备重回越南，恢复殖民统治。然而越盟（越南独立同盟会）在越共领导人胡志明的领导下进行抗击日本侵略者的斗争时，便已明确声明在战后，越南要脱离法国实现独立。1945年，趁法国军队只能有效控制越南南部和柬埔寨时，老挝宣布独立。此后，印支三国问题始终是法国人的心病。法国政府无意被动接受越南的独立，应对该地区不断激化的民族独立运动，法国有意借鉴英国模式，在法兰西联盟（Union Française）的框架内给予殖民地和保护地平等的权利和义务。1946到1951年间，双方边打边谈，最终越南、老挝、柬埔寨三国在法兰西联盟内的独立地位得到了承认，然而胡志明决意要追求越南的彻底独立。1949年，中华人民共和国成立，翌年，朝鲜战争爆发，胡志明看到了越南独立的希望。为争夺对越南全境的控制权，北越和法国进行了长达9年的法越战争。1952年到1953年间，法国在该地区的军事存在每况愈下，法国国内关于印度支那的前途问题（以及同时期关于欧洲防务共同体问题）的争论亦呈白热化趋势。东南亚问题关系到美国在远东与亚洲的战略布局，华盛顿自然无法作壁上观，然而如果站在法国一边，干预力度应如何把握，美国始终犹豫不决，此外美国意图在该地区排挤法国，最终取而代之，这一考虑也起到了关键的推动作用。最终，美国决定仍保持观望，这也就决定了法国人大势已去。1954年，在奠边府战役中，法军遭到越盟围困，其精良部队从3月13日至5月7日负隅顽抗，最终举旗投降。奠边府一役成为扭转越南局势的关键，在付出惨重代价后，法国国内的厌战情绪不断高涨，呼吁政府与北越谋求妥协的呼声越来越高。主和派政治家皮埃尔·孟戴斯－弗朗斯（Pierre Mendès-France）保证30天内结束法国在印支的战争，因而在大选中获得多数支持，于6月17日，也就是奠边府战役结束一个月后就任政府总理兼外交部部长。在日内瓦会议上，各国就朝鲜问题和越南问题的谈判很快走出僵局，进度加快，最终于7月20、21日就印度支那三国的地位问题达成三项协议，承认老挝与柬埔寨的独立地位，而越南则以北纬17度线为分界线进行南北分治，此线以北为越盟集结区，以南为法军集结区，法国政府宣布将权力移交给阮朝的末代皇帝保大，协议签订后300天内双方应完成在各自区域内的集结，南北越应在1956年7月前实行普选，决定国家前途。法国人在这一地区的殖民旧梦彻底破灭，准备撤出印支三国，将局面留给早就准备接手的美国人。1955年，信奉天主教的吴庭艳发动政变，废黜保大皇帝,出任越南共和国首任总统,并宣布独立的越南共和国是越南的唯一合法政府。吴庭艳十分清楚,法国的残余力量已经指望不上,美国的地区影响力日渐增强,很快便转向寻求美国人的支持。

这一时期的法国人回顾法兰西海外扩张的历史,未免要发出国运江河日下的悲叹。1940年投降纳粹德国的屈辱还没来得及被二战的胜利彻底洗刷,法国人就不得不在国际政治格局中接受自我重新定位,在欧洲他们要接受战败国德国即将重建军备的现实,而北非的局势也令自己焦头烂额,颇显顾此失彼的窘态。此前,二战的战火烧过地中海,席卷了整个北非。摩洛哥是法国的被保护国,而阿尔及利亚则早在1830年就沦为法国的殖民地。根据法国宪法,当时的阿尔及利亚是法国领土的一部分。然而两国从来没有停止过追求独立的斗争,去殖民化运动在两国有着深厚的政治、文化以及宗教根基。战后,摩洛哥和阿尔及利亚独立运动一旦抬头,立刻受到法国的猛烈镇压。然而在其他地区,法国人则颇显得鞭长莫及,力不从心。阿拉伯民族主义在该地区的影响力日益增长,1952年以纳赛尔为首的自由军官组织推翻法鲁克王朝,1950—1951年,利比亚获得独立,这些都极大推进了该地区的去殖民化运动。在突尼斯,哈比卜·布尔吉巴领导的独立运动也在国际上获得了相当的同情与支持。尽管皮埃尔·孟戴斯政府自上台后在殖民问题上采取较为温和的立场,承诺将给予殖民地以广泛自治地位,然而并未对局势产生有效控制。在1954年,法国人一边在日内瓦会议上就印支问题讨价还价,一边还要疲于应付阿尔及利亚国内的暴动。孟戴斯的继任者们面对这样的局面同样力不从心,颇感分身乏术。1956年3月20日,法国承认突尼斯的完全独立。而在摩洛哥问题上,考虑到该国重要的战略地位,法国态度起初仍颇为强硬。1953年8月在法国当局支持下,萨米·格拉维发动政变,穆罕默德五世遭废黜,被放逐到科西嘉岛和马达加斯加。政变引起人民的强烈不满,成为摩洛哥独立运动的转折点。1955年,法国政府被迫同意穆罕默德五世复位。1957年8月14日,摩洛哥获得独立。突尼斯和摩洛哥相继摆脱法国统治,宣告法国人在这一地区维持殖民统治的幻想最终落空。

与上述国家相比,阿尔及利亚问题要复杂得多,对法国殖民主义和殖民主义在世界范围内的衰落影响更为深远,这是阿尔及利亚相对特殊的国情决定的。该国的民族构成并不单一,国内生活着800万阿拉伯人与柏柏尔人①,此外在法国统治期间,大批法国人离开本土来此定居,截至1954年,约100万法裔居住于此,尽管人口构成上并不占优,但这些法国殖民者主导了阿尔及利亚国民经济,这也增加了阿尔及利亚问题在政治和法理上的复杂性。此时的法国人还没来得及咽下越南军事失败的苦果,就又不得不腾出精力到躁动而喧嚣的北非殖民地。从任何意义上说,这场持续了将近10年的危机都应被定义为战争,约50万人卷入了这场冲突,法国国内政治也随之发生了深刻的变化。第四共和国政府在阿尔及利亚问题上已黔驴技穷,在巴黎和阿尔及尔两地的军方高层开始向政界施压,要求戴高乐将军出山解决局面。1958年5月,阿尔及利亚的法国军队在伞兵将军马絮(Jacques Massu)的领导下暴动,在阿尔及尔组建以其为首的救国委员会。马絮向法国总统戈蒂连发电报,反对主张与独立分子谈判的温和派皮埃尔·弗兰姆林组阁。来自阿尔及利亚的法国人不断施加压力,同时法国国内对戴高乐的呼声也越来越高,认为只有在政界和军界都享有崇高威望的戴高乐才是挽救危局的不二人选。戴高乐表示"准备接受共和国的委任",同时提出必须走完整的法律程序。1958年6月,国民议会投票通过之后,戴高乐出任法国总理。9月,新宪法通过全民公决,法兰西第五共和国成立。在1958年11月的国会选举中,戴高乐及其政党轻而易举获得多数支持,以绝对优势当选总统。阿尔及利亚的法国人深信戴高乐将保证阿尔及利亚留在法国。然而戴高乐却认为海外殖民地这一帝国昨日的荣光,已经成为共和国今天的鸡肋,法国应当从中解脱出来,不应再泥足深陷,同时他寻求通过现代化的政治与行政改革,改变政府的行政结构,使法国有能力承担起在欧洲和世界政治中的角色。

尽管遭遇众多反对的声音以及小规模的军事暴动,戴高乐还是成功地与阿尔及利亚民族解放阵线举行了谈判。谈判从1960年一直持续到1962年3月18日,当天法国政府与阿尔及利亚民族解放阵线签订协议,同意阿尔及利亚举行公民投票决定是否独立。同年7月1日,阿尔及利亚人在投票中几乎一边倒地赞成独立。7月3日,法国承认阿尔及利亚为一个独立国家,同时在阿尔及利

---

① 柏柏尔人是众多在文化、政治和经济生活相似的部落族人的统称。在阿尔及利亚,柏柏尔语被定为官方语言之一,在摩洛哥,柏柏尔语虽然不是官方语言,但在全国是必修语言。——译者

亚仍得以保留一定特权,100万在阿尔及利亚的法国人有近80%回到了母国,这也给法国国内制造了不小的社会问题。阿尔及利亚的独立标志着法国作为殖民强国的历史一去不复返。

5.5 去殖民化运动的高潮

1956年的苏伊士运河危机后,去殖民化运动逐步进入高潮阶段。在尼赫鲁、铁托、纳赛尔、苏加诺以及周恩来的推动下,1955年4月18—24日,29个亚非国家和地区的政府代表团在印度尼西亚万隆召开亚非会议。此次会议为我们勾勒出去殖民化运动与两极格局的关系。万隆会议控诉殖民主义,并提出处理国家关系的中立原则①。北非前殖民地的独立浪潮令大英帝国疲于应付,其在中东地区的影响力日渐式微,英国开始思考调整在上述地区的干预力度。与英国人相比,法国人在非洲中部地区的应对则更为复杂。1956年,社会党政治家居伊·摩勒(Guy Mollet)出任总理,组建中左政府,在任上推动"框架法"的通过,以期调整法国在各个殖民地的存在形式或合作形式。法国与各殖民地利益关系错综复杂,一刀切显然不现实,框架法尽管只是草案,但至少表明了一种较为理性的政治努力,这一政治方案最终随着戴高乐上台无疾而终。戴高乐提出的方案是建立法兰西共同体(Communauté Française),根据戴高乐的设计,在这一国家联盟内部,所有成员国的独立地位均将得到承认。1958年9月28日,戴高乐允许其殖民地就新宪法和第五共和国的建立进行全民公投,通过协议方式成为法兰西共同体的成员。除了亲苏的圭亚那,西非的所有殖民地国家议会均批准该方案,加入该共同体。法兰西共同体方案尽管在形式上实现了,然而解决法国殖民体系危机的最佳时机却被错过了,法兰西共同体并没有维持太久时间,不久,法国便最终承认了其所有前殖民地国家的独立。剪不断,理还乱,这些前殖民地国家在独立后,仍与法国保持了密切的经济联系。

与英法相比,比利时不是传统意义上的殖民强国,然而比属刚果(后更名为扎伊尔,此后国名又改回刚果)却在政治与法理层面上引发了全世界的关注。比属刚果的独立运动出现得相对较晚,到20世纪50年代中期才逐渐形成规

---

① 此处指的是万隆会议通过的《关于促进世界和平与合作的宣言》,提出了处理国际关系的十项原则。——译者

模。此后随着外部局势的变化,刚果独立运动不断高涨,比利时政府不得不加快去殖民化进程。比属刚果问题的复杂性在于,独立运动的领导阶层内部派系斗争不断,而去殖民化进程又与矿产等利益问题纠缠不清。比属刚果国内丰富的矿产资源都相对集中在加丹加省,跨国公司矿业联盟对该地区的矿产资源形成垄断,刚果一旦独立,该公司的利益势必蒙受巨大损失。面对如此复杂微妙的局势,比利时政府并无意采取强硬姿态。1960年6月30日,比属刚果宣布独立,卡萨武布当选总统,卢蒙巴出任总理。外界并不看好这一新生政权,统一的刚果政府刚成立没几天,国内就出现了巨大裂痕,国内政治出现混乱。随后加丹加省发生叛乱,莫伊兹·卡奔达·冲伯宣布该省独立,并组建了加丹加部族联盟武装部队同中央政府进行对抗,独立不久的国家面临分裂的巨大危机。7月,比利时军队攻击首相官邸,占领利奥波德维尔机场,卢蒙巴宣布与比利时断交,于7月18日要求联合国派出紧急武装部队,以恢复国内秩序。

这是联合国成立以来首次向冲突地区派驻军事力量保障维和使命,刚果局势对联合国处理非洲问题的能力提出不小的考验。联合国接受了卢蒙巴的请求,安理会于7月22日批准组建由第三方国家派兵组成的紧急武装,进入刚果进行调停。问题的关键在于,联合国派出的紧急部队所担负的使命仅仅是终结将刚果的灾难性局面,并不能对刚果国内政治力量间的斗争进行直接干预。8月中旬,政府军在击溃开赛省的分裂势力后进攻加丹加省。此时政府内部发生分裂,9月5日,总统卡萨武布宣布解除卢蒙巴的总理职务,卢蒙巴针锋相对,不承认卡萨武布为国家元首,同时,陆军参谋长蒙博托发动政变,宣布解散议会和政府,组建军政府,宣布关闭苏联和捷克斯洛伐克驻刚果大使馆。卢蒙巴遭软禁,于1961年1月17日被杀害。

军事强人蒙博托上台后,并未有效遏制加丹加省的分裂势力。1961年9月,联合国秘书长达格·哈马舍尔德应蒙博托要求,并迫于国际社会的压力,修改联合国维和部队的使命,授命该部队对加丹加的分裂武装发起攻击。联合国在刚果的行动最终在1964年方告结束,该国领土完整得以保存,同时付出了惨痛的代价。

刚果危机最终在联合国的框架内得到解决,这反映了联合国在国际问题中逐渐扮演起重要角色。1955年后,新独立的国家都加入了联合国,仅1960年一年,联合国就迎来了16个新成员国,截止到1960年年底,联大会议已有100多个国家出席,其中相当一部分成员是新独立的国家。联大席位的改变,标志着十多年来的反殖民主义斗争的胜利。1960年12月,第15届联大会议在纽约召开,殖民问题成为此次大会的焦点。与此同时,刚果危机也进入了最激烈的时期。世界上所有主要国家的领导人包括卡斯特罗、赫鲁晓夫,均出席了此次大会。在会上,43个亚非国家(最初是25个国家,后增至43个国家)联合提出一项宣言草案,相比苏联的过激立场,亚非国家提出的《给予殖民地国家和人民独立的宣言》草案以90票赞成获得通过(0票发对,9票弃权)。此次联大会议上的多数表决,表明了联合国的法理性原则发生了根本性改变。宣言明确指出,殖民主义与《联合国宪章》精神相悖——尽管《联合国宪章》在文字上并没有明确的反殖民主义表述,但该宣言获得压倒性通过,事实上足以宣告殖民主义在法理上的非法性,明确了民族自决原则。

无论从何种角度去解读殖民主义的终结,以下结论都是十分明确的:欧洲在世界大部分地区的霸权时代,已一去不复返。殖民主义的终结,开启了国际关系的新篇章。无论是摆脱殖民统治获得独立的国家,还是欧洲的老牌殖民列强和超级大国(尤其是美苏两个超级大国),都必须在新的国际形势下制定和调整其对外政策,而对外政策与经济发展显然是相互依存、彼此影响的。外交政策的制定,是国内政治的延伸,而国内政治的稳定,更有赖于营造对自身有利的外部环境。新独立的国家面临的首要任务是明确国家定位,建立或巩固国内的政治领导层并实现经济的发展,独立后经济取得快速发展更是独立正当性的最好证明。相关国家(尤其是美苏)争相对这些国际政治的新成员们示好拉拢,借此壮大自身阵营或扩大自身在该地区的影响,而出于现实利益的考虑,新独立的国家或在不同的阵营中不断摇摆变化,或者干脆祭出中立主义的招牌,避免因为倒向某一方阵营而激化潜在的风险。

所谓中立主义,并不是字面上指明的不偏不倚的政治立场,而是合理控制潜在风险的外交策略。万隆会议在此前就已提出了中立主义,1961年9月,首次不结盟国家元首会议在南斯拉夫首都贝尔格莱德举行。同样,不结盟运动仅从字面上进行理解,是不从属于任何阵营或不与美苏签署任何优先协议的国家发起的运动,然而其政治内涵却较字面意思更具解释上的弹性,换言之,所谓不结盟,强调的是对美苏阵营中的任何一方不承担任何正式的责任或义务。不结盟运动的成员(包括成员国、观察员国、受邀国)在10年内达到了百名之多,涵盖了近三分之二的联合国会员国,绝大部分是亚洲、非洲和拉丁美洲的发展中国家,人口总和占世界人口一半左右,在国际社会具有广泛的代表性,这种广泛的代表性,恰恰来自这种更具弹性的政治定义,从而使不结盟运动在联合国大会中成为事实占据主要力量的联盟——当然,这是不结盟运动内在的一种矛盾。几乎所有的不结盟运动成员国都自认属于"第三世界",然而其政治立场往往终究不是真正"中立"的,中立主义运动成为两大阵营角逐的新阵地。

外交政策一旦出现失误,有可能在国际政治中制造自己的敌人,而相较而言,本国的国内发展这一议题的"风险性"要小一些,同时却需要更大的投入。在摆脱殖民统治之后,许多国家热衷于发展大型工业,抵消去殖民化运动对本国经济的冲击。这些大型工业往往得到来自美苏的援助(苏联比美国在这方面更显热衷)。许多国家实行了关税保护政策,政府也加大了对经济发展的直接干预力度,这都表明了相关国家的经济发展思维很大程度上受苏联影响。如前所述,美苏很快在对非援助政策上展开了新的竞争。事后看来,苏联援助资金的最终去向已经预示了其在这一阶段的援助政策的失败。跟随卢布之后进入受援国的,还有苏联的经济发展模式,而这种高度集中的经济政策本身就先天不足,再加上水土不服,过度的贸易保护政策使得许多受援国的工业无法真正融入世界贸易,萧条的国内市场以及青黄不接的援助都使得独立后的经济建设在一开始就遭遇严重问题,新的工业体系无法取代传统出口,经济发展缺乏可持续的增长点。在和平竞赛的大背景下,苏联援建的许多大型工业最终成为"沙漠中的教堂",规模庞大、机构僵化、运转笨拙,注定在此后的全球贸易竞争中遭到淘汰。而美国则主要通过大型跨国公司实施援助,这些大型跨国企业立足于市场经济的内在规律,从全球市场的劳动力分工的角度出发,结合受援国经济发展的现实提供因地制宜的援助,当地经济有望随着外部资本的不断注入,改善原有生产模式。

随着发展中国家的阵容不断扩大,经济界和政界的许多有识之士提出,发展中国家的经济自主增长本身已不是当务之急,制约国际贸易平衡良性发展的因素不是个别国家发展能力的短板,换言之,不是内因,而是国际贸易规则本身这一外因在制约这些国家的发展。来自发展中国家的呼声日益增长,针对国际经济旧秩序的不平等性,77国集团应运而生,立足改变发展中国家在世界贸易中的被动地位,改善贸易环境,防止发展中国家国际收支逆差不断扩大。77国集团组织反映了发展中国家通过联合,维护自身利益的历史趋势,换言之,发展中国家意识到要通过国际经济领域的合作,采取一致立场反对超级大国和帝国主义的控制、剥削和掠夺。在这一问题上,苏联反而和西方资本主义国家站在了同一立场,显然,发展中国家要求修改国际贸易规则的诉求极不利于苏联高度集中的计划经济体制。概而言之,西方对77国集团的回应并不是简单拒绝,而是通过一系列区域性协议进行回应。1964年联合国贸发会议(UNCTAD)上,经由77国集团倡议,关贸总协定(GATT)加入了"发展"这一议题,旧机制的不公平之处实现了局部改进;自1963年起在雅温德签署的一系列协议和自1975年起在洛美签署的一系列文件构成了欧洲与其前殖民地国家关系的主轴。然而,77国集团毕竟不是一个具有政治约束力的组织,该组织没有正式的组织章程,是广大发展中国家的一个松散的磋商机制,以70年代爆发的石油危机为例,这场危机对发展中国家的影响十分复杂,甚至起到一定的分化作用,这又使得77国集团成立的初衷显得多少有些自相矛盾。总而言之,在77国内部,不同的国家的发展速度也逐渐发生了分化。部分发展中国家,如韩国、马来西亚、新加坡等,开始走上高速发展的道路,成为新兴工业化国家(Newly Industrialized Countries,NICs),石油生产国则主要依赖全球油价的上涨跻身富国俱乐部,除此之外,大部分发展中国家的经济发展在长期来看仍受到国际外债与自身发展动力不足的制约。

5.6 竞争与缓和:政治上的战略决策

去殖民化运动的兴起转移了国际冲突的战场,从根本上重新定义了超级大国的对立格局。美苏在去殖民化运动中展开的竞争,已不再与意识形态的尖锐对立相关,换言之,由于新独立国家的政治体制与具体国情各有不同,美苏在该地区的竞争并不是选择或培养相同意识形态的盟友。历史上两次世界大战均起于欧洲列强不可调和的矛盾,而去殖民化运动则改变了欧洲作为世界政治版图中心的地位,亚非拉逐渐成为大部分国际冲突的焦点区域。当然,这并不意味着欧洲从国际政治舞台彻底谢幕,欧洲政治格局仍然影响着世界其他地区,但欧洲的"小国"已经不再是国际政治冲突的"最终解释",而是转而受到其他地区冲突的影响。

经济议题成为美苏在去殖民化运动的竞争共存的核心。在投资、资源开发、国际贸易规则、资本的转移等广泛领域,美苏博弈无处不在,其影响自然并不局限于经济领域本身。美苏在亚非拉地区的经济援助,初衷自然是为了拉拢新独立国家,扩大己方阵营,但归根到底,美苏的竞争不仅是国家间的竞争,更是不同发展道路的竞争。这场新形式的竞争对美苏都提出了新的挑战,一方面要保证本国经济实现符合自身阵营预期的增长,另一方面还要通过实现科技进步,解放前殖民地国家资源,进行积极有效的干预。换言之,霸权思维不再是美苏制定亚非拉政策的主导思维,这一转变标志着美苏争夺全球霸权的新的对立拉开帷幕,这是一场在空间上和时间上都具有广阔维度的没有硝烟的战争:在第三世界国家、核武器研制、空间技术开发等领域美苏都展开了激烈竞争,双方都竭力证明自身通过技术上的优越地位,证明自己将有能力最终战胜能源危机。

1956年的苏伊士运河危机是全球能源危机的一次预警。1952年7月23日,纳赛尔领导的自由军官组织推翻了英国扶植的法鲁克王朝。1953年6月,埃及共和国成立,纳吉布出任总统,但政府实权掌握在副总理兼内务部长纳赛尔手中。纳赛尔是阿拉伯民族主义的忠实信徒,并且是1955年万隆会议的发起人之一。当时的美国政府在以色列问题上仍然试图保持中立立场,避免由于美以关系影响美国与阿拉伯世界的关系,因此纳赛尔掌权之初,并未引起美国的敌意。1956年6月,纳赛尔成为埃及第二任总统。上任后他大权独揽,推行中央集权制,扩大总统权力。此外,纳赛尔热衷国有化改革,实行土改,建造许多大型公共项目,其中最著名的便是阿斯旺大坝。阿斯旺是位于尼罗河第一瀑布下的城市,先前英国人设计的旧坝不足以控制洪水,纳赛尔计划兴建新的高坝保护沿河人口与农业。尽管1955年9月,埃及即向捷克斯洛伐克采购军火,但在修建大坝的资金问题上,纳赛尔还是首先寻求世界银行以及英美的介入,局势也因此变得更加复杂。纳赛尔丝毫不掩饰其对以色列的仇恨,其对外政策的反西方倾向亦加深了美国的不安,但西方也有观点认为,埃及正在忙于进行国家现代化建设,国内发展问题才是埃及的重心,埃以关系似不必过分担忧。尽管存在些许顾虑,美国仍制定了2.7亿美元的援助方案,前提是埃及不得就同一个项目再从苏联方面获得援助。纳赛尔在美国人提出的方案面前显得态度暧昧不明,苏联人见缝插针,与其接洽,表示准备接手这一项目。此前提到,苏联人一向热衷于援建大规模的基础设施,认为大规模的工程本身是苏联国力以及在该地区存在感的最好体现,至于项目本身是否会变成"沙漠里的教堂"——成为一个好看但可能无用的摆设——苏联人并不关心。杜勒斯起初对美国援助埃及修建大坝表示支持,然而在发觉苏联人介入后,他感到被埃及愚弄了。1956年7月18日,杜勒斯通知埃方,美国决定撤销先前的援助方案。纳赛尔立刻针锋相对,于7月26日宣布苏伊士运河国有化,赔偿苏伊士运河公司股东的损失,计划以运河国有化后的通行费补贴大坝的修建。危机不断酝酿,几成剑拔弩张之势。美国提出若干妥协方案或过渡性方案,试图化解危机,但在英法看来,纳赛尔此举严重挑战了自己在中东地区的传统地位。埃及与英法的矛盾非自阿斯旺大坝始,自纳赛尔上台以来,他向阿尔及利亚的独立运动提供武器和资金支持,在约旦和伊拉克推动反英斗争,在苏伊士运河危机之前,英法早已视其为眼中钉。埃及政府宣布苏伊士运河国有化之后,英法警告纳赛尔不可一意孤行,否则将动用武力恢复对运河公司的所有权。此后,埃及控制了沙姆沙伊赫基地,实现了对亚喀巴湾的封锁,以色列人将无法走水路到达埃拉港,失去了与东方进行贸易的重要港口。英法以三国成为纳赛尔共同的敌人,相比英法磨刀霍霍的姿态,以色列对是否采取军事行动仍犹豫不决。原因是显而易见的,在去殖民化运动的背景下,英法两个传统殖民强国若在该地区发起军事行动,很难不被认为是冒天下之大不韪的殖民主义的死灰复燃。10月22—24日,英法以三国在巴黎郊外的塞弗尔举行秘密会议。三国达成密约,以色列将率先向埃及发起进攻,英法将迅速介入,借口保障运河的通行,在苏伊士地区空降伞兵部队。达成协议5天后,10月29日,以色列向埃及发起进攻,短短数小时内即占领了西奈半岛。翌日,英国首相艾登、法国总理摩勒要求埃以双方军队在12小时内从运河区后撤至少10公里,否则将联手进行干预——当然,这不过是一出商量好的双簧戏而已,英法看似在主持公道,实际上幕后早已与以色列达成交易。纳赛尔面对英法提出的埃及放弃守土职责的要求,自然坚决予以回绝,这也为英法进行军事干预提供了借口。联合通牒在10月31日遭纳赛尔明确拒绝后,英法立刻宣布实施行动。11月4日,就在苏军的坦克开进布达佩斯的同一天——英法开始由海上轰炸埃及的军事基地,并在运河沿岸空降伞兵,准备实施下一步计划。

英法的联合军事行动受到许多因素的限制,站在今天回顾苏伊士运河危机,我们不难发现其中国际关系的新规则。英法的军事行动缺乏缜密的准备,而行动中的指挥比战前准备更为混乱。两个欧洲大国暴露出了其平庸的作战能力,这不仅是军事上的退化,还是科技水平落后的预兆,相比之下,以色列在占领西奈半岛的行动中,则展示出其先进的科技水平与快速反应能力。此次危机中,美苏联手对英法施压,这是美苏首次在国际问题应对上明确达成一致。英法的军事行动破坏了大西洋联盟的稳定,这是美国所不能接受的,此外,美国更无意为英法的侵略行径背书,遭受国际社会的指责;而苏联一度威胁使用核武器甚至警告英法两国,尽管苏联的威胁事实上并不具备技术上的可实现性,但却有巨大的政治威慑力。这是美苏在冷战中首次明确表明共同的立场。由于担心事件不断升级引起阿拉伯世界的反弹,在北约其他国家均形成一致意见的情况下,美国决定寻求危机的政治解决。1956年11月1日,联合国大会召开第一届紧急特别会议,讨论苏伊士运河危机问题(紧急特别会议机制于1951年朝鲜战争期间确立)。美国在会上提出立即停战,要求交战各方均退到停火线外,暂停所有军事行动。11月2日,联大以64票同意、6票弃权、5票反对的压倒性多数通过该决议,苏联也投下了赞成票。英法两国政府拖延数日后,于11月6日,被迫接受停火决议,以色列也于11月8日同意撤出西奈半岛。联合国紧急部队(Unef)进驻沙姆沙伊赫基地以及加沙地带,维持地区和平稳定。

苏伊士运河危机从爆发到结束,仅用了9天时间。法国人从此明白了在北非地区维持过去的影响力,只是不切实际的幻想;而英国也不得不接受美国扩大在该地区影响力的事实,并据此调整英国在该地区的存在。英法侵略者的单方面行动,破坏大西洋防御的共同机制在先,而美国在危机中的作为表明,北约共同防御机制的内部团结最终要让位于美苏主导的两极格局的需要,换言之,传统殖民者的旧利益,要让位于该地区美苏竞争的新需要。此外,苏伊士运河危机不仅是对该地区石油资源的争夺,同时还提出了对交通要道的争夺问题,

70 年代的石油危机中,这些问题将以更为突出的形式得以凸显。我们注意到,苏伊士运河危机和匈牙利十月事件是几乎同时发生的,匈牙利事件的产生和解决,基本上都在苏联阵营内部进行,而苏伊士问题则是国家间、阵营间的问题。相比之下,苏伊士运河危机更清晰地勾勒出 20 世纪国际关系的重大转折,中东地区乃至世界局势都在此后发生深刻的转变,此后国际关系的焦点问题转化为超级大国如何定义战略关系以及寻求科技领域的霸权。

1957—1963 年,赫鲁晓夫在苏共的领导地位空前稳固,苏联进入了赫鲁晓夫时代。美苏在这一时期的竞争围绕着太空竞赛和核竞赛两个领域。1962 年秋天的古巴导弹危机是这一时期的分水岭,在此之前,太空竞赛与核竞赛并无太大交集,古巴导弹危机之后,两种竞赛出现了合流的趋势,并将美苏关系推到了冲突的边缘。美苏两大阵营在世界范围内划分势力范围,确保军事上的压倒性地位,二战后的世界再次陷入深刻的不安全感。然而即使是超级大国,也不可能无止境地增加军费支出,核武器在军备竞赛中重要性益发凸显。在二战中,核武器已经向世界展示了其巨大的破坏力,二战后对核武器作用的认识仍主要集中在军事领域,较少论及其对国际关系的影响。两极格局下,核武器再次成为"恐怖均势"绕不开的主题。恐惧导致攻击,拥有核武器的大国并不因此感到安全,一旦遭受对方核武器的"突然打击",后果将不堪设想,但核威胁又似乎仅在理论上成立,随着双方军事实力的不断增长,美苏均不占据绝对军事优势,实施"大规模快速报复"在实战中的可操作性几乎不存在。双方都无法保证战端一启不会升级,更无法真正预料核战争一旦爆发将把世界带向何处,核大国身怀利刃,慎而用之。总之,核武器是一把双刃剑,在提高自身安全感的同时,来自对方同等打击能力的威胁也随之提升。无论哪一方先发动攻击,最终结果只会是同归于尽,核战争中将不会有最后的胜利者。美苏都意识到有必要制定共同认可的发展核武器的规则,而"恐怖均势"中国际关系的僵局,客观上也成为这一时期国际社会的安全保障。

我们将时间轴前移至 1953 年,这一年苏联试爆了两枚氢弹,当量 40 万吨。第二年 3 月 1 日起,美国接连在太平洋进行了 6 次核试验。双方在此期间不断互相示威,核试验爆炸当量逐步升级,到最后苏联的核试验已达到 100 万吨的当量,超级大国拥有的核武器已足以在战争中摧毁整个文明世界。

美国不仅在战略轰炸机上占有优势,还拥有可在水下实施核打击的核潜艇;苏联人则追求在导弹数量上的优势。美国成功研制的朱庇特导弹与雷神导弹部署在意大利、土耳其以及英国的基地,射程达到1500海里;1957年,苏联成功研制世界上第一枚洲际导弹(ICBM),射程达8000—10000公里,能够从苏联本土直接对美国实施打击。双方不断追求更远距离的打击范围的同时,导弹的打击精度与效率本身也在不断提高,直至研制出可携带10枚核弹头的导弹,即一枚导弹可同时打击不同方向的10个目标。

作为美苏对立的前线,欧洲不可避免地卷入了美苏的导弹竞赛,一方面,美国的中程导弹部署在欧洲军事基地,这些国家(如土耳其)距离苏联十分接近,令苏联如芒刺在背,另一方面,欧洲国家自身核武力的发展也成为问题的焦点。美苏导弹竞赛或将导致西德和意大利以欧洲防御的名义也要求拥有核武器,这不能不引起法国的担心与关注。戴高乐上台前后(1957—1959年间),法国谋求自身发展核武器,同时密切关注西德与意大利在此问题上的动向,在这期间法国国内关于西德可能拥有核武器的讨论甚嚣尘上,在法国人看来,西德加入北约,成为欧洲防御的一部分并不足以抵消法国的担心——这是美苏核竞赛在欧洲产生的内部问题,核威胁的阴云开始在欧洲人的头顶集结。

1957年全年,美苏共进行了44次核试验,其中大部分是由美国进行的。此后双方在1958年和1962年又陆续进行数次试验。美国人在运载导弹方面确保了绝对的优势地位,而苏联洲际轰炸机数量为200架,仅为美国的三分之一。1957年10月4日,苏联成功发射了"旅行者"人造卫星,这是第一颗进入地球轨道的人造卫星。苏联在太空领域的技术领先引起了西方世界的极大关注,尤其是引起了美国的恐慌。1961年1月,肯尼迪当选美国新一任总统,此后美国在太空领域奋起直追,在1969年7月实现了人类首次登月,实现对苏联的全面赶超。

核竞赛一旦失控,全人类无疑将陷入万劫不复的危险境地中。美苏都认识到在核领域的穷兵黩武,将使全人类面临灭顶之灾,核不扩散问题逐渐成为双方共识,这是两极格局规则在核武器领域内的体现。1957年1月,美国驻联合国代表亨利·卡伯特·洛奇在联合国发出呼吁,就构建国际控制体系进行谈判。这是双方在此问题上的初步尝试,然而达成核不扩散条约的国际政治环境远未成熟,"国际控制体系"的构建注定面临重重阻碍,核不扩散的最终实现还须克服许多问题。首先,苏联担心美国借此武装西德,使德国拥有核武器;其次,苏联阵营在此期间出现了内部危机,尤其是柏林问题加深了苏联在此问题上的顾虑;最后也是最直接的一点,美军在欧洲部署的导弹基地毕竟就在苏联家门口——在这样的背景下谈论核不扩散并不现实。反过来说,此后核不扩散协议的最终达成,正是由于上述问题得到解决与克服。考虑到以上因素,我们才能最终理解1957—1963年间,美苏之间的紧张态势为何尽管一触即发,最终还是出现了阶段性的缓解。只有将紧张局面推向极致,双方才能互亮底牌,在那之后进行的谈判才是有意义的,紧张态势最终转向缓和,正是因为美苏的博弈并不是在某一地区的利益之争,而是在全球关系的维度下进行的彼此试探。

由赫鲁晓夫的"最后通牒"引发的柏林危机,直接导致了1961年8月柏林墙的修建,其影响持续到1962年10月的古巴导弹危机。1958年11月27日,赫鲁晓夫在致西方国家的照会中陈述了关于柏林形势"正常化"的观点。由于提出了6个月的谈判期限,西方各国均将其视为"最后通牒"。赫鲁晓夫威胁将在6个月内单独与东德签订条约,强调东德作为主权国家完全有权控制其国内领土。这一表态无疑将对东西德关系产生直接影响。

赫鲁晓夫的"最后通牒"以及其后苏联的一系列举动,一般被解读为冷战在欧洲持续的标志。事实上恰恰相反,我们不能孤立地看待政治人物一时一刻的言行,而应普遍联系地予以考察。赫鲁晓夫此举实际上受到苏联阵营内部因素以及两极格局的外部因素的影响。柏林问题从来都不仅是东西德的内部问题,而是国际政治力量博弈的结果,是苏联与阿登纳的西德间矛盾激化的产物,同时也凸显了苏联与东德在社会主义阵营内部的矛盾。阿登纳自上台以来不断呼吁美国采取更强硬的立场,推行哈尔斯坦主义,强调德意志联邦共和国政府是德国的唯一合法代表,不承认德意志民主共和国,不同与德意志民主共和国建交的任何国家(作为四个战胜国之一而对德国统一负有责任的苏联除外)建立或保持外交关系。不断有消息称,西德境内或将部署核武器,这引起了东德的恐慌以及莫斯科方面的担心。与此同时,从1949年到1958年间,大约220万东德人涌入西德,其中大部分人取道柏林。1959—1961年间,逃离东德的总人数达到了近300万,人民用脚投票,这一数字本身就足以证明东西德的生活水平的巨大差距。

回到赫鲁晓夫11月27日的"最后通牒"上来,赫鲁晓夫此举是有意安抚共产主义阵营内部的不安与反对情绪。赫鲁晓夫上台以来,中苏关系一直未得到根本改善。1955年赫鲁晓夫访问南斯拉夫,与铁托达成和解,1956年在苏共二十大上赫鲁晓夫做了秘密报告,此后中苏关系更加紧张。尽管1957年10月,中苏经过多次谈判,签订了国防新技术协定,根据该协议,苏联将援助中国研制原子弹,然而中国并未得到多少实际帮助。1958年7月,赫鲁晓夫开始与美国进行对话接触,中方对此表示极大不满,1958年8月23日至10月5日,中国未通报苏联,开始炮轰金门、马祖,该事件更让双方心存芥蒂。1958年7月31日到8月4日,赫鲁晓夫访华,尽管他公开宣布支持中国的军事行动,但同时指出,中方的军事打击不应扩散至台湾本岛。赫鲁晓夫此次访华,是苏联的"修正主义"与中国的第一次正面交锋。简而言之,1958年秋,中国的外交政策实际上与苏联的对美缓和政策完全不同。在欧洲,赫鲁晓夫同样面临来自东德的瓦尔特·乌布利希的压力。这位东德领导人担心西德可能拥有核武器,不断敦促赫鲁晓夫采取积极有效的方式应对风险。这样一来,在共产主义阵营内部,赫鲁晓夫的"修正主义"受到了中国和德国同志的批评,他需要找到一个最合适的出口,既能回应来自阵营内部的指责,同时又不破坏与美国对话缓和的大局。这就是赫鲁晓夫1958年11月27日的"最后通牒"出台的背景,换言之,对政治家的话仅做文字解释,是片面、幼稚甚至有失真实的,甚至可能走向理解的反面。赫鲁晓夫此番略显暧昧不明的表态,言辞不可谓不激烈,这是有意说给乌布利希和毛泽东听的,意在安抚后者对苏联的缓和政策产生的不安情绪,表明苏联将继续支持东德,强调苏联将不会为了美苏对话而在西德无核化问题上让步。同时赫鲁晓夫也向西方发出缓和的信号,表明苏联不再立足于打,而是倾向于谈——语言上的火药味,有时候是掩护真实意图的烟幕弹。在苏共第二十一次非常代表大会上,赫鲁晓夫象征性地向艾森豪威尔总统发出邀请,表示后者将在苏联受到热烈欢迎。不过,赫鲁晓夫首先等来的西方客人却是英国首相麦克米伦。麦克米伦的莫斯科之行打破了两大阵营由于柏林危机而陷入的僵局,并促成1959年5月11日在日内瓦召开的四国外长会议,会上美苏英法四国外长就德国问题展开讨论。会议的结果乏善可陈,不过赫鲁晓夫做出了一定让步,放弃了"最后通牒"中所坚持的6个月的最后期限。1959年8月3日,华盛顿和莫斯科向世界宣布:苏联部长会议主席将于9月访美,美国总统随后将在秋天访问莫斯科。

1959年9月15日至28日,赫鲁晓夫访问美国,受到热烈欢迎,并同艾森豪威尔在戴维营举行了为期三天的会谈。此次美苏领导人峰会,在政治上虽然并未收到立竿见影的成效,但足以向世界表明双方有制造对话机会、避免紧张态势升级的共识。赫鲁晓夫的美国之行受到了来自东德方面的压力,中国对此亦提出抗议。结束访美行程后,赫鲁晓夫才抵达北京参加国庆10周年庆典,这一安排显示出苏联领导人对中国同志的怠慢,令中国领导人相当不满。

美苏核问题谈判的筹码很明确:德国必须放弃拥有核武器。美国人最终接受了赫鲁晓夫开出的条件,然而正如马克·特拉亨伯格指出的,美国在此问题上的让步,对北约产生了恶劣的影响。两大阵营的核问题谈判是在美苏的大国关系架构内部进行的,双方均未与各自盟友进行充分沟通,而杜勒斯的"大规模报复理论"却又言之凿凿地强调美国保护欧洲的决心,这不免令美国的欧洲盟友心生怀疑。肯尼迪上台后,批评大规模报复战略,提出实施"灵活反应战略",强调美国在欧洲遭遇外部威胁时的应对将视危险程度而定,改变过去不分对象、一味地以大规模毁灭相威胁的做法,美国将以常规部队为"剑",以核力量为"盾"来制定军事战略,然而对欧洲来说,这个保护自己的"盾",不确定性实在太大了。

1960年5月,赫鲁晓夫缺席巴黎峰会,是这一时期美苏关系的一个重要插曲,同时也体现了赫鲁晓夫在外交上的老谋深算。1960年5月1日(巴黎四国首脑会谈前15天),美军一架洛克希德U-2侦察机在苏联领空被击中,飞行员跳伞后被苏军俘虏。艾森豪威尔当时正在巴黎,该事件一经曝光,美国饱受抨击,外界认为美国此举无异于战争行为。苏联方面有意并未公布飞行员的下落,美方认为U-2侦察机带有自毁装置,两万米高空遇袭,飞行员的存活概率几乎为零,起初极力否认,只是由美国航空航天局出面宣称只是一架搜集气象资料的飞机失踪。此后事件发生了戏剧化的转折,苏联人很快将飞机残片找到、拼好,并对美国飞行员鲍尔斯进行公开审判。1960年5月18日,赫鲁晓夫在巴黎举行记者招待会,会上他极尽挖苦之能事,斥责美国的虚伪,要求美方惩处飞行员,实现全面禁飞,而这是艾森豪威尔无法公开表示让步的。U-2侦察机事件导致巴黎四国峰会流产,艾森豪威尔也随即取消了访苏计划。应当指出,赫鲁晓夫在巴黎的一番极具个人风格的外交表演,不仅是为了戳穿美国的谎言,还反映出赫鲁晓夫在苏联领导层内部所面临的压力。苏共内部,苏斯洛夫、葛罗米柯以及克格勃高层均对美苏对话表示不满,密谋在政治局孤立赫鲁晓夫。赫鲁晓夫觉察到了这一风险,于是不失时机地在U-2侦察机问题上大做文章,导出一场好戏,释放自己的政治压力,然而美苏对话的大方向并未发生根本改变。赫鲁晓夫在巴黎峰会上的个人演出,是其个人风格在国际外交舞台的再次淋漓尽致的发挥,同时为他赢得了苏共内部的多数支持,成功地绕开对具体问题,尤其是柏林危机的实质性讨论。

然而赫鲁晓夫只能暂时回避柏林危机,对乌布利希而言,局面没有一天不在恶化。1960年全年,有近20万东德人投向西方。肯尼迪上台以后,从艾森豪威尔手中接过了这个烫手山芋。1961年8月3日华沙条约组织各国在莫斯科开会,乌布利希在会上重提赫鲁晓夫11月27日的"最后通牒",认为即使无法贯彻执行该声明,至少也应采取对柏林的军事行动。与会各方经过激烈辩论,最后东德在同苏联协商后提出妥协性方案,表示应按一般主权国家之间的做法对东德与西柏林之间的边界进行有效控制。赫鲁晓夫最终同意乌布利希修建柏林墙,但初衷并非意在挑衅西方,而在于防止东德人民不断逃往西方,这实际上是乌布利希的强硬姿态与赫鲁晓夫的小心谨慎之间的一种折中方案。8月7日,赫鲁晓夫即发表谈话,称苏联不会破坏与西方的协议。1961年8月13日,东德方面开始修建柏林墙,柏林被一分为二。这道冰冷的钢筋混凝土工事,实际上象征着东德政府统治的脆弱性。

柏林墙的修建制造了许多人间惨剧,通常被视为两大阵营的冷战思维的物化。然而如果冷静地从国际关系的角度来考察其意义,不难发现,柏林墙同时意味着双方对柏林局势维持现状的认可。乌布利希的担心显然并非杞人忧天,如果没有柏林墙,东德的人口将持续流失,东德政府被迫只能采取更严厉的手段进行自我保护,结束因赫鲁晓夫的"最后通牒"导致的不稳定局面(事实上,1953年6月17日东德工人的罢工游行已经表明了东德国内问题的严重性)。这种自我封锁式的保护,本质上是一种示弱。赫鲁晓夫无法满足乌布利希过于强硬的要求,最终同意东德修建柏林墙的请求,实际上是将柏林问题无限期地搁置。表面看来,柏林墙的修建标志着美苏两大阵营矛盾的升级,然而美苏均未放弃寻求以非军事化的手段化解紧张局势。柏林墙修建之前,1956年的匈牙利十月事件仍表明欧洲稳定局势一定程度上还存在变数,那么1961年的柏林墙,反而起到了维护欧洲和平的作用,它标志着美苏默认两个德国同时出现在欧洲政治版图的事实,在这之后,西德放弃了拥有核武器的诉求,而美国则重申了永久保障欧洲和平的义务。

美国在欧洲部署的中程导弹,使苏联感到十分不安,这是美苏竞争共存的另一个关键性因素。事实上就连艾森豪威尔在1959年6月也不得不承认,如果共产主义阵营控制了古巴和墨西哥,并将核武器部署在上述两个国家,美国也同样会坐立不安。艾森豪威尔有些幸灾乐祸的话在古巴导弹危机中一语成谶。

拉丁美洲多数国家原本并未直接卷入冷战,不受两极格局的直接影响,原因很简单,美国一向视这一区域为自己当然的势力范围。1947年9月2日,美国与拉美18个国家共同签订了《美洲国家间互助条约》(又称《里约热内卢条约》),这是在美国主导下的首个集体防务条约。1948年,美洲大陆共和国联盟第9次会议通过了《美洲国家组织宪章》,更名为美洲国家组织,总部设在华盛顿。地处两极格局的边缘地带并未给拉丁美洲带来平静。这一地区长期经济发展落后,与美国的关系存在着极大的不平等。1954年,拉丁美洲局势开始出现变化。危地马拉的民主政府总统哈科沃·阿本斯颁布土地改革法,同时没收美资联合果品公司的闲置地。阿本斯尝试实施的一连串土地改革威胁到美国在当地的利益,两国关系逐步恶化。1954年6月,美国雇佣军自洪都拉斯入侵,危地马拉军队在美国策动下发动政变,推翻民选政府,阿本斯流亡国外。

阿本斯改革虽然流产,但预示了这一地区政治大环境的变化。古巴的经济极大程度上依赖传统的蔗糖产业,20世纪30年代,巴蒂斯塔在美国的支持下政变上台,推行军人独裁统治,国家政权牢牢地把持在少数大地主手中,古巴成为美国的附庸。随着古巴国内矛盾日益激化,充满民族身份认同感的小资产阶级、无产阶级与广大农民组成了政治联盟。1953年,年轻的律师菲德尔·卡斯特罗成为这场自下而上的政治运动的领导者。1953年7月26日,卡斯特罗率领 120 人进攻东部城市圣地亚哥的蒙卡达兵营,揭开了古巴革命的序幕。此次军事行动终以寡不敌众失败,卡斯特罗等人被捕。1955 年 5 月,卡斯特罗在被关押了 22 个月后获得特赦。出狱后,卡斯特罗组建了 7—26 运动组织,该组织的名字正是为了纪念此前失败的革命行动。为了避免当局监视,卡斯特罗与弟弟劳尔·卡斯特罗一度流亡墨西哥。流亡期间,卡斯特罗与阿根廷人切·格瓦拉(格瓦拉此前也参加了危地马拉的反美革命)一见如故。1956 年 12 月 2 日,卡斯特罗、劳尔、格瓦拉等近百人试图在奥连特省登陆时,立即遭到政府军阻击,损失惨重。卡斯特罗等幸存者进入山区开展游击战。此后两年多的时间里,卡斯特罗的革命事业不断壮大,并从山区、农村向城市渗透。1959 年 1 月,巴蒂斯塔的独裁政权被美国人抛弃,最终被推翻,卡斯特罗率领游击队员胜利开进哈瓦那。

政权建立伊始,卡斯特罗并没有立刻倒向苏联阵营,也并未组建共产主义执政联盟。美国政府也并未在一开始便对古巴采取敌视态度。相反,华盛顿方面很快就承认了古巴的新政权。美国的自由主义者更是欢呼新政权的成立,期盼新政府进行改革,获得人民广泛支持。然而,随着古巴改革的不断推进,以及苏联势力在古巴国内的渗透,美国人逐渐提高了警惕。与此同时,大量古巴前政权支持者逃往美国。各种因素不断酝酿,终于导致美古关系在 1960 年发生转折。1960 年,苏联部长会议第一副主席米高扬访问古巴,两国签署贸易与援助协定,宣布苏联将在 5 年之内购买 500 万吨古巴糖。苏联人开出的价格并不比美国人高,但同时苏联还向古巴提供利息 2.5% 的 1 亿美元低息贷款。苏联与古巴越走越近,深深刺激了美国,美国深恐卡斯特罗政权彻底倒向苏联后将会引发整个拉美的革命洪流,导致自家后院起火,自此古巴便成为美国的潜在敌人。1960 年年底至 1961 年年初短短数月内,美古关系急转直下,古巴俨然成为苏联在加勒比地区的军事前哨。1961 年 1 月,卡斯特罗要求美国使馆的人数从 130 人降至 11 人,此时美国政府已经决定与古巴断绝外交关系。

1961 年 4 月 17 日,1200 名古巴流亡者认为古巴国内的反政府情绪处于一触即发的边缘,在美国情报部门的资助下,他们在猪湾登岛,不到两天,军事行动惨遭失败。此次登岛行动并非一时心血来潮,在艾森豪威尔政府时期便开始筹备。1961 年 1 月肯尼迪上台后,批准继续实施该方案。猪湾事件标志着美古关系彻底恶化。1961年5月1日,卡斯特罗宣布全面倒向苏联,宣布古巴为社会主义国家,并将按照苏联的"真正社会主义路线"进行国家改造。

在讨论古巴导弹危机前,有必要对古巴事件的特殊性以及美国的拉丁美洲政策的影响进行更细致的梳理。发生在导弹危机之前的古巴国内革命本身,不是孤立的偶发事件,对于苏联的对外政策而言,古巴革命有着不同寻常的重大意义。古巴紧邻美国本土,长期以来被美国视为当然的势力范围,而对于苏联人来说,美国在欧洲部署的中程导弹令苏联芒刺在背,通过在古巴问题上做文章,美国将感受到这是苏联人以牙还牙的策略。在土耳其、意大利部署的中程弹道导弹,剑指苏联本土,现在轮到美国人品尝个中滋味了。换言之,苏联在古巴危机中找到了历史遗留问题的一个理想出口。此外,古巴危机爆发前,苏联的核军备实力其实已经远落后于美国,而在古巴危机中苏联的强硬姿态,一定程度上掩盖了自身在军事实力上薄弱的事实——1957年苏联在核竞赛中曾经短暂领先,但很快便被美国人全面反超。苏联在古巴导弹危机中的处理方式并不莽撞,而是基于完全合理的考虑,因为美国在古巴导弹危机前,就已经就撤走部署在土耳其、意大利的朱庇特以及雷神中程导弹,并对部署"北极星"潜射弹道导弹的可能性展开研究。

1962年5月21日,苏共中央主席团会议讨论了苏联与古巴签订军事条约和秘密部署核导弹等问题。在综合评估了美苏关系与美古局势后,苏联认为在古巴部署核导弹将打破美国试图在终止核试验问题上达成广泛协议的幻想,换言之,苏联认为美国人若有诚意达成终止核试验的广泛协议,则应当首先弥补苏联因为美军导弹距离自己太近而产生的不安全感。

古巴方面对苏联在本国部署导弹基地表现出极大热情。1962年7月,古巴国防部长劳尔·卡斯特罗访问莫斯科,于7月3日和8日与赫鲁晓夫进行密谈,就部署核导弹问题达成秘密协议。根据协议,苏联将在古巴部署SS-4中程弹道导弹,并将向古巴派驻4.5万人的军队,在机密地带部署5个军事专家团,一旦部署成功,该专家团将具备发射不少于40枚的SS-4以及SS-5中程弹道导弹的能力。根据古巴问题专家雷蒙德·加特霍夫(Raymond L.Garthoff)的研究,当时苏联仅拥有44枚可使用的洲际导弹,而美国拥有176枚洲际导弹以及114枚潜射弹道导弹,在古巴将部署的武器几乎相当于苏联全部洲际导弹发射能力的一半,古巴的战略地位弥补了苏联军事实力的不足,一旦该计划成功实施,苏联的核震慑无疑将倍增。

导弹基地的部署工作在8月底启动,美国人很快就觉察到了古巴方面的异动。1962年10月14日,美国U-2飞机飞过古巴西部上空,拍摄下大量照片。军事专家很快通过照片分析,确认了古巴方面的异动。10月16日,照片分析被送至肯尼迪办公室。此后美苏在整个事件的处理中,均保持了最后关头的最大限度的理性。双方在此次危机中的应对,可谓边缘运用策略(brinkmanship)的经典运用。千钧一发之际,稍有不慎,双方都将面临不可逆料的灾难性后果。10月16日在得到汇报后当天,肯尼迪指定了副总统和国务院、国防部、中情局等部门重要官员成立专门委员会,秘密研究对策。10月22日,在对苏联意图进行反复评估后,肯尼迪发表演说,向全世界通告了苏联在古巴部署核导弹的事实,宣布对古巴实行军事封锁。美国驻联合国大使史蒂文森在联合国安理会上展示了美军拍摄的导弹基地照片。肯尼迪亲自致信赫鲁晓夫,描述了事态的严重性,明确表示任何携带武器前往古巴的苏联船只将被拦截、搜查,并在必要的时候采取军事措施。与此同时,迪安·艾奇逊专程赴欧洲向法国总统戴高乐、西德总理阿登纳"通报"美国的决定,戴高乐对此表示不满,他认为艾奇逊此行根本不是尽盟友的义务前来"磋商",而仅仅是"告知"。

那几日全世界都笼罩在核战争的阴云之下。史蒂文森出示的大量证据使苏联人无法继续否认,同时也打消了各国对美国动机的怀疑。苏联内部有人认为苏联应趁机在柏林有所动作,在欧洲制造相似的危局与古巴遥相呼应。赫鲁晓夫原本就无意使局面失控,因此并未听从这一毁灭性的建议。尽管表面上仍然立场强硬,赫鲁晓夫并没有关上沟通的大门。10月24日,赫鲁晓夫谴责了美国的海上封锁行动,但同时苏联货船得到了改变航向的指令。10月26日,赫鲁晓夫写了一封私信给肯尼迪,暗示自己准备撤回此次行动,也愿意拆除已建成的基地,条件是肯尼迪必须公开宣布美国无意入侵古巴,并不会支持任何他国侵犯古巴,因为只要肯尼迪能够公开发表这样的声明,那么派驻在古巴的苏联军事人员的存在就会显得"多余"。这封私信发出后翌日清晨,赫鲁晓夫又发表了一封致肯尼迪的公开信,这封信通过莫斯科电台全文发布。在信中赫鲁晓夫一改在私信中的妥协态度,态度十分强硬,强调美国若撤销在土耳其的导弹基地,苏联就撤销在古巴的导弹基地。这两封信相反相成。第一封信中,言辞含糊的赫鲁晓夫展示出妥协的意愿,似乎准备接受肯尼迪提出的方案;在第二封信中,言辞激烈的赫鲁晓夫暗示了苏联在古巴部署导弹的用意,表示危机只有在双方都做出退让的情况下方能最终解决。

肯尼迪迅速做出了回应,他以不同方式分别回复了赫鲁晓夫的两封信。在公开场合中,他回应了赫鲁晓夫10月26日的私信,提出如果苏联在联合国观察和监督下把部署在古巴的武器撤出,并保证不再把其运入古巴,美国便同意"马上取消现在实施的隔离措施","提供不进攻古巴的保证"。肯尼迪还在信中暗示,通过美苏之间达成的协议,将能有效"缓和世界的紧张态势,使我们能够制定一个关于其他武器的、更为广泛的协议,正如您在第二封信中提及的"。肯尼迪巧妙地绕过了赫鲁晓夫充满火药味的第二封信,礼尚往来地表明了美国和解的意图。同时,肯尼迪的弟弟罗伯特·肯尼迪于10月27日与苏联新任驻美大使阿纳托利·多勃雷宁举行私人会晤,代表他的哥哥向苏联递上橄榄枝,会上美苏达成了实质上的妥协:美国将拆除在土耳其、意大利部署的导弹基地,换取苏联放弃在古巴部署导弹的承诺。此次私人性质的会晤达成的协议并未对外公开,甚至在会晤数月后美国国务卿迪安·腊斯克在被问及此事时还予以否认,尽管如此,双方通过妥协让步解决危机的大方向已经明确。1962年11月11日,苏联部署在古巴的42枚导弹全部撤走,苏联方面没想到的是,美国的承诺在几年后才陆续完全兑现。不过,妥协的意愿比妥协何时落实更重要,给赫鲁晓夫带来的不安全感毕竟因此大大降低了。

10月28日,苏联公开同意了移除在古巴的导弹,换取美方不侵略古巴的承诺。古巴导弹危机以妥协结束,笼罩在全世界人民头上的核弹危机终于解除。肯尼迪以胜利者的姿态收获了巨大的政治资本,而挑战了美国世界霸权的赫鲁晓夫则显得灰头土脸,败下阵来。回顾危机从爆发到最终的解决,世人难免会问,为什么苏联领导人在最后关头并没有坚持强势立场,以事后的处理结果来看,既然终究要寻求妥协,那么之前的强硬是否是弄巧成拙的虚张声势呢?今天我们仍然无法给出一个明确的回答,一般来说,苏联领导人在古巴危机中看似前后矛盾的处理思路,基于以下两个层面的考虑。

首先,就国际关系而言,赫鲁晓夫有理由认为,通过古巴危机的和平解决,阻碍美苏之间进行对话的障碍基本上消失了,古巴危机的解决间接促成了此后1963年8月5日美、苏、英三国在莫斯科签订的《部分禁止核试验条约》(全称为《禁止在大气层、外层空间和水下进行核武器试验条约》,中国和法国当时并未加入),缔约各方承诺将无限制在大气层就行核试验,这是首个通过制定明确而系统化的规则降低核战争风险的条约。

其次,赫鲁晓夫在1962—1963年古巴导弹危机中的做法,还受到苏联内部因素的影响。50年代以来,苏联国内关于经济体制以及苏联生产力的辩论越来越激烈。赫鲁晓夫满心希望在1970年前,苏联的生产力和人民生活质量能够全面达到美国的标准。要实现这样的目标,苏联势必要对国家财政支出进行重新规划,尤其是重新评估军费支出占国家财政的比例。当然,美国也面临着同样的问题,只不过这一问题在美国通过生产力与科技进步得到了一定程度的缓解。美国中央情报局在1963年8月的一份报告中指出(该报告得到了美苏双方不同消息源的佐证),苏联此时亟须与西方改善关系,通过制定新的外交政策路线,减轻庞大的军费负担,从而将更多的财力物力投入到改善民生上来。60年代苏联国内生产总值(GDP)尽管仍保持增长,但增速已现颓势,苏联的农业出现了大倒退,投资率显著下降,工业也同样出现了令人担忧的情况,触发并加剧了国内的不满情绪。这些因素都推动苏联转变外交政策。在苏联政治体制的背景下,如此重大的路线方针的转变是空前的,这种转变也表明两极格局的对立,使苏联本身不堪重负。全球二元对立的局面在古巴导弹危机之后发生悄然变化,学界一般将20世纪70年代中期视为苏联国内危机的起点,而事实上,早在60年代,苏联无力在导弹危机中维持强硬对立立场并急于停止对立,本身就说明了苏联的困境在古巴导弹危机中已初现端倪,国内问题的恶化以及政治平衡的不确定性都使得苏联在古巴问题上做出了此前不可想象的决定,当然,导致苏联国内经济与政治环境恶化的原因并不是一朝一夕的。古巴导弹危机的处理,损害了赫鲁晓夫在苏共内部的政治权威,赫鲁晓夫的国内经济政策与外交政策招致了党内保守派的攻击,1964年10月11日,苏共中央主席团召开了讨论撤换赫鲁晓夫的会议,一代政治强人最终退出了政治舞台。

第 6 章

美苏的帝国霸权及其局限

1. 导读

随着帝国主义在全世界范围内的衰落,世界上大部分地区从法理上摆脱了与殖民帝国的依附关系,欧洲列强在世界经济的统治地位也宣告终结,传统殖民主义进入了世界政治史的故纸堆。然而在国际关系的字典里,"帝国"一词并未成为过去时。前殖民地国家追求独立的诉求,体现在寻求政治依附关系的终结,然而在两极格局下,所谓的依附关系(dependence),已不仅是单纯政治范畴的定义,换言之,单一量化数据已经无法准确表达这一依附关系。传统殖民主义消亡后,依附关系仍然以政治领域之外的其他形式存在——美苏与其阵营内受其领导的各国的关系,实际上是后殖民时代的新型依附关系。以美国为例,这种依附关系与共同防御、经济合作以及科技层面的不平等交流紧密相关,在特定情况下还受到美国国内政策的直接影响。总之,本章所表述的"帝国"一词,被赋予全新的意义:以美国为例,"帝国"指的是国家间形成的联盟,是国家作为市场经济主体进行联合的政治体,在该政治体内部,各国的政体仍为多党制民主政体,同时在政治合作与军事保障上依附于美国霸权。

而"苏联帝国"的内部关系则与"美帝国"有所区别……当然也有着高度的相似性。

总而言之,传统的帝国架构已成为昨日的绝唱,在传统殖民帝国覆灭的废墟上,新型帝国关系正在构建。在1956—1963年间,美苏两大帝国已经完成了各自势力范围的划分与扩张。在那之后,美苏两大阵营内部都涌现出一些新的危机,世界局势的决策权越来越向两极格局的轴心偏移。作为无可替代的庞大的政治权威,只有美苏之间达成的协议才具有影响国际关系发展的分量。美苏关系成为两极格局的焦点。古巴导弹危机之后,美苏都意识到制定共存规则的必要性,同时,也在这一时期面临着性质不同的内部危机。

1963年到1974年,两极格局下两大阵营的共存规则相继确立。1968年,《不扩散核武器条约》分别在华盛顿、莫斯科、伦敦开放签字,59个国家签约加入;1969年11月17日,第一轮限制战略武器谈判(SALT I)启动,1972年5月结束;1972年5月26日,尼克松与勃列日涅夫在莫斯科签订《反弹道导弹条约》;第二轮限制战略武器谈判(SALT II)始于1977年,1979年6月18日在维也纳,卡特与勃列日涅夫签订《美苏限制进攻性战略武器条约》;1973年7月,欧洲安全与合作会议在芬兰首都赫尔辛基召开,1975年7月30日至8月1日,欧洲33国及美国、加拿大等国签署《欧洲安全和合作最后文件》,该文件在原则上标志着曾经爆发历次大规模战争的欧洲有望实现永久和平。

1956年以后,美国逐渐调整其欧洲政策,除了与英国还维持了传统上的"特殊关系"之外,在其他事务上似乎总是漫不经心地绕开欧洲,避免与之进行严肃磋商,众多事件都印证了美国的这种转变。实际上,1955年后,欧洲问题已不再是美国全球战略的中心,在整个阿尔及利亚独立战争(1954—1962年)期间,美国并未积极投身其中,其政策的作用和影响是有限的,对戴高乐上台头几年的法国局势,美国也并未十分关注。法国、德国、意大利三国联合组建独立的核武装部队的计划也遭到美国的阻挠,唯恐打乱美苏关于限制核武器的谈判节奏。1961年,美国不顾西德及欧洲的强烈不满,听凭东德修建了柏林墙。在古巴导弹危机期间,如前所述,美国也只是"通报"美方决定,并未与欧洲盟友进行密切磋商。1962年底,美英首脑在拿骚达成协议,由美国帮助英国建立核潜艇部队,英国将该部队置于北约指挥下,美国也将部分核力量交北约指挥。美国随后提出,法国也可以参加《拿骚协议》,并计划建立一支装备美国控制的核武器的多国舰队。美国设想通过组建名义上隶属北约、实际上由自己控制的"多边核力量",说服英法放弃独立的核计划。1969年勃兰特当选西德总理之后,采取了更务实的"东方政策"(Ostpolitik),起初也受到了美国的冷遇。1967 年和 1973 年,美国两次插手中东事务(即第三次、第四次中东战争),客观上也冲击了欧洲在当地的利益。

一些欧洲国家尽管觉察到了美国欧洲政策的转变,但相对来说并无激烈反应,而另一些国家则对此表现出了极大的愤怒。1963 年 1 月 22 日,法德签署《法国联邦德国合作条约》,1966 年 3 月,戴高乐宣布法国退出北约军事一体化机构(前文已经指出了北大西洋公约与北约军事一体化组织的差异,法国从未退出北大西洋公约),这都是法德两国对美国欧洲政策的回应。此外,越战期间,许多欧洲国家也反对美国的越南政策。

总之,随着传统殖民体系的崩塌,西欧不甘心在国际局势中被边缘化。1957 年 3 月,法国、联邦德国、意大利、荷兰、比利时和卢森堡六国在罗马签订了《建立欧洲经济共同体条约》(尽管当时的欧洲仍然对该机构的前景抱持广泛的怀疑)。1958 年,戴高乐在法国重新掌权,1960—1961 年,欧洲开始讨论建立政治共同体。1965 年,欧洲共同体在经历了"空椅子危机"之后,其机制得到了加强。以上事件都表明欧洲确立作为世界经济格局中重要一极的意图,同时也为此后欧洲一体化进程奠定了基础,预示着在未来欧洲成长为可与美国平起平坐的一极政治力量。当然,欧洲的崛起并不对美国的霸权构成挑战,而是追求更为平等的伙伴关系。1971 年 8 月 15 日,为摆脱越南战争带给美国的种种经济困境,应对美元暴跌的危机,尼克松政府宣布实行"新经济政策",停止按照 35 美元每盎司的价格兑换非储备货币国家的美元,该举动导致欧洲发生通货膨胀,美国不负责任的行为更加坚定了欧洲一体化的决心。

在远东地区,美国在日本和韩国拥有绝对的影响力,然而美国并未充分考虑到当地民族情绪的上升,也并未充分意识到日本将在不远的将来成为美国的竞争对手。1951 年 9 月 8 日,美日双方在旧金山签署了《旧金山和约》以及《日美安全保障条约》,标志着日美军事同盟关系的正式建立。在这对同盟关系中,美国处于绝对的主导地位,美军在日本境内保留了 3 万公顷军事基地和 4.7 万驻军,日本虽然在名义上恢复了独立,其主权却受到了很大的损害和限制。50 年代后半期开始,日本朝野对《日美安全保障条约》的不平等性表示不满,要求修约。为安抚日本朝野的不满情绪,1957 年,美国同意开启新一轮谈判。1960

年1月19日,两国在华盛顿签订了《共同合作和安全条约》(即新日美安全条约),正式承认取消对日本主权的所有限制,美国同时承诺,在日美军军事基地将不部署任何核武器,美方对军事基地的使用应经过美日共同充分商议。新美日安全条约本身仍然是不公平的,几年后,在肯尼迪任期内,日美再次开启谈判。1971年6月17日,美日签订《归还冲绳协定》,冲绳被交还日本,但前提是日本的贸易政策应实现部分自由化。

苏联阵营同样遭遇了不小的危机。1964年10月,赫鲁晓夫黯然下台。苏联国民经济的危机日益凸显,勃列日涅夫上台后,推动了一系列经济改革措施,但这些管理制度、技术领域的改革不痛不痒,并未触及体制与生俱来的矛盾。美苏关系尽管有所好转,苏联内部仍是危机频发,影响了美苏缓和的进程。1968年"布拉格之春"之前,对苏联的不满情绪就已经在华约国家内部弥漫。1969年,中苏爆发了边界冲突,冲突持续时间不长,但产生了极为深远的政治影响,为此后中美关系在尼克松时期实现破冰埋下了伏笔。苏联与胡志明领导的越南建立了同盟关系,以及越南反美斗争的胜利,尽管都可以视为是苏联在这一时期外交上苦心经营的成功,然而考虑到苏联对越援助仍然是在与美苏缓和的大背景下进行的,这种成功不免要大打折扣。

内部危机频发,这是超级大国维持全球霸权地位所必须付出的成本。美苏都意识到,双方都拥有摧毁对方的能力,穷兵黩武只能携手走向共同毁灭,限制武器逐渐成为双方的共识。美国在越南战场上泥足深陷,经济出现危机,1973年埃以战争后石油危机进一步冲击美国经济,苏联领导人或认为本国经济的发展仍然相对乐观,基于这种判断,缓和的成本被认为是可以接受的。这并不是苏联一厢情愿的乐观估计,1981年,美国学者罗伯特·吉尔平(Robert Gilpin)认为,当时"美国的地位受到苏联崛起的威胁"。事实上恐怕苏联领导人自己也不会认同吉尔平的观点,作为局内人,他们深知国家正在走下坡路。1963年,苏联粮食大减产,粮食配给制被迫恢复,国家抛售大量黄金从国外进口粮食。苏联文学界甚至开始流传着苏联帝国覆灭的预言。1964年,流亡伦敦的罗马尼亚作家吉塔·艾尼斯丘出版了《苏联帝国在东欧的覆灭》;1970年,安德烈·阿莫尔里克在西方出版了《苏联挺得过1984年吗?》,这本在今天看来不啻为一本预言书的作品,在问世后却被摆放在科幻小说的书架上。

越南战争结束后,胡志明成为苏联的亲密盟友。在苏联看来,与越南结盟,目的首要是遏制中国,其次是反美。1972年,尼克松访华,中华人民共和国以大国姿态重返亚洲政治舞台,并在不久后恢复了联合国合法席位。美国人逐渐从越战的阵痛中缓过来。美苏都向世界展示了在使用武力上的克制,并最终在两极格局下解除了全世界的核威胁,这一系列协议的签署,为实现世界的长期稳定与和平带来了曙光。

本章中所探讨的特定历史时期,可以用抛物线进行形象描述。1964—1973—1975年,构成了抛物线左侧的上升通道。尽管各自阵营中都存在着诸多问题,美苏还是克服了"离心力",实现对话,并就核问题达成共识;1975年以后,形成抛物线的下降通道,美苏的"离心力"逐渐占了上风。问题的根本在于,不通过人民的授权同意,仅通过核威慑实现对他国的统治已经越来越不现实了。此外,美苏在政治体制上的结构性不平等与日俱增。20世纪70年代末之前,由于权力政治不断巩固,这种不平等性被掩盖了。1980年以后,这种结构性不平等的影响不断凸显,由此产生的失衡,最终改写了二战后形成的国际关系结构。

第一次能源危机之后,欧洲安全问题再次成为国际关系的焦点。1975年,在赫尔辛基召开的欧洲安全与合作会议达成了一系列协议,通常被解读为欧洲大陆实现和平的高峰。1975年以后,苏联在莫桑比克、安哥拉、埃塞俄比亚等国的影响日益增强,寻求在这些葡萄牙前殖民地国家输出自己的发展模式,苏联的非洲政策使欧洲产生了不安全感。1977年开始,苏联在华约国家部署SS-20中程导弹,可携带3个弹头,射程为3000英里,整个西欧都在其有效射程之内。西欧国家对此高度警觉,并在北约的框架下进行回应。

1974年,尼克松因"水门事件"下台,引发国内政治危机。1976年吉米·卡特就任新一任总统。1979年,伊朗德黑兰爆发举世震惊的美国使馆人质危机。此次危机中仍有苏联介入的身影。同时,苏联的内部危机也有扩大趋势:在中东和地中海地区,苏联地位不稳,国内以及华约国家内部的不满情绪上升,在华约国家部署导弹问题上与西欧及其背后的美国都是矛盾冲突不断。1979年12月底,苏联入侵阿富汗,原计划3个月内速战速决,最后却拖了10年,这场侵略战争被认为是苏联对外政策的重大失败。

20世纪60年代由于美苏在重大问题上的克制,开启了美苏缓和的局面。核威胁一度笼罩在全人类的头顶,但在两极格局的保障下得到了化解。随着这一局面的巩固,世人普遍认为全球均势将在此后常态化。尽管这样的感觉在理论上是无懈可击的,但仍充满局限性,这种乐观情绪想当然地认为美苏的帝国体系是不变的,而无论是苏联帝国,还是美国帝国,其内部的不稳定因素一刻也没有真正消除。随着新技术的迅速普及,以及能源问题带给全球生产体系迫在眉睫的挑战,美苏应对能力的差异将越来越明显——两极格局下世界局势的稳定局面,注定是短暂的。

2. 美国帝国及其内部问题

古巴导弹危机和平解决后,肯尼迪收获了巨大的政治资本。1963年,肯尼迪访问欧洲盟国,所到之处无不受到民众的热烈欢迎。6月26日,肯尼迪在柏林墙下宣告,"今天,在自由世界里,最骄傲的说法是'我是一个柏林人'",言语中充满了西方世界空前的团结精神。然而肯尼迪在古巴导弹危机中的处理方式,不仅饱受美国国内反对者的指责,还在北约盟国内部招致了相当的不满。在法国,戴高乐主义者声称,肯尼迪在赫鲁晓夫的压力下妥协,拆除在意大利与土耳其的导弹基地,实际上表明美国政府将自身安全考量置于欧洲安全利益之上。他们指出,在恐怖均势下,苏联直接攻击美国本土的可能性极低,美国放弃大规模报复战略,又拆除位于这两个国家的中程导弹基地,势必造成苏联未来在欧洲选择打击目标时充满了随意性。与肯尼迪提出的"灵活反应"相比,欧洲更欢迎艾森豪威尔的"大规模报复"战略,西方不能承受在欧洲进行地面战争,只能依靠核威慑,确保苏联不敢轻举妄动,否则将引发核战争。在戴高乐主义者看来,拆除土耳其、意大利的军事基地,无异于将西欧盟友全部变成苏联武力打击的潜在靶标,并迫使欧洲因投入更大的常规力量而不堪重负。赫鲁晓夫在柏林危机问题上尽管有所退让,但他却在古巴导弹危机中扳回一局,迫使肯尼迪为了美国的利益,牺牲了欧洲的安全。法国将军皮埃尔·加洛瓦指出,美国不能容忍苏联在自家后院部署导弹,但却忽视了他的欧洲盟友面对同样的威胁只会更加力不从心。这番指责虽然有些夸张,但从欧洲人的角度出发,这种指责并非完全空穴来风。

实际上,在欧洲政治界不少人都不同程度地认同加洛瓦的指责。法国著名政治评论家雷蒙·阿隆(Raymond Aron)亦指出:"我感到,欧洲人不可能一直将他们的防御职责长期全盘托付给另一个大国,即使这个大国是自己的盟友。"对于欧洲安全的困局,法国人提出的方案是法国一直以来积极打造的"核打击力量"(Force de frappe),而美国则另有想法,但其多边核力量方案遭到了法国的反对,戴高乐认为美国此举不过是想暗中推动英国加入欧共体,而英国一旦加入,势必引发欧共体的瘫痪。此外,戴高乐还坚持欧洲应该走一条自主开发核武器的道路,不必唯美国马首是瞻。1963年的《法国联邦德国合作条约》正是戴高乐对美国的多边核力量方案的回应,他意图通过法德和解,拉拢同样对美国不满的西德加入法国的"核打击力量"。1965年年底,华盛顿最终决定放弃"多边核力量"计划。欧洲防御问题在这一时期处在十分胶着的状态,与此同时,欧共体却取得了显著的发展。

作为政治家的戴高乐,其政治视野并不局限在北约军事同盟关系上,还立足于欧洲经济共同体的发展。这里有必要指出的是,欧洲主义者通常将戴高乐视为坚定甚至狭隘的民族主义者,这种观点是有失偏颇的,至少也是低估了戴高乐作为政治家的高度。戴高乐并不反对欧洲联合(否则他完全有能力阻挠1957年六国签署的《罗马条约》的实施)。在1958年再次执政后,戴高乐做出了支持欧洲一体化的决定,履行了法国在1957年签署《罗马条约》的承诺。1957年3月25日,法国、联邦德国、意大利、荷兰、比利时和卢森堡六国在罗马签订了《建立欧洲经济共同体条约》,提出:"通过本条约,缔约各方在它们之间建立一个欧洲经济共同体。"1968年7月1日,共同关税同盟宣告建立,比《罗马条约》预计的期限甚至提前了一年半。欧洲共同市场内部将实行自由贸易,取消关税壁垒。然而在政治层面上,戴高乐对由不具备政治合法性的官僚机构进行管理的组织表达了明确的反对。他认为,只有实现欧洲政治联盟才能解决这一问题。当然,戴高乐所理解的欧洲政治联盟不是超国家组织,而是"国家间合作的联盟",主张通过政府间的联合来实现政治同盟,国家主权不能向一体化组织让渡。1961年2月,六国国家和政府首脑会议决定成立专家委员会,讨论建立政治性组织(专家委员会的第一任主席由法国前内政部长富歇担任,因此被称为富歇委员会)。富歇方案的最初版本是以制定共同外交、国防、科技、文化政策为基础,实现政府间合作,建立国家间的联盟,决策权属于联盟理事会,决策机制为全体一致通过。由于大部分成员国反对,富歇委员会于1962年1月提出第二版,然而最终还是在1962年4月巴黎六国外长会议上无法获得各方一致通过而搁浅。戴高乐所提出的政治方案,只是暂时休眠,在未来时机成熟的时候,还将被再次唤醒。

欧洲经济共同体的使命不仅在于建立自由贸易区,还在于制定不同领域内(尤其是农业)的共同政策。随着共同体内贸易壁垒的消失,政治联盟的一体化成为共同体的最终目标。《罗马条约》中并未明确规定要将欧洲经济共同体建设成具有联邦制国家特性的权力实体,而位于布鲁塞尔的委员会,作为共同体的行政机构又并非选举产生,此后欧洲经济共同体委员会与由各政府代表组成的部长理事会的职权冲突正因此而起,这正是1965年法国制造"空椅子危机"产生的背景,戴高乐借"空椅子危机"进一步重提富歇方案,反对欧共体的超国家倾向。

1964年12月,欧洲经济共同体委员会制定了关于农业政策的一揽子方案,该方案允许欧洲经济共同体自行支配其与非欧共体国家间的农业税,1965年4月方案提交至部长理事会。在委员会上,该方案以7∶2多数通过,两张反对票均来自法国。根据《罗马条约》的规定,1966年后的部长理事会内关于共同市场的决策程序,也将依照理事会内的表决方式,由一致通过改为多数赞成。欧洲经济共同体委员会主席、德国人哈尔斯坦直接向欧洲议会通报了已批准的方案内容,尽管他这么做严格来说并未违反相关程序,但却招致法国的强烈反弹,认为哈尔斯坦此举意图强化委员会与欧洲议会的关系,甩开由主权国家代表组成的部长理事会。法国宣布其代表将不再出席欧洲经济共同体所有机构的任何会议。戴高乐对外解释了法国实施"空椅子政策"的原因,他公开指责欧共体委员会滥用职权,同时攻击"未经选举产生"的欧洲议会,表示只有当其他国家放弃将欧洲经济共同体打造成超国家性质组织的诉求,并且在1966年1月后,欧共体部长理事会也采取一致通过的决策机制之后,法国才会重返各机构。

戴高乐所提出的问题涉及欧洲共同体的法理本质,并触及欧洲一体化进程中的核心问题:欧洲一体化,究竟是实现联邦主义的欧洲,还是要构建邦联主义的欧洲？法国坚持要将具有超国家性质的欧洲经济共同体委员会的行政职权转移到由主权国家代表组成的部长理事会,认为在部长理事会中引入多数赞成机制将损害大国的独立性。没有法国参与的欧共体将是不完整的,在法国的"空椅子政策"的压力下,欧洲经济共同体最终妥协。1966年1月各国签署《卢森堡协议》,协议强调任何重大决定都必须在部长理事会中得到一致通过,这意味着各国均拥有一票否决权。

"空椅子危机"并不是欧洲经济共同体的最后一次危机,而欧洲主义者同时也在不断推动欧洲一体化进程。1972年,英国加入欧共体的申请终被接受——实际上早在1961年,麦克米伦政府就已经提出加入申请,但戴高乐两次均投下反对票,将英国挡在了欧共体之外。1973年1月1日,丹麦、爱尔兰和英国(包括直布罗陀)正式加入欧共体(挪威尽管同样提出申请,但在最后全民公决中没有得到通过),共同体成员国增至9个。

1971年8月15日,尼克松政府宣布实行"新经济政策",宣布停止按照35美元每盎司的价格兑换非储备货币国家的美元,通货膨胀因此被输出到欧洲。1973年第一次石油危机也对欧洲经济产生了不小的冲击,欧共体内部的团结再次迎来挑战。1974年12月,在法国新任总统吉斯卡尔·德斯坦(Valery Giscard d'Estaing)的推动下,共同体巴黎首脑会议达成协议,对欧共体进行机构调整,加强了部长理事会作为行政机构的职权,并明确了此后部长理事会每三月召开一次,在国际关系中与欧共体利益相关的所谓问题上都采取一致性政策,部长理事会将作为外交政策的协调机构。巴黎协议还决定,欧洲议会议员应通过不记名的投票直接选举产生(1958年到1979年,欧洲议会议员由各成员国议会指派任命),具体选举办法将在1978年7月1日生效。自1979年7月起,欧共体成员国开始以直选的方式产生欧洲议会议员。1976年1月,比利时首相莱奥·廷德曼斯负责起草欧共体向"欧洲联盟"推进的报告。欧洲政治联盟经历了十多年的辩论,终于驶入了前景清晰的轨道。换言之,欧洲经济共同体间接成为国际关系中的政治实体。在防御问题上欧洲仍然与美国紧紧捆绑在一起,欧洲在政治上的崛起并不对美国的霸权构成挑战,然而一个经济上逐渐强大的欧洲势必对美国形成政治上的挑战,并迫使美国不断调整其欧洲政策。在欧共体成立之后的10年里,创始六国迎来了经济奇迹,人均收入以及欧共体整体的贸易份额都实现了翻倍增长。1958年,六国贸易总额中的32%来自欧共体内部贸易,这一比例到1969年上升到了48%,到1979年更是达到了54%(1979年,欧共体已有9个成员国)。

两德关系也出现了发展的新趋势,比赫尔辛基会议更加体现了明显的脱离两极格局规则的趋势。1948年,德国显然是冷战对立的核心前线;1958年,苏联借助柏林封锁,试探了美国防卫欧洲的决心;阿登纳成为西德总理后,由于其他国家对西德仍存有很大戒心,西德并未将拥有和发展核武器作为首要的政治目标;1961年,东德修建柏林墙。通过以上事实不难看出,德国问题自战后始终未能超出美苏对立的大命题。1969年,勃兰特成为西德新总理,上任后西德政府开始转变外交思维,一改与苏联阵营对立的一贯路线,推行更温和的东方政策。法国历史学家乔治·亨利·苏图指出,勃兰特在当选总理之前已经在酝酿外交政策新思路,早在1963年,勃兰特担任西柏林市长期间,其顾问埃贡·巴尔在演说中就表达了要"通过重新接触来改变关系",这与古斯塔夫·施特雷泽曼①在《洛迦诺公约》的思路并无二致。巴尔指出:"东德领导人感到其政权并不具备真正的合法性,对于可能实现的德国统一造成的后果,他们深感恐惧,因此,有必要改变策略,承认他们、保障他们。在此基础上,通过重新接触来改变关系是可能的。"勃兰特的东方政策,与此前的哈尔斯坦主义有着根本的区别,这一政策实际上开启了德国后来重新统一的可能性。苏图还指出,在勃兰特的东方政策中,隐约可以读出他绕开美国人,在苏德协议的基础上实现欧洲防御新体系的构想,东方政策是否如苏图所言,宣示了勃兰特构建欧洲安全新体系的想法,在这里没有必要匆忙下结论,不过这一推论显然并未充分考虑到1968年捷克斯洛伐克危机在政治和意识形态领域产生的影响。值得指出的是,勃兰特的东方政策的确在欧共体内部引起了一种不信任情绪,并引起美国的警觉。早在1965年,勃兰特便公开表示,西德与东欧密切接触,有助于打开其外交的灵活局面,当选总理后,勃兰特直接抛弃了哈尔斯坦主义,与罗马尼亚和南斯拉夫都恢复了外交关系。勃兰特指出,东方政策不仅代表了德国的自身利益,同时也表达了普遍的和平愿望。这显然也出于西德对美国实行"灵活反应战略"

---

① 德国魏玛共和国总理(1923年)和外交部部长(1923年,1924—1929年)。第一次世界大战后使德国恢复国际地位的主要人物,主张和解和谈判的政策。——译者

的忧虑,勃兰特认为,美国此举无疑将西德推向与苏联对立的最前线,西德将不得不思考与东德、苏联关系的调整。此外,东方政策作为德国民族凝聚力的一个体现,还向世界展示了德意志民族有能力开展独立自主的政治行为。对于东方政策仍然存在各种不同的解读,有人认为东方政策破坏了北约防御体系,有人认为勃兰特无意打破北约军事同盟,而只是就欧洲政治的僵局提出一种新思维。无论从哪种角度解读东方政策,其影响力都是不容置疑的,就连基辛格当时也不得不承认:"勃兰特的政策影响越大,尼克松与其同僚就越发明白,任何试图取代东方政策的举措只会更加危险。"

勃兰特推行东方政策之时,"布拉格之春"刚结束数月,美苏对话的大门似乎要因此关闭。勃兰特此举,在欧洲内部重新开启了两大阵营对话的可能性,实现了对哈尔斯坦主义和勃列日涅夫主义的双重超越,实现了两德关系以及苏联与西德关系的正常化。1970 年 8 月,勃兰特访问莫斯科,两国签订了关于消除边境武力以及展开两国合作的《莫斯科条约》,条约承认了欧洲领土现状,是东方政策的重要一环。同年 12 月,勃兰特访问波兰,在华沙犹太隔离区起义纪念碑敬献花圈后,突然自发下跪。12 月 7 日,勃兰特与波兰总理签署了标志两国关系正常化的《华沙条约》。

德国基本法是联邦德国的根本大法,根据基本法,只有联邦德国政府才是德国唯一合法政府,这也就为两德关系正常化制造了宪政难题。1967 年,欧洲各国共产党通过决议,提出要实现两德关系正常化,西德必须首先承认东德,而不是相反。两德关于关系正常化的谈判随着高层互访逐步推动,然而进展却相当迟缓。1970 年 5 月 19 日,勃兰特与德意志民主共和国部长会议主席维利·斯多夫(Willi Stoph)在东德的埃尔富特会面,勃兰特受到了当地民众热烈欢迎。5 月 21 日,斯多夫进行回访,在西德城市卡塞尔与勃兰特会晤。1970 年,在苏联的授意下,乌布利希"被"退居二线,昂纳克上台,谈判的障碍相对减轻,但进展依然迟缓。1972 年 12 月 21 日,关于东西德关系的基础条约在东柏林签订,确定东、西德在平等的基础上建立正常的睦邻关系,推动两国在经贸、文化领域的交流,承认彼此的国界以及联盟关系。数月后,东西德均加入联合国。1989 年后解密的文件表明,苏联在东西德关系正常化上起到重要的推动作用,这是由于苏联与西德的经贸往来日益密切,这当然是东德不愿意看到的,但仍不得不接受苏联将东德利益置于对西德关系之后的现实。这里我们注意到解读东方政策的一个新的角度：如果说东方政策被认为是两德统一的前奏，那么解密文件表明，两德关系正常化无疑更加明确了德国分裂的事实；而如果将东方政策视为是西方拉拢东欧的手段，那么东方政策则是西方在不改变联盟关系的前提下，对苏联阵营实施和平演变的序曲。

美国作为西方阵营的盟主，在对外政策上一方面展开与苏联的对话，一方面不断调整其欧洲政策，其国内也经历了美国有史以来最深刻的国内危机。1963年11月22日，肯尼迪总统遇刺身亡，林登·约翰逊继任，其国内外政策在此后始终充满矛盾；约翰逊之后，尼克松的缓和政策取得巨大成功，但却遭遇"水门事件"黯然下台；尼克松下台后，副总统福特意外入主白宫；吉米·卡特在1976年上台，但其政策始终在美苏意识形态对立与杜鲁门式的实用主义之间摇摆不定。1964年到1979年的15年内，美国人迎来送往了四位总统。

在这一时期初期，越南战争深刻影响了美国的对外政策。约翰逊总统在美国社会改革和反种族歧视运动中所积累的政治声誉，全部葬送在了越南战场上。考察越战对美国对外政策的影响，还需要注意到以下因素：历届美国政府越南政策的一致性与变迁；在越南战争中，约翰逊总统本人所希望施加的实际影响；越战危机的意义与局限性；舆论在战争期间的分量。所有这些因素都不与美苏关系直接相关，这也解释了越战为何并没有给美苏关系的缓和制造实质性影响，而仅局限在双方在此问题上进行的宣传攻势。

美国在越南的军事行动，始于艾森豪威尔时期的冷战政策。1954年法国撤离印度支那后，艾森豪威尔政府无意直接参与越南战争，而是通过政治、经济和军事援助扶持吴庭艳政府。肯尼迪上台后，首先延续了这一政策。1954年以来，吴庭艳独尊天主教而废黜佛教，加强军事统治，激起了当地民众的强烈抵抗。1963年11月1日，美国政府为挽救败局，策动了杨文明政变。此外，肯尼迪还向越南派出了头几批军事顾问，开始进行直接的军事干预。目前没有确凿的证据显示肯尼迪在遇刺之前曾经考虑调整美国在越南的军事行动的规模。约翰逊总统继任后，继续推进肯尼迪制定的对越政策。起初，美国估计10000人规模的军事力量足以帮助南越军队，然而此后这一数字不断上升，约翰逊被迫重新评估越南局势，摆在他面前的是两种选择：美国或可通过实现南越政府的中立,或调整美国越南政策的战略目标,寻求从越南全身而退;或者是不惜一切代价阻止越共游击队通过老挝以及越南北部不断渗透。约翰逊认为,任何妥协方案都是对美国的侮辱,但纵观其整个总统任期,约翰逊始终未能界定美国军事投入的合理规模。短短数月内,南北越冲突就升级为北越与美国的直接对抗。

整个越战期间,美国国会对于美国军事干预始终争论不断。早在1954年,艾森豪威尔用"多米诺骨牌效应"形象地诠释美国在印度支那进行干涉的必要性,这一理论为美国在越南的军事行动提供了理论基础,认为有必要在越南采取军事行动以遏制共产主义在整个东南亚的蔓延。此后几十年发生的事情证明了该理论实际上并无根据,然而在当时仍深刻影响约翰逊政府的越南政策。竞选期间,约翰逊曾表示"把美国年轻人送去做亚洲青年应该做的事情是不值得的"。然而恰恰就是在美国大选期间,南越局势急剧恶化,1964年12月,约翰逊授权对北越实施轰炸,美国的军事投入随着战事发展不断升级。1967年年底是越南战争冲突升级的顶点,当时驻扎在南越的美军人数已经达到50万人。

为何美国在越战中投入了如此规模的兵力,最终仍以失败收场?需要指出的是,在区域型战争中投入如此兵力,与美国本身的大国地位也是相"匹配"的。仅以人口而论,法国只有美国的四分之一,但在阿尔及利亚战争中,法国所投入的兵力也达50万人之巨,然而归根到底,这本来就不是一场依靠单纯的兵力优势就可以胜券在握的战争,美国真正缺乏的是统筹军事行动的顶层战略。越南战争冲突升级的原因在于约翰逊一方面要宣示美国不可被战胜的决心,另一方面却无法给出冲突升级的解决方案,最终导致泥足深陷。换言之,美国在越南战争的失败,不是军事行动本身的失败,而在于军事行动背后没有深思熟虑的政治解决方案。从这个意义上说,美国在越南问题上的失败决策,客观上是盲目的军事行动造成的"有限的"失败。

根据当时民调显示,在插手南越事务的最初几年,约翰逊还是获得舆论支持的。随着战事的发展,电视镜头将战争的恐怖淋漓尽致地呈现在美国普通民众眼前,同时美国陷入战争的原因又始终不明确,越来越多的美国家庭开始承受失去亲人的痛苦,国内的质疑与反对声音越来越大,主战派和主和派关于战争的辩论甚嚣尘上。与此同时,美国社会尤其是年轻人的政治观念也在发生巨大的变化,许多人开始质疑美国社会的民主。在内政上,约翰逊总统提出了与罗斯福"新政"一脉相承的改革计划,即"伟大社会"的施政纲领,不遗余力地推行各项福利法案、民权法案、消灭贫穷法案,客观地说,其国内政策原本相当成功,然而随着美国在越南骑虎难下,人民经济负担大大加重,原本在国内问题上追随约翰逊的人也开始批评其越南政策。1968年3月31日,已经担任近5年总统的约翰逊发表全国电视演讲,宣布放弃谋求连任,同时表示越南政策将进行重大调整,承认美国要想赢得这场战争,所付出的代价将是无法承受的。在剩余的总统任期内,约翰逊提名埃夫里尔·哈里曼为代表团团长,与北越外交官员在巴黎开始和谈。1968年10月初,和谈正式开始,伴随谈判桌上唇枪舌剑的,是战场上并未停止的枪炮声。与此同时,白宫又将迎来自己的新主人。尼克松最终将美国从越战的泥潭中解放了出来。1973年3月,《关于在越南结束战争、恢复和平的协议》在巴黎签订,美军开始撤离越南,但战争并未真正结束,南北越之间的战争最后持续到1975年。① 事实上在1968年的春节攻势后,尽管仍然有多次激战,但越南危机整体上已经开始朝最终解决的方向发展。在尼克松和基辛格看来,最核心的问题,就是尽快达成解决方案,确保美国能够尽快且彻底地从越南退出。随着两极对话的新议题的出现,这场"有限战争"也是时候该结束了。

3. 苏联及其内部问题

美国在国内和国际问题上焦头烂额,客观上使苏联在外交上获得了一定的主动性,然而共产主义阵营在这一时期面临的内部矛盾以及国际问题远比美国更加严重,中苏交恶首当其冲。

1955年,苏联派遣专家帮助中国设计并建造了原子能科学研究基地,苏联承诺将帮助中国发展核武器。此后,赫鲁晓夫访问南斯拉夫,为铁托恢复名誉,此举招致中国的批评。此后中苏关系进入了短暂的蜜月期,但随后很快受到柏林危机的影响(1958年)。1959年夏,赫鲁晓夫访华,双方会谈不欢而散。两国关系持续恶化。1960年7月,苏联从中国撤走了所有核专家。60年代的中国

---

① 1975年4月30日,越南人民军占领西贡,越南战争以北越的全面胜利告终。——译者

正在经历一场政治和经济上的深刻危机,"大跃进"对国民经济造成极大破坏。在 1962 年秋天爆发的中印边界冲突,苏联人站在印度一边,不啻在中苏关系上火上浇油。1963 年 8 月 5 日,苏联、美国和英国三国外长在莫斯科签署《部分禁止核试验条约》,中国并未加入该条约,并指出该条约旨在巩固核大国的垄断地位,束缚他国手脚。赫鲁晓夫下台后,中苏关系并未好转。勃列日涅夫和柯西金取消了一次会议,会议上原计划准备批判中国的社会主义道路(1965 年 12 月)。此后,苏联进一步拉拢北越和朝鲜,意图在共产主义阵营孤立中国,在共产主义阵营内部当时只有阿尔巴尼亚支持中国。

面对国际上的被动孤立局面以及国内政治经济的危机,毛泽东决定于 1966 年发动"文化大革命",打击党内的官僚化和特权化。国家主席刘少奇和党的总书记邓小平均直接卷入了这场运动,党的高层中只有周恩来在政治动荡中勉强自保。1966 年的中国社会发生较大动荡,学校瘫痪,许多人因为被扣上"反革命"的帽子而惨遭迫害。毛泽东认为,"文化大革命"可以经由天下大乱而实现天下大治。在"文化大革命"期间,中国国民经济濒临崩溃的边缘。1967 年,毛泽东认为革命试验可以告一段落了,为了避免局面失控,他让林彪出山收拾局面。红卫兵被解散,遭送到农村、劳改营接受再教育。1971 年,林彪出逃外蒙古,死于一场神秘的坠机,此后,毛泽东让周恩来收拾残局,周获得了邓小平的支持。1976 年,周恩来、毛泽东相继去世,毛的遗孀江青试图攫取大权,但最终还是以邓小平为代表的务实派取得了斗争的胜利。

"文化大革命"期间,中苏关系进一步恶化。中国军队高层判断苏联或将利用中国的混乱局面进一步巩固其霸权,林彪认为苏联意图将勃列日涅夫主义强加给全世界。1967 年到 1969 年初,中苏在乌苏里江上的七里沁岛和珍宝岛,不断发生巡逻队冲突。1968 年起,中方开始准备在中苏东部边界进行武装行动。今天看来,这一军事行动只是中方针对苏联霸权的防御性行动。1969 年 3 月 2 日,中苏边界冲突爆发,中方声称,19 世纪签署的条约需要进行修订。冲突并未扩大升级,但紧张局面一直持续到 1969 年 8 月,双方在互不信任的氛围中展开谈判。珍宝岛事件后,中苏彻底交恶,中国开始谋划与美国建交,打破外交上的孤立局面。

作为同一阵营内的两个大国,中苏交恶是苏联阵营内部关系中最具话题性的。与此同时,苏东关系也并非如沐春风。苏联模式已经移植了二十多年,然而东欧的政治体制整体来说并非坚如磐石。东德和保加利亚的政治局势相对较为稳定,保加利亚始终是让苏联十分放心的盟友,乌布利希的东德政府一贯采取铁腕统治,1953年镇压了东柏林的工人暴动。乌布利希下台后,昂纳克的东德政府受到勃兰特"东方政策"的影响。在波兰、匈牙利、捷克斯洛伐克等国,苏联体制的脆弱得到了全面暴露。在波兰,哥穆尔卡未能及时处理国内经济发展的矛盾,最终被解除所有职务,爱德华·盖莱克接任其职务。盖莱克是搞工人运动出身,共产主义信仰坚定,比哥穆尔卡更懂得如何与工人打交道。上任以来,盖莱克大量引进外资,人民生活水平有显著提高,然而表面繁荣的背后,却隐藏着危机。

1968年的捷克斯洛伐克危机震撼了整个西方。1956年,赫鲁晓夫的秘密报告在波兰、匈牙利等国引起了巨大的社会动荡,共产党体制面临很大危机,当时,捷克斯洛伐克并未受到大的冲击。1953年,哥特瓦尔德去世,担任第一书记兼总统的安东宁·诺沃提尼接任,大搞个人崇拜,党内宗派主义盛行,内部的不同声音不断受到排挤和打压。从60年代初开始,捷克斯洛伐克经济发展遭遇严重困难,1964年经济危机爆发,五年计划的失败表示改革已经迫在眉睫,党内反对情绪再次升温,并展开了关于国民经济政策的激烈辩论。一些青年经济学家开始反对"对计划经济的盲目崇拜",提出应由企业自筹资金进行投资,以确保真实的物价水平。1963—1968年间,捷克斯洛伐克国内的文化生活空前活跃,一些与现行政治制度不相容的新观点也在文化大讨论中走上前台。这一时期诞生了许多著名的报纸、杂志,民族关系也日趋紧张,此前,1960年的宪法取消了斯洛伐克的民族自治权,斯洛伐克人认为布拉格当局的民族政策无异于种族歧视。1964年,斯洛伐克共产党选举杜布切克(Alexander Dubček)为中央委员会第一书记。杜布切克曾经是反法西斯解放运动的主要领导者,对共产主义抱有坚定信仰,其个人气质也更为温和。上任后,杜布切克与身为捷克斯洛伐克共产党第一书记的安东宁·诺沃提尼成了政治上的对手。1967年年底,两位书记之间的斗争上升到了捷共中央全会的高度。1968年1月,为避免事态升级,诺沃提尼同意从捷共第一书记的位置上退下来,并支持杜布切克成为党的第一书记。

杜布切克是整个"布拉格之春"的核心人物。广受人民爱戴的卢德维克·斯沃博达将军成为共和国总统（3月21日，诺沃提尼辞去总统职务，一周后由斯沃博达接任），斯姆尔科夫斯基出任国民议会主席，奥德日赫·切尔尼克被任命为政府总理。1968年4月，捷共再次召开全会，选举以杜布切克为第一书记的新的捷共中央主席团和书记处，并通过了党的《行动纲领》，捷共的人事调整基本完成，形成了以杜布切克为中心的党和政府新领导层，改革正式拉开序幕。杜布切克宣称要建设带有"人性面孔的社会主义"，这一口号的提出，一方面说明了改革自身的局限性，另一方面也昭示了从党内着手改革的希望（杜布切克总能使人想到二十年后的戈尔巴乔夫）。

杜布切克所主导的这场改革，是否意味着捷克斯洛伐克将成为共产主义阵营的叛逆？布拉格所发生的一切，在华约国家中的确产生了不小的恐慌。苏联阵营与捷克斯洛伐克展开会谈，试探布拉格当局的意图，要求捷共对改革作出澄清与说明。7月14日，苏联、保加利亚、民主德国、匈牙利和波兰五国党政领导在华沙举行会议，在没有捷共参加的情况下，专门讨论捷克斯洛伐克问题。会议形成公报，指出与会各国"注意到力图通过破坏活动来颠覆个别国家社会主义制度的帝国主义势力正在加紧活动"。7月15日，捷共否认改革会带来反革命的危险，称"没有任何理由把捷当前局势说成是反革命的，或存在脱离社会主义大家庭的危险"，但还是屈从于华约国家的压力，提出7月29日与苏联方面在斯洛伐克境内的切尔纳举行会谈。会谈中双方自说自话，展开激烈交锋，并未进行有效沟通。苏联以及杜布切克的国内反对者认为，捷克的改革将会在华约国家内部引发连锁反应，后果不堪设想。杜布切克一开始还指望铁托和罗马尼亚的齐奥塞斯库能支持自己，但最终发现自己正在成为捷克的纳吉，铁托和齐奥塞斯库都背叛了自己。8月20日，华约和苏联军队开进捷克斯洛伐克。两天后，捷共中央以半秘密的方式召开了非常代表大会，选举杜布切克等人组成新的中央委员会（由于斯洛伐克代表此时已经无法进入布拉格，因此均未能出席）。8月23日，捷共领导人前往莫斯科，与苏联方面再次展开会谈。然而在莫斯科等待杜布切克等人的已经不是一国领导人的礼遇，而是囚徒般的待遇。苏联对杜布切克等人进行了威胁恐吓，与此同时，华约军队已经占领了捷克斯洛伐克全境，在各地均遭到群众的仇视与反对，零星冲突中数十人死亡。今天我们仍然能从当时档案的字里行间想象杜布切克所受到的侮辱与恐吓，在巨大的压力面前，杜布切克最终动摇了，他面临在二者之间进行选择：其一，苏联和华约军队将进行更加血腥猛烈的军事行动，打压"反共产主义行为"，而这一指控是杜布切克并不能承认的；其二，默认所发生的一切，当然，苏联方面可以进行一些补偿，以缓和日益尖锐的局势。8月26日，"布拉格之春"的领导者得以重返布拉格收拾自己一手开启的局面，27日，捷苏会谈公报，即莫斯科议定书发表，该议定书字里行间充溢着勃列日涅夫主义，其签署标志着"布拉格之春"的改革彻底失败。1969年4月17日，捷共中央举行全会，解除杜布切克的一切职务，古斯塔夫·胡萨克接任第一书记，这又是一个卡达尔式的人物。由此，历史在1956年的匈牙利和1968年的捷克斯洛伐克走完了一次轮回。此后，杜布切克逐渐远离政治生活，退隐到布拉迪斯拉发，过着普通工人般的生活。这位捷克斯洛伐克的纳吉要幸运得多，他并没有被判处死刑——毕竟，时代已经大大不同了。

"布拉格之春"使苏联阵营再次经受内部考验，而在勃列日涅夫看来，东欧各国仅"具有有限的主权"。这种"有限主权论"，实质上委婉地指出苏联眼中的东欧各国就是其受保护国，也就是说，苏联认为华约各成员国将维护共产主义阵营内部秩序的使命委托给苏联，确认了苏联"帝国"在苏东关系上具有一种半殖民地关系的本质。苏联在"布拉格之春"中的应对，表面上看是一种实施绝对统治的意愿，但同时也出于一种深刻的不安全感。二战结束已经将近四分之一个世纪了，苏联却还要疲于应付来自阵营内部的不稳定性危机。因此，在"布拉格之春"后，苏联对召开欧洲安全会议的提议重新表示出兴趣，此次会议在1972年召开，并最终催生了《赫尔辛基协议》。

4. 美苏的缓和及其局限性

在两极格局下，美苏尽管在其阵营内部均遭遇不同程度的问题与危机，但两国均能将其影响限制在阵营内部，这显然是由于自20世纪50年代起，两个超级大国就确认了各自的全球霸权。尽管美苏并不是唯一拥有核武器的国家，但其他国家所拥有的核武器并不具备战略意义。20世纪50、60年代，国际关系的主要问题是核威胁下的全球安全问题,而美苏所拥有的核武器不仅起到震慑作用,更足以毁灭人类文明。因此,超级大国责无旁贷地寻求这一问题的解决。换言之,美苏在各自阵营的"盟主"地位,来自各盟国对其霸权的默许,从而避免阵营内部的摩擦扩大化(当然,对于阵营内部发生的具有"离心力"的危机,盟主则进行果断的军事干预,如"布拉格之春")。20世纪50、60年代,双方不断升级核试验,核威胁几乎一触即发,紧张态势在古巴导弹危机到达阈值后,双方又转而寻求制定共存的规则。表面上看这似乎是矛盾的:大国军备竞赛不断升级,竞争双方却反而有责任告诉世界其他国家,本国的武器库是国际力量的"象征",在任何理性计算的前提下,双方的核武器都仅具备象征性意义。当然,从经济和金融的角度来看,美苏的实力根本上已不对等,但是在军备实力本身,双方仍然保持了表面上的势均力敌。

本节所讨论的这一历史横断面中,将着重分析1968年到1974年间的若干重大协议,这些协议推动了两大阵营的缓和,表明美苏甚至会实现合作,将某地区的危机影响控制在限定范围内,或是联手打压不谐和音。美苏超越意识形态对立、阵营利益而实现的缓和,并不意味着两极格局的解体,而是出于阵营利益之上更高层次的战略考虑,美苏冲突的本质因此再次发生改变。此前(二战后到古巴导弹危机前)美苏均寻求不断扩张其势力范围,这种对全球领导权的争夺必然导致彼此身份认同的对立冲突。60年代以后,美苏之间的冲突不再拘泥于对彼此身份的认同冲突上,甚至也不是所谓竞争共存,而是转移到了科技领域的竞赛。科技竞赛并非竞争的新领域,却是两极格局新的主题,它本身就是先前核竞赛的衍生品。古巴导弹危机之后,美苏双方均认识到核对抗的危险,美苏竞赛的战场转移至对"控制和利用"由核竞赛产生的技术成果这一领域。作为各自阵营的盟主,超级大国有义务宣示不寻求在对方身上强加霸权——世界和平的实现正在于此。这是外交上唇枪舌剑的成功,是舌头对拳头的成功,同时也是国际关系全球化的结果,没有一个国家或地区能独立于全球化进程之外,没有一个国家是国际关系中绝对意义上的孤岛,两极格局所影响的不仅仅是两大阵营,而是全球所有国家和地区。

1968年6月12日,联合国大会通过了《核不扩散条约》,并呼吁各国批准。7月1日,该条约分别在华盛顿、莫斯科、伦敦开放签字,59个国家签约加入。

很显然，1963年的《全面禁止核试验条约》是《核不扩散条约》的前奏。在《全面禁止核试验条约》之后，1967年1月27日，美英苏三国签署了《关于在空间、月球以及在其他星球使用核武器的条约》(即《外层空间条约》)。事实上，关于签署禁止核扩散条约的想法并非始于《核不扩散条约》。1961年，外交界对此就有过广泛谈论，联合国大会还成立了专门委员会进行研究，然而该委员会的工作乏善可陈。1965年，美国和苏联又想起了这个几乎快被遗忘的委员会。法国和中国相继成功进行核试验，引起世界关注，足以推动美苏共同推进《核不扩散条约》的签署。1967年，美国国防部长罗伯特·麦克纳马拉指出，在导弹竞赛同时，也要注意核竞赛的潜在风险。美国成功研制出分导式多弹头导弹，一枚导弹可以同时向不同的目标发射10枚核弹，大大降低了成本。此外，麦克纳马拉还提出反弹道导弹体系的概念(ABM)，他指出，美国要建立起一个精确的反导弹防御体系，用于战略防御。反弹道导弹体系花费庞大，美国向世人传递的信息是明确的：一旦成功构建反弹道导弹体系，美国将因此具有防御核攻击的能力，这无疑将使苏联处在绝对的下风。

战略武器技术的两大发展很大程度上威胁了双方战略震慑的稳定性，分导式多弹头导弹和反弹道导弹体系一经提出，便引起了无休止的争论。美国注意到，原先的威慑平衡已经被打破，需要在这一战略被动期通过谈判争取时间。1967年年中到1968年年中，越战局势不断恶化，约翰逊宣布放弃竞选连任，同时宣布美国谋求和平谈判，越南局势有所缓和，《核不扩散条约》内容也在几轮谈判后最终得以明确。简而言之，该协议规定拥有核武器的国家不得向其他不拥有核武的国家提供核武器，且此后加入该条约的国家必须声明放弃拥有核武器。该协议实际上承认了世界各国在核军备上的不对等地位，进一步明确了超级大国在该领域的永久霸权地位，其政治意义不言自明。与此同时，美国人放弃了多边核力量计划，永久放弃了使西德拥有核武器的意图，这为西德实施新的外交政策打开了局面。苏联投桃报李，谴责了中国的核试验(由于法国所进行的核试验影响面毕竟较小，美苏最终对此表示了容忍)。《核不扩散条约》签署后，不断有新国家加入，目前总数已达150个，包括中国。

1968年《核不扩散条约》的签署，与同一时期的中苏交恶以及西德的政治形势变化紧密相关。此后一系列协议则主要与美国国内局势的发展以及苏联所尝试进行的改革有关。此外,我们注意到,这一时期双方对彼此动机的研判并不完全准确,正是"误判"使得谈判相对顺利进行,而美苏两国国内局势也在随之发生变化。事后证明,苏联对美国国内局势的发展理解并不到位——克里姆林宫一厢情愿地认为,美国正深陷越战泥潭,无论从社会、经济还是军事上都面临深刻的危机,短时间内将无法恢复元气,美国寻求美苏关系缓和不仅仅是为了降低核竞赛和太空竞赛的高昂成本,更是美国国力衰弱的体现。正是基于这一错误的判断,苏联才同意开启美苏核不扩散条约谈判,并进一步判断美国有意借此机会进一步重申并巩固两国的霸权地位。因此,苏联并未因为美苏关系缓和而放慢扩军步伐,柯西金所进行的经济改革亦不得不让位于整军经武。苏联对美国政策的判断并不准确,事实上美国并非被其国内外危机逼到谈判桌前。早在1957—1959年苏联太空竞赛取得重大突破后,美国人便开始奋起直追。1968年,太空竞赛与核竞赛带来的科技成果早已使整个美国社会受益。1969年7月21日,美国成功实现登月,这是美国科技全面赶超苏联的证明。当好大喜功的苏联人还沉溺于兴建大型项目,陶醉在世界对苏联国力强盛的赞叹中的时候,美国早已实现了赶超,将美苏竞赛所催生的技术进步应用到各个领域,并在此基础上进行新一轮的技术革命,影响了此后几十年的国际格局。

尼克松当政时期,美国的全球战略获得巨大成功,尽管1974年尼克松因为"水门事件"辞职下台,但此后的政府仍延续了其任上制定的对外战略,福特继任总统后,基辛格留任国务卿,足以说明了两任总统对外政策的延续性。1971年,尼克松的新经济政策导致美欧关系出现裂隙;1973年,中东危机爆发,这是美国在该地区不断巩固影响的机会。总体而言,尼克松和基辛格加强了美苏对话的机制,美苏关系发生了跨时代意义的变化,二元对立的僵局演变成竞争中的合作、合作中的竞争。换言之,美苏在一些问题上的合作,仍然是从本国利益出发,而不是与对方形成利益共同体——1974年以前的美国和1974—1979年的苏联均在这样的政策轨道下制定和实施各自的外交政策。

1968年《核不扩散条约》的签订,表明美苏对实现对话是有共识的,然而关于限制战略武器问题,最根本的问题并未触及。1967年,约翰逊提议就此问题进行谈判,即此后美苏第一轮限制战略武器谈判(SALTI),柯西金虽对此正面回应,但并未积极推动。1968年7月,《核不扩散条约》签署,3个月后,"布拉格之春"爆发。同年11月,尼克松成功当选美国总统,美苏再次启动限制战略武器谈判的缓慢进程。1969年11月,美苏两国代表在赫尔辛基进行会谈,就该问题的技术层面进行谈判。双边谈判进展并不顺利。限制战略武器谈判,归根到底,就是要在政治上回答:在不改变美苏两国军事力量关系的前提下,制定限制战略武器的方案是否可行?而在回答这一问题之前,首先要对"战略武器"进行定义——究竟哪些武器是"战略武器"?双方的军事技术专家就此问题反复讨论,终于在1971年年中达成一致——所谓战略武器,即远程洲际导弹(ICBM)以及反弹道导弹体系(ABM)。此后数月内,美苏所制定的具体方案,与其说是"限制",毋宁说是"冻结"了超级大国已有的导弹数量。1972年5月,协议内容最终确定下来,5月22日,尼克松访问莫斯科,这是美国总统历史上首次访问苏联。5月26日,尼克松与勃列日涅夫签订《限制战略武器条约》。该条约共分为两个部分,附有各项议定书,不设时间限制,每5年修订一次。条约的第一部分规定双方洲际导弹(ICBM)数量应控制在1972年7月1日的水平,即苏联1618枚,美国1054枚;潜射导弹数量,美国656枚,苏联740枚;战略轰炸机,美国455架,苏联140架。但两国拥有的导弹头数量并不对等,美国的多弹头导弹是苏联的3倍。条约的第二部分对反弹道导弹体系做出明确规定,双方可在首都以及重要的军事基地各保持一个反导弹防御系统。事实上,由于反导弹体系费用昂贵,协议的这一部分内容只实施了一半,美苏分别在各自首都部署了反导弹体系,而第二个反导弹体系,即用于保护重要军事基地的,在里根任期内才最终实现。

这一时期的美苏关系通常被定义为美苏缓和,仅在两国关系内部讨论这一缓和显然并不充分,还应当结合国际关系大背景。勃列日涅夫和尼克松于1972年签订的一系列协议,标志着美苏两国的关系正常化,象征着美苏关系主导下的国际格局正朝着一个更光明的前景发展。在尼克松访苏期间,美苏向世界明确了两大阵营"和平共存"的最高原则。两国承诺将通过磋商,消弭核战争的风险,营造共存的外部环境。协议中有相当一部分涉及两国贸易往来,苏联每三年可向美国购买价值7.5亿美元的小麦,此外,还有协议涉及两国文化、科技和空间领域的合作。

尼克松的莫斯科之行,标志着两极关系逐渐解冻。尽管双方领导人在莫斯科进行谈判的同时,越南战场上的炮火并未停止,战争甚至还一度进入了最激烈血腥的时期,尼克松和勃涅日列夫还是在谈判桌上保持了合作。1973 年 6 月 16—25 日,勃列日涅夫回访美国,1974 年 6 月 27 日—7 月 3 日,尼克松再次访问莫斯科。双方在几次回访中又签署了许多合作协议,并开始讨论进行第二轮限制战略武器谈判(SALT II)。此后不久,尼克松因为"水门事件"于 1974 年 8 月下台,苏联方面与尼克松的继任者福特继续谈判。1974 年 11 月 23—24 日,在符拉迪沃斯托克,美苏两国领导人举行"伟大的缓和"年代里的最后一次领导人峰会。会上福特与勃列日涅夫签署第二轮限制战略武器谈判(SALT II)的临时协议。该协议更新了 1972 年协议的部分内容,强调了平等原则,商定美苏各自拥有的进攻性核武器运载工具总数(不论是洲际弹道导弹、潜射导弹或是轰炸机携带的导弹,亦不论是何种性质的导弹)不得超过 2400 枚,其中分导式多弹头导弹不超过 1320 枚。该规定一定程度上有利于苏联,掩盖了苏联在分导式多弹头导弹数量上的劣势,但美国拥有的可用核弹头数量仍然明显占优势。此外,该协议整体上影响有限,尽管美苏两国政府均对协议内容不表示异议,但该协议在两国国内均遭到反对,美国国会迟迟不予批准。在这一临时协议成为最终版本之前,1979 年 6 月,美国总统卡特同勃列日涅夫在维也纳签署了《美苏限制进攻性战略武器条约》和一系列附件,符拉迪沃斯托克谈判所确定的原则虽然得到了强调,甚至还进一步明确双方所拥有的导弹数量要从 2400 枚降至 2250 枚,但此时的国际政治气候已经发生了深刻的改变,6 个月后,苏联入侵阿富汗,条约最终失效。

考察美苏关系在这一时期的缓和,不能止步于政治层面的分析,应当指出,这一时期,美苏在关系缓和的大背景下同时仍在国内和国际政治的背景中追求自身利益的最大化。对苏联而言,美苏关系缓和显然有助于形成国内经济发展转型的有利外部环境。此时的勃列日涅夫和柯西金正试图在苏联进行一系列经济改革,实现美苏关系缓和有利于集中精力进行改革,对战略武器的数量进行限制意味着苏联将重新调整军费支出占国家财政预算中的比例。需要强调的是,美苏关系的缓和,绝不意味着苏联放弃其坚守意识形态上的根本原则,更不意味放弃"真正的社会主义"路线,不过由于放弃了勃列日涅夫主义,美苏的缓和客观上的确改善了苏联在欧洲的国家形象,1969 年 3 月华约国家关于召开欧洲安全合作会议的呼吁最终并未实现便可作为佐证。同时,我们不应忘记,就在美苏缓和的同时,中苏关系则不断恶化,走到了破裂的边缘。苏联甚至一度考虑对中国实施核打击。这表明苏联认为来自中国的威胁是真实存在的,考虑到同时期的美苏关系的改善,苏联对中国的戒心同时说明了克里姆林宫认为在亚洲解除中国的威胁,或将助于进一步改善与美国的关系。

对美国而言,从约翰逊总统任期最后阶段起,越南战争已促使华盛顿重新思考其亚洲政策。尼克松自上台伊始,就在考虑如何从越南战争中抽身,实现越南战争的"越南化",即美国不再在当地进行直接干预,而是转而扶植南越军队,保证具有独立作战能力。为达成这一目的,基辛格在公开的巴黎谈判之外,还与北越的谈判代表团新团长黎德寿进行秘密会谈,为美国的最终抽身打开了通道。与此同时,尼克松外交政策的视角还转移到中东地区、日本以及中美关系上。1969年7月26日,尼克松在出访亚洲时途经关岛,发表演说称美国不能充当"世界警察",除非东南亚地区的盟友遭到外部侵略的直接威胁,否则美国应采取低姿态的外交政策,表示美国仍将践行对盟友的义务,至于盟国的内部事务,美国将鼓励"亚洲国家能承担起自己的责任来",即亚洲问题的亚洲化。尼克松这一理论将越南战争引向越南"国内问题"的范畴,对此南越总统阮文绍表示谨慎的满意。南越注意到,尼克松的亚洲政策发生了实质改变,关岛演说之后,美军开始逐步从越南撤离。此前美军驻越人数曾在1969年年初达到峰值(543000人),而到了1972年,已经逐步降至25000人,此后美军人数逐年降低,随着1975年北越占领河内,尼克松定义的越南"国内问题"最终解决。

在美日关系上,尼克松政府并不"低姿态"。美日缔结和平条约(又称《旧金山条约》)后,日本经济逐步复苏,在50年代贸易保护政策的刺激下,迎来了经济的高速增长。战争结束不到二十年,日本这一前战败国就成长为东亚的经济巨人。1965年,美国对日贸易首次出现赤字。美国政府不断向日本施压,要求其放弃或者至少调整其贸易保护政策。日本表示愿意就此问题进行磋商,但前提是美国归还琉球群岛和冲绳岛,并要求与中华人民共和国重启贸易谈判。此外,日本认为国家重建军备将威胁经济稳定。尼克松上台后,美日贸易谈判更为顺畅。1971年6月17日,美日签署《美日返还冲绳协定》,日本同意实施部分贸易自由化政策,美国将冲绳归还日本,日本成功地解决了遗留的南方领土问题,并同意在岛上保留美军基地。

  日本在美国的亚洲政策中的重要性是不言自明的,它是美国在亚洲防御苏联的前哨,同时是美国尝试与中国进行接触的渠道。事实上,尽管美国一直表示反对,中日之间的关系战后始终并不对立,中日贸易往来越来越密切,到了 1970 年,中国对日贸易逆差达 3.15 亿美元。日本首相佐藤荣作曾计划出访中国,但北京方面认为他过于亲美,因此未能成行。中苏的冲突、中美建交就是在以上的背景下产生的。

  中苏交恶期间,苏联曾研究过对中国的核基地实施核打击的可能性,并将这一设想透露给美国,美国对此表示坚决反对。中方很快获悉了美方的这一表态,感受到在国际上受到孤立的危险,认识到要走出当前的外交困境,应当调整外交政策。苏联对中国一向抱有戒心,认为中国的发展壮大将形成威胁,而中苏关系紧张已是多年的事实,曾经的同盟关系已是一个阵营中的同床异梦。此外,中美的接触事实上早于尼克松访华,早在 1954 年到 1968 年,中美外交官就在华沙进行了多次谈判(技术性谈判和政治性谈判共计 134 次)。1969 年 12 月,应美方建议,中美又进行了一次关于实现两国关系正常化的谈判。尼克松在大选前一直在静待时机,赢得大选入主白宫后,1969 年夏天,尼克松政府宣布取消美国对华的若干贸易限制(这同时也是出于美日关系的考量)。因此在美苏关系缓和的同时,中美的政治关系渐行渐近,这也使苏联在太平洋地区的影响进一步受到限制。

  1971 年 10 月,中华人民共和国重返联合国,取代了台湾国民党当局的席位。在联大投票中,美国虽投下反对票,但并未极力阻挠。1971 年 7 月 11 日,基辛格秘密访华,中美关系迎来重大突破,此行奠定了中美关系解冻的政治基础。美国当地时间 7 月 15 日晚 10 点(北京时间 16 日上午 10 点),中方正式宣布尼克松将对中国进行访问。1972 年 2 月 21—28 日,尼克松访华(尼克松访华的具体时间是在美苏第一轮限制战略武器谈判的莫斯科峰会之前确定的),访问从任何意义上来说都获得了外交上全面的成功。尽管中美关系全面正常化还要等到 1978 年中美建交(1978 年 12 月 16 日中美双方同时宣布自 1979 年 1 月 1 日起互相承认并建立外交关系),但尼克松的破冰之旅的意义是不容低估的,美国表示不再支持"两个中国""一中一台",承诺将逐步从台湾海峡和台湾撤军。美国的旧日盟友、台湾的国民党政府在政治上被抛弃,只是时间问题(但美台之间的经济往来并未因此中断)。作为回报,中国间接承认了美国在太平洋地区的霸权(中国认为这是对抗苏联威胁的保障),并同意在《上海公报》中加入如下文字:任何一方都不应该在亚洲—太平洋地区谋求霸权,每一方都反对任何其他国家或国家集团建立这种霸权的努力。

尽管表面上尼克松的北京之行并未产生中美建交这样的直接后果,但将中美关系放在美苏缓和的大背景下进行叙述,无疑使美苏缓和这一命题更为复杂和难以定义。作为两极格局中的一极,苏联不便直接公开对中美恢复接触表达自己的担忧或反对,根据现有资料我们也无从得知勃列日涅夫和他的同志们对此事的真实反应。但换一个角度来说,中美建交并未随尼克松访华一蹴而就,本身就表明了中美之间存在着一些难以逾越的困难,这一障碍来自哪个国家是不言自明的。考虑到尼克松访华和美苏第一轮限制战略武器协议的签署在时间上的先后顺序,中美之间所达成的协议,也使尼克松后来在莫斯科面对勃列日涅夫时更有底气。总体看来,中美建交并未改变美苏关系缓和这一更高层次问题的核心,即控制核武器。我们不妨说,美方在中苏边界冲突这一问题的立场客观上避免了苏联对中国的核打击,而中美《上海联合公报》的发布,预示了中美关系全面正常化,也相应地大大降低了中国对苏进行核打击的可能性。中苏军事实力尽管存在较大差距,但苏联对于中国发展核武器仍表示极大关注,中国核力量的增长势必将限制苏联对其传统势力范围施加影响。因此,在美苏缓和的大背景下,中美的最终建交,成为美国在亚太震慑苏联的关键一步。

5. 中东与能源危机

1972年,《反弹道导弹条约》和《第一阶段限制战略武器协定》在莫斯科签署之后,世界为之振奋。外界普遍认为这是国际局势实现相对长期稳定的序曲,然而1973年10月6日,"赎罪日战争"(第四次中东战争)爆发,再次牵动全世界的神经,给先前的乐观情绪浇了一盆冷水。阿拉伯世界最大的国家埃及,选择在犹太人的赎罪日发动对以色列的战争并非偶然。尽管只是地区性战争,但由于大国政治的介入,并与美苏关系缓和的政策重叠交织,"赎罪日战争"的影响绝不局限于地缘政治,世界政治经此发生深刻转折。战争从爆发到结束,无论美苏均无法彻底掌控局面发展,由"赎罪日战争"引发的中东政治走向,对两极格局下的国际关系提出了一个新问题。

由于篇幅的限制,在此无法对中东问题进行条分缕析的全景还原,为叙述方便,我们将该问题分为三个部分,这种分法会导致复杂问题的简单化,但也只好从权:第一,作为埃以危机的中东问题;第二,作为美国对外政策重要组成部分的中东问题;第三,作为能源危机的中东问题。

首先,从埃以关系为出发点,"赎罪日战争"显然是埃及针对1967年的军事行动(即第三次中东战争,亦称"六天战争")失败所实施的报复行为。1956年,英法联军在苏伊士运河危机的军事行动遭遇失败,英法两大传统殖民强国最终撤出该地区,此后,该地区出现政治真空,苏联的渗透、亲美的石油利益同盟的形成在一定程度上填补了这一真空。1966年,由于苏联在地中海地区的不断渗透,美国开始向以色列出售大量武器,声称要"平衡这一地区来自阿拉伯国家对以色列安全构成的威胁"。阿拉法特领导的巴勒斯坦解放组织,使以色列感到了威胁,该组织在以色列周边的难民营地区以及在以色列国内不断壮大,影响与日俱增。阿拉伯人在以色列虽是少数民族,人口增长却十分迅速。埃及总统纳赛尔作为阿拉伯民族主义的忠实信徒,对巴解组织一向慷慨解囊,这更加深了埃以之间的矛盾,紧张态势不断升温蔓延。1967年春,地区局势急转直下。苏联情报人员向埃及政府透露"以色列军队正在北部集结兵力,准备侵犯叙利亚"。纳赛尔请求联合国紧急部队从该地区撤离(联合国部队自1956年苏伊士运河危机以来,一直在执行隔离埃以军队的任务,并扼守通向亚喀巴湾的提兰海峡)。面对纳赛尔的要求,联合国秘书长吴丹无法拒绝,位于埃以两国之间的联合国紧急部队的驻地毕竟在法理上确属于埃及领土。5月22日,埃及对在提兰海峡航行的所有以色列船只实施封锁,战争一触即发。在兵员人数、飞机和坦克数量上都占优势的阿拉伯国家军队对以色列形成包围之势。纳赛尔自恃有苏联人的支持,并不将以色列和美国放在眼里,然而其对局势的判断显然过于乐观。1967年6月5日,以色列先发制人,出动空军对埃及军事基地发起突袭,纳赛尔的空军还没来得及起飞就全部瘫痪。战事仅持续了六天,最终以色列占领了埃及控制的加沙地带和西奈半岛、约旦控制的约旦河西岸和耶路撒冷旧城、叙利亚的戈兰高地共6.5万平方公里的土地,全面扩大了其战略纵深,战争中大量阿拉伯平民逃离家园沦为难民。

"六天战争"中,苏联向埃及派遣了将近20000名"军事顾问",在苏联的帮助下,埃及军队成功占领亚历山大港和赛义德港,保障埃及军舰在地中海的航行。在此前论述传统殖民主义的衰落时,我们已就苏联对埃及等国的援助进行介绍,在阿斯旺大坝之后,苏联进一步增加了对埃经济援助,在伊拉克也援建了许多大型设施。而以色列在"六天战争"中占领了大片土地,其国内的阿拉伯人口自然也急剧增加,但其中大部分(约一百万)阿拉伯人仍认同自己为巴勒斯坦人,对以色列并无丝毫国家认同。许多不结盟国家也对以色列的军事行动予以谴责。1967年11月22日,联合国安理会一致通过242号决议,明确了和平解决中东问题的原则和基础(决议的前提是阿拉伯世界承认以色列),要求各方保证该地区的水道的通航自由,公正解决难民问题,并要求以色列"从冲突占领地区撤军"(英文原文为"from territories occupied in the recent conflict")。这实际上是一种外交上的折中方案。然而242号决议的法文版本却与英文版本有一字之差,"从占领地区",法文原文作"des territoires",有定冠词,而英文版本并无定冠词,也就是说,法文版本对应翻成英语实为"from *the* territories"。一字之差,其内涵理解差别甚大,英文版本要求以色列从冲突中占领地区撤军,没有定冠词的精确界定,可以(并不必然如此)理解为以色列可选择性从部分占领地区撤军,而法文版本则是要求以色列从冲突中(所有)占领地区撤军。

1967年的"六天战争",本身就是在50年代兴起的泛阿拉伯运动中不断滋生的反以情绪的大背景下爆发的,战争的结果更推动了这一情绪在该地区的蔓延。1970年9月28日,纳赛尔突然去世,参与1952年军事政变的另一名"青年军官"萨达特上台;1969年9月,一场军事政变结束了利比亚的赛努西政权,卡扎菲上校开始掌权;1969年,尼迈里发动政变,推翻了伊斯梅尔·阿扎里政府,自命为革命指挥委员会主席;1968年阿拉伯复兴社会党和陆军军官们发动政变推翻了伊拉克前政权,萨达姆开始走上权力巅峰;1970年11月,叙利亚原国防部长兼空军司令哈菲兹·阿萨德发动"纠正运动",成为政府总理,翌年就任叙利亚总统。上述一系列事件显然并非孤立存在,而是有普遍联系,凸显了阿拉伯世界不断升温的反以情绪。与此同时,巴勒斯坦民族解放运动也越来越活跃,其立场亦趋于强硬,暴动带来的不安在整个地区蔓延。

纳赛尔去世后,萨达特成为阿拉伯世界反以运动的代言人。上台以来,萨达特要求苏联增加军事援助,企图通过战争手段收回"六天战争"中失去的土地,重新确立埃及在该地区军事上和政治上的地位。1973年10月6日是犹太人的"赎罪日"(Yom Kippur),这是犹太人一年中最重要的传统节日,大部分犹太人均在这一天禁食,并避免使用武器、电子器材、通信设施等,许多士兵在当天将返家过节,整个以色列在这一天处于战备最脆弱的状态。埃及军队在当天向以色列发起突袭,叙利亚军队则进攻戈兰高地,令以色列措手不及,狼狈不堪。然而以色列军队迅速重整旗鼓,沙龙孤注一掷,巧用奇兵,以军不仅扭转战局,打退了埃及军队,还攻入埃及本土,将战线推至苏伊士运河西岸,包围了占领西奈半岛的埃军,一路向开罗进发,埃及首都岌岌可危,战事到了千钧一发之际。埃及人在战争一开始打破了以色列军队不可战胜的神话,然而短短几日内情势逆转,反而成全了以色列又一个军事神话。尽管阿萨德极为不甘,但势单力孤,数月后被迫宣布停火。作为各方的主要支援国家,美国与苏联在战争期间分别向以色列和埃及展开大规模的援助行动,同时两国均出于不同的目的,最终对交战各方施压,以促成战争的外交解决。在联合国安理会于10月22日出台338号决议后三天,美国宣布美军进入紧急状态,此举意味着美国已做好最坏打算应对最极端的后果。

最终,外交努力成功遏制了战火的蔓延——这也就是此前提到的中东问题的第二个层面,即作为美国对外政策一部分的中东问题。联合国安理会在10月22日命令交战各方停火,以色列军队在25日才真正停止进攻。与此同时,基辛格继续加紧外交斡旋,试图以和平手段化解战端,确保局面朝着利于美国的方向发展。在基辛格与勃列日涅夫的会谈中,苏联领导人言辞中充满火药味,声势咄咄逼人,但实际上只是虚张声势,苏联并无意对萨达特的军事行动支持到底。基辛格的莫斯科之行后,美苏实际上达成默契,美国宣布军队进入紧急状态,而苏联又对支持埃及的军事行动并不真正热心,二者相互呼应,导致事态注定往更温和的方向发展。在受到苏联施压和美国干预之后,以色列最终接受停火。在最关键的时刻,埃及并未盼来苏联援助,萨达特认为自己遭到苏联的愚弄,开始检讨过去倒向苏联的政策。整个战争期间,西欧各国均保持中立,基辛格的外交斡旋成功将冲突的解决引向外交层面。

基辛格之所以能够穿梭于各个国家,左右逢源,自然得益于美国在交战各方中的有利身份,美国能够与埃及进行直接对话,而美以之间一向保持着密切的关系,相反,苏联在1967年就与以色列断交。此外,阿拉伯国家在战争期间实施的石油禁运政策对美国影响也十分微弱。随后,各方在日内瓦召开会议,签署休战协议。基辛格的外交努力渐显成效,埃及、叙利亚与以色列最终分别于1974年1月18日、5月31日签署第一阶段脱离军事接触的协议,双方互换战俘,由联合国在边界设立缓冲地带,联合国脱离接触观察员部队在戈兰高地驻扎,确保停战协定的实施。1月18日,以色列开始将部队撤回运河以东,3月5日撤回所有部队,埃及收复了西奈半岛部分领土,叙利亚则收复了戈兰高地大部分领土。

"赎罪日战争"虽然是中东地区的局部战争,但毫无疑问聚焦了各方包括美苏的战略利益。基辛格在中东地区长袖善舞的同时,"水门事件"仍在美国国内持续发酵,美国与北越在巴黎进行的谈判也进入了最后的关键时刻,这也就提醒我们不能仅将"赎罪日战争"置于中东、地中海地区的地缘政治背景下,还应考虑更广泛的变量因素,尤其应将美国国内政治与对外战略纳入考量。首先,"赎罪日战争"爆发前一年,美苏在莫斯科签署《第一阶段限制战略武器条约》,美苏关系已经开始发生变化——当然,并不能因此认为美苏关系的缓和直接导致中东问题的和平解决,但二者显然具有关联性。无论美苏,在"赎罪日战争"爆发后均主动采取应对,但在最后时刻双方才达成一致。此前,苏联方面判断,苏埃关系在1973年10月得到了修复和巩固,而美国对以色列的明显的倾向性则激化了该地区的反美情绪。事后证明苏联关于苏埃关系的判断是错误的。在战争中埃及几乎遭遇兵临城下的危机,萨达特被迫重新评估自身实力,而苏联人对自己虚与委蛇,促使其彻底改变过去倒向苏联的政策,开始寻求与美国发展关系。美国则在战争中可同时向埃及和以色列施加压力,在战后又采取对埃及的灵活姿态,加大了对埃及以及阿拉伯世界的援助,基辛格的外交努力使美国在这场危机的第一阶段成为唯一主角。1973年底,萨达特接受了美国提出的埃以停火的六点协议;1974年1月,在美国调停下,埃以双方签订了第一个脱离接触协议;1975年9月,埃以两国又签订了第二个脱离接触协议;1977年11

月,萨达特出访以色列,结束了两国间长期战争状态;1978年9月,美国总统卡特、萨达特和以色列总理贝京在戴维营举行三方会谈,美方敦促双方于1979年3月26日签署埃以和平条约,条约规定,以色列将分阶段逐步归还占领埃及的领土。美苏埃三国关系的发展,是中东局势重大转折的一个缩影。在中东地区,美国对苏联步步紧逼,将其排除在中东政治舞台之外,使苏联在地中海地区的霸权几乎彻底瓦解。

中东危机再次凸显美国与西欧的利益存在巨大差距,这一差距一方面体现在石油危机为代表的能源问题,一方面体现在金融政策上。越战前,布雷顿森林体系运转下的稳定的国际货币体系使全欧洲都受益。布雷顿森林体系通过实行美元和黄金直接挂钩以及固定汇率制度(各国确认1944年1月美国规定的35美元一盎司的黄金官价,美国承担以官价兑换黄金的义务,美元处于中心地位,起到世界货币的作用),促进了国际金融的稳定发展,美元成为国际清算的支付手段和各国的主要储备货币,因此取得了"等同黄金"的地位。经济史学家赫尔曼·范德维(Herman Van der Wee)指出,"由于实现了固定汇率以及贸易的自由化,私营银行和金融从业者得以绕开中央银行以及其他货币管理当局,组织起巨大的多边市场,该市场没有任何国际支付方面的限制,同时能够保证交易税的稳定",由于美元与黄金挂钩,美国相对稳定的物价水平确保了世界物价水平的稳定。

然而,各个经济体的规模和物价系统并非一成不变,欧洲经济共同体和日本进入高速发展时期,许多发展中国家将原材料的出口视为其经济起飞的动力,也开始提出提高原材料的价格水平,世界经济逐渐发生结构性变化。在布雷顿森林协议下,每盎司黄金固定兑换35美元,即美元即使被高估也不得贬值,这使得美国经济承受较高成本。在马歇尔计划以及美国实施对日援助以来,布雷顿森林体系以及美元本位很快受到压力,美国出现了国际收支逆差,随着国际收支逆差的逐步增加,美国的黄金储备日益减少。美国之外囤积美元越来越多,愈加反映出美国国内的货币紧张,美国政府不得不加紧在本国黄金储备的基础上大量印美元。越南战争的军费支出不断上升,财政赤字巨大,国际收入情况恶化,美元的信誉受到冲击,爆发了多次美元危机,此外,援助发展中国家以及不断扩大的收支逆差,使得美国的黄金储备大幅缩水,从1951年的

229亿美元降到1969年的109亿美元,通货膨胀率也从60年代初期的1.5%上升至1968年的5%,失业率同期上升至5%。

国际政治、货币政策以及实体经济的走向之间联系十分密切。受财政部长约翰·康纳利的影响,美国政府开始调整经济政策,事实上否定了布雷顿森林体系和过去30年的自由主义经济政策,转向干预主义的贸易保护政策。1971年春,在美国汇市中出现了一股投机潮,维持美元的固定汇率政策几乎已不可能。8月15日,尼克松发布了新经济政策,宣布停止美元兑换为黄金,透露准备削减税收与财政开支,对外设立10%的临时进口附加税,削减财政开支,冻结国内的工资与物价水平。

尼克松此举,意味着美元与黄金挂钩的体制名存实亡,同时将美国的危机输入到欧洲和日本。康纳利认为此举将在西方经济体系内部实现新的平衡,降低美国在金融领域的责任,提高欧洲和日本的责任。需要指出的是,1971年8月的美元贬值造成的美元危机与苏联阵营所面临的危机并没有可比性,但足以使外界尤其是欧洲对美国产生警惕以及不满情绪。1971年年底,《史密斯协定》(Smithsonian Agreement)调整汇率平价,规定美元平均贬值10%,其他欧美主要货币升值;非储备货币对美元的波动允许幅度由正负1%调整为正负2.25%;每盎司黄金的官价由35美元提高到38美元。1973年5月受能源危机影响,美元对黄金再次贬值,各国先后放弃该协定,采用浮动汇率制每盎司黄金价格升至42.22美元,这也意味着布雷顿森林体系确立的美元与黄金挂钩、其他货币与美元挂钩的金汇兑体系变成了美元本位,尼克松的新经济政策将美元从固定汇率造成的通货膨胀压力中解放出来,同时成功保证了美元的地位。

1973年中东危机的第三个层面是石油危机。石油危机不仅是能源问题,还制造了相应的政治经济问题和金融货币问题。美国的应对是成功的,而欧洲国家则在此后的十年左右才最终真正走出此次能源与金融危机的影响。在1972年之前的10年里,国际能源市场上石油供应充足,价格并不昂贵,廉价的中东石油逐渐成为世界经济的能源基础。1972年,全球用于制造能源的原材料中,石油占三分之二。50年代初期,伊朗国内危机的爆发即是因石油而起,石油开发与利用引起西方工业化国家的关注(相比之下苏联阵营受此影响就相对小很多,苏联拥有相当丰富的石油储备,且价格基本不受市场影响,而是政府主导制定)。石油生产国逐渐认识到石油资源在经济上以及在政治上的重要性。1960年9月14日,石油输出国组织"欧佩克"(OPEC)成立,石油输出国之间的协调管理一改此前的混乱局面。作为行业性的政府间组织,"欧佩克"并不以营利为目的,不是严格意义上的卡特尔组织,然而其垄断地位是毋庸置疑的,此后"欧佩克"在世界经济中的影响不断增强,成为亚洲、非洲和拉丁美洲一些主要石油生产国的国际性石油组织。

世界上石油输出国大部分是阿拉伯国家,因此我们不难理解在1956年(伊朗)、1967年(中东),控制石油这一西方经济命脉有着怎样重大的政治意义。1973年,石油成为巴勒斯坦解放运动的战略武器,有条件地选择石油出口国、操纵油价,成为石油输出国影响世界经济与国际政治的筹码。1973年10月6日,每桶原油的价格从3美元上涨至5美元,12月,价格攀升至11.65美元,1979年,价格已达34美元。油价不断创出新高,在短短几年内翻了数倍,仅从经济学角度分析这一数值,也是相当可观的。飙升的油价向世界传递了这样的信息:前殖民地宗主国已经失去了对原材料资源的掌控。对于发达国家而言,这无疑是一个全新的问题。对美苏而言,由于其国内资源或者其阵营内部可支配资源十分丰富,油价上涨带来的冲击相对有限,但西欧与日本所面临的情况则大为不同,它们对原油进口的依赖程度远超过美苏,无法对石油生产国的油价操纵行为作出及时反应(尽管石油输出国也不能不顾忌到市场供需与价格的关系)。石油危机的爆发,凸显了能源问题对经济发展的制约。1974年至1979年间,经济衰退和通货膨胀席卷了几乎所有工业化国家。石油输出国通过石油出口收入猛增,其国际收支出现巨额顺差,相应的,石油进口国的国际收支也随之产生巨额赤字。1974年石油输出国因石油输出获得总收入约为1150亿美元,其经常收入约为400亿美元,计有盈余约为750亿美元,而所有工业国家对石油输出国的贸易逆差平均值正是这一数字。1979年,"欧佩克"再次调高油价,贸易逆差数额上升至1140亿美元。这一规模的贸易逆差无论是对石油输入国还是对石油输出国,乃至对整个世界经济,都产生了巨大的影响。石油输出国国内投资市场较小,无法完全吸纳涌入的大量美元,不得不以资本输出的形式在国外使用。对于工业化国家而言,国际收支呈巨额逆差,再采取紧缩性措施,或限制进口石油等来改善国际收支状况,则可能导致经济衰退。因此,工业国家多数希望石油美元由石油输出国回流到石油输入国,这就出现了石油美元的回流。

此外,石油危机不仅引发了对能源危机的关注,在货币金融领域也产生了直接影响。石油输出国的货币在国际市场上是不能兑换的,必须兑换成美元。石油美元的回流都是首先由一些国际大银行,尤其是美国的银行来进行操作。在第一次石油危机重创西方国家经济后,在法国倡议下,1975年11月,美、日、英、法、德五大工业国成立了五国集团(意大利随后加入),次年,加拿大加入,7国集团(G7)诞生。1976年1月,国际货币基金组织修改章程,随后对"一篮子"中的货币作了调整,去掉丹麦克朗和南非兰特,代之以沙特阿拉伯里亚尔和伊朗里亚尔,对"一篮子货币"所占比重也作了适当调整。

能源危机所产生的后果并非全然负面的,危机本身就孕育着新的机遇。各大工业国意识到实现经济持续发展,必须解除对石油这一不可再生能源的过度依赖。在石油危机后,各国加快了寻找和研发替代能源的进程。自人类出现在地球上以来,科技进步从未停止,但1973年,这一危局之年,仍不妨视为人类科技进步史上充满象征意义的转折——人类意识到只有通过科技进步改善并提升生产方式,才有望最终摆脱对单一能源的依赖,走出并超越能源危机。这种意识在此前的空间探索中已经充分展示,1973年并非一个崭新的起点,而是一种全新进程在觉醒之后的加速,这一进程注定将影响20世纪此后三十年的国际局势走向。

6.《赫尔辛基协议》与欧洲局势的再度紧张

"布拉格之春"后,西欧各国对苏联的仇视情绪上升,在这样的氛围中,勃兰特就任西德总理,推出其东方政策,改善了与东德以及苏联的关系。在西方看来,无论其表面上采取何种军事干预的借口,1968年开进布拉格的华约军队本质上就是一支忠诚执行苏联意志的军队,"布拉格之春"不过是1956年匈牙利事件的重演。"布拉格之春"之后西欧普遍的仇苏情绪,也影响到了共产主义阵营内部,西欧国家的共产党此后更注意保持与苏联的距离,当然,物质层面的联系并未中断。西方阵营在对苏联进行指责的同时,意识到该事件是苏联阵营内部脆弱的象征。进入 70 年代以后,西方不断有消息称苏联的不谐和音在不断增强,而中苏交恶更强化了这一印象,西方眼中的苏联形象正在发生悄然变化,曾经令西方舆论谈之色变的庞大的战争机器,在经历了几次内部动荡之后,尽管仍然显示了其对内镇压维稳的决心,其内部的裂痕、对外的威胁程度已与过去不可同日而语。这也是勃兰特得以施展其东方政策的重要原因,西德政策的转向,并不旨在改变欧洲大陆业已形成的稳定局面。此外,美苏关系的缓和也在客观上利于东方政策的开展。

基于上述分析,华约国家此前提出的欧洲安全与合作会议(CSCE)又再次有了现实意义,荷兰一向表示愿在赫尔辛基承办会议。1972 年 11 月 22 日至 1973 年 6 月 8 日,欧洲国家以及美国、加拿大的代表在赫尔辛基举行欧安会筹备会议,会议签署的《最后文件》并不具有约束力,而首先是一种原则宣言。与会国家有 33 个欧洲国家(阿尔巴尼亚宣布不参加会议,梵蒂冈反而在内)及美国和加拿大。最后文件共分四个部分,亦称四个"篮子"。在文件第一部分中,与会国家宣布彼此承认,并将致力于不通过武力而是通过预防性措施维护安全,通过增强互信,保障欧洲安全以及推动裁军。第二个"篮子"主要涉及经济、科技、环境方面的合作。第三个"篮子"是文化交流方面的,并涉及了"人权"问题,强调了西方的价值观,这部分内容与苏联这一实行"真正的社会主义的国家"的现状是相冲突的。苏联方面同意将此纳入最后宣言,一方面由于欧共体各国将"人权"问题作为加入协议的条件,另一方面,苏联或许认为,宣言的其他部分突出了和平和安全的主题,在此背景下在宣言上签字是安全的,因为没有一个国家能够真正监督苏联国内人权是否得到彻底保障。宣言第四部分就续会问题进行明确,规定 1977 年各方将再次在贝尔格莱德召开会议,讨论协议的落实情况。

《赫尔辛基协议》的签署在欧洲引起了不小的怀疑与反对的声音。不少欧洲人认为,协议间接承认了二战后苏联在欧洲所推行的政策,这是苏联在意识形态上的胜利——这也许是莫斯科政府加入该协议的初衷,认为该协议进一步确认了欧洲分裂的现实局面。然而《赫尔辛基协议》的签署也同时宣告了在过去几十年里西方推行的"推回"(roll back)策略的终结。《最后文件》的四个部分,主体自然是欧洲安全问题,第三部分在当时的确也未引起足够重视,世人对其理解相对较为局限,很少有人认识到第三部分内容对苏联的欧洲政策实际上形成制约,同时为美国此后的"人权外交"埋下了伏笔。1977年卡特就任美国总统以后,即以"人权外交"为战略武器,借以弥补军事力量,重夺美国在国际事务中的支配地位。

《赫尔辛基协议》的影响当然不仅局限于欧洲一隅。从各个角度来看,1975年标志着两极格局缓和的抛物线的顶点,在此之后,两极格局又逐渐萌发许多新的冲突因素。美苏关系似乎再次紧张恶化,到了1979年,甚至有人开始担心美苏直接冲突即将爆发。

1975年以后,美苏的冲突的主战场转移至非洲,欧洲大陆则间接被卷入其中。美苏在这一地区的博弈在二战后从未停止,上一节中着重阐述的第四次中东战争,虽未引发美苏直接对立或冲突,但仍可见美苏在该地区的利益所在,在那之后苏联在该地区与美国一争高低的企图落空。

讨论美苏在1975年之后在非洲产生的冲突,有必要将叙述的指针往回拨。早在20世纪60年代,葡萄牙独裁者萨拉查拒绝参与到反殖民主义浪潮,当时的葡萄牙在非洲仍保有两个殖民地——安哥拉和莫桑比克。1968年9月,萨拉查因中风而无法视事,权力被移交至马尔塞洛·卡丹奴。1974年,里斯本发生"康乃馨革命",推翻了20世纪西欧最长时间的独裁政权(42年)。此后葡萄牙进行了民主选举,1975年4月,马里奥·苏亚雷兹组建民主政府。在"康乃馨革命"的影响下,葡萄牙宣布放弃所有殖民地。

1975年6月,莫桑比克获得独立,9月,安哥拉获得独立,然而两国独立后,很快陷入了内战。早在独立之前,两国反殖民斗争中的各方本土势力已无法保持统一战线。莫桑比克解放战线(Frelimo)此前进行了十多年的反殖民斗争,然而共产党员萨莫拉·莫伊塞斯·马谢尔的领导地位并不被莫桑比克全国抵抗运动(Renamo)所承认,在莫桑比克全国抵抗运动的背后是南非政府。在安哥拉,军政府宣布实行非殖民化政策,并向安哥拉三政党联盟(安人运、安哥拉民族解放阵线和争取安哥拉彻底独立全国联盟)移交权力,然而联盟迅速瓦解,国家陷入内战。安东尼奥·内图所领导的安哥拉民族解放阵线,与南非和美国支持的若泽·爱德华多·多斯桑托斯领导的争取安哥拉彻底独立全国联盟冲突不断。在埃塞俄比亚,1974年9月,由少壮军官组成的"军队、警察和地方军协调委员会"发动军事政变,推翻海尔·塞拉西政府,宣布结束帝制,成立临时军政府,1977年2月,亲苏的门格斯图·海尔·马里亚姆发动军事政变,担任国家元首。在上述三国争取独立运动期间,苏联均派兵支持,并提供了大量武器,在苏联的授意下,古巴亦派遣数千名士兵支持新政权。为了拉拢埃塞俄比亚的门格斯图,苏联不惜与先前支持的索马里巴雷政府反目。

上述非洲三国的独立,都迟于20世纪60年代如火如荼的去殖民化运动,并重启美苏在去殖民化运动中的竞争,而问题的最终解决并不是依靠政治手段,而是军事干预。我们注意到,苏联对上述三国的国内问题抱有极大的兴趣,甚至推动古巴也一同进行干预,这自然是由于美苏在非殖民化运动中的竞争,同时也反映出苏联有意采取更为积极活跃的非洲政策。为何苏联要在美苏实现缓和的大背景下,在距离本土如此遥远的地区进行如此积极的干预政策,其背后动机今天仍然众说纷纭。

为试图回答上述问题,我们首先应考虑到,1974年到1979年间,苏联在太平洋地区和地中海东部地区的影响力均在减弱,而与此同时美国国内政治也出现深刻危机。1973年,皮诺切特在智利发动政变,推翻阿连德政府。阿连德政府被认为具有马克思主义倾向,试图在智利进行古巴式的社会实验,这无疑引起了美国中情局和智利军方的关注。智利同样被美国视为其核心利益区域,美国政府不可能坐视苏联在自家门口加强影响。因此,苏联采取更为积极的非洲政策,可以被解读为对皮诺切特政变的一种报复。此外,1974年8月到1976年的总统大选期间,美国国内政局充满了不确定性,社会矛盾激化,政治信任出现危机。此前尼克松被迫辞职,新上台的福特政府尽管留任基辛格为国务卿,但显然影响了此前政策的一贯性。此外,越南战争令美国元气大伤,美国大使馆从西贡撤出的惨烈画面深深刺激了美国公众,同时打击了美国在国际上的自信心,美国在国际关系中有意采取守势。此外,美苏在"最惠国待遇"问题上,亦产生极大分歧,原本1972年美苏首脑会晤以后,美国即宣布将与苏联开始谈判,签订包括最惠国待遇的互惠贸易协定,然而苏联在此后却以在苏联接受"免费教育"的名义,对申请移居国外犹太裔收取5000—30000美元不等的费用,此举引起了在美犹太人极大不满。参议员杰克逊和众议员瓦尼克等人主张,美国政府应将贸易问题和移民问题结合起来,并提出"杰克逊-瓦尼克修正案",要求苏联"为不幸的移民打开大门",以每年至少准许6万名犹太裔苏联人移居国外作为取得最惠国待遇地位的交换条件。1975年1月,苏联政府正式拒绝美苏贸易谈判。

此外还有一系列其他因素促成苏联非洲政策的转向。1963年苏联在比属刚果的干预失败后,仍与许多非洲国家(当然还有古巴)保持密切联系。1965年,切·格瓦拉在整个撒哈拉以南的非洲进行革命之旅,结识了众多当地解放运动的领袖,与之展开合作共同抗击殖民主义的残余势力和美国的渗透。将苏联的非洲政策与格瓦拉的革命活动结合起来看,不难发现苏联在安哥拉、莫桑比克以及埃塞俄比亚等国进行的军事干预,并非一时心血来潮,而是经过了审慎的推演和漫长的准备,其目的在于在非洲建立苏联的卫星国,进而巩固苏联在地中海以及北非的利益与影响。苏联尤其看中埃塞俄比亚的战略地位,自沙皇俄国时期俄国人便开始经营此地。这一时期苏联的军事干预,其目的已不完全是为了"输出世界革命"——苏联也意识到在去殖民化运动中输出革命已不再可能——而是出于大国政治博弈的需要。以南非为例,苏联支持南非国大党反对种族歧视,同时也引起了美国的警惕。在埃塞俄比亚和索马里的战争中,苏联投入了相当规模的援助,对此,卡特总统的顾问布热津斯基在第二轮的限制战略武器谈判期间,指出该轮谈判作为美苏缓和的象征,"已经被埋葬在了欧加登沙漠里",美苏在缓和时期的合作氛围逐步降温,对立冲突不断酝酿。

美苏关系的再次紧张,在欧洲导弹问题上最为突出。欧洲导弹问题,并不是超级大国政治的边缘问题,而是涉及美苏在各自阵营内部的信誉。在第一轮限制战略武器谈判之后,苏联军方处心积虑试图改变苏联在核弹头上的劣势。1972年的美苏协议中对双方可拥有的核弹头数量进行了明确规定,初看之下,苏联在纯粹数量上占据上风,但美国在技术水平上的绝对优势平衡了在核弹头数量上微不足道的劣势,这使得苏联军方如坐针毡。在苏联国防部长安德烈·格列奇的坚持下,苏联扩充了洲际导弹的数量,1977年起在本国和东欧部署新制SS-20中程导弹,可打击近5000公里范围内的目标,如此一来,从中国到阿拉伯世界,直至几乎整个欧洲,都在苏联的攻击范围之内。

苏联认为,未来若进攻欧洲,美国不会袖手旁观,部署上述导弹,能够加强本土的防御。SS-20导弹对北约产生极大威慑,无异于往北约国家的旧伤口上撒盐。在古巴导弹危机结束后,美国自动反击的可能性实际上已不存在,并且美国还放弃了多边核力量计划。苏联部署 SS-20 导弹后,引起了欧洲的恐慌,担心美国的灵活反应战略不足以保障欧洲安全。欧洲的担心并不是杞人忧天,美国与此同时也在部署新制中程武器,即战区导弹(而非洲际导弹),美军研制的潘兴-Ⅱ导弹,射程将近 700 公里,拥有极高的打击精确度,具有远程斩首能力,此外还有威力惊人的巡航导弹,射程达 3000 公里,可躲过雷达的勘测。在福特任期的最后阶段,美国的导弹部署计划已经基本完成。1977 年,卡特就任总统后,首先面临的便是安抚焦虑的欧洲。在欧洲看来,美苏的前两轮限制战略武器谈判的实质是制定超级大国的战略关系,并不涉及战区导弹问题,美国似乎无意使用洲际导弹来防卫欧洲,原因显而易见,一旦启用洲际导弹,则可能引发对美国本土的攻击。西德总理施密特的演说被认为是后来北约制定"双重决议"的萌芽。[①] 1979 年 12 月,北大西洋公约组织理事会通过"双重决议","决定使北约的战区核力量现代化",同时"充分支持美国向苏联建议尽快开始谈判的决定"。该"双重决议"一方面明确表示,苏联应放弃部署战区导弹,以换取美国的同样的回应,另一方面,该决议还指出,最晚至 1983 年底若谈判达不成协议,则将从那时起到 1988 年底的 5 年时间内在北约的西欧五国(在该国同意的前提下)部署 572 枚美制新式中程导弹,其中包括 108 枚潘兴-Ⅱ、464 枚巡航导弹。北约的"双重决议"在欧洲国家内部引起不小的反弹,欧洲和平主义者认为苏联军事威胁实际上并不存在,该决议是在挑衅苏联,将欧洲和平置于危险境地。苏联不失时机地利用了欧洲和平主义的情绪,为自己大造声势。

尽管苏联方面从军事角度对北约的"双重决议"进行猛烈批评,但是该决议的性质首先仍然是政治性的。欧洲对于苏联的军事威胁的担心原本就不是杞人忧天,这种担忧并不会因为武器的更新换代而变得更加严重——如果苏联进攻欧洲,那么落到欧洲的导弹到底是新式武器,还是旧式武器,难道有任何差别吗?事实上,西欧真正在意的是美国的"灵活反应战略"在多大程度上能够保证欧洲的防御。布热津斯基后来在书中也承认,自己当时被同僚们说服,认为"在

[①] 西德总理施密特在 1977 年 10 月 28 日访英期间发表演说,指出苏联部署的 SS-20 导弹将导致欧洲的军事平衡发生质的变化,这些导弹以西欧为主要目标,西欧有必要部署适当的武器予以回应。——译者

欧洲部署核反应机制的政策确有必要"。基辛格同样认为,欧洲导弹实际上将"欧洲和美国的战略防御有机结合在一起",填补了美国在欧洲对苏联形成震慑的战略真空,在根本上同时回应了美国国内以及欧洲(尤其是法国)在这一问题上的担忧。在美苏缓和的大背景下,欧洲防御问题一度被搁置,然而随着非洲地区的冲突再起,美国退出欧洲防务的可能性再次引起担忧。卡特政府往往被外界认为在政策上摇摆不定,但实际上,从后来卡特政府的外交政策上看,卡特一直有着十分细致的战略构想,其目光并不在于一城一地的得失。卡特在决策过程中迟疑不决的表现,并非没有原因——在其执政时期,世界局势发生了一些意想不到的变化,这使得美国政府往往难以做出快速决策——如伊朗巴列维王朝被军事政变推翻,以及霍梅尼革命(1979年1月)都深刻改变了地区和国际局势。总之,卡特还是成功地安抚了欧洲盟友,并使北约这一组织的力量获得了空前的加强。

1979—1980年间,欧洲导弹危机与苏联入侵阿富汗的相继发生,都将美苏之间的对立情绪被推至近乎崩溃的边缘,美苏缓和的美好年代似乎已经结束了。然而我们如果站在历史事件的远端来评价苏联入侵阿富汗,不难发现,从苏联巩固其在中亚各共和国的控制的角度来看,1979年圣诞节前入侵阿富汗实际上也是一种防御行为。1973年7月17日,阿富汗王国政府前首相达乌德,在一批受过苏联培训的青年军官的支持下,趁国王在国外治病之机发动政变,统治阿富汗40年的查希尔王朝宣告灭亡,阿富汗成为共和国。然而,阿富汗的国内政治派系林立,各部落或宗教派别冲突不断,1973—1978年,喀布尔政府在国际上始终奉行中立,达乌德不满苏联过分干预,从1975年开始逐渐清洗政府的亲苏势力。1978年4月28—29日,马克思主义政党阿富汗人民民主党发动政变,推翻达乌德政府,4月30日,阿富汗民主共和国宣布成立,人民民主党总书记塔拉基任阿富汗革命委员会主席、政府总理,阿明任政府副总理兼外交部部长。苏联于当日宣布承认新政权。掌权不久,人民民主党内部也发生了分裂,塔拉基是亲苏派,主张进行改革,而阿明的主张则略显模糊,外界一般认为他反对与苏联走得太近。1979年,塔拉基与阿明之间冲突日趋白热化。1979年9月16日以阿明为首的人民民主党左派势力发动政变,成功夺权,塔拉基在一个月以后被处死。阿明上台后改变了向苏联"一边倒"的政策,公开表现出摆脱苏联的倾向,要求苏联撤回驻阿富汗军事顾问和技术人员,同时公开表示希望同美国改善关系。

阿富汗动荡的国内局势并不是孤立或偶然的,要在剧烈变化中的亚洲局势内进行评估。在同一时期,伊朗伊斯兰革命、1979年中越战争、中苏在中亚地区的边界争议都成为亚洲地缘政治的焦点问题,结合地缘政治的大背景来看,我们不难明白勃列日涅夫为何决定入侵阿富汗——在一个高度不稳定的地区,一旦局势失控,将威胁苏联自身安全,因此苏联的入侵,在战略上实际上是一种守势。

当然,这绝非为苏联入侵行为正名。极端亲苏的卡尔迈勒被扶植上台,执行亲苏路线。苏联入侵阿富汗引起了全世界的同声谴责,美国表达了强烈反对。1980年1月3日,卡特向参议院建议无限期中止批准第二轮限制战略武器谈判的条约,并采取了一系列制裁措施,包括终止向苏联出售小麦,此外,美国还抵制了1980年莫斯科夏季奥运会。国际社会,包括联合国,在阿富汗问题上采取一致态度,同声谴责一个主权国家对另一个独立且中立的主权国家发动侵略。显然,美国人试图借阿富汗问题在欧洲导弹问题上扳回一局,而苏联此举也影响到了其与西欧国家共产党之间的关系,后者最终终止了与苏共中央以及与苏联的政治与经济关系。苏联人很快就认识到犯下了一个很大的错误。1980年,时任苏联情报部门负责人的安德罗波夫访问喀布尔,表示苏联在阿富汗驻军将不设时间表。事后表明,如果不是因为1989年苏联自身面临的严重危机,苏联在阿富汗的军事存在确有可能长期维持下去。长达近十年的战乱,阿富汗国民经济全面倒退,部落间的斗争愈演愈烈,政治生态极度恶化,直到今天仍影响着地区乃至世界局势。

总而言之,在1975年以后,美苏关系的缓和因为新的冲突因素而出现停滞,这是暂时的停滞,还是一次新的、更广泛的冲突开始?这一问题在当时并没有明确答案。然而,尽管美苏都在追求自身利益的最大化,两极关系的基本面并未发生根本改变。欧洲导弹危机和苏联入侵阿富汗,都是美苏面对正在发生改变的外部格局所进行的政策调整的两个层面,并不是改变世界关系格局的原因。影响国际关系走势的真正原因并不是美苏博弈的区域性战场,而是在本章所讨论的漫长历史时期中,美苏之间在经济、科技领域不断扩大的实力差距。

科技帝国及其敌人

1. 导读

本章探讨的年代尽管已经成为过去,但距今所去未久。今天的世界仍未走出 20 世纪末所开启的转型历程。将这段历史作为研究对象,未免存在学术风险,需要时刻提醒自己从欧洲中心的视角中解放出来,这并不容易。历史学家同时必须承认,这段历史仍有大量档案文献未解密,或者由于其他原因无法获取,书写这段"距今较近"的历史恐怕注定是一场学术上的赌博。在本章的导读部分,我将对这段历史进行最大程度的回顾,着力呈现科技社会的特点及其元素,阐明科技在国际政治中的直接或间接影响。

今天同样也将成为未来的过去,而今天对于过去的叙述,也将成为后人在未来审视今天的素材,但这并不意味着今天所进行的叙述是杂乱无章的,相反,在今天的过去与未来的过去之间,仍可寻出一条明晰的线索。

1979 年是国际关系的分水岭。此前,国际关系很大程度上就是两极格局的同义词,并受两极格局的制约。70 年代末,突飞猛进的科技革命和不断深入的全球化越来越成为影响国际安全的重要因素。两极格局下的竞争,从单纯的政治和战略领域(1979—1983 年间)逐渐转移到新技术的开发、运用上。世界范围内的劳动分工、生产方式随之发生深刻变化。进入科技时代,资本流动、生产力水平、成本控制、原材料储备等传统因素仍在影响生产活动本身,同时,技术革命在各个领域所掀起的变革也是人类文明出现在地球以来从未有过的,它所孕育的新的生产组织模式对世界经济快速转型提出了新要求和新挑战——首先是金融资本领域,其次是劳动力市场的流动性,最后是生产市场和消费市场具备的弹性。此外,科技时代的到来推动了决策流程的加速,以适应商品和信息的物畅其流。上述变革(当然还有无法一一列举的更多变化)席卷全世界,美苏之间、苏联与工业国家之间注定在这一大变局中发生新形式的碰撞。自政权诞生之日起,苏联便确立了严苛的计划经济体制,这一体制从未与市场经济相兼容,在技术革命浪潮中只会更加难以适应,举步维艰。不过,苏联经济自身客观上也从技术革命中有所获益,尤其是在军事方面,但在广泛的社会生活中,这一庞大的经济巨人则显得步履蹒跚,心有余而力不足了。从这个意义上说,苏联的经济危机是一种必然,在苏联日薄西山之后,美国成为唯一的超级大国(至少目前仍是)。

有了上述的铺垫,我们就能相对准确地描述两极格局是如何进入尾声的,具体到美苏的国内政治时期,则对应里根政府时期(1981—1989 年),以及戈尔巴乔夫时期(1985—1991 年)。苏共中央最后一位总书记上任后,对内推动经济改革,试图减轻苏联重工业及军事工业给国民经济带来的沉重负担,同时在苏联阵营内部,戈尔巴乔夫试图改变苏联与华约各国间的关系,进而缓和苏联与巴尔干半岛各国的关系,并与西方达成深刻并持久的协议,以期实现利于改革的外部环境。

戈尔巴乔夫的改革客观上改善了美苏关系,但就其改革的预期而言,却是一场失败的改革。东欧各国的离心力越来越强,最终华约集团于 1989 年解体。苏联体制的危机,改变了欧洲,影响了世界。作为美苏对立直接产物的北约以及东西德,以及新生的欧盟,都需要在新形势下做出应对。德国的统一问题再次成为欧洲和国际关系的焦点,原本为东西两大阵营重要组成部分的民主德国和联邦德国,将统一在主权国家之内,统一而强大的德国将再次出现在欧洲政治版图中,北约、欧共体以及华约都不得不重新评估局势,避免新生的德国借由自身实现对欧洲的统治。

此外,戈尔巴乔夫的国内政策还导致俄罗斯联邦与苏联其他加盟共和国的关系出现危机。苏联阵营内部,巴尔干地区的诸加盟国、白俄罗斯、乌克兰、高加索地区以及中亚诸国普遍出现了不可逆转的独立诉求。1991年8月19日至8月21日,苏联发生政变,党内强硬保守派认为戈尔巴乔夫领导的改革已经走入"死胡同",其主导的《新联盟条约》向各共和国承诺了过多权力,宣称"苏联国家和人民的命运处在极其危险的严重时刻"。此次未遂政变加速了这个超级大国的衰落,解体不过是时间问题。12月8日,俄罗斯、乌克兰和白俄罗斯三国领导人签署独立国家联合体协议,称"苏联作为国际法主体和地缘政治现实正在停止存在"。12月25日,苏联作为一个社会主义独立主权国家正式从世界政治版图中消失。俄罗斯联邦试图通过"独立国家的邦联"(独联体)的方式勉强维持各国与莫斯科的关系,再次建立俄罗斯的霸权,但历史已无法重演。苏联解体标志着戈尔巴乔夫个人政治生涯的终结,同时开启了俄罗斯的叶利钦时代。俄罗斯成为在苏联的强大军事遗产上唯一建立起来的强大而虚弱的大国。

1989—1991年,两极格局落下帷幕。此后相当长时间内,叶利钦领导俄罗斯寻求后苏联时代的艰难转型,其面临的对手仍然是美国,但国际共存的规则将由美国单独制定,美国将孤独地"君"临世界。

短短数年后,美国就显示其无意扮演"世界警察"的角色。两极格局结束后,1991年到1999年间,美国介入了数次地区性危机:伊拉克入侵科威特、波黑危机、索马里危机、科索沃危机以及塞拉利昂内战。在上述危机中,美国一方面通过其在70年代所建立的金融体系进行间接介入,另一方面在联合国框架下进行多次干预,联合国这一国际组织成为美国缓和反美情绪的工具,而当美国在危机干预中一旦越界(如在索马里危机中),则只能被迫放弃。

这一时期美国的对外政策奉行"国际主义的单边主义"(这一定义是否准确仍可商榷),在2001年"9·11"事件之前,作为唯一的超级大国,美国自信有能力在全球巩固霸权,谋求本身利益。与此同时,科技革命超越国界,席卷全球,不仅西方,亚洲的印度、中国以及其他新兴工业国家的经济都有了飞速发展。客观公允地说,美国是技术革命的源头,或者说,美国作为创新的"母体",其技术力量是"软件"层面的,而其他国家对科技创新的运用仍局限在"硬件"层面上。尽管其他工业国家同样因技术革新受益,但美国之外所发生的劳动组织模式、信息组织模式的创新,以及媒体、全球金融的变革仍然来自美国这一创新发动机。

面对失去了对手威胁的全新的国际环境,老布什政府(1989—1993年)和克林顿政府(1993—2001年)开始推行更积极的对外政策,巩固美国在后冷战时期的领导地位。苏联的骤然解体和两德统一,在欧洲的政治版图中产生了两方面的变化。首先是欧盟向南、向东进行扩张。原本处在东西两大阵营中间地带的东欧各国在苏联解体后,面临俄罗斯和统一的德国在地缘政治上的崛起,纷纷寻求加入欧盟。2004年5月1日,波兰、马耳他、塞浦路斯、匈牙利、捷克、斯洛伐克、斯洛文尼亚、爱沙尼亚、拉脱维亚、立陶宛等10国正式成为欧盟成员国。这是欧盟历史上第五次,也是规模最大的一次扩张,其成员国增至25个。2007年1月1日,保加利亚、罗马尼亚加入欧盟,马其顿、克罗地亚的入盟谈判进程也在加快,而土耳其加入欧盟的谈判也在缓慢推进。其次,欧元的诞生将欧洲一体化向更深层次推动。2002年1月1日,经过3年的过渡,欧洲单一货币欧元正式开始流通,同年2月28日,成员国本国货币全面退出流通领域。欧元的启动满足了改革所需的经济和货币标准。2001年12月5日,欧盟通过《莱肯宣言》,决定开始制定宪法。2004年6月18日,欧盟25个成员国在布鲁塞尔举行峰会,一致通过《欧盟宪法条约》草案最终文本。同年10月29日,欧盟25个成员国领导人在罗马签署《欧盟宪法条约》,标志一体化的欧洲作为政治实体在国际关系中扮演更为重要的角色。

值得注意的是,欧盟的扩张同时凸显了其内部发展不平衡的问题。对于经济较为发达的欧盟创始国以及老成员来说,新成员的加入意味着巨大的投资机会,然而新的廉价劳动力的涌入以及就业岗位的流出将导致本国失业率上升;而对于经济底子薄弱的新成员而言,有望搭上欧盟发展的快车意味着从欧盟财政政策受益,但同时也面临尽快缩小与老成员在经济发展上的巨大差距的迫切任务。

欧盟一体化进程的加速,提高了欧洲在国际事务中的话语权,作为国际关系中的一个新生的主体,欧盟成为美国在全球战略上的盟友,而欧盟的扩张与北约的扩张是几乎同时进行的。几代人付出不懈努力的欧洲梦,几乎已成为事实,然而在欧盟内部,国家主权与超国家权力之间的冲突从未因市场的融合而停止。这也就注定了未来的欧盟在货币政策之外的众多领域,仍要跟随美国,亦步亦趋,尽管二者之间并非总是如沐春风、一团和气,但欧洲的崛起、美欧的结盟仍构成冷战后国际政治的一大特点,这一不平等的结盟在未来将长期存在。

叶利钦执政时期,由于并未获得国家杜马的多数支持,总统、政府与议会之间的纷争不断,同时国内部分加盟共和国或自治区分裂势力十分活跃。政府主导的"休克疗法"一度使国民经济陷入混乱,在经历了从高度集中的计划经济体制向市场经济转轨的转型阵痛后,稳定的市场秩序与经济体系迟迟未建立,激进的改革并未实现其预期目标。与此同时,国际关系中出现的一些不容忽视的新因素,足以影响甚至改变国际政治的平衡(但总体而言,国际关系并未因此发生激烈变化)。

首先是中国的转型。在苏联解体之前,中国已经实行了近二十余年的改革开放,经济有了显著发展,在贸易领域和政治层面上都成为美国不可小觑的竞争者。1989年之后,中共领导人仍然将经济建设视为工作中心,与此同时,党加强了对社会生活的全面管理,继续推进市场经济改革,而军事实力的增强与空间技术的发展,也彰显了这一亚洲大国日新月异的科技水平。

中国拥有15亿左右的人口,在实行改革开放以后,其国内生产总值(GDP)在1982年到1992年的十年内,保持了年均13%的增长,2000年以后,仍保持每年9%的增速,投资率在2001年到2003年超过43%,其国民经济在未来将持续改善。由于国家政策的引导,中国在未来仍然能够有效控制劳动力成本(至少现阶段仍然如此),个人拼搏与企业家精神为中国经济发展注入强劲活力,私营经济的生命力旺盛,在国民经济中的比重与含金量不断上升。经过数十年稳定发展,中国已成为最大的出口国和进口国。面对这一正在腾飞的巨大经济体,我们不免要问:国际政治的机制是否会随着中国经济的不断发展而产生变化?答案显然是肯定的。进入21世纪,中国经济发展势头仍然持续向好,然而伴随发展产生的若干社会问题并未得到解决,甚至还因此不断产生新的问题:首先是社会财富与人口的增长失衡;其次是资源与能源问题,尤其是石油资源,在一定程度上制约了经济发展;此外,区域经济发展的不平衡、城乡二元结构的深层次矛盾、环境问题等因素也成为中国经济健康持续发展亟须克服的瓶颈。这些问题并非中国特色的发展问题,然而对于美国和欧洲来说,在过去一个多世纪面对的传统问题,却集中成为中国当下需要面对的现实问题。总体而言,在可预见的将来,中国经济快速发展的前景仍然乐观,但经济实力的增长或将导致中国在地区问题上采取更强硬的立场,如台湾问题,但该问题总归不会脱离联合国安理会的框架,其地缘政治的影响大于对国际局势的影响。当然,这并不意味着中国与外部世界的关系将始终和风细雨,"中国制造"仍然在很大程度上是廉价、技术含量低的代名词,其产品的核心竞争力以及质量体系仍有待提高和完善,这些因素都因为中国巨大的经济体量而被放大投射到世界经济运行中。换言之,中国毫无疑问是"政治上的大国",但其对国际格局的影响尚未进入"大国政治"的范畴。

作为世界上第二人口大国,拥有11亿人口的印度同样面临着类似的巨大转型。1969—1979年,长期执政的国大党发生了多次党内分裂,1984年10月31日,英迪拉·甘地遇刺身亡,印度结束了16年的英迪拉时代。英迪拉遇刺数小时后,其子拉吉夫·甘地继任总理。1984年的大选中,印度人民党(成立于1980年)斩获2个席位,此后在国民大会的席位不断增加,1989年拉吉夫·甘地在国民大会选举中落败。1996年,印度人民党成为印度第一大党,国大党一党独大的时代彻底终结,国民经济也进入转型期。此前提及,在冷战时期,印度虽未倒向苏联阵营,但与之关系紧密,不仅接受了大量苏联援助,其经济体制也深受苏联计划经济的影响。印度人民党所领导的联合政府上台后,积极推动私有化改革,加大吸引外资的力度,逐步放宽过去对私有部门的限制,加速推进国营企业改革、金融与税收改革,注重与国际金融组织的密切合作。此前印度国内生产总值长期保持低速增长,年增长率不超过2%,1991年实行经济改革后,印度的传统工业(如冶金业和纺织业)逐步转型,新兴工业(制药业、软件业、汽车业等)迅速崛起,经济增速明显加快,尽管并未赶上同时期中国的增速,但也保持了国内生产总值年均6—7%的增长,投资率也上升至6—7%。作为冷战后崛起的另一大经济体,印度同样面临着复杂的历史问题。经济的高速发展确立了印度作为南亚地区经济大国的地位,但历史上根深蒂固的种姓制度并未随着现代化改革消失,尽管在立法层面上种姓制度被禁止,但仍深刻影响着印度社会,制约经济发展。此外,印巴关系作为历史遗留问题,始终未能得到完满解决,时好时坏的两国关系也增加了地缘政治以及印度经济发展前景的不确定性。2004年5月,国大党赢得议会选举胜利,重回执政地位。就其对外关系而言,印度与美国、欧洲、俄罗斯均保持了良好的双边关系,近年来与中国的边界争议也出现了缓和的契机,一直以来影响中印关系的西藏问题也因此朝着积极的方向转变。

中美洲和南美洲是美国的传统势力范围,在该地区,除古巴和加勒比地区(如尼加拉瓜之外,美国的霸权地位始终十分稳固,门罗主义不仅是战略上的纸上谈兵,还成为该地区的政治现实,尤其是在里根的第二个任期以及在克林顿政府时期,美国的拉美政策转而强调民主价值,一改过去扶植军事强人的做法,拉美出现了一股民主化浪潮。1989年12月20日,美国入侵巴拿马,诺列加政府垮台;1990年,军事强人皮诺切特卸任总统职务,智利被称为南美民主建设的模范;1990年2月,尼加拉瓜举行民主选举,和平结束了桑地诺民族解放阵线领导人奥尔特加的独裁统治。此外,美国还在1983年10月25日对加勒比海岛国格林纳达发动了海空联合作战,这场速战速决的战争并不应被世人遗忘,这是越战结束后至当时美国最大的军事行动。

军事强人垮台了,但席卷而来的民主浪潮并没有根除拉丁美洲的社会顽疾,贫富差距、不平等现象并未根本改善。随着工业化转型的深入,拉美人口迅速膨胀,城市化率突破70%,甚至超过许多发达国家。过高的城市化率并不能真实反映经济发展水平,相反,许多城市贫困加剧,引发了贫民窟、治安和就业等严重的社会问题。此外,拉美的经济发展模式过于粗放,对畜牧业、林业等自然资源的破坏性野蛮开采造成了极大的浪费,引发了一系列环境问题。当然,不能因此全盘否定拉美诸国的经济发展成就。巴西综合实力居拉美地区首位,拥有拉美最为完善的产业体系,跻身世界十大工业国行列,智利、阿根廷的经济亦显著增长。随着在世界经济格局中的分量越来越重,拉美各国开始强调本国资源的自主开发,有意识地摆脱美国跨国企业以及国际经济组织(如世界贸易组织以及国际货币基金组织)对本国资源的控制与影响。

2002年巴西总统大选,便是拉美政治经济整体特点的直接体现。工人出身的卢拉当选巴西新总统。他多次公开反对美式新自由主义经济,加之其左翼政治领袖的身份,当选总统后一度引起西方社会和巴西国内富人阶层的不安,但就任总统后,卢拉并未站到市场经济的对立面,而是推行务实的经济政策。对于一个成熟的政治家而言,选举纲领并不完全等于其上台后的经济政策,而巴西所面临的经济发展问题、社会贫富分化问题,更不是一朝一夕可以解决的。到 20 世纪末 21 世纪初,巴西已经成为世界第三大新兴经济体(拥有 1.87 亿人口,2002 年国内生产总值增长超过 5%,投资率接近 20%),这是卢拉上台以后不得不考虑的最大现实。在卢拉政府"第三条道路"的引导下,巴西加强了与工业大国的合作,尤其是并未放弃前总统卡多佐与国际货币基金组织达成协议的财政紧缩政策。

在对外政策上,卢拉并不急于表达立场。2006 年连任成功后,卢拉进一步认识到巴西不应为大国梦或反美情绪所累,美国毕竟仍是巴西最大的出口市场和投资来源。此外,他注重加强巴西与拉美国家和非洲国家的关系,积极推动南美洲共同市场的建立,与卡多佐政府相比,卢拉政府加大了南美洲基础设施市场的投资力度。总而言之,巴西的发展模式为地区其他国家树立了榜样。拉美其他国家均不同程度推进改革,而有的国家在反美的路上走得更远,如委内瑞拉的查韦斯。

卢拉的巴西充分表明,拉丁美洲和中美洲逐渐走上自主发展的道路,曾经作为美国地缘政治中的"封地"(feud)的那一页历史已经翻过去了(2006 年,尼加拉瓜举行大选,桑解阵总书记奥尔特加胜出,桑解阵再次成为执政党),拉丁美洲不再是美国在国际政治中的应声虫,而成为外部世界不容忽视的一股崛起中的力量。

让我们最后把目光投向非洲大陆。冷战的终结并没有带领非洲走出困局。罗兰·布提耶(Roland Pourtier)指出:"饥荒、疫病(艾滋病早已是全球性的问题,然而在这一地区,艾滋病尤为猖獗)以及无休止的战争,是经济欠发达的主要原因,而这些因素无一例外,在非洲大陆均未缺席。撒哈拉以南非洲更是集中了世界上大部分最贫穷的国家,伤痕累累的非洲大陆不知何时才能稍作喘息。非洲悲观论也因此始终有市场。"纵观非洲大陆,只有少数地区的经济发展释放出积极乐观的信号,如环地中海北非地区(但这一地区始终受到中东紧张局势的冲击)、南非以及个别腐败程度相对较低的国家。非洲人口高速增长的同时,新生儿死亡率仍居高不下,每 1000 个新生儿就有 150 个夭折,撒哈拉以南非洲国家的新生儿死亡率甚至是工业化国家的 7 倍。野蛮的城市化进程吞噬了乡村,传统的农业生产生活受到巨大的冲击,以矿产资源出口为导向的经济政策使劳动力受到血淋淋的剥削。整体来看,在冷战时期曾经一度是美苏大国博弈战场的非洲,在冷战后被放逐在世界体系的边缘。

以上我们对冷战后的国际体系形成有了一个动态的把握,在此基础之上,国际体系不会再发生骤变。在全球化的背景下,美国的世界霸权基本不受任何挑战。这一局面直到2001年9月11日发生在美国本土的恐怖袭击之后才发生了改变。2001年1月,共和党人小布什当选美国新一任总统。布什政府上台后,积极谋求美国"单极独霸"地位,实行国际干预主义外交路线。小布什就任不久,恐怖分子劫持客机撞向美国纽约世界贸易中心,制造了举世震惊的"9·11"事件,世界政治走向与国际关系格局从此发生深刻改变,两种处理国际关系的思维之间的尖锐冲突被推向极致。本书无法用大量篇幅就布什主义与恐怖主义的复杂关系进行展开讨论,仅指出在这一问题的讨论中,存在着许多国际政治视域下无法理性分析的变量,而恐怖主义表面上祭出的是伊斯兰教的宗教旗号,本质上却是长期以来撕裂中东地区的根源性矛盾。

"9·11"事件后,本·拉登成为全球头号恐怖分子。恐怖主义对世界的威胁不分国家和地区,然而恐怖分子本人却是有国籍的,在谈论本·拉登其人时,人们往往忽略了这位恐怖大亨原本是沙特人,其家族与沙特王室关系甚密。①考虑到这一点,便不难理解美国反恐战争的另一个焦点实际上是美国和沙特的关系,换言之,即保障美国在沙特的霸权——反恐战争同时是地区石油资源的争夺,是服务于国际政治博弈的重要环节。对沙特的控制,意味着对制约资本主义生产方式的石油资源的控制,反恐战争使中东地区的冲突演化为国际体系的撕裂。

总之,恐怖主义的目标是局限在某一个特定地区,通过偶发性事件实现自我表达,纵然经过精心策划,但并不具备全球战略。"9·11"事件后,反恐成为解决中东冲突的一个渠道。2003年,美国出兵伊拉克,萨达姆政权倒台。此前的阿富汗战争推翻了与伊朗不睦的塔利班,建立起民主政府,客观上使伊朗在该地区的外部环境空前改善,并不断寻求扩大地区影响力。在反恐战争与地缘

---

① 本·拉登出生于沙特阿拉伯首都利雅得一个建筑业富商之家,其家族与沙特王室有密切联系。拉登本人的国籍在1994年4月被沙特注销。2011年5月,美军海豹突击队在得到美国总统奥巴马下达的命令后,成功击毙本·拉登。本书的写作时间早于拉登被击毙。——译者

政治的合力影响下，以色列和阿拉伯国家的关系以及巴勒斯坦问题也出现了新的走向，我们因此不难理解阿拉伯国家的巴勒斯坦政策的合理性，以及明确对以色列作为中东地区全球化和反恐战争的先锋，在中东地区和国际政治中所扮演的角色与自我定位。

本章导读部分就此收笔。然而，以上所讨论的"去今未久的历史"仍然在影响着此时此刻的世界，其最终发展尚未尘埃落定。担心因此做出鲁莽的预判倒也不必，预测未来本不是历史学家的工作，在还原历史事件中，探索出历史运行轨迹的规律，在瞬息万变的世界格局中发现新问题出现的信号，这或许才是历史学者的本分。

2. 20世纪80年代初的超级大国

20世纪80年代伊始，美苏两国均发生了巨大且相反的变化。1981年到1988年，美国经历了里根政府的两届任期。曾经的好莱坞明星问鼎白宫，本身就预示着美国社会开启了巨大而积极的变革（或者我们不妨说，在里根上台之前，这种变革的信号已经出现）。同一时期的苏联则面临着沉重的历史转型。长久以来绝对权力下运行的政治体制，内部矛盾不断酝酿积累，痛苦的转型预示着希望，同时也为危机提供了爆发的出口。戈尔巴乔夫，这位苏共最后一位总书记，仍试图通过一系列政治改革改造这个国家的痼疾，摆在他面前的，是苏联建国以来盘踞在政治经济体制中难以克服的深刻矛盾。

里根在竞选中向选民做出两方面承诺。在国内政治上，作为主张自由贸易的新保守主义的代言人，里根积极推动科技革命，认为技术革新是美国社会发展经济成长的强劲推动力。20世纪80年代信息技术革命，奠定了美国在微电子、新能源等领域的绝对领先地位，制造业对于传统能源的依赖程度大大降低。在立法层面上，里根政府鼓励与推动各项变革，革除制造业发展的各种障碍，而信息技术革命的成果也在不断提升生产力，变革生产体制。美国制造业的变革对全球制造业，以及全人类的日常生活的发展趋势产生了深远影响，这是一场与蒸汽机革命或电力革命相提并论的伟大变革。此外，放松管制（deregulation）政策放宽或取消了部分政策壁垒，值得指出的是，里根入主白宫的8年时间与撒切尔夫人担任11年英国首相的时间高度契合,事实上在里根入主白宫之前,同样信奉新保守主义的撒切尔夫人已在英国推行放松管制政策,保守党政府采取了货币紧缩政策,不惜以牺牲就业为代价进行大规模私有化,削减或控制社会福利,今天,对撒切尔政府的评价仍然毁誉参半。

里根在竞选中向美国民众做出的另一项承诺,则立足于对外政策上。在竞选中,里根表达了美苏关系应实现缓和的观点(而这也是戈尔巴乔夫所积极推动的),同时强调了美国在世界体系内扩张的决心,这两种表态显然是矛盾的,在里根上台后几个月内,这种矛盾性便显露无遗。其对外政策的强硬立场,在伊朗人质事件中显露无遗。伊朗爆发伊斯兰革命后不久,美国大使馆被占领,52名美国外交官和平民被扣为人质,这场长达444天的人质危机令许多美国民众对卡特政府彻底失望,甚至影响了选情发展,此次危机最终在里根宣誓就任当天得到最后圆满解决。里根与其核心幕僚均认为,过去美苏关系中苏联占据上风的局面彻底结束了,美国的对手已是一个日薄西山的大国,在意识形态上,里根不吝使用最偏激的词语攻击苏联,称其为"邪恶帝国"。在就任美国总统后第一场新闻发布会上,里根指出:

> 迄今为止,美苏关系的缓和不过是一条单行线,苏联意图利用美苏关系的缓和来实现自己的目的……在各个场合内,苏联各个领导人无不屡次宣称,他们的目的就是推动世界革命,在全世界建立共产主义或社会主义政权。

在对苏政策上,里根政府内部共识与分歧共存。国防部长卡斯帕·温伯格、副部长理查德·珀尔、国家安全顾问小威廉·克拉克以及理查德·派普斯(美国最知名的苏联问题专家)等人均与里根保持一致;而其他人,尤其是副总统老布什、国务卿黑格以及在1982年接替黑格职务的舒尔茨等人,仍未远离美国国务院的外交传统,尽管承认应采取适当强硬的对苏政策,但仍倾向保持接触与沟通的"联系"政策(linkage),这一政策实际上是对"遏制"政策(containment)的一种修正。

美国迎来了里根时代,而同时期的苏联则经历了前所未有的痛苦转型。1974年起,勃列日涅夫的健康就出了问题,长久以来无法视事,这早已是公开的秘密,1982年11月,勃列日涅夫去世。在这之后苏联的最高领导人如走马灯般多次变动。事后看来,这期间的人事更迭,不过是为了解决政治局关于路线政策的内部矛盾。首先继任的是安德罗波夫,他长期担任苏联党、政领导职务,曾任克格勃最高领导(即国家安全委员会主席)以及驻外大使,有着深厚的国内政治根基,熟悉国际事务,被认为能够保证政策的延续性,并带来一定的新气象。苏共内部各方势力对安德罗波夫均表认可。然而好景不长,安德罗波夫就任以前身体状况本就堪忧,上台后健康更是每况愈下。1984 年 2 月,安德罗波夫去世,契尔年科就任苏共中央总书记。这位苏共元老成为最高领导人时已是 73 岁高龄,这无疑显示出苏共高层在接班人问题上的尴尬,不得不请出勃列日涅夫的同代人支撑局面,以求平稳过渡。契尔年科的健康更不乐观,任期内几乎未在公开场合露面,在任总书记 13 个月后,契尔年科于 1985 年 3 月去世。不到 3 年的时间里,苏联人安葬了三任总书记,苏共和苏联都需要新鲜血液,年富力强的领导人呼之欲出,苏联政治舞台注定要实现新老交替。

1985 年 4 月的苏共中央全会和 1986 年初的苏共二十七大,确立了戈尔巴乔夫作为总书记的最高领导地位,年仅 54 岁的戈尔巴乔夫全面接手了前人的政治遗产,国内经济形势堪忧,社会矛盾日益尖锐,而里根在上台以来公开表示对苏联的敌意,美苏关系面临新的历史抉择。戈尔巴乔夫的临危受命,并非苏共领导层不得已的"最后解决方案"(extrema ratio),而是经过长时间的党内考察与培养。戈尔巴乔夫从来都是党的自己人,他是在苏联的体制下步步升迁的,从未真正摆脱党的意识形态范畴。早在 1982 年勃列日涅夫去世时,他的名字就出现在苏共高层的接班人候选名单中,此后的安德罗波夫和契尔年科无非都是过渡性人选,避免政权骤然实现新老交替而影响政治体制稳定。换言之,最晚从 1982 年起,戈尔巴乔夫已在为将来接班做准备,他未必预料到这一天的到来如此之早,但显然在上任前已开始酝酿改革思路,决心改造苏共,使之成为更有执政效率、透明诚实的现代化政党。上台伊始,戈尔巴乔夫即指出,苏共需要一场改革(俄语"perestrojka",意为"重组改革"),改革性和开放性政策才是党的出路。西方有人对戈尔巴乔夫的改革抱持过分乐观的态度,寄希望于这场改革将埋葬苏联政治制度,或至少将苏联经济制度引向市场经济,然而,这里有必要再次指出,戈尔巴乔夫始终都是苏联体制内的领导人,他或许明知不可为而为之,但其初衷,始终都是要挽救江河日下的国家体制。

无论里根还是戈尔巴乔夫,在上台后都部分继承了前任开启的政治局面与政治遗产,如此前始终未能完全解决的欧洲战区中程导弹问题,以及不久前发生的苏联入侵阿富汗问题。1981年6月,国务卿黑格说服里根解除对苏粮食禁运,并成功重启美苏欧洲战区核武器问题的谈判。同年11月30日美苏在日内瓦先后举行6轮谈判,苏联提出"冻结现状""分阶段裁减华约和北约中导"等方案,意在阻止美国按"双重决议"在西欧部署新式导弹,保住自己的SS-20导弹的部署系统。1982年5月,里根宣称美方愿意与苏联在第二轮的限制战略武器谈判(SAIT II)废除后重启战略武器问题谈判,并强调谈判目标应是实现"削减"而非"限制"战略武器。美苏削减战略武器条约出于巧合,缩写为START(Strategic Arms Reduction Treaty),而START在英文中意为"开端",这或将预示着一个好的开始? 勃列日涅夫接受了美国方面的提议,双方于1982年6月29日开启削减战略武器的会谈,关于欧洲战区导弹问题的会议同时进行。

在限制和削减战略核武器谈判之前,1981年11月18日,里根就裁减美苏中程导弹问题提出"零点方案"(Option Zero),传递美国在此问题上的妥协意愿。根据该方案,如果苏联拆除全部针对西欧的SS-20、SS-4和SS-5导弹,美国则准备取消其在西欧部署潘兴-Ⅱ导弹和陆基巡航导弹的计划,最终美苏在欧洲均不部署中程导弹,达到"零"的水平。该方案表明美国对欧政策回归到纯粹的灵活反应战略,换言之,里根由于其孤立主义倾向,通过具有迷惑性的大规模裁军,意欲甩开卡特政府遗留的欧洲导弹问题的包袱。美苏双方随后在日内瓦举行削减战略核武器谈判,但双方立场相距甚远,谈判陷入僵局。1983年11月美国开始根据此前北约达成的双重协议,在欧洲部署潘兴-Ⅱ中程导弹和陆基巡航导弹。苏联方面随即中断了日内瓦谈判以示抗议。美苏关系陡然紧张,不过美苏双方代表还是达成了大规模削减武器的妥协方案。日内瓦谈判的破裂恰逢苏联政治激烈转型时期,直到戈尔巴乔夫上台,削减战略武器谈判仍然悬而未决。

里根于1984年11月赢得大选,成功连任。经过四年的经济复兴计划,美国经济呈现复苏势头,军备开支水平大幅度提高,而苏联的军费支出则基本保持不变,巨额军费支出早已成为国民经济的沉重负担。面对美国的战略攻势,苏联陷入两难选择,坚决回应美国的挑战,显然将拖垮脆弱不堪的经济。在里根的第一个任期内,美国新型导弹和潜水艇的研发走在了苏联前面;在不违反第二轮限制战略武器谈判的规定的前提下,美国的核弹头数量增加了70%;1983年,里根抛出了"战略防御倡议"(Strategic Defense Initiative,缩写为SDI,也被称为"星球大战计划")。该方案将里根政府遏制苏联的决心展露无遗。从1981年到1987年,美国军费支出占联邦政府财政支出比例上涨75%,1983年的军费支出2089亿美元,在1988年上升至3770亿美元(此处均以该年汇率计算)。

1983年3月23日,里根在电视演说中提出"战略防御倡议",呼吁美国科学家研制使敌人的核武器无效和过时的手段,称美国不再依靠大规模的报复行动来回击苏联核进攻的威胁,而将利用激光、粒子束等高科技手段建立坚不可摧的导弹防御系统,通过在外太空和地面部署高能定向武器或常规打击武器,在苏联战略导弹进入美国本土之前进行多层次的拦截。

"星球大战计划"显示了美国的战略决心,但是合法性却受到怀疑,根据1972年美苏签署的《限制反弹道导弹系统条约》,双方只能部署两个导弹防御系统,其一在各自首都,其二是重要的军事基地。此外,该防御倡议彰显了美国在空间技术领域确立霸权的决心。需要指出的是,"星球大战计划"绝非单纯的军事防御计划,其政治意义远大于军事防御意义。根据该计划,从1984年到1989年美国将投入250亿美元研究先进的反弹道导弹系统的关键技术和验证可行性方案,换言之,该计划仍处于研究起步阶段,美国国内许多人,甚至很多科学家都对该计划抱持怀疑态度①。"星球大战计划"表面上是为了解除美国可能面临的核威胁,但里根在军事防御考量之外,还有着带动技术发展的经济考量,将军备竞赛引向更深层次的领域,以此取得对苏联的全面战略优势,巩固美国的领先地位。当时,对苏转让技术问题在北约内部存在激烈争论,而里根上台以来强硬的对苏立场,引发苏联在1983年举行军事演习,在北约内部也造成相当恐慌,考虑到这一背景,则不难理解"星球大战计划"的政治意义。国防部长卡斯帕·温伯格向参议院指出,"只要苏联无法获得西方最先进的技术,其

---

① 由于费用昂贵和技术难度大,许多计划中的项目,如著名的"X-30""X-33"等最终无限期延长甚至终止。加上苏联后来的解体,在已经花费了近千亿美元的费用后,美国在20世纪90年代宣布中止"星球大战计划"。

领导人就不得不在优先军工和优先维护其政治制度之间进行艰难选择"。西方国家禁止对苏联输出高科技技术,无疑使苏联不断恶化的处境更加堪忧,原本应用于自身经济建设的资源和力量被投入到国防工业中,而苏联阵营内部,东欧各国与莫斯科关系的紧张更加重了苏联面临的危机。长久以来,苏联僵化的经济制度面临的危机不断加剧,里根政府据此判断苏联已无力应付美国发起的挑战,但又不得不疲于应对。从这个意义上说,"战略防御倡议"(SDI)超越了军事层面上的挑战,迫使苏联在应对国内经济发展问题以及加强军事保障之间做出权衡,加剧了苏联内外交困的危局。戈尔巴乔夫上台后,反复要在其中做出痛苦选择。

3. 苏联帝国的危机、衰落与终结

冰冻三尺,非一日之寒。苏联社会主义大厦的崩塌,自有其直接原因,同时还应就其根源进行追问。苏联的制度性危机并非自戈尔巴乔夫始,而是受到斯大林一手擘画的政治经济体制的深刻影响,因此指望戈尔巴乔夫一人扶大厦之将倾是不现实的。

尽管经历了彼得一世、叶卡捷琳娜时代的经济发展,沙俄始终未能跻身于欧洲主流发达国家之列,在19世纪末的科技革命的冲击下,俄罗斯与西欧发达国家间的差距不断扩大。自列宁起,苏联的社会主义实践,首要面临的使命便是改善国民经济,提高生活水平。斯大林同样希望在苏联的政治经济体制下,国家能够快速实现现代化,成为一个享受平等福利的国家,他将西欧国家的经济水平视为苏联发展的目标,并力图实现反超①。经过数十年的统治与改造,社会生产关系发生了翻天覆地的改造,私有制被消灭了,生产工具实现了公有化,经济发展则通过五年计划进行自上而下的机械调控,国家意识形态被统一在共产主义信仰之下,人民真诚地相信,辛苦劳动所创造的剩余价值将不再被万恶的资本主义剥削,而是服务于共产主义的最高理想。

作为一个革命者,斯大林不是一个富有人情味的人;而作为一个政治家,他

---

① 从1927年到1941年苏德战争爆发为止,斯大林提出要在短期内实现赶超发达国家的目标,以五年计划的方式,通过高度集中的指令性计划经济模式发展经济。——译者

自认为了解经济规律,却忽视了先进工业化国家的生产方式的内在规律具有普遍性,即使马克思本人也在《共产党宣言》中指出:"资产阶级不到一百年的阶级统治中所创造的生产力,比过去一切世代创造的全部生产力还要多,还要大。"在斯大林看来,庞大而无所不在的官僚体系同样能完成发展生产力的历史使命,这一政治体制渗透国家生活的方方面面,足以保障政治经济体制的有效运行。斯大林认为,苏联的资源极大丰富,不会出现发展瓶颈,能够"保证最大限度地满足整个社会经常增长的物质和文化需要",他从马克思、恩格斯的公有制、计划经济和按劳分配的构想出发,一手擘画苏联的社会主义经济制度,严重忽略了原本就薄弱的生产力,过分强调高度集中的计划经济体制,靠行政上的指令性计划来管理经济,忽略市场与价值规律(即使是计划经济体制,也不能完全抛开市场与价值规律),经济的增长依靠不断投入新的人力、物力与财力来保障,这一粗放的发展模式为战后苏联经济发展埋下了深刻隐患。苏联国民经济建设的目标简而言之,是实现工业化,实现农业的集体化,集中力量兴办军事工业。在斯大林的领导下,苏共对经济生产方式进行了大改造,长期优先发展重工业(如发电、冶金、铁路等)和国防工业(不可否认的是,国防工业的优先发展奠定了二战胜利的基础,然而战时经济体制更加剧了这种失衡的工业体系的内在矛盾),而与民生息息相关的建筑、消费领域以及农业均缺乏足够关注,各部门发展极不平衡。

二战胜利后,苏联百废待兴,斯大林面临两种选择:在新的起点上进行国家的重建,修复战争对国家造成的灾难,弥补在二战中受到的损失,或者全面恢复到战前的局面。自 1941 年苏德战争爆发以来,苏联的国民经济受到了惨重打击,回到战前的局面,意味着将进一步拉大与邻近西欧国家的差距。或许是出于发展道路的权衡,或者是因为感到战后被孤立,或者是出于保障西部边界的目的,总之,斯大林选择了国家重建之路,并寻求将霸权延伸至整个欧洲和亚洲大部分地区,红军不仅成为保家卫国的军队,更在战后成为实现苏联霸权的有力保障。战争结束了,和平似乎降临了,然而地区紧张关系并未缓解,人民期盼已久的安宁并未到来。苏共全方位加强了对社会生活的控制,并对战争期间表现"犹豫"的民族采取了报复性的高压民族政策。苏联国内政治生活,从后来索尔仁尼琴笔下的"古拉格群岛"可窥见一斑。

斯大林成功地将苏联改造成了战后的超级大国,他继承了沙皇俄国以来扩张的帝国传统,对内,大俄罗斯主义压制了各少数民族的民族意识,对外,苏联的势力范围扩展到东欧,成为国际上唯一能与美国争霸的大国。然而咄咄逼人的对外政策并不能掩盖苏联的内部问题,但经济问题最终让位于国际霸权的争夺,成为次要问题,却同时也是苏联体制的关键问题。直到逝世前,斯大林都未能成功解决对外实施霸权和对内谋求发展之间的矛盾,他的继任者在同样的问题上也始终踟蹰不前。如前所述,苏联经济发展的问题,其本质实际上是成本与收益比例的问题,计划经济并不能忽略这一问题。对于斯大林之后的苏共领导人来说,解决这一问题,要有足够的政治力量保障生产领域的利益最大化,尽最大可能满足战略武器和常规武器的现代化需求,还要同时发展农业生产(而农业的生产率问题始终被忽视)。

进入70年代,苏联领导人已经十分清楚地意识到国家正走向衰落。马林科夫、赫鲁晓夫、柯西金、勃列日涅夫以及安德罗波夫等都以不同的方式尝试开启改革之路,但均无果而终。经济增长率不断下滑,资源储备进入瓶颈,技术发展同样落后于西方(也仅仅在军事和空间技术领域苏联曾保持短暂的优势,但这一领域的科技进步并未带动民生改善,庞大的军费支出始终是国民经济的沉疴),这个庞大的国家恨不能武装到牙齿,然而疲惫的战士披上令人胆寒的厚重铠甲之后,已经太虚弱了。1951年到1985年,苏联农业增长率从前10年的平均4.3%的增速下滑到几乎为零,工业增长也在同期从10.2%的增速下滑到了1980年的3.4%。从数据上看,与机械工业领域的增长放缓相比,消费品领域和食品领域的下滑尤为惨重。根据塞维林·比亚勒(Seweryn Bialer)提供的数据,在1981年,还有26%的苏联人仍在从事农业生产(美国是3%,西德是6%,法国是8%)。1981年,苏联的拖拉机数量为260万台,而美国是465.5万台,这一数据对比已足以表明农业集体化政策是彻底失败的,仅在1981年一年,苏联就从美国进口了4000万吨谷物。进入80年代,美苏的实力对比趋势逐渐转向利于美国,畸形的工业体系积重难返,与西方尤其是美国对比的技术劣势越发明显,统计数据越来越惨淡,人民生活水平每况愈下,新生儿死亡率也不断升高,从任何角度来说,这些都是与苏联的大国地位不相匹配的——作为长久以来与美国争霸的核大国,1917年十月革命以来的国内发展问题始终未得到解决:生产力发展迟缓,无法制造充足的社会财富,分配方式不公,社会福利缺失,公民自由得不到司法保障等。经过了六十多年的社会主义建设,除了外强中干的军事实力之外,苏联在对外贸易、技术转让、投资、经济援助等方面已无法与美国相提并论,作为国际关系的一极,其政治经济模式已失去竞争力,东欧各国的离心力也在逐步增强,苏联体制再一次在社会主义大家庭内部遭遇了危机。

苏联在波兰面临的危机非自80年代始。作为苏联面向西方的前线,波兰一直是莫斯科眼中的不安定分子。1956年波兹南事件平息后,波兰在哥穆尔卡领导下,国内政局稳定,但经济始终停滞不前。1980年前后,波兰国内发生了两件大事,对国内的反对力量起到了极大的推波助澜作用:首先是1978年10月16日,克拉科夫大主教卡罗尔·约泽夫·沃伊蒂瓦当选罗马天主教第264任教宗,即若望·保禄二世①;其次是1980年9月中旬,波兰全国各地的独立工会代表在格但斯克组建具有广泛号召力的"团结工会",这是苏联阵营出现的第一个独立工会。

波兰是东欧诸国天主教信众占人口比例最高的国家,其民族有着悠久的天主教传统,宗教文化与宗教组织有着长期的历史影响和深厚的群众基础。二战期间,教会中许多神职人员亲身投入到反法西斯斗争中,在民众中有崇高威望,波兰籍教宗自然令虔诚的波兰人欢欣鼓舞。在瓦文萨的领导下,团结工会与教会保持了密切交往与合作,教会力量推动了工会运动的发展。波兰一向是社会主义大家庭的不安定成员,许多波兰民众并不赞成长久以来实施的斯大林模式,勃列日涅夫在匈牙利事件中提出的"有限主权论"也令波兰民众十分抵触,从这一时期的文艺作品中可以看出社会文化风气的转向。1977年,波兰导演安德烈·瓦依达执导作品《大理石人》,1981年,瓦依达推出续集《铁人》,团结工会领导人瓦文萨还受邀客串,两部作品在波兰获得了史无前例的巨大成功。作品折射的是社会现实,反映的是人民意愿,社会大众对体制的抨击、不满不断升温。1980年7月1日,波兰政府决定上涨猪肉价格成为导火索,立即引起群众的强烈反应。1980年8月31日在格但斯克列宁造船厂成立工会,工人运动很快蔓延到整个波兰。政府面临巨大的执政危机,在巨大的压力下首先寻求妥

---

① 这是1522年哈德良六世后的首个非意大利籍教宗。若望·保禄二世反对共产主义,大力支持团结工会运动。——译者

协，与工会签订格但斯克协议，承认工人罢工的权利，统一工人党第一书记爱德华·吉瑞克很快被解除职务，斯坦尼斯瓦夫·卡尼亚接任第一书记。团结工会运动很快升级为一场政治运动，数以百万计的工人、知识分子与学生均参与到运动中。波兰政府受到越来越多来自莫斯科的压力，执政党的软弱招致军方强硬派的不满，斯坦尼斯瓦夫·卡尼亚在1981年10月18日的波兰统一工人党中央委员会上被解除第一书记的职位，国防部长雅鲁泽尔斯基上台。

1981年秋，波兰政府不断受到莫斯科的压力，然而苏共当局除施加压力外，并未直接派兵干预，仍选择了密切观望，跟进事态发展。苏共高层认为，这场运动在波兰有着极为广泛的群众基础与社会根源，1968年武力镇压匈牙利的经验已不适用(在不考虑国际形象、外交成本等因素的前提下，预计至少要投入30个师团的兵力方能平息事件)。1981年10月18日的中央委员会上，卡尼亚失去了他第一书记的职位，国防部长兼总理雅鲁泽尔斯基任统一工人党中央委员会第一书记，集党、政、军权力于一身。1981年12月13日，雅鲁泽尔斯基以救国军事委员会主席的身份宣布实施"战时状态"戒严令，禁止集会活动，团结工会领导人瓦文萨被捕，此举引发波兰民众强烈不满，美国开始对波兰实行经济制裁。此后，罢工和占领工厂事件不断发生，愈演愈烈。1982年10月8日团结工会被宣布为非法组织(11月，瓦文萨被释放)。雅鲁泽尔斯基此举被认为是一场"自我政变"，他担心团结工会的活动如不断升级，将导致苏联军队的直接干预。

雅鲁泽尔斯基发动"自我政变"的动机实际上并不成立，苏联尽管自始至终向波兰当局不断施压，但并未决心进行军事干预。发布戒严令后的7年里，团结工会的活动转入半地下。在此期间，戈尔巴乔夫上台，其新思维政策对东欧国家政治格局产生巨大影响。在戈尔巴乔夫的影响与支持下，雅鲁泽尔斯基在党内的地位不断巩固，当局开始调整强硬立场，对反对派持相对温和的态度。1986年9月11日，225名政治犯被释放；1989年1月27日，当局与团结工会举行圆桌会议，政府释放善意，承诺进行民主选举，希望在不变更现有的政治结构的基础上，吸纳部分反对者加入政府，此次会议彻底改变了此后政局的发展。4月17日，团结工会重新登记，再度获得合法地位。1989年6月，波兰举行议会选举，团结工会获得参议院100个席位中的99个，其压倒性的胜利标志着波兰政治格局彻底改写。从 1980 年到 1989 年,短短 9 年时间,波兰的工会运动发展成具有全国影响力的政治力量,并最终问鼎国家权力,整个东欧局势,到了 1989 年也已经产生了不可逆转的改变。

  后人对戈尔巴乔夫的评价并不统一。有人认为他是一个失意的开明改革派,试图引导苏联走上民主转型之路,但其改革最终结出了苏联解体的果子;也有人认为他是 1991 年"8·19"政变的合谋,试图通过政变的手段复辟旧制度,维护其在党内的统治地位,延续苏联的政治生命。这个庞大的帝国"其兴也勃焉,其亡也忽焉",站在今天再次评价苏联解体和戈尔巴乔夫的改革,我们也许能够发掘出其改革的新的历史意义,借助回顾历史时产生的历史感,来提高评价历史人物的客观性。以历史的横向维度来看,戈尔巴乔夫进行的政治改革,与同时期中国的邓小平所主导的改革并不具备可比性,他的新思维和开放性都未能达到中国领导人的深度;以纵向观之,戈尔巴乔夫的改革与此后叶利钦在 1991—2000 年期间进行的喧闹纷乱的俄罗斯改革倒有几分相似。

  戈尔巴乔夫的理念来自于给予他政治生命的党,他绝不是苏共的掘墓人,而是充满政治伦理上的使命感,认为有责任实现苏联的转型,实现社会主义的与时俱进。他从不掩饰作为一名共产党员对党的忠诚,也从不含糊从内部对体制进行改革的迫切愿望。戈尔巴乔夫真诚相信社会主义比资本主义优越,其所有政策的开展都因循一条清晰的脉络。他认为,首先要实现党内事务的透明化(glasnost),党的领导人不应该居庙堂之高,远离群众。在此基础之上,改革方能触及国家的核心问题,如人权问题(这一问题上西方始终在向苏联施加压力)、农业所有权问题、工业管理问题以及俄罗斯民族与苏联其他民族的关系问题。戈尔巴乔夫的新思维改革,出发点并不是为了破釜沉舟的革新,而是为了存续。广义上说,戈尔巴乔夫更像是一个 18 世纪启蒙时期的欧洲开明君主,面对欧洲政治的大变局,他们也能够做出相应调整与改变,但出发点必定是维护自身的统治,不可能接受权力结构基础被否定。因此,戈尔巴乔夫的改革充满局限,他唯一可以倚仗的,也许只有以民族主义为名,调动人民群众的"志愿"精神,在多个场合的讲话中,他都提到了这种志愿和献身精神。换言之,戈尔巴乔夫的顶层设计的改革注定是有限的、不触及本质的边缘化改革,农业改革滞后,是其经济改革中的一大失误,事实上,若仅实现 5% 的集体化土地的私有化,调动农民的积极性,其土地出产就将超过所有集体化土地的产量。

国内经济改革的推进,必须有缓和的国际环境做保障。戈尔巴乔夫认为,改革的焦点就是要解放资源,服务于大国政治,改变经济畸形发展的局面,实现资源的优化配置,从而改善人民的生活状况,而美苏关系缓和是实行改革的前提。简而言之,戈尔巴乔夫的理念并未在改革中得到充分贯彻,但这场失败的改革客观上重新定义了美苏关系,并最终结束了冷战。这显然不是改革的初衷,作为一个改革者,戈尔巴乔夫当然更希望自己以成功的改革者的身份被载入史册。对于这位带有悲剧色彩的领导人来说,美苏缓和仅是实现改革的手段,然而最终手段成为目的本身,并在最后推翻了目的,改革葬送了戈尔巴乔夫个人的政治生涯,也结束了苏联几代人的共产主义实践。

戈尔巴乔夫执政期间与里根的第二个任期以及老布什的任期重合。上任后不久,戈尔巴乔夫即与美国展开谈判。1985年11月19日,戈尔巴乔夫与里根在日内瓦举行非官方的私人会谈后,共同出席双方代表参与的正式双边会谈。此次会谈后,美苏发布声明,表示致力于改善美苏关系、保持对话、加快军备控制谈判,"星球大战计划"也成为谈判中美方的重要砝码。此外,双方表示将很快实现互访,承诺永远不打核战争,同意美苏进攻性核武器各削减50%的原则性方案,并谋求达成一项中远程核武器的临时协议。1987年12月8日,里根访问莫斯科,与戈尔巴乔夫签署了全部销毁两国中程和短程核导弹条约,苏联接受了里根此前在首个任期内提出的零点方案,根据该条约,除了英法两国仍能保有部署在其本国的核武器,美苏将在三年内削减射程为500—5500公里的陆基巡航导弹和弹道导弹,包括苏联在亚洲地区部署的所有中程导弹。《中导条约》是二战后美苏首个减少(而不是限制)核武器数量的条约,被认为是冷战时期最成功的军控协议。尽管该条约只涉及当时世界上所有核武器的3—4%,但已充分显示了美苏两国的互信,而战略武器问题的最终解决,则要等到此后苏联政局风雨飘摇之际。1989年11月9日,柏林墙开放,数以万计的市民由此进入西柏林,捷克斯洛伐克、匈牙利、保加利亚、罗马尼亚等前华沙条约组织国家内部先后出现政权更迭,共产党失去了执政地位。1989年12月3日,老布什与戈尔巴乔夫在马耳他举行峰会。由于东欧剧变、两德统一、华约解体等事件接连发生,此时的戈尔巴乔夫面临极大的国内压力,急于在美苏之间达成一个明确的结果,以修复自己受损的政治声誉。1991年7月31日,老布什访问莫斯科,美苏签署了《削减进攻性战略武器条约》(即《第一阶段削减战略武器条约》,START I),宣布1981年美苏在日内瓦开启的马拉松式的谈判取得成果,该条约明确了美苏各自能够拥有的战略核导弹的数量(双方将各自拥有的核弹头数量削减至不超过6000枚,运载导弹减至1600枚以下),条约原定1994年12月正式生效,有效期15年,于2009年12月5日到期,然而,5个月后,苏联解体。1993年1月3日,老布什与俄罗斯联邦总统叶利钦签署了《第二阶段削减战略武器条约》(START II),条约进一步规定,美国可拥有的核弹头数量为3492枚,苏联3044枚,此时,两极格局已经拉下帷幕,讨论美苏的核平衡问题已经没有意义了。

苏联的解体,是三个方面因素共同作用的结果:首先是苏联内部政治制度的瓦解;其次,国内各民族矛盾不断激化,冲突愈演愈烈;最后是华约解体,东欧各国的政治体制和社会性质发生不可逆转的改变。旧体制的官僚统治引发了激烈的社会矛盾,而戈尔巴乔夫的"人道的、民主的社会主义"纲领和对外政策的"新思维"无异于为东欧国家"松绑",各国反对现行体制的力量迅速壮大,政府逐渐失去对国家的控制。匈牙利十月革命后上台的卡达尔也开始进行缓慢的政策调整,国家经济也逐步朝西方开放,试图在政府规定的范围内逐步疏导反对意见。1988年,卡达尔失去了戈尔巴乔夫的支持,先后失去了在政府和党内的领导地位。1989年2月,匈牙利社会主义工人党表示将放弃执政位置,施行多党政治;5月,纳吉恢复了政治名誉。9月,社会主义工人党同意在1990年的3、4月举行两轮议会选举,选举结果进一步证实了政治体制变化的方向。社会主义工人党仅获得不到10%的选票,占了33个席位,匈牙利民主论坛则收获剩余所有席位。匈牙利社会主义工人党逐渐退出政治舞台,匈牙利成为多党制国家。

由于"布拉格之春"的历史记忆仍未散去,捷克斯洛伐克相比之下要谨慎小心一些。1968年之后,在勃列日涅夫的扶持下,古斯塔夫·胡萨克任捷共中央第一书记,取缔了杜布切克的改革。国内对捷克共产党统治不满的知识分子仍以地下方式活动,哈维尔等人于1977年提出要求政府遵守《赫尔辛基宣言》中人权条款的"七七宪章",遭到胡萨克政府的镇压。1987年,戈尔巴乔夫访问布拉格,开启了该国政治激烈转型的序幕。1989年11月17日,布拉格出现大规模游行活动。11月24日,接替胡萨克的雅克什辞去捷克共产党第一书记一职,捷克斯洛伐克举行首次多党选举,社会人士组成的公民论坛大获全胜,出狱仅42天的哈维尔成为新总统,在"布拉格之春"后退隐的杜布切克被象征性地任命为联邦议会主席。1989年12月4日,华约组织在莫斯科举行首脑会议,苏、保、匈、波、民主德国发表联合声明,宣布五国"1968年8月出兵捷克斯洛伐克是对一个主权国家内政的干涉,应予谴责",彻底否定了勃列日涅夫主义,苏联政府随后也发表声明,承认导致1968年军事干预的动机并不成立,当年的决定是一个错误。

在波兰,以团结工会为首的联合政府上台,1990年瓦文萨成为波兰总统。在罗马尼亚,尼古拉·齐奥塞斯库仍不断维护其统治,罗马尼亚社会矛盾一触即发。1989年12月22日,布加勒斯特爆发示威游行,随即引发大规模流血事件,齐奥塞斯库失去了对国家的控制,与其妻埃列娜在逃亡路上被捕,经罗马尼亚救国阵线委员会成立的秘密军事法庭审判,于12月26日被执行枪决。民主德国的情况则更为微妙,一方面1980年以来波兰的政治局势无疑对民主德国产生巨大影响,另一方面,西德政府在对东德政策上仍然采取十分务实的态度,对东德开放金融信贷,东西德人民生活水平差距日益悬殊,人民的不满情绪不断升温。昂纳克并未跟上戈尔巴乔夫的"新思维",对外部世界的变化似乎无动于衷。1989年6月,戈尔巴乔夫访问西德,所到之处受到民众热烈欢迎,他表示,每个国家都有权"自由的决定自己的命运",并声称苏联将致力于"超越欧洲的分裂"。这一表态对欧洲其他国家而言,也许是外交上的场面话,但对东西德而言,则有着极为特殊的政治内涵。同年10月,民主德国成立40周年之际,戈尔巴乔夫受邀访问东德,昂纳克借此机会重申东德是"抵抗西德帝国主义的社会主义堡垒",这番言论令戈尔巴乔夫颇为不满,他明确批评了昂纳克,表示认可华约各国所发生的变化,他给昂纳克扔下了一句颇有分量的狠话,"迟到的人,会受到生活的惩罚"。

然而,留给东德的时间已然不多了。1989年5月以来,大批东德居民通过各种渠道出走东德,许多人持旅游签证,绕道布拉格或布达佩斯,从那里前往奥地利,最后进入西德。冰冷的柏林墙这时已经成为钢筋水泥的摆设。1989年9

月 11 日,匈牙利政府宣布开放与奥地利的边境,短短 3 天之内,15000 名"游客"从该国进入奥地利。1989 年 10 月 7 日,庆祝东德建国 40 周年的游行中出现了要求昂纳克辞职的示威浪潮,为平息游行,昂纳克被解除党内职务,10 月 18 日,埃贡·克伦茨继任统一社会党中央总书记,他是昂纳克此前钦点的接班人,也将是东德最后一届领导人。10 月 23 日,呼吁进行民主改革的大规模示威游行在多个城市相继爆发,11 月 4 日,数十万东德人在亚历山大广场集会,表达对政府的不满,要求民主和实现自由选举,东德的政治生命只能以月计算了。

11 月 7 日,东德总理维利·斯多夫迫于压力,宣布政府集体辞职。11 月 9 日晚上,东德广播称,政府同意让所有想离开东德的公民,可以通过所有边境离开这个国家,也就是说,政府默认了东德人可以通过柏林墙自由离境。当晚,成千上万的东德人自发上街,用各种方式拆毁柏林墙。

德国问题作为二战结束后的直接结果,随着冷战的结束实现了最终解决,同时改变了欧洲的地缘政治。在东欧剧变的大背景下,进入 80 年代以来,民主德国政府是否还有能力维持其统治,都要打上一个大大的问号,德国重新统一的可能性似乎指日可待。从民族自治的角度来看,两德统一无疑具有正当性,然而法国、欧共体以及苏联都对此不免感到忧心。科尔就任联邦德国总理以来,采取了积极灵活的对外政策,获得了西方尤其是美国的大力支持。在科尔谋求德国统一的同时,欧共体的政治机构也不断得到加强,这削减了欧洲对于德国复兴的担忧。苏联是德国实现统一的最大障碍。科尔意识到戈尔巴乔夫所实施的外交新思维与新经济政策是互相呼应的,他向戈尔巴乔夫强调德国的统一将对苏联有利。1990 年 7 月,科尔访问苏联,西德政府保证在东德领土上将不会驻扎德国人之外的北约军队,不寻求在统一后武装东德,统一后的德国军队将不超过 37 万人,苏军从东德撤出后,将由德国政府给予财政援助,并承诺将通过全球性的谈判来进一步确认苏德未来合作方式。戈尔巴乔夫最终在德国统一后留在北约的问题上作出妥协。1990 年 8 月,东德人民议会决议东德并入联邦德国。1990 年 9 月 12 日,德国统一问题的最后文本条约在莫斯科签署,战后德国的分裂局面最终得到了解决。东欧剧变与两德统一使华沙条约军事组织失去了存在的意义,1991 年 2 月 25 日,在布达佩斯召开的华约非常会议决定,从 1991 年 3 月 31 日起终止在华沙条约范围内所签订的军事协定的效力,废除华沙条约的军事机构。同年7月1日,华沙条约组织正式解散。短短数月内,欧洲局势风云突变,曾经认为将稳定存在的政治局面土崩瓦解。

东欧剧变改变了苏联阵营的外部环境,而与此同时,苏联自身也在发生历史性的转折。1988年,戈尔巴乔夫主持修订了现行宪法,在苏共十九次代表会议上,他主张"宪法上应详细规定包括苏联部长会议在内的所有最高权力机关的相互关系细则",言外之意,国家最高权力将从苏共过渡到具有议会性质的人民代表大会。戈尔巴乔夫承诺,2250名人民代表,一部分将由党内指派产生,一部分将通过选举产生。这是苏共进行的一次多党制的尝试,然而选举结果却是苏共始料未及的,莫斯科市长、市委书记、列宁格勒州的主要领导全部败选,人民代表差额选举的结果预告了苏联的解体。1990年2月,苏联人民代表大会在激烈辩论后,废除了1977年宪法的第六条,取消了宪法赋予苏共的领导地位,明确实行多党制。尽管党内强硬派多方阻挠,戈尔巴乔夫还是当选苏联第一任总统,同时担任苏共的总书记。同时,苏联的各加盟国内也发生了追求独立的运动,苏联的疆域即将分崩离析。面对这场可能瓦解苏联的运动的威胁,戈尔巴乔夫从民族关系入手。1991年5月,苏联总统戈尔巴乔夫与十五个加盟共和国达成协议,提出更新苏联的联盟关系。8月14日,新联盟条约文本公布,原先的苏维埃社会主义共和国联盟将成为"主权国家联盟",苏维埃社会主义共和国联盟将改名为"苏维埃主权共和国联盟"。该条约原计划8月20日签署,届时1922年的联盟条约将同时失效。8月19日,以利加乔夫为首的党内保守派借戈尔巴乔夫在克里米亚度假之机发动政变,成立国家紧急状态委员会,宣布戈尔巴乔夫由于健康原因不能履行总统职务,称改革已走入死胡同,试图推翻戈尔巴乔夫,或是至少强迫其中断改革。俄罗斯联邦总统叶利钦发动舆论,并与议会联合对抗政变,将戈尔巴乔夫迎回莫斯科,21日,戈尔巴乔夫宣布完全控制局势。"8·19"事件短短数日后便宣告流产,尽管戈尔巴乔夫在政变结束后恢复了职务,但中央政府已经失去对叶利钦领导的俄罗斯联邦的控制。8月24日戈尔巴乔夫宣布辞去总书记职务,宣布苏共中央"自行解散"。1991年12月8日,叶利钦同白俄罗斯、乌克兰的总统在白俄罗斯的首都明斯克签约,成立独立国家联合体,旨在通过建立一个类似英联邦的架构来取代苏联,称"苏联作为国际法的一个主体和一种地缘政治现实已不复存在",此时的苏联已经名存实亡。

1991年12月25日,苏联国旗从克里姆林宫上空缓缓降下,苏维埃社会主义共和国联盟宣告解体,莫斯科成为俄罗斯联邦首都。叶利钦试图通过独联体,维持苏联原加盟国与俄罗斯的关系,但帝国旧梦已经无法再现。俄罗斯联邦最大程度上继承苏联的政治遗产,在1991年后,俄罗斯进入叶利钦时代。直到2000年普京上台之前,俄罗斯政治经济生活始终动荡不安,俄罗斯始终无法恢复过去苏联与美国平起平坐的大国地位,而原加盟国在获得独立后,也进入了转型阵痛的后苏联时代。在即将迈入新世界的最后十年,世界格局风云突变,最后一个传统意义上的帝国解体了,二战后美苏共同制定的全球两极格局也随之结束。苏联的解体,表明了新技术在国际政治中的重要地位。苏联的科技发展始终是服务于国防军工的,民生领域的技术发展严重滞后,这决定了苏联的经济过度依靠粗放式生产。失去了对科学技术的垄断,苏联注定失去世界霸权。美苏争霸的时代一去不复返了,美国成为全球唯一的超级大国。

4. 20世纪90年代:瞻前顾后的美国霸权

我们在这里所讨论的技术革命,并不单指某项新技术的发明,或某项新产品的问世,而更侧重于在科技领域所发生的一系列整体的变革与创新。在技术革命的推动下,社会生产分工、工业发展格局都发生了翻天覆地的变化,内容的传播方式、人类的阅读习惯也随之发生了颠覆性的变革。科学研究与技术创新,是定义20世纪的关键词。20世纪百年中,出现了太多我们今天甚至习以为常的创新发明:飞机、直升机、塑料、胰岛素、疫苗、盘尼西林、避孕套、激光等等,不一而足。人类的平均寿命在20世纪有了极大提高,而战场上血腥的杀戮也被新技术改变了。两次世界大战本身推动了科技革命,其自身也为科技革命所改写。1914年,欧洲人在马背上进入一战,到了1917年战争末期,大规模空袭、装甲车已经出现在欧洲战场上,人类战争进入了新时期。二战期间,军事科技与武器装备更是有了前所未有的提升,核能的巨大威力推动了战争的终结。在战后,核能开始转向民用,但并未退出军事领域,整个冷战相持阶段,核武器、远程导弹、空间技术等军事科技始终是美苏博弈的关键筹码。20世纪70年代,石油危机爆发后,国际社会开始意识到能源问题的严峻性,核能以及其他替代能源的研发进程不断提速。二战期间,出于军事作战的需要,雷达、计算机等电子通信技术飞速发展。通信技术革新的成果在战后相继进入民用领域,1946年2月14日,世界上第一台电脑ENIAC在美国宾夕法尼亚大学诞生,这是一个占地150平方米的庞然大物。冷战期间,美苏的太空竞赛不仅是国家实力的展示,同时更推动了相关领域研究的变革。1959年,世界上第一块硅集成电路问世,开拓了电子元器件"越来越小"的微型化时代,摩尔定律揭示了信息技术的狂飙突进,1981年,世界上第一台个人计算机诞生。日新月异的信息技术,推动了科学领域全方位的革命,基因科技、分子生物等学科在20世纪的后50年发生了划时代的变革。大卫·雷诺兹(David Reynolds)指出,"半导体革命与计算机的应用,打破了壁垒,联通了世界",先进工业化国家的工业体系、工业产品、资本在信息时代前所未有地融合,工业生产的国界不再如过去那般清晰,信息时代的国际社会成为了地球村。雷诺兹还提供了一组对比数据,1985年美国的学校已经有300万台个人电脑,而苏联在那一年提出第12个五年计划,称将在1995年之前,为苏联的学校配置130万台个人电脑,两相比较,个中悬殊,不可以道里计。到1999年,每1000个美国人拥有510台个人电脑,意大利192台,而俄罗斯只有37台。

　　在信息化时代,个人电脑的普及率显然说明了一定问题,苏联解体之后,俄罗斯继承了这一劣势,通过以上这一组数据的对比,我们不难对美国在信息技术上的霸权地位有一个直观的认识。至于核武器方面,美国当然不是唯一的有核国家,2007年,俄罗斯、乌克兰、白俄罗斯、哈萨克斯坦、中国、法国、印度、巴基斯坦、以色列等国都拥有核武器,然而上述各国的核武器规模无法与美国相提并论,苏联留给后来独立的共和国的核武器尽管并未失效,但维护成本高昂,技术水平也相对落后,换言之,在美国的核武器占有绝对数量与技术水平优势的情况下,在冷战结束后讨论核武器对国际关系的制约,只不过是纸上谈兵的沙盘推演,并无多少实际意义了。

　　目前为止我们使用"帝国"和"帝国关系"这两个概念,均要考虑到帝国与其附属国家的关系相关的变量,那么在军事领域之外,我们是否可以将美国定义为"科技帝国"?苏联解体后,美国成为唯一的"帝国",这是否意味着国际局势进入了美国独霸的时代,所有其他国家均成为美国的附庸?答案显然是否定的。当我们使用"科技帝国"这一称谓,绝不意味着他国随着技术革命的兴起成为美国的附庸,然而一定程度上的依存关系仍然是存在的。苏联解体后,美国成为世界上首屈一指的超级大国,其经济体量世界第一,是世界金融与贸易无可争议的中心,苏联的解体标志冷战中美国对苏联的胜利,这种胜利不仅仅是军事上的胜利,同时是代议制、多党制对集权体制的胜利,是市场经济对计划经济的胜利。美国的发展模式成为20世纪的标杆,在政治体制和经济制度上都呈现出开放社会的特点。这里有一些概念需要厘清,并不是所有实行市场经济的国家都是政治上的民主国家,民主国家也并非全有能力实行有效的市场经济。我们将美国定义为"科技帝国",该内涵实际上指向一种价值观、发展模式的输出。美国通过其内政外交,其在科技上的垄断,以及其在世界金融体系的霸权地位,为世界其他国家指明发展方向。"指明发展道路",这其中是否有限制的成分,或者说,这是否是刻意使用一个政治上较为中性的词汇,以便使美国的霸权显得不那么咄咄逼人? 这个问题,有待于我们对过去的历史进行充分的回顾,并对未来进行合理的展望,方可试图给出回答。

我们在考察20世纪最后10年的国际政治事件时,如科索沃战争、索马里危机等,往往会感受到作为唯一的超级大国,美国在处理国际问题时总有一种瞻前顾后、犹豫不定的姿态。这种"迟疑"的大国姿态并非始于20世纪90年代,早在60年代末美苏战略均势的形成,美国凭借优势力量来遏制苏联的时代已经过去,到70年代初,美国深陷越战泥潭,急于从越南抽身,尼克松就表示美国无意充当世界警察。基辛格近年出版新书《美国需要外交政策吗?》(*Does America Need A Foreign Policy?*),这是他继《大外交》之后推出的又一部关于国际外交的力作。基辛格提出,美国自立国以来始终有两个不同面向的外交政策,首先是威尔逊总统代表的充满使命感的全球化的倾向,其次是孤立主义者认为要优先考虑国内政治的现实主义倾向。基辛格指出:"我们完全尊重我们的盟友或者其他重要的大国的想法,但不能因此就指责美国人民是软弱的。如果美国不能分清什么是自己应该做的,什么是自己愿意做的,以及什么是自己能力范围能做到的,那么美国就会因此榨干自己心理上和物质上的所有资源。"

基辛格写作该书时,2001年的"9·11"事件尚未发生(而"9·11"之后的美国对外政策显然并未遵循基辛格的劝诫),上述这番话显然触动了美国人的神经——若并无必要,美国为何到处充当世界警察? 在 20 世纪的最后 10 年,美国对外政策的转变甚至令世人怀疑这个超级大国称霸世界的决心。这种怀疑并非完全空穴来风,90 年代以来,美国倾向于通过国际组织来实现对国际局势的间接干预,不再寻求将星条旗直接插到某地区。1982 年之前老布什的共和党政府和其后克林顿的民主党政府,虽否认了美国将从国际责任中抽身,但均未明确表明美国进行干预的规模。海湾战争后数年里,美国政府参与多起危机管理的态度总是摇摆不定,甚至可说是带有点不情愿。直到 2001 年之前,除了巴以冲突外,美国在世界多个地区的外交活动和军事干预的力度并不匹配,而"9·11"事件爆发后,美国组建足够广泛的联盟以实现自身目的的能力,则进一步降低。

在非洲这个经济欠发达、政治生态落后、公共管理不善的大陆,一系列新的区域性危机的爆发以及后来的处理,都进一步显示出美国处理国际问题的思路发生了变化。1989 年,利比里亚全国爱国阵线领导人查尔斯·泰勒率部打回国内,内战爆发,此后十多年该国始终处于无政府主义混乱中;1991 年 1 月,索马里的西亚德·巴雷政权被推翻,5 月,埃塞俄比亚门格斯图政权垮台;1992 年安哥拉再次爆发内战;1994 年 1 月,布隆迪国民议会重新选举胡图族人恩塔里亚米拉担任总统,就职仅仅两个月,总统便在一次空难中与卢旺达总统同机罹难,布隆迪政局再陷危机;1994 年 4 月 7 日至 6 月中旬,卢旺达发生胡图族对图西族及胡图族温和派的种族灭绝大屠杀,举世惊骇;1997 年 5 月,扎伊尔的蒙博托独裁统治被推翻。在上述危机中,美国的身影无处不在,但美国实施干预的决心并未坚持到最后。

以索马里危机为例。1991 年 1 月,索马里总统西亚德·巴雷失去外国援助,被最终推翻,此后国内政局陷入混乱,严峻的国内形势以及人道主义危机引起国际极大关注。巴雷下台后,国内的部落和种族纷争与矛盾并未缓解,支持军阀艾迪德的部族成立索马里联合大会党与索马里民族运动互不承认对方政权的合法性。1991 年 5 月,索马里民族运动宣布该组织控制下的索马里北部地区独立,成立"索马里兰共和国"。1992 年 7 月,联合国秘书长加利承认索马里处于无政府状态,安理会于 1992 年 4 月通过第 751 号决议,增加维和费用,成立第一期联合国索马里行动(Unosom: United Nations Operation in Somalia),提供人道主义救济行动,监督各方停火进程,但行动效果并不理想。1992 年年底,艾迪德抵制联合国决定在索马里部署维和部队的决定,局势不断恶化。安理会接受美国提议,由美国负责牵头组建 14 国联合特遣队(Unitaf: United Task Force),总兵力达 3.7 万人,其中美军 28000 名,英、法、德、意等国亦派兵参加。安理会授权多国部队"采取一切必要手段"为人道主义援助营造安全环境。美国选择在联合国框架下参与索马里维和行动,推进强制性维和行动对地区危机实施干预。

12 月 9 日,1800 名美海军陆战队队员在索马里登陆,展开"恢复希望行动"(Restore Hope),起初美国对行动前景信心满满。随着事态的不断恶化,美国人低估了索马里混乱局面的复杂性,试图尽力将冲突引向政治解决的途径。

1993 年,联合国考虑到美军在该地区的军事存在未受时限限制,从而加强了对该地区的政治控制。3 月 25 日,安理会通过 814 号决议,授权第二期联索行动的 2.8 万人接管联合特遣队的任务。4 月 26 日,联合国部队接管摩加迪沙,4000 美军士兵划归联索行动管理,另外 1167 名美国快速反应部队仍由美国直接指挥。联索部队尤其是美军,此后仍不断受到当地部落武装的袭击。1993 年 10 月 3 日,美军出动精锐部队,在直升机空中打击配合下,突袭摩加迪沙市中心的民兵据点。18 名美军士兵在激战中丧生,一名美军士兵的尸体被暴徒在摩加迪沙街头拖行示众的画面经电视转播传回美国国内,极大地刺激了美国民众,美国国内舆论开始转向,此次事件是美国政府转变其维和政策的导火索,克林顿政府开始寻求"体面撤军",宣布在索马里的美军于 1994 年 3 月 31 日前全部撤回,法国、意大利、德国、比利时和瑞典等国随后也陆续宣布撤军。9 月 23 日,联合国安理会决定所有的维和部队将于 1995 年 3 月前撤出。此后索马里陷入了各部落的混战,始终未能组建具有广泛代表性的合法政府。

1995 年 3 月 3 日,最后一批联合国维和部队撤离索马里,联合国秘书长加利承认联合国在索马里的维和行动失败。此次危机表明国际人道主义干预面临的复杂困境,同时反映国际关系中的一些新变化。1991 年的海湾战争,同样是以美国为首的多国部队在联合国安理会授权下对伊拉克用兵,向索马里危机爆发时,苏联已解体,但美国并未抛开联合国,而是在获得联合国授权后才开始介入。1993 年 4 月,美军甚至首次将其部分军队完全置于联合国的指挥之下,此举招致国内不少反对声音,认为有损国家主权。在索马里危机中,美国始终强调师出有名,注重联合国的决议与委托,反映其意图通过与国际组织的合作关系,以较低的政治成本成功塑造其国际形象。尽管美军干预最终事与愿违,美国的国际形象亦因摩加迪沙事件受损,但美国与联合国的关系并未受到影响,这表明在苏联解体后,独步世界的美国仍然高处不胜寒,这也引发了美国政府对其全球责任带来的负担、与国际组织的关系等问题进行深入反思。

1991—1999年期间的南斯拉夫问题,同样可以依循相似的线索进行解读。1963年南斯拉夫通过新宪法,改国名为南斯拉夫社会主义联邦共和国,由塞尔维亚、黑山、斯洛文尼亚、克罗地亚、波黑(波斯尼亚和黑塞哥维那)、马其顿6个共和国以及科索沃、伏伊伏丁那两个自治省(属于塞尔维亚共和国)组成。南斯拉夫国家与民族关系的稳定,此前很大程度上依赖于铁托元帅本人的政治威望与其设计的国家框架,1980年铁托逝世,民族主义浪潮再起,民族内部矛盾不断加剧,各个共和国开始纷纷走向独立。1990年12月23日,斯洛文尼亚进行全民公决,88%赞成独立。1991年6月25日,斯洛文尼亚正式宣布独立。南斯拉夫向斯洛文尼亚宣战,两国短暂交火后即罢兵。1991年5月19日,克罗地亚进行独立公投,6月25日宣布独立,两国独立后得到国际社会承认,并很快加入联合国。斯洛文尼亚和克罗地亚的出走,标志铁托的南斯拉夫解体的开始。上述两国民族构成相对单一,很难以民族或者宗教进行划分,而波黑则是多民族、多宗教的共和国,宗教和种族高度混居,除穆斯林民族(波斯尼亚人)外,还有30—32%的塞尔维亚人,18%的克罗地亚人,三个民族之间长期以来矛盾重重。波黑的塞尔维亚人在民族和国家认同上始终存在巨大障碍,许多塞族人认为自己身为少数民族,在国内受到歧视。克罗地亚人和波斯尼亚人(即波穆)试图使波黑从南斯拉夫独立,这意味着占人口三分之一的塞族人将与其塞尔维亚母国分离。在历史遗留的民族问题与现实问题的多重作用下,波黑国内矛盾不断激化。1992年4月,波黑战争爆发,并迅速升级。此次战争是二战后在欧洲爆发的最大规模的局部战争,同时,南斯拉夫联邦共和国(该联邦共和国此时由塞尔维亚、波黑、伏伊伏丁那和科索沃自治省组成)总统米洛舍维奇为塞族人提供了大量支持。

波黑战争引发了地区深重的人道主义灾难。欧洲人突然意识到,在冷战结束后,共产主义铁幕那一侧的南斯拉夫变得如此之近,欧共体与联合国很快介入。1992年10月,前南斯拉夫联邦问题国际会议主席万斯和欧文分别代表联合国和欧共体提出了解决波黑危机的"一揽子计划",提出使波黑成为一个统一的分权制国家,各省实行高度自治,但该计划最终流产,国际调停宣告失败。在欧共体和联合国出面调停均失败后,克林顿政府开始积极干预波黑事务,彰显超级大国的实力。1994年4月,美、俄、英、法、德5国(以及后来加入的意大利)成立波黑问题5国联络小组,提出政治解决冲突的新方案。1995年7月,塞军在联合国于斯雷布雷尼察设立的安全区内杀害8000名穆族平民,引起舆论哗然,此后,欧共体进一步施加压力,北约组建快速反应部队加大军事干预力度,以美英法为主的北约军队对塞族军事目标实施持续大规模空袭,联合国也派出象征性军事力量,交战各方被迫接受停火,于1995年11月21日在美国代顿草签波黑和平协议(《代顿协议》),该协议于1995年12月14日在巴黎正式签署,决议克罗地亚人和波斯尼亚人共组波斯尼亚和黑塞哥维那联邦,与塞尔维亚人的塞族共和国并存,各自拥有其主权、军队,联合国安理会派遣以北约为首的多国部队(SFOR)进驻波黑,保障协议实施。

波黑内战中,联合国和美国再次进行了"分工"。联合国决议形成美国和北约实施干预的合法性,在具体的外交斡旋与军事干预中,则由美国和北约出面。在波黑战争中,北约成为联合国意志的执行者,同时,此次危机引起了北约内部关于"欧洲一极"的讨论。随着欧洲一体化进程的推进,欧洲经济实力不断提升,有意在国际事务中加强话语权,尤其是在欧洲自身问题上实现自主解决。美欧在危机一开始时未能进行一致性的协调合作,一定程度上也预示了两极格局解体后美欧之间存在矛盾,这种矛盾在2001年再次凸显,"9·11"之后美国被迫收缩其在巴尔干地区军事存在与政治影响,重心转移至阿富汗战场。

波黑危机结束后,南斯拉夫地区仍处于持续动荡之中。科索沃是原南联盟塞尔维亚共和国的一个自治省,阿族人占总人口的90%。铁托去世后,科索沃阿族分离运动日趋频繁,塞族人则处处感到受排挤。1989年,塞尔维亚政府颁布新宪法,剥夺科索沃的自治权,并采取一系列措施加强对科索沃的控制,限制阿族人的权利,民族矛盾日益激化,骚乱时有发生。1991年,科索沃阿族人决定成立"科索沃共和国",随后组建议会和政府,科索沃境内形成了与塞族政权同时存在的另一个政权,阿尔巴尼亚迅速承认"科索沃共和国"。1996年年底,科索沃解放军活动不断升级,试图通过武装暴力活动争取彻底独立,遭到塞尔维亚当局强硬镇压,科索沃内战全面爆发。科索沃危机中,联合国、北约以及欧安组织都以不同方式介入。北约提议科索沃实行高度自治,3年过渡期后再就科索沃前途进行谈判,同时北约将派驻28000人的部队保障协议实施,塞尔维亚当局认为该方案无异于科索沃独立的前奏(事实上该方案并未提及3年后科索沃必然独立)。为迫使米洛舍维奇让步,北约尤其是英美法三国决定诉诸武力,1999年3月23日,北约宣布开始对南联盟进行空中打击,这是北约历史上继波黑危机后第二次主要作战行动。1999年6月中旬,米洛舍维奇被迫接受由俄罗斯特使切尔诺梅尔金、芬兰总统阿赫蒂萨里、美国副国务卿塔尔博特共同制定的和平协议,该协议在坚持朗布依埃协议基本内容的同时,强调了通过联合国机制解决问题的必要性,并对此作了具体规定。根据该协议,进驻科索沃的多国部队将"遵循联合国宪章精神建立"。需要强调指出的是,北约此次对南联盟的军事打击,并未得到联合国的授权,而在其防区外进行军事打击的合法性更是值得怀疑的,毕竟南联盟并未向任何一个北约成员国发起进攻,而北约的行动在政治上的有效性也乏善可陈,在北约进驻科索沃后,科索沃解放军重新开始了恐怖活动。

从美国、北约与联合国三边关系来看,科索沃危机最终的悬而未决,表明了北约绕开联合国框架外自行其是,寻求问题的解决注定困难重重,而最终的和平协议还是联合国出面得以签署执行。换言之,联合国的地位与解决机制仍然是北约或欧安组织等机构无法取代的。当对南联盟实施的空中打击无法取得预期效果时,北约与美国内部曾经讨论派出地面部队的可能性,然而据估计地面作战至少将维持在10万人的规模,且无法速战速决。美国政府多方权衡,最终放弃转入地面战,这显然也是受到此前索马里危机中摩加迪沙事件的直接影响。

美国在两次危机中表现出瞻前顾后的姿态,反映了其作为唯一的超级大国在实施全球霸权时的力不从心与迟疑不决。问题的本质不在于美国抛开联合国与否,更在于美国自身对外政策的反思与调整。

"9·11"事件之前,美国从未经历过任何来自外部世界的直接威胁,除了美国南北战争之外,美国本土从未发生过大规模对外战争。美国之于世界,正如英国之于欧洲,其立国之初,便明确了一种类似"光荣孤立"的外交传统。冷战期间,美国承担起欧洲防御义务,为欧洲盟友提供保护伞,消弭苏联洲际导弹、欧洲导弹造成的地区紧张态势,但即使在美苏关系最紧张的时期,美国民众也从未感受过兵临城下的战争噩梦。当然,这并不是说美国社会是一片祥和平静,其自身也存在着各种不平等,甚至是激烈的种族与社会矛盾,这也就形成了其政策中的一股孤立主义倾向,即国内问题始终置于对外战略之上。

美国是国际化与全球化的引擎,而国际化和全球化同时也提供了美国在世界范围内实施霸权的保障,然而除了特定的外交政策或地区利益的驱使,美国整体上在实施对外干预上是谨慎的。越战后,美国无意向海外派出大量军事力量维系其威权,而是倾向于将自己塑造为一个富有善意、充满安全感的科技帝国。当然,美国的敌人并不这么认为。2001年"9·11"事件使许多美国人如梦初醒,意识到自己的国家已成为敌人可以实施直接打击的主要目标,在反恐战争格局下,美国的敌人的身份是难以甄别的。今天,本·拉登是反美的化身,但拉登背后的反美力量仍然身份模糊,关系错综复杂。美国的敌人既不来自特定的外部世界,也并不来自社会内部,而是非特定的敌人在非特定时间、非特定地点,以非特定的武器或方式对美国发出的挑战。

尽管美国的社会仍然存在各种矛盾,但不可否认的是,美国仍然是民主社会的主角,是"开放性社会"的动力。"9·11"恐怖袭击中,恐怖分子的预定目标显然经过精心挑选:世贸中心双子塔是美国金融霸权的象征,五角大楼是其军事力量的象征,而白宫则是其政治霸权的象征。

在未来美国仍将面临不确定的敌人发起的不确定的袭击,其防御将是全方位的。这也就决定了美国的大国战略中瞻前顾后的姿态将有所调整,2002年11月,小布什签署《国土安全法》,宣布成立国土安全部,这是自1947以来美国政府最大规模的机构调整,美国的防御计划还将扩展到其认为构成威胁的所有地区。尼克松声称的美国无意做世界警察的时代已经彻底改变了,在未来,新的保障国际安全与和平的国际组织成立之前,或者在新的超级大国崛起、国际格局再次发生颠覆性改写之前,美国将注定继续扮演一个孤独的超级大国的角色,当然,在一超多极的世界格局下,美国仍将面对潜在的、不确定的安全威胁,这种高处不胜寒的孤独,注定意味着美国维系世界霸权所要付出的巨大成本。

5. 朝向新的全球愿景:中间主体

随着两极格局的衰落与最后的落幕,一些"小国",或者说那些一般被认为无法主导国际关系发展的国家,同时也在发生转型。这种转型,事实上在美苏关系缓和阶段已经开始,随着冷战的结束,其政治影响力逐渐加强,在世界政治的多元化进程中扮演越来越重要的角色。

两极格局结束后,美欧关系,以及北约、欧共体的内部关系都发生了相应变化。美国提出"星球大战计划"和美苏之间激烈的军备竞赛,引起西欧盟友的强烈紧迫感。1985年4月17日,法国总统密特朗正式提出"尤里卡计划"(Eureka),但并未引起当时舆论或科学界的过多关注。"尤里卡计划"既不是对里根的"星球大战计划"的呼应,当然更不是与美国针锋相对,而是欧洲在美国霸权面前的一种自我觉醒。60年代中期,法国人雅克·塞尔旺-施赖伯(Jacques Servan-Schreiber)抗议"美国的挑战",他警告欧洲,美欧之间的技术差距正日益拉大。当然,冷战期间美欧之间最直接的矛盾,主要还是各自对苏政策的出发点存在差异,美国远在大西洋彼岸,而苏联毕竟就在家门口,欧洲(如西德)从自身利益出发,始终避免与苏联关系紧张恶化,仍然抱持着与之缓和甚至合作的态度。

美欧之间存在的矛盾并未妨碍美国在马岛海战中对传统盟友英国提供支持。1982年4月,英国、阿根廷两国因马岛主权归属问题爆发战争,期间美国始终坚决支持撒切尔夫人的英国政府。与此同时,在北约框架内,美国也尽力帮助其大西洋盟友在意大利、比利时、荷兰、英国实现导弹部署,当然,此举始终受到欧洲国家内部和平主义者的强烈反对。

美欧之间在北约的存废问题上并无分歧,其矛盾主要是北约的价值与角色。冷战结束后,作为美国曾经的盟友,欧洲不再满足于唯美国马首是瞻,欧洲大国认为欧洲不应被排除在对世界安全产生深远影响的根本决策之外,在国际政治上的话语权应当与其经济实力相匹配。就此问题,我们不准备详细展开,但必要指出的是,欧共体的政治结构的沿革、政治分量的加强,以及此后欧盟的扩张并非意在挑战美国的霸权，而是其自身转型的必然趋势。1975年，比利时首相廷德曼斯提交了1974年的巴黎会议委托其所做的报告，提出准备在1980年前建立欧洲经济和货币联盟，完成欧共体机构改革，执行共同外交政策以及共同的区域和社会政策，最终实现欧洲联盟；1977年10月，欧共体委员会主席罗伊·詹金斯呼吁建立一个欧洲货币体系，而成员国此前已于1973年4月6日成立了欧洲货币合作基金(EMCF)；1979年3月，欧洲货币体系成立，意大利和爱尔兰由于通货膨胀率较高，推迟至当年12月加入，1989年6月，西班牙宣布加入欧洲货币体系，1990年10月，英国也宣布加入，欧洲货币体系的成员国增至10名。

此外，欧共体内部的立法机构改革也在同步推进。1952年，欧洲煤钢共同体议会成立，由法国、德国、意大利、荷兰、比利时、卢森堡6个成员国的78名议员组成；1958年，欧洲经济共同体和欧洲原子能共同体成立，与煤钢共同体共用一个议会，但更名为"欧洲议员大会"；1962年，欧洲议员大会更名为"欧洲议会"，议员由各成员国议会指派；1979年6月起，欧洲议会议员由欧共体成员国直接选举产生。1985年1月雅克·德洛尔(Jacques Delors)就任欧共体委员会主席，他提出了实现欧洲统一市场的农业与财政改革。此前德国人哈尔斯坦任欧共体委员会主席期间，戴高乐的法国曾制造的"空椅子危机"，而德洛尔显然不存在类似问题，担任欧共体职务前，他曾出任密特朗政府的经济和财政部长，与密特朗在欧洲一体化问题上有深刻共识，此外意大利的克拉克西政府、西德的科尔政府也给予德洛尔计划相当的支持。

1985年6月，尽管英国仍持一定保留意见，欧共体最终还是启动了机构改革进程。1986年12月，欧共体成员国在卢森堡签署推动欧洲一体化进程的文件，即《单一欧洲法案》(Single European Act)，对《罗马条约》的内容进行更新，强化了部长理事会在决策中的中心地位，改革部长理事会的决策机制(修改了此前"卢森堡妥协"的内容)，将多数问题上需要"一致同意"改为"合格多数票通过"(除财政政策、人员自由流动和雇员权利三个方面外)，强调了欧共体机构内部引入"政治合作"的必要性，即欧共体委员会得以在与部长理事会取得一致后，在国际重大问题上代表欧共体表达立场；该法案还加强了欧共体在技术合作等领域采取有效措施的权限，明确将于1992年底以前实现统一的内部市场。

《单一欧洲法案》仍然只是过渡。1989年6月,德洛尔公布其《欧洲共同体经济和货币联盟的报告》,6月提交部长理事会讨论并获得通过。该计划强调在货币联盟内实现货币政策的共同管理,所有成员国的货币自由兑换,实现完全的货币一体化,资本市场完全自由化和金融市场一体化,以及施行固定汇率,报告中明确构想了作为欧洲各国中央银行的中央银行,即欧洲中央银行体系(European System of Central Banks, ESCB)。1990年7月1日,欧共体开始实施德洛尔计划第一阶段,英、法、德、意、比、荷、卢、丹等8国率先实行资本自由流通。德洛尔计划通过之后不久,柏林墙倒塌,两德统一,该计划的深远意义很快被推倒柏林墙的欢呼声盖过——当然,二者之间并没有直接联系,但我们不难寻出二者的内在逻辑:德洛尔计划的实施和两德统一,在数月内陆续发生,无疑加速了欧洲一体化进程,面对一个即将成为现实的统一而强大的德国,欧共体必须加快一体化进程,复兴的德国与统一的欧洲,实际上互为问题一体两面,相辅相成,并不矛盾。

1989年12月,欧洲部长理事会在罗马举行会议,完成了此后经济与货币联盟条约会议及政治联盟会议的准备工作。1991年的12月10—11日,欧共体在荷兰城市马斯特里赫特峰会上草签包括《经济联盟条约》和《政治联盟条约》两部分的《欧洲联盟条约》(即《马斯特里赫特条约》)。1992年2月7日,欧共体12国外长和财政部长正式签订该条约,随着1993年11月1日条约正式生效,欧共体更名为"欧盟"(European Union),欧共体从经济实体开始向经济政治实体过渡。为解决欧共体与其成员国之间的职权归属问题,条约重申了补充性原则,即一体化的欧盟未来将在其职权范围运作,在"成员国无法充分实现考虑采取的行动的目标时"进行干预;此外,欧洲议会的权能亦有了很大扩展,通过引进共同决策机制(co-decision),欧洲议会将能够与理事会共同批准技术性问题相关的法律、法规、决议或建议。

《欧洲联盟条约》还明确规定了加入欧洲货币体系的金融财政标准:通货膨胀率不得超过通货膨胀率最低三个成员国平均值的1.5个百分点;财政预算赤字不得超过国内生产总值的3%;政府负债率不得超过国内生产总值的60%。1999年1月,欧盟11个成员国正式采用欧洲单一货币欧元,希腊在2001年财政状况达标后也随即加入,而丹麦、英国和瑞典则选择暂时不加入欧元区。

2002年1月,欧元正式进入流通,7月,各国货币退出流通,欧元成为欧元区唯一合法货币。1997年6月,欧盟各国领导人签署了《阿姆斯特丹条约》,对《欧洲联盟条约》(马约)进行部分修改,这是继《罗马条约》和《马斯特里赫特条约》后的第三个欧盟条约。1999年12月,赫尔辛基千年峰会确定了21世纪的欧盟扩大战略,加速推进欧盟向东、向南的扩张步伐。2000年12月,欧盟理事会通过《尼斯条约》(全称为《修改〈欧洲联盟条约〉、建立欧洲各共同体诸条约和某些附件的尼斯条约》),该条约明确扩大了允许部长理事会根据法定多数通过原则表决的政策领域;增大部长理事会中票数权重的差距,规定按成员国人口数目分配表决票数的基本原则,防止小国在东扩问题上随意投票压倒大国。2001年12月15日,欧盟首脑会议在布鲁塞尔的拉肯宫结束,与会各方一致通过《拉肯宣言》,决议组建由法国前总统德斯坦任主席的制宪筹备委员会,负责制定一个有效的、与新生的欧盟规模相适应的欧盟宪法。2003年6月13日,制宪委员会在布鲁塞尔通过了欧洲第一部《欧洲宪法条约》,明确欧盟机构内部权力分配以及决策机制,取消了以往多个领域内的一票否决制,而代之以在绝大多数领域实施有效多数表决制,这体现了对由主权国家代表组成的部长理事会权力的削弱,具有一定的超国家性质。此外,《欧洲宪法条约》还设立欧洲理事会常任主席和外交部部长,在不损害欧盟外长职权的情况下,理事会主席(即俗称的欧盟总统)有权在有关"共同外交与安全政策问题"上代表欧盟。欧洲议会的权力也进一步扩大。

2004年5月,欧盟吸纳了10个新成员国:波兰、捷克、斯洛文尼亚、拉脱维亚、爱沙尼亚、匈牙利、斯洛伐克、马耳他和塞浦路斯,并预告罗马尼亚和保加利亚将于2007年加入欧盟,同时克罗地亚入盟谈判亦已启动。2004年12月,马其顿成为申请国,备受争议的土耳其入盟问题也在波折中缓慢前进。截止至2004年,欧盟总人口已达4.55亿,人口超过美国,国内生产总值约达10万亿欧元,与美国势均力敌。从2004年的相关数据来看,应当说欧盟的一体化进程与欧盟扩张的结果是令人满意的,就在这一年的6月18日,欧盟25个成员国在布鲁塞尔举行峰会,一致通过了德斯坦的制宪委员会提交的《欧盟宪法条约》草案。10月29日,欧盟各成员国领导人在罗马签署了《欧盟宪法条约》,此后该条约进入各国全民公决或议会表决的批准流程,预计于2006年11月1日生效。

《欧盟宪法条约》显然是充满政治抱负的。然而，在2003年美国出兵伊拉克问题上，英国、意大利、西班牙（2004年4月，萨帕特罗当选首相后，宣布西班牙将尽早撤出驻伊的本国军队）表示支持，法国、德国却坚决反对，法国甚至表示不惜使用否决权阻止对伊动武，这表明欧盟宪法条约中的"共同外交与安全防务政策"事实上并不存在。欧盟宪法条约改革了欧盟决策机制，表面上解决了权力分配问题，极大地鼓舞了欧洲联邦主义者，但也正因为如此，在随后进入各个国家议会批准流程中，宪法条约遭遇了一定阻碍。各成员国批准这个条约进度各不相同，2005年，法国、荷兰通过全民公决先后否决这部宪法条约，引发了"欧洲怀疑论"的普遍悲观情绪。英国政府亦随后决定推迟就《欧盟宪法条约》举行公投，引发了此后长达两年多的欧洲制宪危机，直到2007年《里斯本条约》在欧盟通过并随即得到各国批准后，制宪危机才得到解决。新条约删去了一切带有宪法意味的内容，包括更改其"宪法条约"名称、省去欧盟盟旗、盟歌等内容，同时增添了一些使欧盟决策过程更透明、更民主的条款。

欧盟宪法几经波折，最终成形，这本身就表明了欧洲作为一个新的政治经济实体在国际政治舞台扮演重要角色尚需时日，而北约的国际义务却在不断增强，这导致了欧盟事实上被边缘化，未能在美国所介入的中东问题（即伊拉克战争）上实施有效干预，而北约框架下的有效合作一定程度抵消了欧盟的边缘化。

美国和欧盟在政治经济领域的矛盾，实质上是对北约权限的争议。北约是美苏对抗的直接产物。1991年华沙条约组织解散以及苏联解体后，以应对"共产主义威胁"为名建立的北约非但没有解散，反而开始东扩。前华约国家如波兰、捷克、斯洛伐克、罗马尼亚、保加利亚、匈牙利等国出于对德国崛起的战略制衡目的，先后加入北约。北约东扩引起东边的俄罗斯的警惕，为避免刺激俄罗斯，在1994年，北约提出"和平伙伴关系计划"（Partnership for peace），构建所有欧洲国家的安全框架。为抵消该计划对自身安全造成的威胁，俄罗斯也于1994年6月加入该计划，然而其顾忌始终存在。在前苏东国家加入和平伙伴关系之后，塞尔维亚、波黑和黑山三个巴尔干国家于2006年12月14日也宣布加入该计划。波黑战争和后来的科索沃战争中，北约均加强了与联合国的军事合作，事实上成为联合国的"御林军"。1999年4月23日，北约成立50周年的大会上，各成员国领导人通过"联盟新战略概念"，指出北约今后将继续坚持"集体防御"政策，但同时将对其周边地区的冲突做出反应，确保欧洲—大西洋联盟地区的安全。此举标志北约的重大转型，表明其有意将1949年的条约效力扩展到一个更大的地理范围，称"联盟的安全，应考虑全球的背景"。换言之，"联盟新战略概念"之后的北大西洋公约组织，已不再是一个区域性组织，而成为全球性的政治工具，这一组织工具可供盟友使用，同时也可由联合国进行支配。

波黑战争期间，北约出动空中打击力量，多次对塞族武装目标实施打击。科索沃战争期间，北约再次"秀肌肉"，与此前不同，北约这次战争行动没有得到联合国安理会授权，就北约1949年的《北大西洋公约》而言，南斯拉夫也显然不在北约防御区域。1999年4月的"联盟新概念"方才将北约的效力区域延伸至该区域。1999年6月，根据联合国安理会发布的1244号决议，塞尔维亚军队撤出科索沃，科索沃的前途待定，联合国组建科索沃部队进驻该地区保障协议实施，该部队主要由北约军事力量组成，俄罗斯亦派兵参与。

"9·11"恐怖袭击改变了美国的命运，而阿富汗局势在这之前便已不断恶化。1995年，伊斯兰原教旨主义运动组织塔利班建立全国政权，阿富汗更名为"阿富汗伊斯兰酋长国"。在普什图语中"塔利班"一词意为"伊斯兰的学生"。上台以来，塔利班政权推行政教合一政策，宣称建立了世界上最纯洁的伊斯兰国家，并为本·拉登等恐怖分子提供庇护。2001年10月7日，美国发动了"持久自由"军事行动（Operation Enduring Freedom），行动由北约指挥，37国派兵组成多国部队。数周内，战事迅速取得突破性进展，塔利班和基地组织被迫转向山区。2001年12月20日，联合国安理会通过1386号决议，成立驻阿富汗国际安全援助部队（ISAF）。2003年8月11日，联合国授权北约接管该部队的指挥权。2004年10月9日，阿富汗进行塔利班倒台后的首次大选，卡尔扎伊当选为战后首任总统。塔利班政权的活动在战后化整为零，阿富汗不少省份实际上还在其控制下，国内冲突游击战化，自杀式袭击不断，中央政府只对首都周边地区进行有效控制。战后重建艰难推进，国内安全局势始终处于动荡之中，也使得外界对于联合国此次干预的成效产生不少质疑。

1989年后，国际地缘政治格局发生复杂变化，美国瞻前顾后的霸权，给一些地区大国的崛起留下了空间。在这样的背景下，美欧之间的政治关系的战略意义尤为突出，二者的政治结盟旨在将大西洋地区和地中海地区都纳入一个同质化体系,以应对未来产生的不确定危机。然而在一些国际问题,尤其是在对伊作战问题上,美欧分歧明显,削弱了二者的结盟关系,体现出欧洲外交政策并未高度统一,同时也表明美国在"9·11"之后不断加强的孤立主义倾向。北约的东扩,以及在国际问题上话语权不断加大,将该组织叠加到美欧关系之上,某种程度上构成了西方阵营内部的三角结构关系。在北约军事化义务束缚下,欧盟的崛起以及随之产生的在经济和政治议题上与美国之间的矛盾冲突被"柔化"了。

让我们再将视角转移到中东地区。苏联解体后,美国成为地中海的霸主,但始终无法解决巴勒斯坦问题。1987年12月,加沙地带的巴勒斯坦人爆发大规模抗议示威活动(即第一次巴勒斯坦大起义),巴以冲突持续升温。1993年,巴以双方领导人在挪威奥斯陆进行首次会谈,数月内进行多次秘密谈判,在加沙和杰里科首先自治等问题上达成原则协议,巴以实现初步和平达成重大进展。9月13日,巴解组织领导人阿拉法特与以色列总理拉宾在华盛顿签署《临时自治安排原则宣言》(即《奥斯陆协议》),巴以问题实现重大突破。《奥斯陆协议》的签署,推动了1979年《戴维营协议》所开启的中东和解进程。巴勒斯坦宣布放弃将以色列赶出中东地区的主张,承认了以色列的国家地位。协议同时赋予居住在约旦河西岸和加沙地带的巴勒斯坦人有限自治的权利,规定在巴勒斯坦5年自治期后(1999年5月4日结束)建国。然而《奥斯陆协议》签署两年后,拉宾遇刺身亡,巴以之间的谈判此后虽多次重启,又屡次中断,巴勒斯坦建国之路仍然漫长艰辛。

巴以问题不仅是两国关系问题,还与中东地区的其他问题走向交叉影响,是阿拉伯世界和美国对立矛盾的象征。1978年,埃及与以色列签订《戴维营协议》,此举受到阿拉伯世界强烈反对,埃及被开除出阿盟。1979年,萨达姆成为伊拉克总统,祭出阿拉伯民族主义大旗,扩大在中东地区的影响,谋求之前埃及在该地区的盟主地位。伊拉克与伊朗接壤,两伊历史上宗教矛盾复杂,现实中领土争端不断。1975年,两国签署《阿尔及尔协议》,伊拉克承认两国国界为阿拉伯河的中央,而伊朗则停止支持伊拉克境内的库尔德人叛乱。由于阿拉伯河是伊拉克唯一进出波斯湾的出海通道,有着不可替代的战略地位,萨达姆始终认为该协议对伊拉克十分不利,两国关系此后并未真正缓和。1979年,伊朗发生霍梅尼革命,结束了巴列维王朝的统治。伊朗社会发生激烈而深刻的转型,霍梅尼试图将伊斯兰革命向整个中东地区进行输送,伊拉克南部什叶派聚居地区发生动荡,两伊关系持续恶化。萨达姆认为伊朗革命极大削弱了其军事实力,一旦发动突袭,将引起伊朗国内矛盾激化,有望迅速推翻霍梅尼政权。1980年的9月22—23日,伊拉克军队大举突破边境。但萨达姆误判了对手,伊朗军方高层虽在革命中受到重大打击,但军队在革命后对新政权高度效忠。伊拉克军队随后遭遇到意想不到的抵抗。1981年9月,伊朗开始大举反攻,收复多个重要城市。中东地区各国不希望看到伊拉克势力在该地区的不断渗透,叙利亚、利比亚甚至以色列均直接或间接地对伊朗进行支援。1982年7月到1984年3月期间,伊朗占据相对优势,战场转移到伊拉克境内。1986年,战事再度升级,2月初,伊拉克南部重镇法奥被伊朗军队占领。苏美应非战争国科威特的护航请求,纷纷向海湾派遣军舰,海湾局势面临全面升级的危险。1987年7月20日,联合国安理会一致通过了598号决议,要求双方立即停火。1988年,4月17日,伊拉克军队对法奥地区的伊朗守军发动代号为"斋月"的攻势,成功收复失地。僵持数月后,伊朗于7月18日宣布同意接受联合国安理会598号决议,1个月后,持续8年的两伊战争宣告结束。

尽管伊拉克经济在战争中受到重创,但萨达姆在战后自我感觉膨胀,对内继续推行强权政治,对外自诩为地区大国,霸权主义日益彰显。1990年8月2日,两伊战争结束仅两年,伊拉克突然入侵科威特,不到一天便占领全境,宣布科威特为其第19个省,这是对一个拥有独立主权的联合国成员国的悍然入侵。科威特拥有丰富的石油资源,长期以来与美国以及政体相似的沙特阿拉伯都保持密切关系。伊拉克入侵科威特后,沙特阿拉伯不免唇亡齿寒,一旦从科威特进一步占领沙特,实现地区石油资源的垄断,其后果将难以想象。从国际关系的外部局势来看,萨达姆的入侵行为注定失败,他在错误的时间、错误的地点,发动了一场错误的战争,此时的苏联正面临着最深刻的内部危机,根本无暇也无意在该地区与美国发生对抗,因此伊拉克入侵尽管打破了地区均势,但并未引发美苏在该地区的大国冲突。① 从8月2日至11月29日,联合国安理会先

---

① 1990年8月3日美苏发表《联合声明》,要求伊拉克"无条件地从科威特撤出,充分恢复科威特的主权、合法政权和领土完整",同一天,苏联政府宣布停止对伊拉克的武器供应与军事援助。

后通过12个相关决议,对伊拉克的入侵行为进行谴责,并对其进行包括贸易和石油禁运在内的全面制裁,要求伊拉克在1991年1月15日之前撤军,否则将授权联合国会员国可以使用"一切必要手段"来执行联合国通过的各项决议。1991年1月16日,以美国为首的34国部队在取得联合国授权后开始对伊拉克军队发动军事进攻,双方军事力量对比悬殊,伊拉克军队毫无胜算。3月3日,萨达姆宣布接受联合国安理会确定长期停火条件的686号决议。

海湾战争结束后,伊拉克军队从科威特全面撤出,并向其支付了巨额战争赔款。根据联合国安理会687号决议,伊拉克必须"无条件同意"接受国际监督,"销毁、消除或解除所有"化学和生物武器及相关设施,不得使用、发展、制造或获取任何大规模毁灭性武器,无条件地同特委会和原子能机构的武器核查员合作,全部公开其大规模毁灭性武器计划。由于受到严厉的经济制裁,伊拉克经济从此一蹶不振。1995年4月,联合国安理会通过了986号决议,部分解除了对伊石油禁运,通过石油换食品计划缓解人道主义危机。萨达姆政权在战后受到西方的牵制,在国际社会上处于孤立地位,唯一的战利品恐怕就是成为阿拉伯世界的反美象征。海湾战争后,中东的石油资源基本上处于美国控制之下,但战争同时也滋长了该地区的民族主义情绪。海湾战争期间,苏联正面临着自身生死存亡的最后考验,自然已无暇他顾,从超级大国关系这一角度来看,海湾战争表明了苏联在国际关系中已经处于瘫痪状态,两极格局在此时已经名存实亡。

印度、巴西、中国等国(尤其是中国)在这一时期的迅速崛起,也预告了一超多极的世界格局的成型,虽未完全动摇西方的主导地位,但标志着世界权力开始进行重新分配。

1976年以后,邓小平逐渐巩固了其党内的领导地位,成为"第二代领导核心"。作为一个务实的共产党人,邓小平的治国思路十分清晰,一方面,共产党的政治领导地位不容挑战,另一方面,中国必须拥抱世界经济的深刻转型,经由受到控制的市场经济,快速实现国家的现代化。

中国的经济改革毫无疑问获得了巨大的成功。在改革的前十年,中国的国内生产总值年均增长在10—13%之间,1996年以后,中国政府有意放缓经济增速,但仍保持了每年7%—8%的增长,国民人均年收入在1980年仅为420美元,到了 2006 年,已达到 6000 美元。持续稳定增长的中国经济,成为日本、欧洲甚至美国的有力竞争者。2001 年,中国成功加入世界贸易组织,加速融入世界经济一体化进程。中国经济增长带来的核心问题主要是内部问题,作为执政党,中国共产党面临着执政能力的挑战。2003 年,胡锦涛继任中共中央总书记、国家主席,温家宝任政府总理,中国完成平稳的政权过渡。新一届政府的任务不仅是保增长、促发展,更面临着改革收入分配制度、实现社会公平的重任。中国实行改革开放以来,东部地区经济迅速发展,东西间区域发展差异日益突出,对外贸易、劳动力水平、社会文化、政治生态等方面差距不断扩大,社会财富分配问题、发展不平衡问题对政府制定政策路线、国家的国际形象与地位等问题均产生不可忽视的影响。

有人曾作出预言,称 21 世纪将是中国的世纪。很显然,在未来几十年里,中国将会更加深刻地影响世界,其国际存在仍将不断加强,在可预见的将来,中国注定成为多极化世界的重要一极。随着经济和政治上的崛起,中国的对外政策也开始出现在亚太地区、中东以及非洲地区加强自身影响的倾向。1997 年和 1999 年,香港、澳门相继回归中国,成为特别行政区,中央政府承诺特别行政区将保持原有的资本主义制度和生活方式 50 年不变;随着中印关系的改善,西藏问题亦有所缓和;苏联解体后,来自北方的核威胁消失了;两岸关系也形成了维持现状的默契。中国的对外政策全面发展,与俄罗斯、印度等大国也保持了密切联系,重视在联合国发挥更大的影响力,军事实力(核武器、传统武器、远程导弹以及反导弹体系)也得到了长足的发展,这都引起了美国的密切关注。这是中国的防御型政策吗?现在我们还无法确定,中国经济实力的不断增强,是否预示其未来将发挥更深刻的国际影响力。对这一问题不宜匆忙下结论,当然,其可能性并非不存在。

同为地区大国的印度,除了与巴基斯坦、孟加拉国的双边关系时有紧张之外,其转型尚未表现在广泛国际问题上深刻的立场取舍。巴西的转型对于整个拉美都有着标杆意义,此外查韦斯领导下的委内瑞拉仍在反美斗士的权威政治下,推行自给自足的经济,在国际格局的影响力,将逐渐被巴西超越。

6. 俄罗斯的复兴

1999年8月9日,俄罗斯总统叶利钦宣布解散成立不足3个月的斯捷帕申政府,任命普京为代总理。叶利钦同时宣布,他将"视普京为自己的继承人",认为普京能够团结所有人,实现21世纪俄罗斯的伟大复兴。苏联解体后,叶利钦领导下的俄罗斯经济状况始终未得到根本改善,国内对其家族腐败的指责声音越来越大,在国家杜马的压力下,叶利钦频繁更换政府总理,普京已经是其两年内更换的第五位总理人选。当时的俄罗斯国内几乎无人预料到,这位在莫斯科的权力斗争中名不见经传的前克格勃特工会最终执掌国家的最高权力。

短短数周后,叶利钦的选择就被证明是正确的。车臣问题始终是制造俄罗斯国家分裂的最大威胁。在普京就任总理后不久,车臣分裂分子在全俄制造了多起恐怖袭击。普京在车臣问题上采取了极为强硬的姿态,将对手定位为恐怖分子,发动第二次车臣战争,凝聚了国民的国家认同。2003年3月,车臣通过了新宪法,明确车臣是俄罗斯领土的一部分。10月5日,车臣总统选举如期举行。联邦政府支持的艾哈迈德·卡德罗夫高票当选,车臣基本进入社会秩序重建阶段。

通过车臣问题,普京向俄罗斯人显示了其重塑俄罗斯大国形象的决心,极大地提升了公众形象,为他赢得了人民的支持。1999年12月国家杜马选举中,支持普京的团结竞选联盟(即今天的统一俄罗斯党)表现不俗,成为杜马第二大党,保证了普京未来一旦当选总统将能够在杜马获得多数支持。此次选举之后,叶利钦准备彻底退出政治舞台。1999年12月31日,叶利钦突然宣布辞去总统一职,时任总理的普京成为代总统。2000年3月27日大选中,普京在杜马第一轮投票中即胜出,成功当选俄罗斯联邦第三届总统。普京的上台实现了叶利钦政权平稳移交的目的,保证了叶利钦下台后免受司法追究,并享受丰厚的终身福利,同时普京开始向叶利钦时代的金融寡头宣战。2003年杜马选举后,普京所支持的统一俄罗斯党成为第一大党,占据了杜马主席、两位副主席以及杜马委员会的领导职务。2004年3月14日,普京以绝对多数成功连任。他向俄罗斯人民承诺将重建国家秩序,复苏经济,打击金融寡头。尽管普京的具体施政确有不少值得讨论之处,但不能否认的是,其国内政策取得了很大成功。普京带领俄罗斯走出了叶利钦时代的经济衰退,自 2002 年起,国内生产总值保持了年均 7% 左右的增速。

普京的俄罗斯将再现苏联的霸权吗?这个问题也许会使许多怀念苏联时代的人兴奋不已,或令对苏联充满戒心的人再次警觉起来,但这实际上是一个伪问题,俄罗斯的复兴并不足以唤醒已经消逝的两极格局。与苏联相比,俄罗斯更加受到地缘政治的制约,苏联解体后,除白俄罗斯外,所有苏联前加盟共和国均与莫斯科保持距离。乌克兰独立后,始终在俄罗斯和欧洲之间摇摆不定,国内不断有政治势力寻求加入欧盟,甚至加入北约,俄罗斯则不断通过经济与能源议题向其施压。克里米亚归属、能源问题、北约东扩等问题,构成制约两国关系的砝码。在高加索地区,俄罗斯与格鲁吉亚也因南奥塞梯问题不断擦枪走火。此外,俄罗斯加大了在能源领域对中亚国家的投资,通过独联体、集体安全条约组织遏止这些国家脱俄入欧的趋势。在苏联时代,克里米亚被划归乌克兰,苏联的解体导致俄罗斯丧失了漫长的海岸线,在黑海只有新罗西斯克一个出海口,这一地理上的缺陷或将通过技术水平的提高予得到修补。

俄罗斯与西方的关系,始终存在着难以弥合的不信任。俄罗斯与北约、欧盟之间签订了众多合作项目,但言之凿凿的合作承诺大多并未得到有效落实。俄罗斯 1991 年起参与 7 国集团峰会的部分会议,至 1997 年,被接纳成为成员国。俄罗斯的军事力量仍然不能小觑,然而在技术上并不占优势。在两极格局已经彻底落幕的国际新形势下,俄罗斯的核军备并不具备战略意义——2006—2007 年间,俄罗斯的核力量在反对在前华约国家(如波兰)安装反导弹防御体系时仍起到震慑作用,但其震慑力大致局限于媒体的宣传攻势。北约以及欧盟东扩制造了俄罗斯的不安全感,激发了民族主义情绪,普京上台以来利用这一情绪,不断巩固其政治地位,并凭借俄罗斯联合国的否决权寻求与中国和中东国家修补关系。上述因素均对俄罗斯的复兴产生影响。总体而言,从地理上看,俄罗斯向西是欧盟,向东面临不断崛起的中国,向南是其与西方曾发生多次冲突的中东地区,这意味着尽管俄罗斯在未来政治经济实力仍将不断加强,但不会对美国或西方形成挑战,相比之下,中国在国际社会的崛起将更具优势。另外,此前提及的车臣问题,反映了苏联遗留的民族问题的严峻程度,另一方面,该问题的伊斯兰化也使俄罗斯与西方关系更为复杂。

7. 美国以及国际体系的新机制:单极主义的危机

2000年11月,小布什在争议声中获得连任,继亚当斯父子之后,布什父子成为美国第二对父子总统。布什出身于受新保守主义意识形态影响的精英阶层,这构成了其外交政策的出发点。"9·11"事件后,美国领导层的外交政策发生急剧改变。2003年,前总统克林顿的外交顾问伊沃·达尔德与詹姆斯·林赛合著《天马行空的美国:布什的外交政策革命》(America Unbound: the Bush Revolution in Foreign Policy),在书中援引大量例子,证明布什的"外交革命"实际上是美国新保守主义者酝酿已久的政治理念的合流,布什不过是这一理念的代言人,其外交政策包含两个基本判断:其一,当前的世界危机重重,美国面临的威胁此前来自疯子和导弹,此后则主要来自恐怖分子和暴君,最好的(或是唯一的)保障美国安全的方式,是摆脱盟友和国际组织施加给美国的限制;其次,美国应先发制人,采取更具攻击性的对外政策,在世界范围内搜寻"要摧毁的恶魔"。布什的这些主张并非受到"9·11"事件的刺激,苏联解体后,新保守主义者提出美国应保持对他国的军事干预和对自由世界的领导,认为在打败苏联这一邪恶帝国之后,美国有责任将邪恶从世界最终铲除。前文提及,在克林顿政府时期,美国的世界霸权进退失据,瞻前顾后,而布什主义则强调美国对世界的绝对领导。这一国际干预主义不再需要借口,并在施行之初获得美国国内的广泛支持。小布什上任以来,身边团结了一批具有多年行政与外交经验的幕僚,如国防部长拉姆斯菲尔德、副总统切尼,保罗·沃尔福威出任世界银行行长,鲍威尔、赖斯先后出任国务卿。这场外交革命,是美国新保守主义与美国政治、军事、科技领域实力不断增强的成果。

美国历届总统往往在上任后会降低其竞选期间所阐明的外交政策的火药味,转为较为现实的考量。尼克松曾表示美国无意充当世界警察,而布什上台后则推动美国霸权在世界范围全面出击。冷战前后,局部紧张冲突(如越战)与广泛的和平(1989年苏联解体)构成了世界局势的两条主线。2001年的"9·11"恐怖袭击对美国普通民众的心理以及政府高层的决策来说均是一次重大转折,刺激了美国新保守主义与单边主义的抬头,为美国实施国际干预提供了合法性。即使在两次世界大战中,美国本土也从未遭受如此骇人听闻的打击。恐怖袭击与他国侵略不同,这是由看不见的敌人进行的难以预警的打击,这表明美国的敌人的身份发生了前所未有的变化。所谓邪恶势力,不再是具体的第三国,而是理论上无处不在。这构成了小布什先发制人的前提,他认为要"在恐怖主义分子和暴君摧毁美国之前摧毁他们"。反恐战争为布什积累了巨大的政治资本,"9·11"以后,其民调支持率一路上升。布什表示,美国的反恐战争自打击基地组织开始,但不会就此结束,直到将"所有全球性恐怖组织都摧毁,这场战争才告终结。"

布什强调,反恐战争不受区域限制,是一场全球性战争,支持恐怖分子,或为其提供庇护的国家同样在美国的颠覆名单中。他在一次演讲中将萨达姆统治下的伊拉克、伊朗、朝鲜等国称为"邪恶轴心",强调美国将坚决领导愿在反恐战争中追随自己的盟友打击美国的敌人,换言之,反恐战争成为美国区分盟友的一个标准。

在中东地区,埃及、约旦以及以色列都是可以让美国放心的盟友。反恐战争前后,以色列国内政治亦发生了深刻变化。1973 年 7 月,沙龙退役后参与组建右翼政党利库德集团。沙龙参加过 5 次中东战争,曾经反对巴以和谈,反对建立独立的巴勒斯坦国。1998 年,巴以双方在美国签署临时和平协议《怀伊协议》。由于沙龙的强烈反对,巴以和谈陷入僵局。2000 年 9 月,沙龙强行访问被巴勒斯坦人视为圣地的耶路撒冷圣殿山,引发了巴勒斯坦人强烈抗议,并导致流血冲突。这一时期的沙龙坚持对巴勒斯坦采取强硬立场,对巴解组织存在极大戒心,认为阿拉法特仍未放弃消灭以色列的政治目标。2001 年 2 月,沙龙在大选中获胜,出任政府总理,这说明其强硬立场事实上代表了相当一部分以色列人。同年 12 月,沙龙下令包围阿拉法特位于拉姆安拉的住宅。2004 年 2 月,沙龙的巴勒斯坦政策发生根本转变,推出单边行动计划,宣布以色列将于 2005 年底前撤出加沙和约旦河西岸的定居点,条件是实现以色列和巴勒斯坦的政府间对话。利库德集团的右翼势力对该方案表示强烈反对。2005 年 11 月,沙龙与其支持者退出利库德集团,组建以色列前进党。然而 2006 年 1 月 4 日,沙龙因突发中风被紧急送医抢救,奥尔默特接替其职务,数日后被选为前进党代理主席,同年 5 月 4 日,奥尔默特当选以色列总理。奥尔默特表示将继续执行沙龙路线,实施撤离行动,并在 4 年内单方面划定以巴永久性边界线。2004 年 11 月,巴解组织领导人阿拉法特去世,巴勒斯坦内部围绕领导权问题发生分裂,以温和派阿巴斯为代表的政治势力主张继承阿拉法特生前制定的路线,接受戴维营协议,与以色列进行谈判,而巴勒斯坦内部的极端势力如阿克萨烈士旅、哈马斯、杰哈德等则坚持暴力斗争,宣布不参加未来的巴勒斯坦政府,拒绝与以色列进行任何形式的谈判。2005 年 1 月,巴勒斯坦中央选举委员会宣布,阿巴斯当选为巴民族权力机构新一任主席,但在随后的选举中,极端势力占据上风,2006 年 1 月 26 日,哈马斯在巴勒斯坦第二次立法委员会选举中获得多数,巴勒斯坦内部的分化与对立,进一步增加了巴以问题的复杂性。

1989 年 2 月,苏联撤出阿富汗,但阿富汗国内的乱局并未随之结束。伊斯兰激进分子很快团结在恐怖大亨本·拉登的周围,不断发展壮大。扎瓦西里被认为是本·拉登身边最重要的谋士,他提出伊斯兰世界的敌人有远近之分,如埃及这样投靠美国的阿拉伯国家是近敌,而以色列和美国等西方国家则为远敌。扎瓦西里进一步指出,在巴勒斯坦、波黑、车臣、克什米尔,甚至在菲律宾的伊斯兰极端组织运动,都是一场全面战役的一部分。1998 年 2 月,本·拉登和扎瓦西里等人成立"伊斯兰反犹太人和十字军国际阵线",得到塔利班政府的庇护与支持,不断对美国和西方位于非洲、中东地区的军事基地实施恐怖袭击。在"9·11"发生之前,该组织的威胁一定程度上被低估了。2001 年 11 月 14 日,联合国安理会通过 1378 号决议,提出将帮助阿富汗人民建立具有广泛代表性的多民族政府。12 月 20 日,根据联合国安理会 1386 号决议,组建由北约指挥,美国主导的阿富汗国际维和部队(ISAF),共有 37 国派兵参与。阿富汗战争是一场没有悬念的战争,随着卡尔扎伊的临时政府的成立,阿富汗开启了漫长的正常化进程。"9·11"之后,本·拉登多次通过录音、录像,呼吁穆斯林反抗附庸于西方的阿拉伯国家政权,并陆续在马德里、伦敦、沙姆沙伊赫、阿尔及尔等政治敏感地区发起恐怖袭击。基地组织成为伊斯兰激进主义反对西方的象征。这是否是亨廷顿所预示的"文明的冲突"?恐怖主义发起的反西方的战争,表面上看是一场局部冲突,实质上是伊斯兰的哈里发政治的复活和中东地区新的政治势力崛起,在该地区紧跟美国的沙特阿拉伯的利益也受到极大影响,这一阿拉伯世界的大国,在世界经济金融体系内,已与西方资本主义体系高度整合。2007年,在阿富汗的战事获得阶段性胜利后,伊斯兰极端主义者并未被打败,塔利班也未完全从阿富汗的政治舞台消失。这场战争给地区和世界和平带来了极大伤害,在战争制造的废墟上,恐怖分子与反恐阵营相互指责,认为对方才是制造灾难的罪魁祸首。反恐格局下的区域战争,产生了全球性的影响,呼吁国际社会的关注。

小布什的国际干预主义在伊拉克问题上登峰造极。两伊战争刚结束,萨达姆便发动了入侵科威特的战争。海湾战争之后,伊拉克受到严厉经济制裁,美国在伊拉克邻国建立多处军事基地,监视伊拉克的动向,以保护库尔德人和南部什叶派聚集地为名,设立禁飞区,缚住了萨达姆的拳脚。萨达姆几乎不可能东山再起,觊觎中东霸主的地位,但仍在国内奉行对库尔德人的高压政策,对反对者进行血腥镇压。1996年5月,联合国批准了在石油换食品的框架下进行部分的伊拉克石油贸易。1996年8月31日,伊拉克政府军发动了对伊拉克库尔德分裂武装占领地区的进攻,立刻引起英美联合对伊拉克南部实施轰炸。此后,美国不断在伊拉克武器核查问题上做文章,指责萨达姆并不配合与国际原子能机构的合作,与此同时,其高压的国内政策亦招致国际社会的不断批评。1999年,英美空军开始对伊拉克境内的军事设施进行系统性轰炸,此后转而指控萨达姆秘密研发大规模杀伤性武器,即化学武器与核武器。2002年11月8日,联合国安理会一致通过1441号决议,要求伊拉克立即无条件向国际原子能机构的武器核查活动提供便利,必须在12月8日前向核查人员提交有关其大规模杀伤性武器情况的报告,并指出若伊拉克未能充分合作执行决议,则构成重大的违反承诺的义务,警告其将面临严重后果。该决议出台后,美国屡次敦促联合国采取进一步措施,然而在安理会内部,中国、法国、俄罗斯均表达了反对或者保留意见。2003年2月5日,联合国安理会就伊拉克问题举行公开会议,美国国务卿鲍威尔出示了他认为不容置疑的伊拉克藏匿大规模杀伤性武器的证据,而事实上,美国所出示的证据是否能构成开战的理由,至少是值得讨论的,部分安理会成员国也并不支持美国对伊开战。

此时的伊拉克俨然已经是失道寡助的"流氓国家"。2003年3月20日,尽管并未在安理会获得授权军事干预的合法票数,美国还是向伊拉克发起代号为

"自由伊拉克"的军事行动,英国、澳大利亚、波兰等国直接派兵参战,意大利也派出人道主义部队予以间接支援。

北约内部在出兵伊拉克问题上产生了很大裂痕。德国同法国均表示反对,2004年,西班牙也宣布撤军。美国面临着外界的众多指责,或认为美国发动此次战争纯粹为了争夺石油利益,或攻击美国此举意图支持以色列在阿拉伯世界的地位,或认为是出于先发制人的目的,避免萨达姆政权与基地组织进行可能的合作。美国出兵伊拉克究竟是否具有合法性,其真实意图何在,在这里无法进行充分讨论,事实上也无法匆忙做出结论,但仍应指出的是,美国的军事行动久拖不决,伊拉克成为美国"历史上最大的海外包袱之一",这也使得在讨论伊战时,往往将其与越南战争进行类比,认为两场战争均是象征意义大于战略意义的:美国人选择进入越战,其背景是大英帝国殖民体系的解体以及不结盟运动的开展,而时隔半个世纪后的伊战,则是在苏联解体后,伊斯兰原教旨主义兴起的背景中发生的——从这个意义上来说,讨论伊战的目的,更应将其置于美国对外政策的连贯性这一背景下思考。

伊战爆发仅仅三周后,美军便占领巴格达,途中并没有遇到成规模的顽强抵抗。5月初,美军司令部宣布军事行动的主要目的已经达成。2003年12月13日,萨达姆被捕,2004年6月30日,美军将其司法羁押权与管辖权移交至伊拉克临时政府,伊拉克特别法庭指控其应对多起屠杀及种族灭绝负责。2006年12月30日,萨达姆被执行死刑,伊拉克彻底告别萨达姆时代,但国家重建之路仍然艰辛漫长,和平与安定并未随之到来。

2003年5月22日,联合国安理会一致通过美、英、西三国提出的解除对伊拉克制裁的1483号决议,在战争结束后追认了美国军事干预的合法性。2004年6月,安理会通过1546号决议,结束了美英联军对伊拉克的占领,同时规定美英在6月30日前将主权移交至伊拉克临时政府,然而对于美国出兵伊拉克的质疑声与批评声在战后始终没有消失。在战争的最后阶段,以及在宗教问题上,占领当局屡次犯错,战争初期推翻暴政的解放者形象逐渐坍塌,伊国内的反美情绪不断升温。英美遭到指责,称其无意实现国家重建,而是为在伊拉克重建项目中牟取暴利,或为了重新掠取石油资源。大批逊尼派加入反美武装,社会安全受到极大威胁,政局持续动荡,国内矛盾日益尖锐,伊拉克普通民众中产生一种失望和悲观的情绪。伊拉克战后步履维艰的重建进程显然在战前被大大低估了,随着美军伤亡数字的不断上升,美国国内的反战情绪亦越来越激烈。伊拉克内部的宗教矛盾在战后日益尖锐,对国家建设、民族认同等产生负面影响,什叶派穆斯林领袖、持温和政治立场的大阿亚图拉阿里·侯赛尼·西斯塔尼的权威遭到其弟子、年轻的穆克塔达·萨德尔的挑战。战后,萨德尔并未被接纳入临时政府,但他继承了其父的政治资本与宗教影响力。2003 年 7 月底,萨德尔在什叶派圣地纳杰夫组建了私人民兵组织"马赫迪军",反对美国占领,抵制联军任命的伊拉克政权,强调应该在伊拉克建立伊斯兰政权。

2005 年 1 月,伊拉克举行国民议会选举,民众参与投票的热情空前高涨。2005 年 4 月,库尔德人贾拉勒·塔拉巴尼成功当选战后首任总统,2006 年的 5 月 20 日努里·卡迈勒·马利基被任命为政府总理(在 20 世纪 80 年代,萨达姆对马利基所在政党达瓦党实行镇压)。2006 年 11 月,美国中期选举之后,民主党在参众两院均获得多数席位,此后伊拉克的局势显示谨慎乐观的改善信号。巴格拉政府开始与反对派进行接触,并与前伊拉克复兴社会党部分成员展开对话,避免伊拉克分裂,谋求与邻国改善关系,承诺将有效打击国内反政府武装,避免祸延邻国。此后美国及其阿拉伯盟友,尤其是沙特,也开始改变其对伊政策,协助其恢复国内安全与稳定,并在政治和外交层面加强与伊政府的接触交流,寻求与叙利亚和伊朗在伊拉克问题上的合作。2007 年小布什提出安全优先,加紧培训伊安全部队,督促伊政府缓解教派矛盾,承担政府相应职能,寻求美国中东盟友的支持。布什政府在伊拉克问题上的转向,表明美国在该地区建立卫星国并借以实现美国在中东地区的长久影响的努力最终落空。伊拉克问题的根结错综复杂,短期之内无法彻底解决,而美国国内舆论对布什政府对伊政策的冷漠甚至仇视,都预示了国际干预主义的失败。

此外,美国还要应对朝鲜和伊朗的核问题。尽管受到中国、韩国、俄罗斯多方的压力,朝鲜还是始终拒绝与外部世界进行任何形式的直接接触。朝鲜的先军政治导致的国家孤立局面与英国历史上的"光荣孤立"没有任何可比性。2005 年 2 月,平壤正式宣布拥有原子弹,但其真实的核武力水平始终在层层疑云之下。朝鲜战争之后,三八线南北的朝鲜民族走上了不同的发展道路,今天的韩国已跻身工业化国家之列;中国改革开放以后,朝鲜也开始与西边的社会主义邻居差距越拉越大。2000年以后,朝鲜与韩国关系出现巨大突破。2003年,美国、中国、日本、韩国、俄罗斯、朝鲜展开六方会谈,2007年会谈取得了突破性发展,朝鲜同意分阶段放弃核武并愿意对浓缩铀问题采取合作态度。

相比之下,伊朗核问题则更为复杂,对中东地区、欧洲以及东南亚的地区均势格局都产生了深刻影响。核问题始终是伊朗借以与美国争夺地区霸权的重要砝码。

1988年,旷日持久的两伊战争结束后,伊朗国内社会在宗教领袖的权威下进行深刻转型,新生儿死亡率大大降低,越来越多年轻人进入劳动力市场。1981年,总统穆罕默德·阿里·拉贾伊被暗杀。1981—1989年,阿里·哈梅内伊担任伊朗总统,成为首位担任总统的神职人员。1989年,哈梅内伊继霍梅尼之后成为伊朗最高精神领袖。1989—1997年,阿克巴尔·哈什米·拉夫桑贾尼担任总统,期间推行相对温和的对外政策。1997年5月,改革派穆罕默德·哈塔米继任,2001年6月成功连任。哈塔米被视为伊朗改革派的代表人物,其总统任期内推行的改革政策导致与强硬保守的伊斯兰主义者之间的冲突加剧。不过,改革派与保守派在政策上尽管存在分歧,但均认可并维护神学权威。2005年6月,哈塔米结束两任任期,不得连任,德黑兰市市长马哈茂德·艾哈迈迪-内贾德当选新任总统。上任后,内贾德表达了强烈的改革决心,在国际问题上进一步调动民众的宗教情感,持坚定的民族主义立场,不断在核问题上与西方发生冲突对立。

早在20世纪50年代后期,伊朗便开始从西方国家引进核技术,经过多年发展,伊朗已经成功进行了数次核试验,并拥有多个铀浓缩厂。伊朗此举并未破坏1964年的《不扩散核武器条约》,但拥有足够多的低浓缩民用铀后,就可能提纯为军用级浓缩铀。自1979年伊朗革命推翻巴列维王朝以来,伊朗与美国关系始终十分紧张,1980年,两国断交。此后美国屡次指责伊朗借口和平发展核能秘密发展核武器。阿富汗战争和伊拉克战争之后,美国的势力在中东全面渗透,只有伊朗仍然高举反美旗帜。作为地区大国,伊朗拥有约7000万人口,其反以、反美的政策引起美国的不安与关注。总体而言,伊朗核试验、历届领导人的反美论调,以及联合国、国际原子能机构以及欧美在核问题上的反复施压,都使伊朗核问题广泛国际化,这一问题有两个不同层面:一方面,自伊斯兰革命之后,伊朗不断推动伊斯兰主义在地区的扩张,阿拉伯邻国担心伊朗的神权统治或极端宗教势力渗透到本国,对伊朗戒备有加;另一方面,美伊关系始终得不到缓和,美国忧心伊朗不满足于地区称霸(然而事实上,伊斯兰革命之前,美国支持的巴列维王朝统治下的伊朗,俨然已是地区大国),不断在中东地区煽动反美情绪。2006 年 12 月,联合国安理会一致通过 1737 号决议,决定对伊朗实行一系列与其核计划和弹道导弹项目有关的禁运、冻结资产和监督相关人员出国旅行等制裁措施。2007 年 3 月 24 日通过 1747 号决议,加大了对伊朗核问题相关领域的制裁,同时呼吁国际社会对伊朗进口重武器保持警惕和克制,重申致力于通过政治和外交途径解决问题,并确认在伊朗履行相关决议的前提下可终止有关制裁,此项决议或将预示伊朗核问题在未来有望出现积极转折。

布什上台以来,踌躇满志,在对外思维上彻底放弃克林顿政府的瞻前顾后的姿态,发动先发制人的对外战略,大力鼓吹美国例外论。布什的单边主义同样受到各种因素制约,国内的孤立主义情绪并未随着国际干预主义的盛行而衰退,反恐战争、保障人权与输出民主等价值观很大程度上缓解了美国孤立主义情绪的蔓延。2007 年,布什首个任期即将结束,而美军在伊拉克的军事行动始终没有明确的时间表,国内反战情绪激增,美国政府明显感到了单边主义的局限。2006 年 11 月中期选举失败后,新保守主义的鹰派人物逐渐被主张对话的温和势力取代。在布什的第二个任期,更多的现实主义者进入政府的决策层。赖斯出任新任国务卿。布什政府对外策略的转变表明,在未来一定时间内美国仍将是主导国际关系的霸权,但新的政治主体,如中国、欧盟、印度、俄罗斯,或者还有巴西,也将纷纷登上与美国竞争的世界舞台,一超多极的世界正在形成,事情正在起变化。2007 年 5 月 21 日,布什向其他 36 个与美国一道在阿富汗打击基地组织和塔利班武装的国家发出呼吁,希望这些国家持续参与到这一共同的斗争中——时代不同了,是时候做出改变了,这一呼吁正暗含着美国政府对单边主义局限性的一种自觉。

8. 国际化和全球化：国际新秩序的问题

在本书的导言部分，作者已开宗明义，20世纪在以下许多方面都实现了辩证的发展：民主的意义在于实现多元社会的表达与人的自由；传统的权力行使形式受到冲击并发生转型；市场经济得到全球性认可；控制金融资本的重要性不断上升；贸易自由的价值不容置疑；经济发展的必要性日益凸显；大国政治的传统模式在发展中变化，在变化中发展；不同经济体制组织模式之间存在相互竞争；科技社会的出现，愿景与局限并存。

百年行过，相对主义的原则（和理论）与意识形态化的教条之间的对立主导了整个20世纪的文化。这种对立关系表现在许多层面：民主制度与专制制度、多党体制与独裁体制、多元文化与领袖崇拜，以及民主政治与原教旨主义之间。经济和社会的发展制造了平衡点，而民主则是不停寻找平衡点的过程，以求扩大多数人的福利，消除少数人的特权。在20世纪百年中，教条主义成为开放社会的敌人，被某些冥顽不化的政治组织和文化、思想派别奉为圭臬。教条主义者自认为可以一劳永逸地掌握全部真理，汲汲于不择手段维护手中的真理，然而最终不过是失去理智的强迫手段。有人认为，随着苏联在1991年解体，其创造的意识形态也在世界多地轰然坍塌，正意味着与教条主义的斗争也随之终结，这种乐观情绪看似并非全无道理，可惜仍经不起推敲。就其本质而言，相对主义原则与开放社会，甚至会给自身的敌人留下空间：每个社会经济机制的内部都仍会出现矛盾，教条主义的信徒每逢发现矛盾，不是将其转化为抗争以求改变的行动，而是如获至宝，以为其笃信的教条果然没有辜负他。新的体系过去、现在都有其内部矛盾，但这终究是一个开放的体系：谁愿意为了让它变得更美好而努力，他将受到欢迎与接纳；谁若存心想要破坏它、颠覆它，却也会寻着入口。

上述表达也许略显抽象。以下我们就三个最主要直接影响国际关系的层面进行展开：反美主义及其原因；国际主义及其局限；全球化及其敌人。

一种仇视情绪，仇视美国所代表一切的情绪，始终与美帝国的崛起如影随形，这一点谁都不会否认。这种情绪并非来自个人，而是一种相当普遍的集体心理的投射,并时常因尖锐的紧张对立而被煽动。今天仍有人尽管承认美国经济金融的统治地位随处可得证明,但仍言之凿凿,称自己彻彻底底地抗拒美国所代表的一切元素,他们认为美国的生活模式是不可接受的,声称一部分美国人所认可、追求的社会价值是令人厌恶的,攻击美国今天仍有种族歧视,批评美国的某些法律是毫无人性的(如时至今日在美国的某些州,仍未废除死刑),他们还嘲弄美国对传统艺术形式的发展毫无贡献,抨击其科技霸权充满进攻性,甚至怀疑美国或将在未来实施全球性的专制制度。有的人今天仍然在为被历史淘汰的社会模式而哀恸不已,沉浸在对旧制度的缱绻相思中不能自拔,更因此产生了对美国的成功的所有象征更深的敌意;更有人指责美国要为其错误的国际政策负责,而无视自1945年以来,这样的国际战略首先保障了美国模式的成功。

以上只是反美论调的一小部分,在这里我无意讨论上述对美国的负面评价是否合理,然而,为何美国文化与文明的正面形象,总是被反美情绪所遮掩,这是一个值得思考的问题。这也许仅仅是因为发展上的后进国家对先行国家的指责不可避免?不可否认的是,反美情绪在各个历史阶段均存在,这说明反美只不过是反全球化的改头换面的极端表现。

许多人都倾向于将反美与反全球化等而视之,认为并无大谬,但在国际政治上不宜作此泛泛之谈,还是应当厘清各自的概念。将二者进行混淆,会制造许多尖锐的紧张对立,甚至催生出激烈的现实问题,这些问题乍看起来均能找到解释,却堵住了进一步验证其合理性的可能。反美并不等于反全球化,换个角度说,全球化的同义词,是建立全球市场。全球市场由8个最先进的工业国主导(即G8集团,最初是G7,即7大工业国,此后俄罗斯,也就是苏联的继承者加入),表面上看,全球市场由国际货币基金组织、世界贸易组织等国际组织进行管理,但实际由美国金融体系、全球资本体系以及大型跨国集团来决定其发展方向,这些大型跨国集团,主要也是美国企业。在全球市场上,这些互相依附的主体发生融合,建立联系,以最具优势的形式实现劳动力的优化配置、信息和财富的快速流动,享受贸易便利,并通过跨国集团来实现资本配置。

诺贝尔经济学奖得主阿马蒂亚·森(Amartya Sen)指出:"全球化进程从科技和文化的角度使世界变得富有,并为许多民族带来了巨大的经济利益。仅仅几个世纪以前,贫穷和丑陋的、野蛮的、短命的生活,还曾经是这个世界大多数人一生的命题,仅有少数幸运儿是例外。现代科技以及经济体之间的相互紧密联系,在人类超越苦难的过去的奋斗中,扮演了重要的角色。如果剥夺穷人接触现代科技、认识当代国际贸易的高效、享受经济社会发展成果以及生活在开放社会的权利,那么他们今天所面临的贫穷,只会在明天进一步加剧。"

我们不妨让数据来说话,冰冷的数字最具说服力。表中数据展示的是人类最近一千年里,全球人均国内生产总值的变化情况。11—13世纪,该数字一直为负,14世纪有了约25%的增长,此后两百年又降至几乎为零,到了17、18世纪,全球人均国内生产总值上涨近10%,到了19世纪,竟有了250%的增幅,在20世纪更是较前一个世纪上涨近4倍。我们都明白在数据爆炸的世纪里,世界发生了什么。19世纪的工业革命,改善了全球的生活质量,20世纪的科技大爆炸带来的颠覆性革命,更是毋庸赘言。这一简单的柱形图,呈现的是量变,其背后则是全球生产力水平的质变。

肯定有人会提出质疑,认为这张图不能说明问题,因为没有照顾到各个国家和地区在不同历史时期的特点。这样的质疑是合理的。我们可以对表中柱形图按照国家、年份进行分解,发现在20世纪中,美国人均国内生产总值翻了16倍,西欧、日本也有十分显著的增长。在2000年,全世界总人口中仅有12%生活在人均GDP超过每年20000美元的国家。总之,工业国家的惊人成长,并未造成世界其他地区陷入贫困。当然,收入分配不均问题直至今天仍未解决,但即使最穷的国家,相比20世纪初,其财富也发生了增长。这张图表的制作者还另外提供了一组数据,泰国或突尼斯的普通居民的人均购买力在20世纪里上涨了300%,而在阿根廷、博茨瓦纳、乌拉圭、墨西哥,则上涨了500%。经济合作与发展组织(OECD)在1995年的一项研究表明,到20世纪末,世界上所有国家的国内生产总值平均较世纪初翻了5翻,预测此后15年里(即到2015年),仍将保持年均5%的增长,包括非洲大陆。

通过整体性呈现的数据,我们不难看出,富国的经济发展并未导致穷国变得更穷,也证明了全球化并不仅仅利于工业化国家,其生产面向世界所有国家。当然,不能因此回避,其生产模式、分配模式的确是不公平的。当今经济增长遇到的问题,不在于各国情况存在不平等,而在于要实现发展管理,在于该国政府

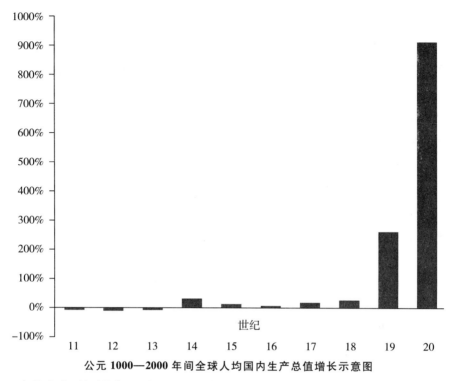

公元 1000—2000 年间全球人均国内生产总值增长示意图

来源:J. Bradford Delong, *Cornucopia: the Pace of Economic Growth in the Twentieth Century*, Cambridge (Mass.) 2000, p. 35.

是否有气魄有决心投入全球化进程中,有能力从全球性增长中分享获益,而不是如某些国家那样闭门造车。二战后意大利能够从战争废墟上实现经济起飞,跻身七大工业国的行列,正是因为政治界、经济界的精英把握住世界经济发展的机遇,重组生产体系、引进和发展现代化工业模式,实现低工资、高积累。这里有必要为跨国公司在发展中国家或欠发达国家实施的低工资进行辩解,所谓低工资,并不是为了跨国公司对当地劳动力的剥削,而是为了积累更多的国际资本,由此一来,低工资便与当地生产机制挂钩,并成为持续增长的源头(前提当然是进行有效、透明的经营)。各个国家和地区的情况各异,市场机制应从当地的现实出发,并最终为转型和发展提供给予。很显然,发展上的先行者会从后进者那里获得一定的利益,这也就意味着投资人对于劳动力输出的地区负有提携、促进的经济义务。我们不应从伦理的角度寻找应对策略,经济问题应当寻求政治和经济途径解决,比起博爱的眼泪来,政治决策、市场思维、经济头脑才是富有建设性的。这也是参与到全球化进程的各方力量需要迎接的挑战。跨国企业工业园区门口常见的人道主义示威，往往将问题推向片面的后工业时代的伦理问题的极端。欠发达地区的工人甚至会砸烂机器以示抗议，这种反全球化的举动产生的影响可能是十分恶劣的，最终或导致劳资双方的截然对立，无法就问题的本质进行沟通，这种破坏性的激烈抗议并不能就如何实现公平分配提出建设性意见，反而砸碎了一个尽管粗鄙，但毕竟有望改善的生产机制。

全球市场的管理，应交由某个国际机构。然而国际化的概念往往会令人联想到非地区性的国际组织在历史上遭遇的滑铁卢般的失败，如国际联盟在二战中陷入瘫痪，最终名存实亡，在战后，联合国在战争的废墟上崛起，象征了在明确的规则之上建立国际秩序的新希望。今天，联合国仍然是在国际政治中应对危机的最后凭借，最近的例子便是全球反恐战争。当然，很难说联合国仅以自身实力，便得以完成其使命。五大常任理事国拥有一票否决权，这也注定了联合国在多次国际行动中，尤其是1989年以后，尽管被认为是合法性的保障，但历次决议无不是某个常任理事国意志的体现。在1950年朝鲜战争、1956年苏伊士运河危机、1967年六天战争、刚果危机、塞浦路斯危机、波黑战争和科索沃战争中，打着联合国的旗号干预地区冲突的军队，实际上就来自某大国，或多国联盟，这也就引发了联合国在法理上的局限与矛盾。根据《联合国宪章》第24条，在联合国框架下，只有安理会有权达成决议。而依照1950年11月联大会议的377（V）号决议，"在可能出现威胁和平、破坏和平或侵略行动的情况下，如安理会因一个常任理事国投反对票而未能采取行动，大会也可以采取行动。大会可以立即审议该事项，以便建议会员国采取集体措施，维持或恢复国际和平与安全"。这是美国处心积虑的一道程序性设计，以防止苏联投下反对票，但事实上联大会议的这一机制并不具有现实意义，因为有能力采取相应措施的国家，都在安理会里。此外，《联合国宪章》第51条，尽管认可了各国自我防御的权利，却又同时指出，"会员国因行使此项自卫权而采取之办法，应立向安全理事会报告"。在多次人道主义救援和关键性的地区冲突干预中，我们既不能否认联合国的旗帜主要只起象征作用，也不能否认这些行动，并未超出大国政治的范畴，其中都有着各国自身利益的考量。站在新世纪的起点，我们不禁要问，在未来建立一个凭借自身武装力量保障国际法施行的国际机构是否可能？那些弱小国家,为了在联合国大会上有一席之地争得不亦乐乎,无非是想寻求个体声音的表达,但是这种个体存在感的意愿,本身不是和联合国创立的精神相违背的吗？决议的效力,不在于批准决议的签字方有多少,而在于执行力度如何,这是非常浅显的道理,万人同声附和,莫如数人埋头苦干。我们今天暂时还看不到《联合国宪章》会针对上述矛盾在未来做出相应修改,在未来,不断发展的全球化或将颠覆并改变国际组织的干预能力,开启大国政治的崭新局面。

参考书目

第 1 章

D. Grange, *L'Italie et la Méditerranée 1896-1991*: *Les fondements d'une politique étrangère*, 2 voll., Roma 1994.

G. W. F. Hallgarten, *Imperialismus vor 1914*, 2 voll., München 1963.

D. Headrick, *The Tentacles of Progress.*: *Technology Tranfer in the Age of Imperialism 1850-1940*, Oxford 1988 (trad. it.: *I Tentacoli Del progresso. Il trasferimento tecnologico nell'età ell'imperialismo (1850-1940)*, Bologna 1991).

V. G. Kiernan, *European Empires from Conquest to Collapse*, *1815-1960*, London 1982 (trad. it., *Eserciti e imperi*: *La dimensione militare dell'imperialismo europeo 1815-1960*, Bologna 1985).

W. J. Mommsen, *Imperialismustheorien*, Göttingen 1980.

G. Petracchi, *La Russia rivoluzionaria nella politica italiana*: *Le relazioni italo-sovietiche. 1917-25*, Roma-Bari 1982.

P. Renouvin, *La crise européenne et la Première Guerre Mondiale*, Paris 1962.

G.-H. Soutou, *L'or et le sang*: *Les buts de guerre économiques de la Première Guerre mondiale*, Paris 1989.

J. Thobie, *Intérêts et impérialisme français dans l'Empire ottoman (1895-1914)*, Paris 1977.

L. Valiani, *La dissoluzione dell'Austria-Ungheria*, Milano 1985.

第 2 章

A. P. Adamthwaite, *The Lost Peace*: *International Relations in Europe*, *1919-1939*, London 1980.

M. Berg, *Gustav Stresemann*, *und die Vereinigten Staaten von Amerika*: *Weltwirtschaftliche Verflech-*

tung und Revisionspolitik 1907-1929, Baden Baden 1990.

E. Collotti Pischel, *Le origini ideologiche della rivoluzione cinese*, Torino 1979.

H. L. Dyck, *Weimar Germany and Soviet Russia, 1926-1933*, London 1966.

M. Friedman, A. J. Schwartz, *A Monetary History of United States, 1867-1960*, Princeton 1963.

R. Girault, R. Frank, *Turbolente Europe et nouveaux mondes, 1914-1941*, Paris 1993.

C. H. Kindleberger, *The World in Depression, 1929-1939*, London 1973.

S. Marks, *The Illusion of Peace: International Relations in Europe 1918-1933*, London 1976.

第 3 章

M. Baumont, *Les origins de la deuxième Guerre Mondiale*, Paris 1969.

G. Borsa, *L'Estremo Oriente fra due mondi: Le relazioni internazionali nell'Estremo Oriente dal 1842 al 1941*, Bari 1961.

P. Brundu, *L'equilibrio difficile: Gran Bretagna, Italia e Francian el Mediterraneo (1937-1939)*, Milano 1980.

R. De Felice, *Mussolini: L'alleato*, 2 voll, Torino 1990.

J. B. Duroselle, *Politique étrangère de la France. La decadence, 1932-1939*, Paris 1979.

J. B. Duroselle, *Politique étrangère de la France. L'abîme, 1939-1945*, Paris 1982.

K. Hildebrand, *Das Verganene Reich. Deutsche Aussenpolitik von Bismarck bis Hitler*, Stuttgart 1995.

A. Iriye, *The Origins of the Second World War in Asia and the Pacific*, New York-London 1987.

D. E. Kaiser, *Economic Diplomacy and the Origins of the Second World War: Germany, Britain, France and Eastern Europe, 1930-39*, Princeton 1980.

W. Michalka, *Nationalsozialistische Aussenpolitik*, Paderborn 1978.

S. Pons, *Stalin e la guerra inevitabile, 1936-1941*, Torino 1995.

M. Toscano, *Le origini diplomatiche del Patto d'Acciaio*, Firenze 1956.

A. B. Ulam, *Stalin. The Man and His Era*, New York 1973.

第 4 章

B. Arcidiacono, *Le《précédent italian》et les origins de la guerre froide: Les Alliés et l'occupation de l'Italie 1943-1944*, Bruxelles 1984.

D. Borg, W. Heinrichs (a cura di), *Uncertain Years: Chinese-American Relations 1947-1950*, New York 1980.

P. Brundu(a cura di), *Yalta: Un mito che resiste*, Roma 1988.

R. De Felice(a cura di), *L'Italia fra tedeschi e alleati: La politica estera fascista e la seconda Guer-

ra mondiale, Bologna 1973.

A. Deighton, *The Impossible Peace: Britain, the Division of Germany and the Origins of the Cold War*, London 1990.

H. Feis, *From Trust to Terror: The Onset of the Cold War, 1945-1950*, New York 1970.

J. L. Gaddis, *The United States and the Origins of the Cold War, 1941-1947*, New York 1972.

J. L. Gaddis, *We Now Know: Rethinking Cold War History*, Oxford 1997.

F. Gori, S. Pons (a cura di), *The Soviet Union and Europe in the Cold War, 1943-1953*, London 1996.

M. Guderzo, *Madrid e l'arte della diplomazia: L'incognita spagnola nella seconda guerra mondiale*, Firenze 1995.

A. Iriye, *The Cold War in Asia*, New York 1974.

J. Keegan, *The Second World War*, London 1989

J. Kent, *British Imperial Strategy and the Origins of the Cold War*, London 1986.

V. Mastny, *Russia's Road to the Cold War: Diplomacy, Warfare and the Politics of Communism, 1941-1945*, New York 1990.

A. Varsori, *Il Patto di Bruxelles (1948): Tra integrazione europea e alleanza atlantica*, Roma 1988.

O. A. Westad, *Cold War Revolution: Soviet-American Rivalry and the Origins of the Chinese Civil War*, New York 1993.

V. Zubok, C. Pleshakov, *Inside the Kremlin's Cold War: From Stalin to Krushchev*, Cambridge 1996.

第 5 章

R. von Albertini, *La decolonizzazione: Il dibatto sull'amministrazione e l'avvenire delle colonie tra il 1919 e il 1960*, Torino 1971.

B. Bagnato, *Vincoli europei, echi mediterranei. L'Italia e la crisi francese in Marocco e Tunisia (1949-1956)*, Firenze 1991.

G. Boffa, *Storia dell'Unione Soviecita*, 2 voll., Milano 1979.

E. Calandri, *Il Mediterraneo e la difesa dell'Occidente 1947-1956*, Firenze 1997.

G. H. Chang, *Friends and Enemies: The United States, China and the Soviet Union. 1948-1972*, Stanford 1990.

F. Fejtö, *Histoire des démocraties populaires après Stalin*, Paris 1969 (trad. it., *Storia delle democrazie popolari dopo Stalin*, Firenze 1971).

R. Foot, *The Practice of Power: US Relations with China Since 1949*, London 1995.

R. L. Garthoff, *Reflections on the Cuban Missiles Crisis*, Washington D. C. 1989.

R. Hilsman, *The Cuban Missile Crisis: The Struggle Over Policy*, London 1996.

L. S. Kaplan, *Nato and the United States: The Enduring Alliance*, Boston 1988.

G. Mammarella, P. Cacace, *Storia politica dell'Unione Europea*, Roma-Bari 1998.

G. -H. Soutou, *L'alliance incertaine: Les rapports politico-stratégiques franco-allemands. 1954-1996*, Paris 1996.

S. L. Spiegel, *The Master of the Game. Paul Nitze and the Nuclear Peace*, New York 1998.

M. Trachtenberg, *History and Strategy*, Princeton 1991.

M. Vaïsse (a cura di), *L'Europe et la crise de Cuba*, Paris 1993.

第 6 章

G. P. Atkins, *South America into the 1990s: Envolving International Relationships in a New Era*, Boulder 1990.

F. L. Block, *The Origins of International Economic Disorder: A Study of United States International Monetary Policy from World War II to the Present*, Berkeley 1997.

Z. Brzezinski, *The Soviet Bloc: Unity and Conflict*, Cambridge (Mass.) 1971 (trad. it., *Storia dell'Urss e delle democrazie poplari*, Milano 1975).

W. I. Cohen, *America's Response to China: A History of Sino-American Relations*, New York 1990.

R. Edmonds, *Soviet Foreign Policy: The Brezhnev Years*, Oxford 1983.

S. Galante, *Il Partito comunista italiano e l'intergrazione europea: Il decennio del rifiuto. 1974-1984*, Padova 1988.

M. Guderzo, *Interesse nazionale e responsabilità globale: Gli Stati Uniti, l'Alleanza atlantica e l'integrazione europea negli anni di Johnson 1963-69*, Firenze 2000.

G. Sokoloff, *L'Économie de la détente: L'Urss et le capital occidental*, Paris 1983.

A. B. Ulam, *Dangerous Relations: The Soviet Union in World Politics, 1970-1982*, New York 1983.

A. Varsori, *L'Italia nelle relazioni internazionali dal 1943 al 1992*, Roma Bari 1998.

O. A. Westad (a cura di), *The Fall of Detente: Soviet-American Relations during the Carter Years*, Oslo 1997.

第 7 章

S. E. Ambrose, *Nixon*, 3 voll., New York 1987-1991.

T. G. Ash, *The Polish Revolution*, London 1991.

R. Baum, *Burying Mao: Chinese Politics in the Age of Deng Xiaoping*, Princeton 1996.

M. S. Beschloss, S. Talbott, *At the Highest Levels: The Inside Story of the End of the Cold War*, New York 1984.

Z. Brzezinski, *The Grand Chessboard: American Primacy and its Geostrategic Imperatives*, New York 1997.

B. Eichengreen, *Globalizing Capital: A History of the International Monetary System*, Princeton 2000.

R. L. Garthoff, *The Great Transition: American-Soviet Relations from Nixon to Reagan*, Washington D. C. 1994.

D. Held, A. McGrew, D. Goldlatt, J. Perraton, *Global Transformations: Politics Economics and Culture*, Cambridge 1996.

S. P. Huntington, *The Clash of Civilizations and the Remaking of World Order*, New York 1996 (trad. it., *Lo scontro delle civiltà e il nuovo ordine mondiale*, Milano 1997).